U0104987

古典文獻研究輯刊

三二編

潘美月・杜潔祥 主編

第23冊

雜家文獻書錄解題
（第三冊）

司馬朝軍 著

國家圖書館出版品預行編目資料

雜家文獻書錄解題(第三冊)／司馬朝軍 著 -- 初版 -- 新北市：
花木蘭文化事業有限公司，2021〔民110〕
目 2+238 面；19×26 公分
（古典文獻研究輯刊 三二編；第 23 冊）
ISBN 978-986-518-404-9（精裝）
1. 雜家 2. 文獻學 3. 解題目錄
011.08   110000606

ISBN-978-986-518-404-9

9 789865 184049

古典文獻研究輯刊
三二編　第二三冊   ISBN：978-986-518-404-9

雜家文獻書錄解題（第三冊）

作　　者　司馬朝軍
主　　編　潘美月、杜潔祥
總 編 輯　杜潔祥
副總編輯　楊嘉樂
編　　輯　許郁翎、張雅淋　美術編輯　陳逸婷
出　　版　花木蘭文化事業有限公司
發 行 人　高小娟
聯絡地址　235 新北市中和區中安街七二號十三樓
　　　　　電話：02-2923-1455 ／傳真：02-2923-1452
網　　址　http://www.huamulan.tw 信箱 service@huamulans.com
印　　刷　普羅文化出版廣告事業
初　　版　2021 年 3 月
全書字數　1516793 字
定　　價　三二編 47 冊（精裝）台幣 120,000 元　　版權所有 · 請勿翻印

雜家文獻書錄解題
（第三冊）

司馬朝軍　著

目

次

東西均一卷　（清）方以智撰

方以智（1611～1671），字密之，號曼公，桐城人。父孔炤，萬曆四十四年進士，官至湖廣巡撫，著有《周易時論》等書。生有異稟，生平博極群書，自天文、輿地、禮樂、律數、聲音、文字、書畫、醫藥、技勇之屬，皆能考其源流，由質測之學進而為通幾之學[註172]。以智自述治學歷程曰：「角卝鼓篋，即好曠覽而湛思之；長博學，治義辭，已，好考究；已，好物理；已，乃讀《易》。九閣八埏，無不極也，非知《易》也。」崇禎十三年（1640）成進士，授翰林院檢討。崇禎十七年，李自成攻陷京師，崇禎帝自縊，以智哭臨殯宮，至東華門，被農民軍俘獲，加刑毒，兩髁骨見，威武不能屈。逃脫後，輾轉奔回南京，值馬、阮亂政，修怨欲殺之，遂流離嶺表。改名易姓，賣藥市中。順治三年（1646）桂王稱號肇慶，以與推戴功，擢右中允。扈王幸梧州，擢侍講學士，拜禮部侍郎、東閣大學士，旋罷相。固稱疾，屢詔不起。嘗曰：「吾歸則負君，出則負親，吾其緇乎？」行至平樂，復為清兵捕獲。其帥欲降之，左置官服，右白刃，惟所擇，以智趨右，誓死不降，帥更加禮敬，始聽為僧。順治八年（1651）落髮為僧，改名弘智，字無可，別號大智、藥地、浮山、愚者大師。既出世矣，猶不肯廢書，獨其所著書好作禪語，而會通以《莊》《易》之旨，歷二十年，坐化圓寂。所著有《周易圖》《烹雪錄》《通雅》《物理小識》等書，凡數十種，今人匯為《方以智全書》。生平事蹟見《清史稿·遺逸傳》、余英時《方以智晚節考》、任道斌《方以智年譜》、羅熾《方以智評傳》。子中德、中履、中通、中發俱淹通博學，能世其業。

首篇《東西均開章》為全書導論，大旨主「全均」之說。後有《東西均記》，類似自序，述成書旨趣。《擴信》有密訣曰：「小中見大，大中見小，古

〔註172〕方以智曾提出「質測」與「通幾」一對範疇，並在此基礎上提出了質測之學與通幾之學的概念。長期以來，學術界似乎形成了一種共識：質測之學即自然科學，通幾之學即哲學。中國科學院哲學研究所編寫的《中國哲學史資料選輯》、北京大學的《中國哲學史》教材、侯外廬先生的《中國思想通史》等均持此種觀點。朱伯崑先生在其《易學哲學史》中表示了不同意見，認為方氏所說的質測之學，是對個體事物特性的考查，不一定皆指自然現象的研究；所說的通幾之學，指研究事物運動變化的基本規律。參見鄭萬耕《論「質測」與「通幾」之學的本義》，《哲學研究》2001 年第 7 期。

今撮粟，豪幹蓬島。虛中見實，實中見虛，蜃樓山市，龍女施珠。長中見短，短中見長，鏤丸一鼾，墓誌黃粱。此中見彼，彼中見此，八鏡奪魂，手壓嚇鬼。本無大小，不煩善巧。本無虛實，不息真一。本無短長，莫知何鄉。本無彼此，大公由己。大隨大小，誰割昏曉。大隨虛實，空山寂歷。大隨短長，節節芬芳。大隨彼此，九州鄉里。」又稱：「當知大隨即是本無，見即無見，在在圖書。官天繼善，蕩平之樞。正大一統，春王如如。曰大密者，即天下萬世是密也。」龐樸稱密訣所倡之一在二中、對立圓融之理，亦即其全部學理奧義之魂。

　　全書六萬言，撰於清順治九年（1652）前後，代表作者後期思想。全書除《開章》及《記》以外，有《擴信》《三徵》《反因》《顛倒》《全編》《張弛》《象數》《所以》等二十六篇。方以智主張融會貫通，「以禪激理學，以理學激禪，以老救釋，以釋救老」，強調「盡天地古今皆二」，把「相因者皆極」看作是「天地間之至理」，「兩間無不交，則無不二而一者」，事物都是「兩端中貫」「相反相因者，相抹相勝而相成」，對立面互相鬥爭又互相依賴。又提出「交、輪、幾」之公式：「交也者，合二而一也，輪也者，首尾相銜也。凡有動靜往來，無不交輪，則真常貫合於幾可徵矣。」他又創立「圓∴（讀伊）」理論，大旨謂上一點為無對待，不落四句之太極。下二點為相對待，交輪太極之兩儀，上一點實貫二者而如環。在「二」「天地」，「陰陽」「有無」「善無」等對立面之上有一個「無對待」，「無對待在對待中」，即「真天」「真陽」「太無」「至善」，亦即「公心」。又曰：「心大於天地，一切因心生者，謂此所以然者也，謂之心者，公心也，人與天地萬物俱在此公心中。」把心作為其哲學思想之最終歸宿。〔註173〕論者以為，此書表面光怪陸離，實則方氏思想核心仍是儒家精神，以理想型儒家為旨歸統合佛、道二教思想。〔註174〕

　　此書有清順治九年抄本（藏安徽省博物館），係方以智生前抄成。此本據安徽博物館藏清初抄本影印。

〔註173〕 此段參考了馮契先生的研究成果，詳見《中國大百科全書·哲學卷》，中國大百科全書出版社，1987年版，第166頁。

〔註174〕 吳根友：《試論〈東西均〉一書的「三教歸儒」思想》，《哲學分析》2011年第1期。今按：「三教歸儒」之儒，指理想型儒家（韋伯的理想型）。

【清史稿·遺逸傳】方以智，字密之，桐城人。父孔炤，明湖廣巡撫，為楊嗣昌劾下獄，以智懷血疏訟冤，得釋，事具《明史》。以智，崇禎庚辰進士，授檢討。會李自成破潼關，范景文疏薦以智，召對德政殿，語中機要，上撫几稱善。以忤執政意，不果用。京師陷，以智哭臨殯宮，至東華門，被執，加刑毒，兩髁骨見，不屈。賊敗，南奔，值馬、阮亂政，修怨欲殺之，遂流離嶺表。自作序篇，上述祖德，下表隱志。變姓名，賣藥市中。桂王稱號肇慶，以與推戴功，擢右中允。扈王幸梧州，擢侍講學士，拜禮部侍郎、東閣大學士，旋罷相。固稱疾，屢詔不起。嘗曰：「吾歸則負君，出則負親，吾其緇乎？」行至平樂，被縶。其帥欲降之，左置官服，右白刃，惟所擇，以智趨右，帥更加禮敬，始聽為僧。更名弘智，字無可，別號藥地。康熙十年，赴吉安，拜文信國墓，道卒，其閉關高座時也。友人錢澄之，亦客金陵，遇故中官為僧者，問以智，澄之曰：「君豈曾識耶？」曰：「非也。昔侍先皇，一日朝罷，上忽歎曰：『求忠臣必於孝子！』如是者再。某跪請故，上曰：『早御經筵，有講官父巡撫河南，坐失機問大辟，某薰衣，飾容止如常時。不孝若此，能為忠乎？聞新進士方以智，父亦繫獄，日號泣，持疏求救，此亦人子也。』言訖復歎，俄釋孔炤，而辟河南巡撫，外廷亦知其故乎？」澄之述其語告以智，以智伏地哭失聲。以智生有異稟，年十五，群經、子、史，略能背誦。博涉多通，自天文、輿地、禮樂、律數、聲音、文字、書畫、醫藥、技勇之屬，皆能考其源流，析其旨趣。著書數十萬言，惟《通雅》、《物理小識》二書盛行於世。子中德，字田伯，著《古事比》。以智構馬、阮之難，中德年十三，撾登聞鼓，訟父冤。父出亡，偕諸弟徒步追從。中通，字位伯，精算術，著《數度衍》，見《疇人傳》。中履，字素伯，幼隨父於方外，備嘗險阻，著《古今釋疑》。

【隱逸傳】方以智，字密之，桐城人。父孔昭，湖廣巡撫。以智舉崇禎庚辰進士，授翰林院檢討。少美姿貌，聰穎絕倫，書無所不讀；為人風流自喜，及語忠孝，大節凜如也。初入翰林，而孔昭為嗣昌所誣，詔下獄；以智伏闕訟冤，帝不聽。乃刺血書疏，候公卿入朝叩頭乞達，跪長安門者二年。帝聞而憐之。孔昭得遣戍，選為定王講讀官。十七年春，召見德政殿，以智陳天下大計，帝屢稱善。及京師陷，被賊拷掠，乘間脫歸。阮大鋮與方氏父子不協；至是用事，使人奏以智降賊，欲殺之。乃變姓名，避之嶺南。已而，南都覆，唐王立於福州，召復故官，不赴。及永明王立，知以智在德慶州，起官中尹。尋

進少詹事，再進禮部尚書兼東閣大學士，召入輔政；並不赴。久之，復召；辭益力。轉側蠻獠洞壑間，艱苦備至。尋薙髮為僧，號無可。大兵陷桂林，執見馬蛟麟；以智趺坐曰：十召不出，不忠；家有老親，不能養，不孝；分當死。蛟麟令作書招陳邦傅，以智屬聲曰：「我豈招人降者？」蛟麟知不可屈，乃聽之去。乙未，奔父喪，盧墓三年。又十餘年而卒。所撰《通雅》及《浮山前後集》，凡數十卷。（西亭凌雪《南天痕》卷十九）

【李文方列傳】方以智，字密之，直隸桐城人。姿抱暢達，早以文章譽望動天下。父孔照，萬曆丙辰進士，巡撫湖廣，為時相所忌，以失律，逮下獄。阮大鋮與同郡，尤忮害之。時局翕然，欲致孔照於死。以智方中鄉舉，上計偕，忌者欲因文場陷之，使絕營救伸理。以智入都，佯為不就試，已乃密入闈，中崇禎庚辰進士，選庶吉士，改編修。以智既官禁苑，在廷稍為孔照伸理，得減死論。北都陷，以智間行歸里。大鋮黨又欲以從逆陷殺之，幾不免。南都陷，以智徒步走江、粵，顧自是無仕宦情，乃改名姓稱吳秀才，遊南海。參議姚奇胤與以智同舉進士，一日，擁騶從出，與以智遇。以智趨避書肆中，奇胤愕眙，下肩輿，相持泣下，人始知其為以智矣。奇胤勸令強起裹時難，以智不答，留客奇胤署中。瞿式耜聞而迎館之。會上即位於肇慶，擢左中允，充經筵講官。司禮太監王坤奏薦大臣數十人，給事中劉𪩘抗疏言：「內臣不得薦人，況大臣乎！坤所薦者皆海內人望，方且以間關不得至為憂，若聞坤薦，當益裹足不前，則是名薦之而實止之，拒人於千里之外也。」坤怒，將逐𪩘，且疑𪩘疏出以智手，為寢經筵。以智既無宦情，講官之命為式耜所強受，又不見庸，遂決掛冠去，浮客桂、柳間。粵西稍定，就平樂之平西村築室以居。以智詩仿錢、劉，平遠有局度，書法遒整，畫尤工，弈棋亦入能品，尤嗜音律，喜登眺，至是放情山水，觸詠自適，與客語，不及時事。楚、粵諸將多孔照部校，欲迎以智督其軍，以智咸拒謝之。永曆三年，超拜禮部尚書、東閣大學士，不拜。詔遣行人李渾敦趨入直，以智野服辭謝，不赴。平樂陷，馬蛟麟促以智降，乃捨妻子，為浮屠去。（王夫之《永曆實錄》卷五）

【明季北略·方以智】方以智，南直桐城人。崇禎庚辰進士，官翰林院簡討，充定王講官。聞變走出，遇蘇人陳伯明，倉卒通名，相與歡泣，潛走祿米倉後夾衖，見草房側有大井，意欲下投，適擔水者數人至，不果。陳留至寓所一宿，次早家人同四卒物色及之，則家人懼禍已代為報名矣。四卒挾往見偽刑官，逼認獻銀若干，後乘間逃歸。公字密之，大清朝至，祝髮不仕，康熙

五六年間居江西廬山開先寺，一時官民敬禮之，稱大和尚，氣象雍和，不似昔年講官時嚴肅也。(《明季北略》卷二十二)

【東西均記】嘻嘻子事何何先生四十餘年，讀書數萬卷，而無一字，殆地上無所不知者乎？徐觀其隱，叩其鐘，其空空無知，不立一塵，不合一法者乎？跳北趼南數履磑磑之刃，視死如鼻，端色不少變，心更折之。此其吹毛髮硎弄丸中隨者乎？二十年來從不與人語，忽與我語皆義、軒之所未見。先生曰：「斯世傭世也。語則傭於語，不語則傭於默，惟其所適，偷以自匿，狠者匿默，默者匿語，自有真語，語終不可以匿，默又何可匿耶？以默均語，以語均默，汝其均之，夜聞而默其語，語其默我，非昨日之我，此何何先生之以何化我也。」晨起，適先生所，竟不知所在，是所謂乘雲氣，騎日月，揮斥八極以遊無窮者乎？何幸見之而又何以不見，遂不知其何許人。四十年昨日之我何以不問，愚亦不可及矣。其無何邪？其何有邪？其呵呵邪？其烏烏邪？我不能知，惟有嘻嘻而已。因默記其所默語，副決鼻行者抄之。諢曰：魂魄相望，夜半瞻天。旁死中生，不必其圓。似者何人，無師自然。於此自知，古白相傳。歲陽玄黓，執除支連。嘻嘻子識，五老峰顛。

【方密之不臣不叛】方以智，字密之，為明末四公子之一，學者私諡曰文忠先生。明崇禎庚辰翰林。甲申，為睿親王所得，脅之降，不屈，釋之。逾年，桂王立於湖南，與瞿式耜並徵，將以為東閣大學士，亦不赴。旋遁為僧，隱居桐城之浮山，自號浮山愚者，又稱無可道人。不臣不叛，不降不辱，殆古伯夷、叔齊之流亞歟！密之於書無不讀，學兼漢、宋，旁及諸子百家，天算、輿地、方伎、雜藝無不通貫，著書凡百二十種。(徐珂《清稗類鈔‧隱逸類》)

寒夜錄二卷　　(清)陳弘緒撰

陳弘緒(1597～1665)，字士業，號石莊，江西新建人。父道亨，貞亮有守，自參政至尚書。弘緒明末以任子薦授晉州、潮州、舒州、廬州等地知州。所到之處，皆有惠政。時清兵將至晉州，首輔大學士劉宇亮貪生畏死，不敢與清兵作戰，急趨晉州以避其鋒。知州陳弘緒閉門不納，士民亦歃血誓不延一兵。宇亮大怒，傳令箭亟納師，否則軍法從事。弘緒亦傳語曰：「督師之來，以禦敵也。今敵且至，奈何避之？芻糧不繳責有司，欲入城，不敢聞命。」宇亮乃馳疏劾之，有旨逮治。州民詣闕訟冤，願以身代者千計，弘

緒得鐫級調用。十一月，清兵來圍城下，弘緒登城死守，激軍民以大義，並與之共艱苦，時歲大寒，弘緒授軍民澆冰築城，滑不能攀堅不可破，清兵攻數晝夜不下，圍城四十餘日，民勇席氏老全躍馬提戈，保弘緒寢食城上，乘大霧襲虜中軍於臥龍崗，捷虜兵乃退，城與居民得安。早年入復社，入清不仕，隱居章江。工古文，與徐鉅源齊名。明末公安、竟陵一派盛行，文風頹廢，弘緒與賀貽孫、徐鉅源、萬茂先、曾堯臣等結社，崇尚歐陽修、曾鞏。嘗論明末文風曰：「嘉、隆以來，帖括剽竊之陋，流入古文。一二負名之士，好以秦、漢相欺，字裁句掇，蕩然不復知所謂真古文。吾黨憂之，乃以唐、宋諸大家力挽頹瀾，毋亦謂摹秦、漢之失，或至捨體氣而專字句，而唐、宋諸大家無從置力於字句之間也。齊人先配林而後泰山，晉人先乎池而後河，若韓、歐者，固所由以適秦、漢之路矣。」陸隴其《三魚堂剩言》卷十一稱其文氣甚爽。著有《周易備考》《尚書廣義》《詩經解義》《江城名跡》《恒山存稿》《石莊集》《讀書日記》《陳士業全集》，輯有《明文類抄》《宋遺民錄》。生平事蹟見《清史稿・文苑傳》《清史列傳・文苑傳》。

全書三萬餘言，分上下兩卷，不分門類，不立篇目。是錄乃其隨筆剳記。或引前人所語，評賞得失；或自抒意見，發為新論。短小精悍，多有可取。如曰：「凡著書立言，而計較於傳與不傳者，政與患得患失之心無異。古之作者不得已而有言，要以暢其胸之所存耳。若必擬議何等乃傳，便已增卻無限躲避，無限逢迎，未見伸紙舐毫之為樂也。」曰：「文章要做便不佳。太史公敘灌夫使酒罵坐，魏文帝《典論・自敘》，韓退之《祭十二郎文》，柳子厚與許宗兆孟容書，真是一滾寫來，何曾有意？」曰：「文愈短愈要曲折，所謂畫一尺樹不可令有一寸之直也。教子發古文短篇，最宜涵泳。」曰：「篇法有預先提出而精神踴躍者，有數轉仍藏而氣勢曲折盡妙者，有實事從虛境出者，有閃躲於此而點現於彼者。」曰：「作手正要癡點相生。無癡處亦不足見文心之巧。語極盡而文有餘，方是文家至境。」曰：「鄒道鄉先生謂：『士不可無山林氣，節義、文章、學術大抵皆然。』山林氣即醇古之氣也。」曰：「詩文到淵深宏博，便不能動人。動人處只在淺淡。然非歷盡淵深宏博之境，政不知淺淡之難言也。」曰：「昔人稱陳後山詩大似曹洞禪，不犯正位，切忌死語，時流不悟此，便一味靠實做去矣。實亦須有橫斜生動之致。」曰：「黼黻太平，固須著作之材。至於國步艱難，軍書旁午，尤恃文字感動人心，更不應草草付託。」曰：「經傳之文，有因百家書而發明者，是故窮

經之士貴於博覽耳。」曰:「陶元亮讀書不求甚解,每有會意,便欣然忘食。阮千里讀書不甚研求,而默識其要。兩君真稱善讀書者。若役役索解,處處尋求,及若無超然獨得之境,殊未見埋頭之為快也。」曰:「除卻嬉笑怒罵,更無文章,司馬子長、蘇子瞻得力都在此,漢魏樂府、李杜詩歌亦是此處獨絕。」多涉藝文,頗解文事。書中間及時事,然多不切實際。論者以為若商榷經史,激揚詞章,則中無所守,不免支絀,而論事理尤無識見云云,並非苛論。

此本據北京大學圖書館藏清抄本影印。

【附錄】

【續修四庫全書總目提要(稿本)35~37】《寒夜錄》二卷(《學海類編》本),明陳弘緒撰。弘緒字士業,號石莊,江西新建人。父道亨,崇禎末諡清襄,「江右三清」之一也。弘緒初承家訓,秉性貞亮,警敏好讀書,明末為晉州牧……入清,屢薦不起,移家章江。所著有《周易備考》《詩經〔解義〕》《尚書〔廣〕義》《石莊集》《鴻桷集》《恒山存稿》《宋遺民錄》等編。是卷則其隨筆簡記。或引前人所語,評賞得失;或自抒意見,發為議論。雖無經濟,而隨意點染,饒有風韻,讀之可以醒睡。如曰:「凡著書立言,而計較於傳與不傳者,政與患得患失之心無異。古之作者不得已而有言,要以暢其胸之所存耳。若必擬議何等乃傳,便已增卻無限躲避、無限逢迎,未見伸紙舐毫之為樂也。」曰:「歐陽公云:『予曾作《憎蠅賦》,傳之於世。』蠅可憎矣,尤不堪蚊子自遠嚶喝來咬人也。友人余居士璜在長安有題壁句云:『藤棍荊條滿街喝,豈無人道不中聽。』予笑,語余云:『不中聽何妨,只莫咬人便休。』」等類雖非名言,固自冷雋。若商榷經史,激揚詞章,則中無所守,不免支絀,而論事理尤無識見。如云:……直曰:「儒家第一義,乃於二氏之書發其奧旨……」殊不可解也。

【清史稿·文苑傳】弘緒,字士業。父道亨,進士,官兵部尚書。疏救楊漣,罷歸。藏書萬卷。弘緒不仕,輯《宋遺民錄》以見志,有《石莊集》。

【思舊錄】陳弘緒,字士業,江右人。在南都,與余訪求藏書之家。庚子,余遇其舅氏於舟中,寓書士業;答言「吾非故吾」,若有慚德,何也?(黃宗羲《海外慟哭記》附錄)

【浯溪碑歌詩】宋閨秀李清照,號易安居士,吾郡人,詞家大宗。其集名《漱玉》,而詩不概見。見西樵昔撰《然脂集》,採摭最博,止得其詩二句,

云「少陵也是可憐人，更待明年試春草」，此外了不可得。陳士業《寒夜錄》乃載其《和張文潛浯溪碑歌詩》二篇，未言出予何書。予撰《浯溪考》，因錄入之，詩云：「五十年功如電掃，華清花柳咸陽草。五坊供奉鬥雞兒，酒肉堆中不知老。胡兵忽自天上來，逆胡亦是奸雄才。勤政樓前走胡馬，珠翠踏盡香塵埃。何為出戰輒披靡，傳置荔支多馬死。堯功舜德本如天，安用區區紀文字。著功銘德真陋哉，乃令神鬼磨山崖。子儀光弼不自猜，天心悔禍人心開。夏為殷鑒當深戒，簡策汗青今具在。君不見，當時張說最多機，雖生已被姚崇賣。」又：「驚人興廢傳天寶，《中興碑》上今生草。不知負國有奸雄，但說功成尊國老。誰令妃子天上來，虢秦韓國皆天才。苑中羯鼓玉方響，春風不敢生塵埃。姓名誰復知安史，健兒猛將安眠死。去天尺五抱甕峰，峰頭鑿出開元字。時移勢去真可哀，奸人心醜深如崖。西蜀萬里尚能返，南內一閉何時開。可憐孝德如天大，反使將軍稱好在。嗚呼奴輩胡不能道，輔國用事張後尊，只能道，春蕡長安作斤賣。」右二詩未為佳作，然出婦人手，亦不易，矧易安之逸篇乎？故著之。（王士禛《香祖筆記》卷五）

【寒夜錄節選】科舉之法，行之逾久，而應舉者荒疏逾甚。因憶昔人有「《文選》爛，秀才半」之語，彼時之為諸生者，較今懸絕乃爾。夫文之不能頓造於爛，雖老佛宿學難之爛矣，而僅得秀才之半，其所謂全者又屬何等耶？○友人卓珂月曰：「我明詩讓唐，詞讓宋，曲又讓元，庶幾吳歌《掛枝兒》《羅江怨》《打棗竿》《銀絞絲》之類為我明一絕耳。」卓名人月，杭州人。

棗林雜俎六卷　　（清）談遷撰

談遷（1593～1657，一作1658），原名以訓，字孺木，號射父，明亡後改名遷，一字仲木，號觀若，自稱江左遺民，海寧棗林人。諸生。狷介自守，雖遊大人先生之門，不妄取一介。性好博綜，科場久不遇，益肆力於子史百家之言，尤諳列朝典故。留心史學，考證累朝典籍，博稽諸家撰述，中年毀於火，乃復沉思強記，復閱群書，博訪故老，墨枯筆禿，晚歲成編。著有《國榷》《海昌外志》《北遊錄》《棗林集》《棗林詩集》《史論》《西遊錄》《棗林外索》《談遷詩文集》等書。生平事蹟見《清史稿·遺逸傳》、黃宗羲《談孺木墓表》、錢茂偉《談遷傳》。

全書二十一萬言，分智、仁、聖、義、中、和六集，分類記載，凡十八

門，曰逸典，曰科牘，曰先正流聞，曰藝簀，曰彤管，曰技餘，曰土司，曰空玄，曰炯鑒，曰緯候，曰名勝，曰營建，曰器用，曰榮植，曰贖動，曰幽冥，曰妖異，曰叢贅。其中土司一門有目無文，故實為十七門。凡 1427 條。《逸典》占兩集，《科牘》《先正流聞》及《叢贅》篇幅亦夥。內容多涉明末清初歷史，為全書之精華。其餘各門均採自志乘、文集，涉及明代各地民俗、物產、氣候、宗教、人文及自然景觀。

書前有崇禎十七年（1644）高弘圖序，稱其書雖偏載瑣述，未適於用，而展卷澄鮮，筆飽墨瑩，誠說林之蜫弧。談遷自題云：「繫以『棗林』，書從地，不忘本也。」吳騫《愚谷文存》卷六有是書跋，稱有俾於朝章國故，與顧亭林《日知錄》《郡國利病》等並士林不可少之書。然周中孚稱所記軼事頗多瑣碎而無端緒，其詞又復枝蔓，而是非或頗謬於正史。〔註 175〕《四庫全書總目》入雜家類存目，且稱其語多支蔓。其《名勝》一門，雜引志乘及里巷齊東之語，漫無考證。《藝簀》亦多疏舛，其餘大抵冗瑣少緒云云。今考，《清代禁燬書目四種》稱：「查《棗林雜俎》係明談遷撰，書內唐李元壙一條有偏謬語，嘲邊一條、壬午癸未二條、天啟二年一條、頌魏忠賢詩一條、左都督田宏遇一條俱有悖謬語，李何詩一條、藏書二條、張士信一條、常熟張漢儒一條、常熟楊子常一條、雲間許都諫一條皆載錢謙益議論及事蹟，應請抽毀。」然書中亦有「嘲錢牧齋」條：「或題虎丘生公石上寄贈大宗伯錢牧齋盛京榮歸之作：『入洛紛紛意正濃，蕈鑪此日又相逢。黑頭已自羞江總，青史何曾用蔡邕。昔去幸寬沉白馬，今來應悔賣盧龍。最憐攀折庭邊柳，撩亂春風問阿儂。』『錢公出處好胸襟，山斗才名天下聞；國破從新朝北闕，官高依舊老東林。』」《四庫全書總目》慣於使用障眼法，此即一例也。

「白門語錄」條曰：「陽城張貌山先生，好九經內典，不喜雜帙。日兀坐枯想，輒語予學問之要。嘗曰：『講學有講學之弊，不講學有不講學之弊。』先生言取簡悟，不主故常，不煩詞說，又深自晦也。」今錄其精要語曰：「《論語》極其渾淪，《大學》《中庸》則《論語》之注腳，《孟子》又《學》《庸》之注腳也。」曰：「信以成之，要上下相信，彼此相信，不是一己。如信而後諫，信而勞其民皆是。」曰：「訓詁解書，不如以書解書。以書解書，不如以心解書。」曰：「評閱古人書，心眼各別。或主經濟，或主詞，或主場屋，未可概論。吾意想之，彼初旨又不爾也，須通融看。」曰：「或問聖人

〔註 175〕周中孚：《鄭堂讀書記》卷五十七。

貴象數，不貴『心《易》』。先生曰：『乾，陽物也；坤，陰物也，是象數；剛柔合德，便是『心《易》』。仰觀俯察，是象數；通神明之德、類萬物之情，便是「心《易》」。』談遷雖以史學著稱，亦復留心理學，然後人多視而不見，甚可怪也。

此書流傳至今之抄本有六，三種藏國家圖書館，其餘分藏上海圖書館、北京大學圖書館及浙江圖書館。又有《適園叢書》本、《筆記小說大觀》本、《四庫存目叢書》本、《歷代史料筆記叢刊》點校本。諸本皆源自上海圖書館藏清抄本，以羅仲輝點校本最為通行。此本據上海圖書館藏清抄本影印。

【附錄】

【高弘圖《棗林雜俎序》】談子孺木有書癖。其在記室，見載籍相餉，輒色然喜。或書至猥誕，亦過目始釋。故多所採摭。時於坐聆塗聽，稍可涉筆者，無一輕置也。銖而積，寸而累，故稱雜焉。其義自《大易·雜卦》始。予曾手其書而悲之。以彼其勤，脫佐鄞侯之側，遊茂先之旁，漁獵群秘，領略要眇，何至觀書於市，有目不得下，有舌不敢吐乎哉！今雖偏載瑣述，未適於用。而展卷澄鮮，筆飽墨瑩，誠說林之蟊弧也。惜天限孺木，朝不謀夕，足跡未及燕，而今已矣。《三輔黃圖》之盛，《東京夢華》之思，孺木即有意乎？亦安所措翰也。悲夫！時崇禎甲申九月既望，膠東高弘圖題於白門公署。

【談遷《棗林雜俎跋》】舊稿二帙，高相國序後，歲有增定。太傅西州之慟，不止羊曇；山陽鄰笛之哀，奚翅向秀哉？因錄原序，抆淚識其末。江左遺民跋。

【談遷《棗林雜俎題詞》】吾僻處孤廬，奪於帖括。河東三篋，既無亡書；茂先連乘，兼少載籍。性心忽善忘，偶聆一事，擊節私快，適穎，紙未及隨，旬日之內，不復全憶。問追毫從事，所佚多矣。今特輶軒之下材，診癡之餘齰也。說部充棟，錯事見採。串易蕪，採易鑿，捨其舊而新是圖，又任目者憑於好惡，任耳者失於浮浪也。竊深戒之。自數年來，提鉛握槧，積若干卷。食之無肉，棄之有味，雖在雞肋，猶為貴之矣。繫以棗林，何也？吾上世以宋靖康之難，自汴徙於杭者，四傳。德祐末，避兵徙鹽官之棗林。今未四百祀，又並於德祐。吾旦暮之人也，安所避哉？求桃源而從，庶以棗林老耳。書從地，不忘本也。

【談遷本傳】談處士遷，字孺木。性好博綜。久不遇，益肆力於子史百家之言。尤諳列朝典故。嘗曰：「楊文貞賢臣也，而於革除多失實。焦泌陽壬

人也，而於正士加厚疵。徒徇愛憎耳，豈有定論乎？」於是訂正群籍，成一家言。崇禎壬午間，受知陽城張公慎言、膠州高公弘圖。二公者，天下之望，相與為布衣交。甲申，高入相，張為冢宰。凡新政得失，皆就諮於處士，多所裨益。相國以處士諳掌故，薦入史館，泣且辭曰：「遷老布衣耳，忍以國之不幸博一官。」高乃止。已，勳寺交煽，時事且日非。處士私語二公曰：「公等不去，將任誤國之咎。」二公用其言，先後乞骸骨。乙酉，張客死宣城，高致命會稽。處士歸於麻涇之廬。丙戌，會盜起剽掠，藏稿盡失。甲午，會婺州總河中丞朱之錫聘之，遊京師。嘗走昌平，謁愍帝陵。是時吳太史偉業在翰林，慎與可，獨重處士。丁酉夏以事至平陽，去平陽城數百里遠，處士徒步往哭張冢宰之墓。處士操行廉，雖遊大人先生之門，不妄取一介，至今家徒四壁立。卒年六十有四。所著《棗林集》十二卷、《史論》二卷、《北遊錄》八卷、《西遊錄》二卷、《棗林雜俎》十二卷、《棗林外索》六卷、《海昌外志》八卷。(《海寧縣志·隱逸》)

【四庫提要】《棗林雜俎》（無卷數，浙江巡撫採進本），國朝談遷撰。遷有《海昌外志》，已著錄。是書分類記載，凡十二門，曰科牘，曰藝簣，曰名勝，曰器用，曰榮植，曰頤動，曰幽冥，曰叢贅，曰彤管，曰空元，曰炯鑒，曰緯候。多紀明代軼事，而語多支蔓。其名勝一門，雜引志乘及里巷齊東之語，漫無考證。藝簣亦多疏舛。其餘大抵冗瑣少緒，亦不分卷。疑雜錄未成之本也。(《四庫提要》卷一百二十九「子部三十九·雜家類存目六」)

【清史稿·遺逸傳】談遷，字孺木，原名以訓，海寧人。初為諸生。南都立，以中書薦，召入史館，皆辭，曰：「余豈以國家之不幸博一官耶？」未幾，歸里。遷肆力經史百家言，尤注心於明朝典故。嘗謂：「史之所憑者，實錄耳。實錄見其表，其在裏者，已不可見。況革除之事，楊文貞未免失實；泰陵之盛，焦泌陽又多醜正；神、熹之載筆者，皆逆奄之舍人。至於思陵十七年之憂勤惕厲，而太史避荒，皇宬烈焰，國滅而史亦隨滅，普天心痛，莫甚於此！」乃汰十五朝實錄，正其是非。訪崇禎十七年邸報，補其缺文，成書，名曰《國榷》。當是時，人士身經喪亂，多欲追敘緣因，以顯來世，而見聞窄狹，無所憑藉。聞遷有是書，思欲竊之為己有。遷家貧，不見可欲者，夜有盜入其室，盡發藏橐以去。遷喟然曰：「吾手尚在，寧遂已乎？」從嘉善錢氏借書復成之。陽城張慎言目為奇士，折節下之。慎言卒，遷方北走昌平，哭思陵，復欲赴陽城哭慎言，未至而卒，順治十二年冬十一月也。黃宗羲為表其墓。明末遺逸，

守志不屈，身雖隱而心不死，至事不可為，發憤著書，欲託空文以見志，如遷者，其憂憤豈有已耶？故以附於各省遺逸之末。

【談孺木墓表】君談氏，名遷，字孺木，海寧縣人。初為諸生，不屑場屋之僻固狹陋，而好觀古今之治亂，其尤所注心者，在明朝之典故，以為史之所憑者實錄耳。實錄見其表，其在裏者已不可見，況革除之事，楊文貞未免失實；泰陵之盛，焦泌陽又多醜正；神、熹之載筆者，皆宣逆奄之舍人。至於思陵十七年之憂勤惕勵，而太史遯荒，皇寇烈焰，國滅而史亦隨滅，普天心痛，於是汰十五朝之實錄，正其是非，訪崇禎十七年之邸報，補其缺文，成書名曰《國榷》。當是時，人士身經喪亂，多欲追敘緣因，以顯來世，而見聞窄狹，無所憑藉。聞吾之有是書也，思欲竊之以為己有。君家徒四壁立，不見可欲者，夜有盜入其室，盡發藏稿以去。君喟然曰：「吾手尚在，寧遂已乎？」從嘉善錢相國借書，復成之。陽城張太宰、膠州高相國皆以君為奇士，折節下之。其在南都，欲以史館處君，不果。亡何，太宰相國相繼野死，君亦棄諸生，北走昌平，哭思陵，西走陽城，欲哭太宰，未至而卒，丙申歲冬十一月也。蓋君於君臣朋友之間實有至性，故其著書亦非徒為盜名之祕經而已。余觀當世不論何人皆好言作史，豈真有三長，足掩前哲，亦不過此因彼襲攘袂公行，苟書足以記名姓，輒不難辦。榷而論之，史之體有三：年經而人與事緯之者，編年也；以人經之者，列傳也；以事經之者，紀事也。其間自有次第編年之法，春秋以來未之有改也。有編年而後有列傳，故本紀以為列傳之綱。有編年而後有紀事，故紀事為通鑑之目。奈何今之作者矢口遷、固，而不屑於悅、宏。夫作者無乘傳之求，州郡鮮上計之集，不能通知一代盛衰之始終，徒據殘書數本，諛墓單辭，便思抑揚人物，是猶兩造不備，而定爰書也。以余所見，近日之為者，其人皆無與乎文章之事，而公然長篇累牘，行世藏家，輒欲與五經方駕，三志競爽，豈以後世都可欺乎？君乃按實編年，不衒文采，未嘗以作者自居。異日有正明世之事者，知在此而不在彼也。君之子祺求余表墓，余美無溢辭，亦史法也。（黃宗羲《南雷集》卷八）

【海寧縣志·隱逸】談處士遷，字孺木。性好博綜。久不遇，益肆力於子史百家之言。尤諳列朝典故。嘗曰：「楊文貞賢臣也，而於革除多失實。焦泌陽壬人也，而於正士加厚疵。徒徇愛憎耳，豈有定論乎？」於是訂正群籍，成一家言。崇禎壬午間，受知陽城張公慎言、膠州高公弘圖。二公者，天下之望，相與為布衣交。甲申，高入相，張為冢宰。凡新政得失，皆就諮

於處士，多所稗益。相國以處士諳掌故，薦入史館，泣且辭曰：「邊老布衣耳，忍以國之不幸博一官。」高乃止。已，勳寺交煽，時事且日非。處士私語二公曰：「公等不去，將任誤國之咎。」二公用其言，先後乞骸骨。乙酉，張客死宣城，高致命會稽。處士歸於麻涇之廬。丙戌，會盜起剽掠，藏稿盡失。甲午，會婺州總河中丞朱之錫聘之，遊京師。嘗走昌平，謁愍帝陵。是時吳太史偉業在翰林，慎與可，獨重處士。丁酉夏以事至平陽，去平陽城數百里遠，處士徒步往哭張冢宰之墓。處士操行廉，雖遊大人先生之門，不妄取一介，至今家徒四壁立。卒年六十有四。所著《棗林集》十二卷、《史論》二卷，《北遊錄》八卷、《西遊錄》二卷、《棗林雜俎》十二卷、《棗林外索》六卷、《海昌外志》八卷。

棗林外索三卷　（清）談遷輯

談遷有《棗林雜俎》，已著錄。

書前有順治十一年（1657）談遷自序，稱性好涉獵，雖家無藏簡，時閱於市，或乞覽，其犁然當於心者，嘗寸紙錄之，投空函中，遂題其簡端曰《棗林外索》云云。棗林，為談家遷徙之地，樂操風土，以之為號，以示不忘本也。

朱彝尊《南京太常寺志跋》稱談遷孺木館於膠州高閣老宏圖邸舍，借冊府書縱觀，因成《國榷》一部，掇其遺為《棗林雜俎》云。葉昌熾《緣督廬日記鈔》卷二此輯皆摘古書僻典，而不著其所出，亦無門類，一無所用云云。《雜俎》所述當是明代掌故，如「疑像」條稱明太祖朱元璋好微行出訪，恐人識其貌，所賜諸王侯御容皆為疑像，真幅藏之太廟云云；而《外索》則輯錄古書，稗販材料，價值稍減耳。

楊鍾羲《雪橋詩話續集》卷一錄其《柳枝詞》曰：「東風旖旎到新城，南國煙消幾變更。欲認前朝枝上淚，長江三月載浮萍。章臺綽約鬭纖腰，隴上遼陽一望遙。南北春風非有異，含恩含怨總難銷。」借題發抒，自是柳枝變調。國家不幸詩人幸，亡國之音哀以思，此之謂也。

此書向無印本，清抄本收入《中國稀見史料叢刊》第一輯（王春瑜主編，廈門大學出版社 2007 年版）。此本據上海圖書館藏清抄本影印。

【附錄】

【硤川耆舊傳】談遷，字孺木，號觀若。性喜博綜，肆力於子史百家之言，熟悉古今典要。破屋頹垣，憑几著書。崇禎時，受知於陽城張公慎言、膠州高公宏圖。甲申，高入相，張為冢宰。高以處士諳典故，欲薦入史館，以襄一時之闕，力辭。乙酉，歸里，嘗綜前明十五朝實錄，正其是非，補其缺失，成《國榷》一書。夜有盜入其室，竊藏稿以去。更從嘉善錢相國龍錫借書編纂，復成之後，以故人招入燕，徒步百里，哭拜思陵，更欲西至陽城哭太宰，遂入晉寓友人，司理衙舍，曉起坐中庭，再訂《史榷》，中風露而卒。（《硤川續志》卷六）

【皇明遺民傳】談遷，字仲木，一字觀若，海寧人。遷留心國史，考訂累朝實錄、寶訓，博稽諸家撰述，號為《國榷》。中年毀於火，乃復沉思強記，復閱群書，詢之故老，墨枯筆禿，饑不及飧，晚克成編。南都議上景皇帝廟號曰代宗，一時以為當，遷獨非之。（成海應《研經齋全集》卷四十，《域外漢籍集部·韓國文集二》）

雕丘雜錄十八卷　（清）梁清遠撰

梁清遠（1606～1683），字邇之，號葵石，直隸真定（今河北正定）人。其祖澹明，仕於明萬曆朝，性高逸，視冠冕如桎梏，於世味泊如也。受知於高邑趙忠毅公及無錫高忠憲公，忠毅贈詩有「美人抱孤清」，忠憲贈詩有「何必酒人能好客，從來名士不宜官」之句，則公之生平可概見矣。（見梁清遠《泠然堂事略》）父維樞，明季工部主事，著有《玉劍尊聞》《性譜日箋》《內閣小識》等書。兄清寬，官吏部左侍郎，弟清標，官兵部尚書。梁氏為正定望族，人才輩出，家風甚正。卷一載其家訓云：「好藥不離口，好書不離手，終須有益。夢白先生常言之，吾家徵仕公每誦以為家訓。」早年嘗與張之俊、施肇元、張純熙、邊聲遠等七人結桐引文社，講業滹沱之上，履貞守潔。後來表彰隱逸，為李可大等人立傳。又贊其師蘭泉先生曰：「人競壇逐，彼獨高棲。競壇者敗，高棲者嬉。履清守和，絕乎險巇。千古卓軌，惟吾之師。」順治三年（1646）進士，由大理寺卿升為兵部督捕右侍郎，調戶部右侍郎，擢吏部左侍郎，轉光祿寺少卿，坐事左遷通政使，後請養歸。其詩清健，好學宋人，如《同蒼岩公白遊城南》云：「清流貫雲木，水際有人家。頹徑侵芳草，疏籬冒

落花。天晴霞散影，野靜雁依沙。景物看如此，行吟日已斜。」著有《祓園集》，四庫著錄，稱其詩直抒性情，頗能蟬蛻於習俗之外。生平事蹟見《廣清碑傳集》《清人詩集敘錄》卷二。

所居雕橋莊，歸而賦詩曰：「三徑蕭然未就荒，白雲猶戀舊茅堂。庭槐喜見陰仍茂，野老驚看須欲蒼。沙白渚清雨已足，人閒村靜日方長。一樽兄弟同清話，但覺山蔬也自香。」書成於此，故以雕丘名書。書前有高珩序，稱其折衷六術，提攜百氏，訂釋、道氏之異同，評南、北宗之頓漸。〔註176〕壬戌吳儀一序稱其辭文，其義博，其稱名也繁而不越云云。〔註177〕又擬之以「六經」，安矣。康熙十七年（1678）其弟清標跋稱其書上而朝常國典，以及郊廟禮樂之因革，下而人情土俗，以及草木蟲魚之變化，凡有關勸誡，足備援證者，靡不網羅粲列，而微言讜議，兼寓春秋予奪之旨，此亦古今得失之林云云。〔註178〕壬戌其子允桓跋稱是集始編於癸丑初夏，至甲寅季夏始成帙，辛酉付梓。〔註179〕

全書五萬餘言，分十八卷，卷首立名。《四庫全書總目》入雜家類存目，稱清遠之學猶沿元末禪學之餘風，大旨主於內儒、道而外佛教。又倡「二教」之說，曰：「天下豈有三教哉？二教而已矣。二教者，儒也，道也。」又曰：「修德而至聖人，學道而至神仙，此皆實實本有之理。不虧其性命之理，即為聖賢。無損其性命之實，即為神仙。但人拘於氣稟，染於嗜欲，遂無能至此耳。至於佛之教，過於深玄，吾不能窺其涯際也。」又曰：「仁之一字，是天地人血脈。」其學誠雜家之學也，又不諱言說家、雜家之目：「士人至今日，凡作詩作文，俱不能出古人範圍，即有所見自為創，而不知已為古人所已言矣。惟隨時紀事，或考論前人言行得失，有益於世道人心者，筆之於冊，庶不至虛其所學，然人又多以說家、雜家目之。嗟乎，果有益於世道人心，即說家、雜家何不可也？」彼能知讀書之益：「靜中之樂無過讀書，病中之樂無過調息。讀書可以益智，調息可以延年。既以娛情，又且有益，人何憚而不為乎？」

其論學間有精要，如論王學流變曰：「陽明之學，一傳而為心齋，再傳

〔註176〕《續修四庫全書》第 1135 冊，上海古籍出版社，2002 年版，第 289～292 頁。
〔註177〕《續修四庫全書》第 1135 冊，上海古籍出版社，2002 年版，第 293 頁。
〔註178〕《續修四庫全書》第 1135 冊，上海古籍出版社，2002 年版，第 389 頁。
〔註179〕《續修四庫全書》第 1135 冊，上海古籍出版社，2002 年版，第 389 頁。

而為波石，三傳而為文蕭，謂淮南派。淮南主擔荷，而其子孫喜為拔俗之行，其敝至為氣魄所累。語云：『字經三寫，烏焉成馬。』淮南之後，而為悍然不顧，此豈陽明所欲聞哉？」論史書體例曰：「歷代史書分獨行、道學、儒林、文苑各為列傳，後人多訾其非。余謂此蓋始於孔門之分四科也。人有一節之長，豈皆兼才？如云：『以獨行別為傳，則世豈皆無行者？以道學別為傳，則世豈皆無學者？以儒林、文苑分二傳，則儒豈不能文？而文豈不為儒乎？』如是則亦可曰：『孔子之門有德行、言語，豈世皆無德行、言語者？政事、文學分二科，豈能政事者可無文學，而能文學者盡皆無政事乎？』既不可以此訾孔子，豈可以此訾作史者俱不通之論也？」又貶斥李贄之學：「李卓吾大抵是人之非，非人之是，又以成敗為是非而已。學術到此，真成塗炭！」

其論處世之學亦不乏甘苦之言，如曰：「宋時士之進退，不言行業而言命運。范文正公憂之，謂非國家之美事。明末不言行業而言門戶，已更可憂。後乃並不言命運、門戶而言奔競，吁！可畏哉！」曰：「居官之道，處人最難。末世人情更為難處。」曰：「士之進取太易者，往往輕視天下之事，敗其身名。古賢學優則仕之言，豈不然哉？」曰：「文章壞於眾襲，德行敗於自欺。」

此本據中國科學院圖書館藏清康熙二十一年梁允桓刻本影印。

【附錄】

【高珩《雕丘雜錄序》】阮酒稽琴，奇人多癖，其來久矣。而予不佞，平生亦有妄想，欲以靖能捫魂之法尚友。昔人看昆陽之戰，遊梓澤之園，參五家車騎之隊，檢萬國王會之圖，而猶未若陟嫏嬛之洞天、登崑崙之冊府為足愉快而滿志也。丈夫坐擁萬卷，何暇南面百城，此固士大夫之高致也。然而菁華可摘，而徒記姓名，譬諸沒人之於龍淵也。鱗介尚車，便可頡頏照乘否乎？即令照乘之珍充內府，其視懸幢海壖，雨被四天下者差數為何如耶？故百人之瞻舍利也，其所見者不佞矣。將相之陳晬盤也，其所取者不佞矣。待其人而後行，予謂讀書亦有然者。彼康成車後裒然夜郎不亦戴晉人前之一唉乎？夫訓世之道則備諸經，治世之法則垂諸史，古今之學盡於此矣。而二者之外，復有二端焉。次之亦足以游泳情愫，宣暢陶鬱，所謂笙簧六籍、園囿七略者非歟？至於研藏史而捫玄元，繙貝多而追調御，虛靜玄牝之地，希夷帝象之先，則出世之宗，尤超然毘盧頂上矣。或則獻疑曰：「太極多此一動，遂便萬象紛然，世返鴻蒙，星緯亦寂，炯炯此中，豈有一字子母乃為蒼頡所役

役乎？」予應之曰：「子不聞伊川之言乎？何思何慮，是有此理，但言之太早耳。不止束書不觀，魯直為笑。至仙人而不識字，是亦道華所揶揄不已者也。」或又進規曰：「雅言罕言，垂訓萬世，庸言庸德，亦足以為君子矣。中人以上，譬若曇華，高語滋惑也，何居？」予應之曰：「有是言也，然而五經以《易》為冠冕，不曰幽明之故，死生之說，鬼神之情狀乎？此固尼山讀《易》法門也。象先物表，大暢玄風，視興觀群怨、授政尚對之語何如？且朝聞夕可與柱下天竺之道果可以淄澠判否？吾非易牙，正未敢知也。」予不佞，擁卷忘疲，未盡書生宿業，每發願悉屏卷帙，而屢懺屢犯之，餘依然故吾，徐邈杯柸，時一中之，迦葉聞琴，翩躚起舞，故當不異人意矣。向來南過秣陵，北依帝轂，趍墟報國，仁祠徙倚，殿角書攤者，予也。吳越之駕甫稅，早已書廊緩步者，亦予也。以至軺車遊舫，半載縹緗，不知者或妄意為陸賈之裝，而不知其多遮眼故紙，皆蠅鑽未出，蠹魚爭伯者也。即今年逾古稀，而老人無麻，五夜呼燈，一編達旦，群從執友，每笑問予，發篋揣摩，尚欲南宮應試乎？仰將以博學宏詞與諸名士爭一日之長乎？予亦啞然自笑，而無以應也。而痂嗜所鍾，則又與雜說稗史為多。蓋海珍適口，不必大庖；幽蘭為芳，姚黃卻步矣。今歲乃得梁葵石先生《雕丘雜錄》一書，迴環諷誦之，不能釋手，其足以淑世治世，灼然著蔡，無疑也。至於出世之學，偶一拈舉，便是上乘。吾嘗衡量，前賢謂通明、稚川兩君子百世上人，邈焉不可復睹矣，何幸於尺幅遇之，頓把浮丘之袂乎？昔漢皇經營九有屬意有在此編，亦不佞之關中也。先生神情開美，朗朗如百間屋，而霽月光風之中，蕭遠塵埃之外，望而知為閬風樊桐中人無疑也。故雖通籍多年，端揆是佐，而鳴珂佩玉，松風之致宛然。百尺樓頭，不必寄跡羅浮，尋丹勾漏也，所謂鳳翔千仞，下視九點，齊煙神遊，八極之表。白雲先生攜手侍之者，是耶非耶？故其折衷六衕，提衡百氏，鄴侯架上，籩豆斯存，而探驪得珠，晬盤取印，更有出於伊洛壇墠、房杜埏埴之外者，先生自此遠矣。予登朝將四十年，而謁告家居者二十年有餘，篋中掌錄亦約得二三十卷，而逡巡點定，未及成書。自是中散之懶，尚未易瘳，然亦可謂與先坐同好矣。而循省平生，其相同者固不止一事也。先生曾祖太宰公撫予二東，而予先大父嘗按王畿也則同；先生以丙戌舉南宮，與予兄同籍，而予與乃弟蒼巖大司農舉癸未也則又同；先生官少宰，而旋左遷也，復與予同；但先生為王國鼎門，昆從琳瑯鼎貴，此則予不及者一也。予逢心瓠落，百無一長，而先生大器槃槃，飛黃龍友，則不及者二也。先生子姓詵詵，曾孫濟

濟，而予膝下寥寥，則不及者三也。宣武之似越石，得無為女子齒冷乎？至於不佞比來禾麥不登，黔婁分座，租吏敲門，重陽擲筆，此固當有獨長先生雖貧，或不能不讓予一頭地耳。間嘗屈指海內藏書之家，衰然猗頓者，以勝國言之，錦江太史、豫章王孫其鉅擘也。閱其書目，尚令食指欲動，至數十年內，則有若退谷少宰、櫟園侍郎為最。二公已謝賓客，書亦多半散逸矣。今則上黨四世方伯、常山蒼巖司農耳。蒼巖廣搜秘籍，賓朋盡是陳農。予往亦曾捫袂雕丘之下，婆娑壽槐，愾懷前烈，而軺車猝發，未得寓目帳中秘籍。每思乘輿而北，行吟綠柳之廊，飲馬滹沱之水，造門而發藏書，請以十日卒業焉。今者老病侵尋，都無宿志，惟手此一編，便似與先生羽衣黃冠，薄遊蓮渚，開樽挹蘭之亭，捉塵高林之館，訂釋道氏之異同，評南北宗之頓漸，溯洄詠懷，伊人宛在矣，不識先生以為何如也。

【吳儀一《雕丘雜錄序》】《雕丘雜錄》十八卷，真定梁蔡石先生所撰也。先生以名進士歷官少宰，對揚三十年，一旦退隱於雕丘，著作等身。而《雜錄》一編，其辭文，其義博，其稱名也繁而不越，蓋會通《易》緯，而兼衷乎六籍之間，故其述勝國之軼事，關乎理亂者類《書》，微辭於今時者如《春秋》，紀文行、辯儀節者本「三禮」，傳志草木魚蟲之變化者象《爾雅》，間錄謠詠，其卜氏之序詩乎？不遺於譎異怪詭罾䍡之事，其左丘之翼經乎？即其研析性命，探討玄妙，或分出於黃、老之說，亦肇端猶龍一歎，而於聖學無畔。於乎！斯可以不朽矣。先生仲子易齋大令手繕兼本，攜之卞城，謀剞劂以繼志，而小子儀與校讎焉。因感古來人文門地互有豐嗇，故虞卿窮愁，韓非孤憤，而衛、霍鮮符采，崔、盧乏藻翰。今梁氏自少保公樅建勳閥，乘朱輪者綿延六七世，其於言也，各成一家，車不勝載，如《冰川詩式》《史要編》《玉劍尊聞》《見君子閣日箋》諸書，風行海內，而先生嘗鍥《瘦史》，儀束髮學文時讀之，輒心嚮往。又憶客自恒陽來者，言先生習靜雕丘，屏絕塵務，其息深深，左圖右書，莫能窺其厓涘。雕丘者，故少保公別業，在韓河之西，花竹蒙茸，水石參錯，古槐一株，陰蓋十畝，真喬木也。庚申秋，儀始得遊燕南，謁先生，先生年七十餘矣，神明逾王，果有契於息形凝精之理。嵇康好鍛，乃云著書妨人作樂，豈識養生者乎？先生苃匯古今說家及前朝名人誌傳，各為一書，皆數千百萬言，雜錄所載，尤為薈蕞。觀者攬其歸趣，法戒斯存，遊藝之餘，與幾達化。不但藉摭拾為多聞，資叢譚之一噱也。儀徒以文義測之，其猶有夏蟲之見也夫。壬戌春正月，錢唐後學吳儀一舒鳧拜手謹題。

【梁清標《雕丘雜錄跋》】余兄博極群書，諳曉故實，自立朝以至歸田，耳目之所睹聞，載籍之所考據，咸筆而存之，歲久益富，藏之篋衍，兄子允桓手錄成帙，名曰《雕丘雜錄》，請公之同好，乃寄以示余。余讀竟歎曰：甚矣兄用意之勤而採擷之博也！古來正史之外，稗官野乘，流為說家，雖事詞紛錯，言多瑣細，而臚陳詳覈，往往足補正史之闕訛，非盡漫作者。余向竊慕之，二三十年來，所見所聞，亦不少矣。每思綴緝成書，而往既疏懶，簿書勞人，又苦健忘，歲月荒忽，不復記憶。觀兄是書，上而朝常國典，以及郊廟禮樂之因革，下而人情土俗，以及草木蟲魚之變化，凡有關勸誡，足備授證者，靡不網羅綮列，而微言讜議，兼寓《春秋》予奪之旨，此亦古今得失之林也。余兄好黃老之學，編中間亦及之，世有究心性命者，可參悟而得，豈獨旁搜廣引、供談諧之資已乎？兄在田間數年，屏居雕丘，焚香布席，蕭然如世外人。生平多所撰著，是編特鼎中之一臠也。因更念余意中所欲就者，蹉跎三十年，無一字，觀此愧余兄多矣。康熙十七年夏六月，弟清標謹書。

【四庫提要】《雕丘雜錄》十八卷（直隸總督採進本），國朝梁清遠撰。清遠字邇之，號葵石，真定人。順治丙戌進士，官至吏部侍郎。是編十有八卷，卷立一名，一曰《眠雲閣錄》，二曰《藤亭漫鈔》，三曰《情話記》，四曰《巡簷筆乘》，五曰《臥疴隨筆》，六曰《今是齋日鈔》，七曰《閒影雜識》，八曰《採榮錄》，九曰《飽卿談叢》，十曰《過庭暇錄》，十一曰《東齋掌鈔》，十二曰《予寧漫筆》，十三曰《晏如筆記》，十四曰《西廬漫筆》，十五曰《晏如齋槧史》，十六曰《耳順記》，十七曰《耆翁槧史》，十八曰《休園語林》。皆隨時筆記之文。大抵雜錄明末雜事及真定軼聞，頗多勸誡之意。惟末年尤信修煉之說，亦間涉釋氏，至謂《心經》是古今第一篇文字。蓋禪學、玄學明末最盛，清遠猶沿其餘風也。間有考證，然不甚留意。如九卷載李屏山所作《西崑集》序，稱李義山喜用僻事，下奇字，晚唐人多傚之，號西崑體，殊無典雅渾厚之氣，反詈杜少陵為村夫子。是以楊億事為李商隱事，殆唐、宋不辨。又引黃庭堅之言，謂韓退之詩如教坊雷大使舞，學退之不至，即為白樂天。是以陳師道所評蘇軾詞，蘇軾所評陶潛詩，並誤為庭堅評韓愈詩之詞，顛舛尤甚。（《四庫提要》卷一百二十九「子部三十九·雜家類存目六」）

【薛國觀】史稱薛國觀陰鷙狠才，情性剛愎，繼烏程之後，忮刻相同，而操守遜之，故及於法。近觀梁清遠《玉劍尊聞》言：「國觀任推官時，奉職守法，為臺諫，忠清剛介，存心中正，不以察察為明。任僉都，則隨時匡救，

為莊烈帝所心重，致登台輔。終剛正致怒中官，死於非罪，為一代之賢相。」與《明史》大相徑庭。然史稱王陛彥為其舅吳昌時所陷，死不肯言，是國觀之獄，原由錢謙益等誣害，其去國觀死時不遠，或確有見聞，未可知也。（昭槤《嘯亭續錄》卷五，中華書局 1980 年版第 521 頁）〔註180〕

讀書雜述十卷　（清）李鎧撰

李鎧（1638～1707），字公凱，號艮齋、惺庵，江蘇山陽人。少孤力學，順治十八年（1661）與兄時謙、時震同登進士，知綏陽、蓋平、鐵嶺諸縣，有惠政。康熙十八年（1679）由博學鴻詞入翰林院，取二等七名，授編修，充《明史》纂修官。官至內閣學士，兼禮部侍郎。丁母憂，歸。入關時，徒跣扶柩，日行百里。予告歸。鎧性孝友，篤於宗黨故舊之誼，器宇深粹，邑人遊京師者皆往依之。一生清節，不名一錢，門無雜賓，取與極嚴。公凱為學醇正，王士禎稱之為有本之學。曾與閻若璩往復論學，足見學問段位之高。復與同時名流陳維崧、田雯、陳廷敬諸人唱和。四庫館臣祝德麟亦稱平湖陸義山葇、秀水徐勝力嘉炎、任丘龐雪厓塏、東明袁杜少祐、長洲馬方寅勱、山陽李公凱鎧、望江龍政齋變七人為詩壇「上人」。張英《題李公凱小像二首》：「天祿讎書渾未閒，時聞清佩直蓬山。誰知澹蕩高人意，常在花溪薜石間。」「冰雪豐裁映紫髯，青蓮居士本臞仙。世間何物供清聽，鶴唳松濤手一編。」康熙四十三年（1704）以病乞休。越三年卒，入祀鄉賢。其《丹陽道上》詩云：「曉入雲陽道，喧呼次第行。山空看日上，江近覺潮生。客路貪斯競，人心淡自平。扁舟隨泛泛，亦足赴王程。」詩文清真純雅，如其為人。著有《史斷》《恪素堂集》。生平事蹟見《清秘述聞》卷十四、《（嘉慶）大清一統志》卷九十五、《淮安府志》卷二十九。當時已名播域外，見於韓國李德懋《青莊館全書》卷五十六《盎葉記》。此書卷首有《李閣學傳》。

書前有康熙己卯（1699）門人汪灝序，稱其言行可以質神明，清規足以維風俗，經國籲謨，自有大者，《讀書雜述》，特其緒餘。任棟序稱其誦法孔、孟，直接濂、洛、關、閩。辛巳（1701）其侄孫景賢跋稱其書有功世道，不屑屑章句口耳之學，不逐聲華希寵利，分條晰委，無非持身勵世之言云云。

〔註180〕今按：《玉劍尊聞》非梁清遠之書，乃其父維樞之書。此條張冠李戴，聊記於此。

全書近五萬言，分十卷，為目十，曰讀書，曰實學，曰貞遇，曰言行，曰處世，曰知人，曰家訓，曰官箴，曰讀經，曰讀史。各別為一卷。此書名曰「雜述」，實則甚醇正。不當入雜家類，應改入儒家類。《學案小識》卷六專闢《守道學案》，稱其重彝倫，砥節行，安常守約，堅確不移，日用起居，有裨名教云云。其書為語錄體，今提其要者，曰：「六經四子書，言學言政，萬世之規矩，權衡資之用者也，非空言也。後人考辨雖精，率由未篤，終負聖賢垂訓之旨，不得謂之善讀書。」曰：「讀書不識人倫道理，雖破萬卷，奚益？」曰：「志高明而後所就者大，心靜虛而後所入者深。」曰：「志向不堅，心地不淨，皆不可以學道。」曰：「常令此心虛明寬靜，可以讀書，可以涵泳義理，即應事接人，亦不至茫然失據。」曰：「必此心澄澈如鑑，不著纖翳，而後可以讀書學道，應事觀人。」曰：「學者業不可不正，志不可不專，心不可不虛，功不可不密。」曰：「拓其心，使開大，而後讀古人書，不汩沒於陳言曲說，於古人得失亦洞若觀火，不為事後成敗之論。」曰：「讀古人書，所謂日計不足，月計有餘者也，不必貪多欲速，且緩緩讀去，久之無間，自然淹洽。」曰：「讀經令人氣斂，讀史令人心開。」曰：「讀經必知古聖賢道德仁義之旨實，可以治後世之天下而非空言。讀史必知自古之治亂安危成敗利鈍皆聖賢所已言，無一之或爽也。斯善於讀書，可以論世，可以用世也已。」曰：「讀史於古人可勸誡者但識之，以資博洽，抑末焉耳。必實有思齊、內自省之功，乃不同記誦之學。」曰：「六籍之言最精當，亦最平易，更進而探微索隱，反失垂訓後世之旨。」曰：「為學莫先於辨志，修身莫要於立誠。」曰：「學術之是非，人品之邪正，衡論須俟之後世，目前所謂是與正不足榮，所謂非與邪亦不足辱也。」曰：「閉門靜坐，胸中不妄經營，可以養生，亦可以遠害。」曰：「練人品，正學術，須致嚴於進退取捨之介。」曰：「境遇最足以練人品，貧至不堪，而卒有所不為，不謂之君子不可矣。」曰：「世俗之所謂榮枯得失，投之輒為之動者，由器小，亦識暗也。」曰：「胸次必常有瀟灑出塵，俯仰自得之趣。而後可以貧賤，亦可以富貴。」曰：「能安貧，乃能樂道。」曰：「為己之學，莫要於謹言慎動。」曰：「談理須折衷於不可易，然廣坐中務申己說，亦學人之大戒。」曰：「本原之論，可為知者道，不必人人喻之也。」曰：「與人言，直抒胸臆，自是慷慨男子，然所與者何如人，胸中正須雪亮耳。」曰：「有害於民物之事，不可存諸心；有傷於風化之言，不可出諸口。」曰：「君子有三戒：戒掩人

之長而炫己之長，戒護己之短而攻人之短，戒以成敗論古人，而不折衷於大公至正之理。」曰：「不必攻人之邪，守吾正而可矣；不必防人之詐，存吾誠而可矣。」曰：「居心不光明洞達，縱有善跡可觀，終恐虛偽。」曰：「何以辨君子小人之跡？公與私焉耳。何以辨君子小人之心？誠與偽焉耳。」曰：「不以毀譽為是非，而後可以進退群材，亦可以知人論世。」曰：「家庭間非較是非之地，是非明而骨肉傷矣。」曰：「盡子道難，盡父道易。」曰：「行己有恥，士大夫當終身誦之。」曰：「士大夫之行己，如女子之守身。」曰：「作偽之人，術最工巧，往往有弋高位，取厚貲，歷數十年人不知者，然莫不敗於末路，究何益耶？」陳宏謀輯《學仕遺規》一書，節選七千餘言，且評之曰：「士君子言學時，皆未及於仕者也。觀其所以為學，或有裨於仕，或無裨於仕，皆可以預而知之，未有學祇空談，而仕能有實事者也。閱李公之《讀書雜述》，考古證今，學術治術，原原本本。王阮亭於闈中分校時，許其可以坐言起行。未幾，以宏博之薦，由縣令歷詞垣，政跡文章，不同流俗。其經史著論有卓見，不能全錄，錄其可為今之學仕法戒者，以為訓焉。」

此本據清康熙四十年恪素堂刻本影印。

【附錄】

【汪灝《讀書雜述序》】蓋聞豔華脁者迂澹泊，競奇捷者鄙寧靜。故夫動若鷗張，言如簧鼓，眾羨其能；守比貞女，神擬木雞，群厭其拙。是以交稱濫引，半歸盧華，道善推賢，罕及篤實。然使絜其文學，較諸政事。汪洋學海，誰探驪以得珠；紛雜烹鮮，誰操刀而善割。乃或則星輝短照，或則陽曜普明。譬之劉柑，黃金其外者敗絮其中。方之卞玉，白石在表者溫粟在裏。真偽頓分，功用不侔矣。山陽學士先生，天路羽儀，人倫弁冕，目無頑視，口絕莠言，內行可以質神明，清規足以維風俗。經國訏謨，自有大者，《讀書雜述》其緒餘耳。蓋其退食之暇，展卷猶惜寸陰；含豪之餘，會心如臨秋水。潛夫著論，篋衍既充；王筠手鈔，攟摭斯備。自一身以逮國家，由一命以迄卿貳，例非有定，論亦不疏。寓至味於菽粟，投清涼於醉夢，迷高下者，予之管準；昧輕重者，授以權衡。婉巽則動物春風，嚴烈則畏人夏日。縱懸五夜，自叩霜鐘；可徇九衢，人聆木鐸。無事汲冢同奧，洵與中說同歸者矣。夫根柢有據，自可坐言起行，而予智弗矜，烏能鸚聲鈞譽，乞薦不借，子公不調，幾如楊子。然而湛若冰壺，一塵不染；屹如喬嶽，萬牛莫移。蓋凡所出口，皆其躬逮者焉。且夫大舜察邇，子輿錄恒言，以適治為良，論以合道為篤，採之入告。

國有嘉猷，用之型方，家獲懿訓，是故以言則淑世之寶符，以人則宰朝之奇璞，豈況鐳銖玉屑可驗尺璠，分寸寶光即知全劍。狠以盛德若愚，疑夫儒術寡效，不其謬歟？嗟夫！孔道自彰，豈端木能為先後？蔡名得顯，非鉅源誰薦正人。故使言滿天下，功蓋當時，非夫禁中頗牧，畢其腹內甲兵者矣。康熙己卯花朝，臨清門下晚生汪灝。

【任棟《讀書雜述序》】余少束髮受書，聞稱鄉先達者必首閣學惺庵李公。時公已即世，遺書不可卒得，第沕淮人艷公侍從清詞章淹雅瑰瑋而已。己卯秋，公孫霅斿以別駕入覲，邀余授經粵署，家君子詒棟曰：「昔侍汝先大父京邸公於床下，以聖賢學業相勖勉。汝去必求遺書讀之。」棟曰：「唯唯。」霅斿胚胎前光，行大用矣，實公遺書逾拱璧，蓬窗寒江，據幾剪燭，鼇《讀書雜述》為十卷，將以付梓，因得請而讀之浹旬，神肅氣慴，發朦廓昭，睹咸鳳祥麟昭瑞於盛世也，若仰泰山北斗之高不可攀，聞鈞天廣樂之非人間音也。曰：異哉！自聖道不明也，漢所賢良文學策士，天下靡然向風，遂以儒術為梯媒，若公孫衡貢禹位，亞相列三公，學術事功為世詬訾。迨後世取人之術不一，然上厚期於下，下率苟且以應上，千百餘年來，根底誠意正心之學，是以堯舜君民體用不愧聖賢者蓋寥寥矣。公誦法孔孟，以實不以言，裔心制行，直接濂、洛、關、閩淵源，立殿陛上，慨然唐虞之己任。今讀公遺書，伊說命何外加焉？語曰：志伊尹之所志，學顏淵之所學，蓋千百餘年來，續絕學之人，豈第淮一人已哉？棟於聖賢之道懵未有知，家君子研精宋五子書，皓首不倦。棟習聞庭，訓契公書，合於聖賢自治治人之道，向之曰淹雅瑰瑋稱公者，譬指潢岡垤而曰：河嶽之高且大者盡是也，不亦舛乎！夫薄書鞅掌，暇則目手抄編次，遺書行世，霅斿紹聞衣德，稱為循吏，有自也。公歿已數十載，霅斿一朝發遺書，詒後人而傳千載，則知淵珠璞玉閟而必泄，公之丕祐後人可知也。是為序。里人後學任棟薰沐頓首拜題於潯陽舟次。

【李景賢《讀書雜述跋》】世父閣學惺庵公，景賢本生祖也。公之生平已詳於江南通省及淮安山陽府縣諸志，小子亦何言，而有不能不痛心者。憶先大夫易簀時，視景賢泣而言曰：「爾祖閣學公自諸生歷卿貳，於書無不觀，尤究心濂、洛、關、閩諸書，上窺孔、孟、思、曾心傳，博涉四部、七略，衷於聖賢，實諸踐履，務期可以自治治人，故當時陸稼書、湯潛庵兩先生過京邸，必俯首，極口推公為理學大儒。學使胡公慕公德行文章，奏入鄉賢祠。一生著作皆省身經世得力實語。彪西范前輩編《國朝理學備考》，千里走書，索入

編，以卷隘，僅刊什之二三。吾嘗欲謀垂不朽，而今齎志以歿，真遺恨也。小子識之。」景賢拭淚曰：「敢不卒事。」迄今宦粵西十載，距先大夫歿廿六年矣，日惴惴，懼不卒先志。前年奉檄入覲，道經里門，始裒集全書，諸體悉備，而《讀書雜述》一帙尤有功世道。蓋公抱偉志，以古人自期待，不屑屑句口耳之學。官京師最久，不逐聲華，希寵利，嘗於讀書涉世之下，有所得，輒筆於紙，分條晰委，無非持身勵世之言，惜年久傳觀，遺編散失，論斷五經全史，止存其半，然並此而不緝之世，景賢罪綦重矣。爰於霜江風帆，耳目暇豫，校繹三閱月，綱領部次，炯炯可識，依文測義，釐為十卷。惟恨先大夫不及見書之成。景賢捧書授剞劂氏，所以流涕覆面，不禁也。辛巳秋七月上澣，侄孫景賢敬跋龍州官署。

【續修四庫全書總目提要（稿本）35—122～123】《讀書雜述》十卷（清同治間復刊本），清李鎧撰。鎧字公凱，一字惺庵，江蘇山陽人。順治辛丑進士，初任綏陽、蓋平令。康熙己未，由博學鴻詞入翰林院，授編修，充纂修《明史》官……特旨授內閣學士，兼禮部侍郎。即告歸。後四年，卒於家……所著有《恪素堂集》《史斷》等。至本書共為十卷，子目曰讀書、實學、貞遇、言行、處世、知人、家訓、官箴、讀經、讀史，各別為一卷。所述多持身勵世之言，而造意沖和，立語莊重，如闢後世學者門戶之見，謂先儒論說本不必盡同。程、朱、陸、王多自相引證，而後之學者，主奴水火，各不相容，聚訟紛紜，只於詞費而已。又謂學應以性之所近，不悖於聖即可，狂狷為夫子所取，從入之途，切勿輕議。又釋趨吉避凶曰：「君子趨吉避凶，為善不為惡而已矣。」蓋其深自信者，善與吉類，惡與凶類之理，至世之所謂禍福利鈍，不暇計也。又論境遇曰：「境遇最足練人品。貧至不堪，而卒有所不為，不謂君子，不可矣。」諸條偶然披讀，即覺沖和仁靄之氣，使人如坐光風霽月中。陸隴其推之為理學大儒，信非虛譽也。其他所語，雖亦多居家涉世日用切近事，然實易俗移風、砥障狂瀾之作，非拘拘於章句口耳之學者所可望其肩背者也。

【清史稿・儒林傳】閻若璩同時山陽學者，有李鎧、吳玉搢。鎧，字公凱。順治十八年進士，補奉天蓋平縣知縣。康熙十八年，薦應博學鴻儒科試，授翰林院編修，與修《明史》，洊官內閣學士。所著有《讀書雜述》《史斷》，王士禎稱為有本之學。

【山陽縣人物】李鎧，字公凱，號惺庵。平陰知縣潤民孫也。父天定，明廩生，性狷潔自愛，與兄天經、天授績學有聲，時稱「三李」。鎧少孤力學，

以進士知綏陽、蓋平、鐵嶺諸縣，有惠政。丁母憂，歸。入關時，徒跣扶柩，日行百里。康熙中舉博學鴻辭，授翰林編修，纂修《明史》，歷官內閣學士，兼禮部侍郎。予告歸。鎧性孝友，篤於宗黨故舊之誼，器宇深粹，邑人遊京師者皆往依之。一生清節，不名一錢，門無雜賓，取與極嚴。詩文清真純雅，如其為人。卒祀鄉賢。(《淮安府志》卷二十九)

【康熙己未博學宏詞科】康熙己未，鴻博之徵，一時人才搜羅殆盡。蓋國家定鼎數十年，德意培養，文教昌明，如寶山初開，琳瑯盡獻，狩歟盛矣。按是科如張武承、李天生、錢越江、李公凱、施愚山，皆學行純篤，不愧儒者。湯睢州理學、經濟，一代名臣，朱竹垞、吳志伊、毛西河、汪鈍翁沉深經史，彭羨門、李石臺、喬石林、陳其年、張毅文、潘稼堂皆博雅之士，即尤西堂、邱季貞、秦對岩、黃忍庵、汪舟次、徐菊莊以詞客著名，亦足鼓吹休明，有光珥筆。方邵村、嚴耦漁繪事精絕。其未錄而賞給職銜如閻潛丘，尤博物君子，冠絕一時者矣。是科讀卷，為杜寶坻、馮益都、葉崑山、李高陽四人，搜羅鑒拔，可謂得人。而當時無名子造謗云：「自古文章稱李杜，於今李杜亦希奇。葉公蒙董遭龍嚇，馮婦龍鍾被虎欺。宿構傳抄《璿玉賦》(試題前一夕有知之者)，失黏出韻《省耕詩》。若教修史應羞死，勝國君臣也縐眉。」又有「灶前生李周吳陣亡」之語，皆輕薄不學、遺落未選者所為。尤可怪者，鄭寒村集中二絕云：「博學鴻儒本是名，寄聲詞客莫營營。比周休得尤臺省，門第還須怨父兄。」「補牘何因也動心，紛紛求薦竟如林。總然博得虛名色，袖裏應持念四金。」又自注云：「鴻儒一名，價須廿四兩。此專譏浙人之求登薦牘者，居然刻之詩集，殊為不學。」蓋一時延賞虛聲及閥閱子弟之騖名者，亦不無濫舉云。(阮葵生《茶餘客話》卷二)

【李鎧】李公凱任鐵嶺縣，丁母憂，歸淮。入關時，徒跣扶柩，日行百里。己未，以鴻博徵，授翰林，官閣學。經筵講書，理明詞暢，當時謂不減范祖禹。一生清節，不多一錢，門無雜賓。嘗語門人云：「孟子為卿於齊，終不受祿。君祿且然，況交際乎！」守身若此其嚴，而彭更猶以傳食為泰，萬章至比於御人之貨。孟氏守身之言可知。今人取與不慎，多援孟子「交以道，接以禮」之說，以自便其私，豈不謬哉！(阮葵生《茶餘客話》卷二十一)

【陳廷敬《題李公凱學士松陰讀書圖二首》】牙籤三萬軸長懸，秘閣書曾借幾編。正是松根勤暗誦，連朝花底索鈴傳。藜火頻年汗竹青，槐陰人在第三廳。憑君一問華陽老，多少松風夢未醒。(陳廷敬《午亭文編》卷十七)

【讀書雜述節選】少年初受書，便知舉子文取科第之外，更有向上事業。斯聰明不汨沒於俗學，將來卓然有所成就。○向上事業，即在舉子文章之中，能於此時有切實工夫。科第在此，事業亦在此，不必以取科第為俗學也。少年受書時，即令知此，則志趨正，而學為有本矣。○儒者不為無用之學，大試則大效，小試則小效。未有經明行修，曉然於義理公私之辨，而拙於為政者也。為學為政，有規模，必有條理，井井不紊，而持之有恆，斯學可以成德，政可以經國矣。○讀經必知古聖賢道德仁義之旨，實可以治後世之天下，而非空言；讀史必知自古之治亂安危成敗利鈍，皆聖賢所已言，無一之或爽也。斯善於讀書，可以用世，可以經世也已。讀經史者多矣，能如此著想，才識何可限量。○讀史既知一代國勢人才衰盛相循之故，即潛思所以補救，異時以古法經紀世務乃取之沛然，不致差忒。讀史於古人可勸誡者，但識之以資博洽，抑末焉耳，必實有思齊內自省之功，乃不同記問之學。○為政莫要於別賢奸，為學莫先於辨義利。○司馬溫公為相，每詢士大夫生計足否，人怪問之。公曰：「倘衣食不足，安肯為朝廷而輕去就？」賈公黯廷試第一，往謁杜祁公，公獨以生事有無為問，曰：「凡人無生事，雖為顯官，不能無俯仰依違，比日朝士進退，不能綽綽，大率累於生計耳。」乃知二公近情之論，久而彌驗也。

夜航船二十卷　（明）張岱撰

張岱（1597～1680），一名維城，初字宗子，又字石公，號陶庵、蝶庵居士、六休居士、古劍老人，山陰（今浙江紹興）人。世本蜀人，宋代名將張浚後裔。曾祖元汴、祖父汝霖均為明朝命官，信守陽明之學。父耀芳以副榜入仕。岱生於山陰狀元巷，寄於外家。其《自為墓誌銘》云：「蜀人張岱，陶庵其號也。少為紈綺子弟，極愛繁華，好精舍，好美婢，好孌童，好鮮衣，好美食，好駿馬，好華燈，好煙火，好梨園，好鼓吹，好古董，好花鳥，兼以茶淫橘虐，書蠹詩魔，勞碌半生，皆成夢幻。年至五十，國破家亡，避跡山居。所存者，破床碎几，折鼎病琴，與殘書數帙，缺硯一方而已。布衣疏莨，常至斷炊。回首二十年前，真如隔世……故稱之以富貴人可，稱之以貧賤人亦可；稱之以智慧人可，稱之以愚蠢人亦可；稱之以強項人可，稱之以柔弱人亦可；稱之以卞急人可，稱之以懶散人亦可。學書不成，學劍不成，

學節義不成，學文章不成，學仙、學佛、學農、學圃俱不成，任世人呼之為敗家子，為廢物，為頑民，為鈍秀才，為瞌睡漢，為死老魅也已矣。」《自題小像》亦云：「功名耶落空，富貴耶如夢，忠臣耶怕痛，鋤頭耶怕重，著書二十年耶而僅堪覆甕。之人耶，有用沒用？」苦惱之人難以解嘲，竟成傷心之史。科場蹭蹬，未博一衿，故「心不得不細，氣不得不卑，眼界不得不小，意味不得不酸，形狀不得不寒，肚腸不得不腐」。明亡，披髮入山，發憤著書，以失意文人一變而為史學鉅擘焉。著有《石匱書》《石匱書後集》《張氏家譜》《古今義烈傳》《明易》《大易用》《史闕》《明紀史闕》《四書遇》《夢憶》《說鈴》《昌穀解》《快園道古》《傒囊十集》《西湖夢尋》《西湖夢憶》《一卷冰雪文》《快園道古》《於越三不朽圖贊》《嫏嬛文集》等。生平事蹟見《續文獻通考》卷一三九、胡益民《張岱評傳》。

書前有自序，稱所記載皆眼前極膚淺之事。《水東日記》云：「吳思庵先生談及淺學後進曰：『此《韻府群玉》，秀才好趁航船爾。』航船，吳中所謂夜航船，接渡往來，船中群坐，多人偶語紛紛。蓋言其破碎摘裂之學，祇足供談笑也。」書名「夜航船」，蓋取此意。〔註181〕

此書二十卷，分二十大類一百二十五小類，卷一天文部分象緯、日月、星、風雲、雨、雷電虹霓、雪霜、露霧冰、時令、春、夏、秋、冬、曆律十四目，卷二地理部分疆域、建都、地名、古蹟、山川、泉石、景致七目，卷三人物部分帝王、儀制、名臣三目，卷四考古部分姓氏、辨疑、析類三目，卷五倫類部分君臣、父子、夫婦、婿、兄弟、叔嫂、姊妹、師徒、先輩、朋友、奴婢十一目，卷六選舉部分制科、鄉試、會試、殿試、門生、下第、薦舉、濫爵、官制、宰相、參政、尚書、部曹、卿寺、宮詹、學士、翰苑、諫官、御史、使臣、郡守、州縣、學官二十三目，卷七政事部分經濟、燭奸、識斷、清廉、受職、致仕、遺愛、降黜、貪鄙九目，卷八文學部分經史、書籍、博洽、勤讀、詩詞、歌賦、書簡、字學、書畫、不學、文具十一目，卷九禮樂部分禮制、婚姻、喪事、祭祀、律呂、樂律六目，卷十兵刑部分軍旅、刑法二目，卷十一日用部分宮室、衣冠、衣裳、飲食四目，卷十二寶玩部分金玉、珍寶、玩器三目，卷十三容貌類分形體、婦女二目，卷十四九流部分道教、佛教、醫、相、葬、卜算、拆字雜技七目，卷十五外國部分夷語、外

〔註181〕《客座新聞》引《題夜航船詩》云：「兩浙無車馬，乘船便當街。渾身著木屐，未死入棺材。退殼鑽篷出，寬梭下堰來。夜深相併處，爾攏我儂開。」

譯二目，卷十六植物部分草木、花卉二目，卷十七四靈部分飛禽、走獸、鱗介、蟲豸四目，卷十八荒唐部分鬼神、怪異二目，卷十九物理部分物類相感、身體、衣服、飲食、器用、文房、金珠、果品、菜蔬、花木、鳥獸、蟲魚十二目，卷二十方術部分符咒、方法二目。全書凡四千餘條。如「心史」條曰：「鄭所南作《心史》，醜元思宋，以鐵函重匵沉之古吳智井，至明朝崇禎戊寅，凡三百五十六年，而此書始出。」此書不當列雜家類，應入類書類。類書與秀才關係至為密切，吳思庵先生一語中的，但立論稍偏。記問之學豈可廢棄？類書之用豈止供談笑而已？

此本據寧波天一閣藏清抄本影印。

【附錄】

【張岱《夜航船自序》】天下學問，惟夜航船中最難對付。蓋村夫俗子，其學問皆預先備辦。如「瀛洲十八學士」，「雲臺二十八將」之類，稍差其姓名，輒掩口笑之。彼蓋不知「十八學士」、「二十八將」，雖失記其姓名，實無害於學問文理，而反謂錯落一人，則可恥孰甚。故道聽塗說，只辦口頭數十個名氏，便為博學才子矣。余因想吾八越，惟餘姚風俗，後生小子，無不讀書，及至二十無成，然後習為手藝。故凡百工賤業，其《性理》《綱鑒》皆全部爛熟，偶問及一事，則人名、官爵、年號、地方枚舉之，未嘗少錯。學問之富，真是兩腳書櫥，而其無益於文理考校，與彼目不識丁之人無以異也。或曰：「信如此言，則古人姓名總不必記憶矣。」余曰：「不然，姓名有不關於文理，不記不妨，如八元、八愷，廚、俊、顧、及之類是也。有關於文理者，不可不記，如四嶽、三老、臧谷、徐夫人之類是也。」昔有一僧人，與一士子同宿夜航船。士子高談闊論，僧畏懾，拳足而寢。僧人聽其語有破綻，乃曰：「請問相公，澹臺滅明是一個人，兩個人？」士子曰：「是兩個人。」僧曰：「這等堯舜是一個人，兩個人？」士子曰：「自然是一個人！」僧乃笑曰：「這等說起來，且待小僧伸伸腳。」余所記載，皆眼前極膚淺之事，吾輩聊且記取，但勿使僧人伸腳則亦已矣。故即命其名曰《夜航船》。古劍陶庵老人張岱書。

【吳訥之戒】人之識見不能皆同，如海虞吳先生訥戒學者曰：「記得《韻府群玉》秀才，猶如趁夜航船聽人說話者，謂不必記者。」我先祖則曰：「世間學者不能見全書，只一部《韻府群玉》，撮故事之要，若欲考驗，一看便知來歷。」嘗謂溥曰：「記問之學，先從《韻府》，使不離左右，其庶幾也。」溥

佩服不忘。（明黃溥《閒中今古錄》）

【倒撐船】李少白作《倒撐船》詩云：「越地無車馬，乘船便當街。渾身著木屐，未死進棺材。蛻殼鑽篷出，擡梭下堰來。夜深相遇處，你儂我儂開。」（《快園道古》笑談部卷十五）

【夜航船】夜航船，唯浙西有之，然其名舊矣。古樂府有《夜航船》之曲。皮日休答陸龜蒙詩云：「明朝有物充君信，棺酒三瓶寄夜航。」（宋龔明之《中吳紀聞》卷四）

山志六卷　（清）王弘撰撰

王弘撰（1622～1702），字文修，一字無異，號太華山史，又署鹿馬山人，晚號山翁，又曰麗農老人、天山丈人，華陰人。其父為學宗考亭，尤重實踐，不事表暴，時人謂之「今之聖人」云。山史幼承庭訓，弘揚家聲，敦厚倫理，勤習稼穡。少攻舉子業，時有酒色之失，後痛悔之，如書中「自勵」條曰：「予自三兄逝後，無日不愴然於中，且自警自懼，故於庚戌元旦，謹告先靈：凡一切逾分違理事，必不敢為，所以養身，非獨自勵，亦望我子弟共識此意也。予昔日好聲伎，三兄嘗以為戒。今每憶及，不禁泣數行下，悔過之誠，有如皦日。不獨如吾家右軍所云：『恐兒輩覺，損欣樂之趣也。』」尋遭寇亂，狂惰自廢，年逾四十，始知為聖賢之學，紹濂、洛、關、閩之緒。入清不仕，隱居華山，築「讀易廬」，潛心治學，德業雙修，下學而上達，上下而求索。康熙十七年（1678）被薦博學鴻詞科，雖勉強赴京，終以疾病堅辭。好學不倦，篤於朋友，為關中聲氣之領袖，其友亭林自歎不如。亭林於當世之士多否少可，獨亟稱山史，兩人皆好學敦行，志趣相投，二人同心，義結金蘭。亭林欲定居華山，山史為營造山舍，延主其家，昕夕相處，情好日密，時以古道相砥礪，今集中往來書信較夥，皆當日盟友之證據。《山志》卷三「好學」條亦云：「今之士，好學者鮮矣！大抵專事帖括，博取科名，一陟仕途，此事都廢。間有天資英敏者，非浮尚詞章，雕組藻采，則旁落玄虛，糟粕經史。予皆謂之不好學。標榜成習，切磋無聞，斯道之衰，於今已甚。故嘗書坐右一聯云：『誦詩書執禮之言，交直諒多聞之友。』睠顧山澤，寤寐求之，伊何人哉？願與為役！」彼與亭林三觀契合，故友于亭林。後聞亭林歿於曲沃，為位而哭之慟，再三賦詩《哭亭林先生六首》《再過亭林先

生墓下作》《過亭林先生墓下作》，可謂驚天地而泣鬼神矣。時李因篤、李顒、李柏並稱「關中三李」，同為關學鉅子，山史名與之埒，而相友善。又與李因篤尤有夙緣。二人初未相識，一日邂逅於長安茶肆，隔席遙接，各以意擬名姓，及詢之，皆不謬，遂與定交焉。山史論學折衷朱、陸，以為格物之說當以朱子所注為是，無極之說當以陸九淵所辨為是。經史、詩文之外，酷嗜金石、書法及繪畫。著有《周易筮述》《易象圖述》《正學隅見述》《十七帖述》《砥齋集》《砥齋題跋》《待庵日劄》《北行日劄》《西歸日劄》等書，今人整理而成《王弘撰集》（西北大學出版社 2015 年版）。生平事蹟見王士禎所撰墓誌銘及趙儷生所撰《王山史年譜》。

　　書前有余懷序，稱其書大而理學、文章，細而音韻、書畫，無不稽察典核，辯證精詳。〔註 182〕弘撰自序稱雅俗並收，洪纖無問，久而成帙，題曰《山志》，蓋比容齋、南村之義。〔註 183〕乾隆五十三年李蔭春《重刊山志序》稱其書博考尚論，廣大精微，足以覘其胸次之淳粹光明云云，又舉「華山多好峰」以擬其人。道光辛巳謝蘭佩《重刊山志序》稱其書有漢人之訓詁而無其牴牾，有唐人之文章而無其浮蔓，有宋人之語錄而無其粗俚，有野史之記載而無其妄說。光緒二十六年王榮堃《山志序》稱其書可作獨行傳讀，堪為學人身心之助。光緒二十五年謝化南《山志跋》亦稱其書痛指時弊，以正人心。由諸家序跋亦可考《山志》版本流傳之跡。

　　全書六萬言，分六卷，乃其筆記之文。議論多而考證少，亦頗及見聞雜事，於儒家人物多有論及，起於宋代五子及朱熹，訖於同時大儒顧炎武、李天生、李中孚諸人。「明善」條開宗明義，云：「見聖賢言語實際，要以明善為宗。」「庭訓」條云：「今後無論何人，接待順理體情，勿開釁端，勿恃盛氣，萬一失簡，即為引罪，務冰釋後已。如過在他人，聽其自悟。此保身家之道也。」「語錄」條曰：「先儒語錄不可不讀者，在審問明辨。」「曹靖修」條曰：「靖修曰：『儒書不博觀，無以探其本末原委之真。異典不涉獵，無以鑒其似是實非之的。』此學者事也。今之高談性命者，大率皆飾其空疏不學之過耳。或有讀異典而遂輕儒書者，自矜其別有悟入，其實由於中之無主，故謬悠鄙倍之說得而搖奪之矣。」「詩文」條曰：「昔人云：『文能宗經，體

〔註 182〕　《續修四庫全書》第 1136 冊，上海古籍出版社，2002 年版，第 1 頁。今按：
　　　　　　西北大學出版社，2015 年版《王弘撰集》卷首之序未署余懷名，未審其故。
〔註 183〕　《續修四庫全書》第 1136 冊，上海古籍出版社，2002 年版，第 2 頁。

有六義：一則情深而不詭，二則風清而不雜，三則事信而不誕，四則義直而不回，五則體約而不蕪，六則文麗而不淫。』如此為文，其有不合道者，鮮矣！」「朱子讀二氏書」條曰：「朱子讀釋氏書，作詩有身心晏如之歎，而尤時時有取於道家之言，如《陰符經》有注，《參同契注》雖不成於朱子，而其說皆本之朱子。蓋其學通徹上下，包括鉅細，如海涵地負，無所不有，故於二氏之言不盡棄絕，而要其所守一歸於正。學者必如朱子之守，方可以讀二氏之書。」「順逆虛實」條曰：「凡為學之道，皆逆功也。逆以用之，順以成之，自然之道也。順者，其體，逆者，其用也。體用一原，順逆一理。知逆之為順者，其知道乎？天下之道，順逆虛實而已。不逆，則其順無成也。」曰：「吾輩為學，當以平心靜氣為第一義。凡讀書論人，當求其實。為吾所最尊之人，或有一失，不必為之掩；為吾所深排之人，或有一得，不可因之廢。揆之於理，度之於心，唯求其是而已。」曰：「司馬文正公不喜佛、老，嘗曰：『其微言不能出吾書，其誕吾不信也。』此言可謂平而正矣。若程伊川夫子淫聲美色之斥，未免已甚。」上述講學諸條，誠如《四庫提要》所稱「皆醇正平允」，究以道學為正宗。又於朱熹、曹端、鄭思肖、馮從吾、顧炎武、李中孚、李天生、王仲復、劉孟常諸人大力表彰。弘撰謙稱「不賢識小」，其實書中頗多奧義。至於所謂「中間無路」論難以成立，「並無中間」，不入於聖，便入於狂，此說利弊並存，實則中間之人大量存在，非聖非狂，今謂之「吃瓜群眾」也。山史又謂李贄之學本無可取，而倡異端以壞人心，肆淫行以兆國亂，蓋盛世之妖孽、士林之檮杌也；又謂屠隆才高學疏，口辯識陋，真所謂忘恩負義之徒云云，皆不免黨同伐異，未能平心靜氣矣。

此書有乾隆間刻本、光緒二十六年刻本。此本據復旦大學圖書館藏清康熙間刻本影印。全書初集六卷，二集六卷，此本僅有初集，而無二集。

【附錄】

【王弘撰《山志自序》】屏居山茨，讀書之暇，偶有所觸，隨筆記之，雅俗並收，洪纖無問，久而成帙，題曰《山志》。蓋竊比容齋、南村之義。不賢識小，則其無倫脊固也。然又時時有翫物之懼焉。山翁識。(《王弘撰集》第541頁)

【《山志序》】王逸少云：「中年傷於哀樂，正賴絲竹陶寫。絲竹不可時得，則披覽說部之書，以耗壯心，遣餘年而已。」說部惟宋人為最佳，如宋景文

《筆記》、洪容齋《隨筆》、葉石林《避暑錄話》、陳臨川《捫虱新語》之類，皆以敘事兼議論，可以醒心目而助談諧，非若古之偽書。今之文集，開卷一尺許，便令人昏昏欲睡也。華山王山史先生，粹天人性命之學，紹濂、洛、關、閩之緒，其經世大業，不朽盛事，具有成書。間以筆墨餘閒，著成《山志》六卷，大而理學、文章，細而音韻、書畫，無不稽查典核，辯證精詳，使人覽之如食江瑤柱，如觀裴將軍劍舞，如聽慢亭之樂，如遊建章，千門萬戶，如瞻海市，雲霞變幻，樓臺出沒，風水杳冥，惟恐其盡也。韓昌黎云：「化世者惟有口，傳世者惟有書。」先生有此書也，可以傳矣。昔楊用修謫戍滇南，無書可採，率其胸臆，著錄丹鉛，誤者十之三四，以致陳晦伯正用修，胡元瑞又正晦伯，究之元瑞錯謬，又貽譏於學者。簡帙之間，紛紛聚訟，豈若先生南面百城，華陰成市，洪纖雅俗，典核精詳，雖有晦伯、元瑞，亦何從而正之哉！志中論佛老，論祅民，論王安石、李贄、屠隆，皆與余合。其同鄉諸君宜於越者，為之授梓，於其成也，故樂而序之如此。（《王弘撰集》第 539 頁）

【葉封《山志二集序》】曩余獲交崑山顧亭林先生，亭林於當世士多否少可，獨亟稱華陰王山史先生。已山史至京師，余一見輒心儀之，顧忽忽別去。比亭林就居山史之家，兩人皆好學敦行，志相得也。康熙壬戌歲暮，余客揚州，山史亦來。則先是出遊將盈二稔，聞亭林之歿且周歲矣。同寓蕭寺，朝夕過從，接其言論風旨，往往酬答無倦，或至丙夜不休。得讀所著《正學隅見述》及《山志》，乃知山史誠醇儒，其學有本，固非徒博聞強識已也。山史不棄余，爰以《山志》二集屬余序。余惟天地之間皆物也，有物必有則。朱子云：「則者，法也，法即理也。自夫人不能求盡其理，蒹羽既皎，私智萌生。於是毫釐差謬，得失衡決，萬物之理，胥以淆矣。」山史之言曰：「為學當以平心靜氣為第一義，揆之於理，度之於心，惟求其是而已，求其是之有徵者而已。」夫平心以觀理，復徵事以合宜，執兩端而用其中，斯知有定鑒，而物無遁情焉。今觀此集，自天人性命之微，古今治亂之大，以及六藝百家之蒐瑣，飛潛動植之散殊，無不折衷其要，考正其訛。或以紀見聞，或以昭品騭，夫非有灼覰於中者，能言之鑿鑿不爽乎？山史著述甚富，茲特其外篇耳。然其言已若此，使亭林而在，必無閒然。或者僅以說部目之，殆未深知君子之所養也已。黃州葉封謹識。（《王弘撰集》第 664 頁）

【山志二集序】著書未有不欲其必傳者，然務發前人所短，表暴己長，甚者謬為不必然之論以欺人。文章雅事，正類婦姑勃谿耳。讀王先生《山志》，

平心靜氣，別白是非，絕文士囂張之習。博綜即不問，而一片好古立說之意，眼中誠不見第二賢。（《王弘撰集》第 664 頁）

【四庫提要】《山志》六卷（江蘇周厚堉家藏本），國朝王弘撰撰。弘撰有《周易筮述》，已著錄。是編乃其筆記之文。議論多而考證少，亦頗及見聞雜事。其論曾子字子輿，孟子受業子思之門人，不應亦字子輿，不知古不諱字，即弟子亦不避師名。董仲舒弟子有呂步舒，漢人最重師承，當時不以為非也。其論古詩「東城高且長」與「燕趙多佳人」當從《文選注》分為二篇，不知李善、五臣並無此語，此語起於明張鳳翼之《纂注》，不足為據。陸機所擬及徐陵《玉臺新詠》亦均作一首，鳳翼何從知為二也？其載明世宗《論書·武成篇》有引用歐陽修語指為有功於「六經」，楊一清對以修之解經僅見《武成》，弘撰以一清之對為是，是均未知修自有《詩本義》也。其載郭正域所刻《韻經》為沈約故本，詆屠隆未見其書，是《韻書》原委全未尋檢也。其載簡紹芳之說辨揚雄未嘗仕王莽，是未核李善《文選注》王儉集序所引劉歆《七略》也。其為楊嗣昌辨冤，亦恩怨之見，不足為憑。至於紀孫傳庭之死，謂得於其至戚孔滌儒，與史小異，可資參考。其講學諸條，亦皆醇正平允。與孫承澤雖友善，而無所曲徇，頗能去門戶之見，為可取云。（《四庫提要》卷一百二十九「子部三十九·雜家類存目六」）

【清史稿·遺逸二】王弘撰，字無異，號山史，華陰人。明諸生。博雅能古文，嗜金石，藏古書畫金石最富。又通濂、洛、關、閩之學，好《易》，精圖像。學者翕然宗之，關中人士領袖也。與李顒、李柏、李因篤齊名，時以得一言為榮。凡碑版銘誌非三李則弘撰，而弘撰工書法，故求者多於三李。弘撰交遊遍天下，甲申後，奔走結納，尤著志節。顧炎武遍觀四方，至華陰，謂秦人慕經學、重處士、持清議，他邦所少；華陰綰轂之口，雖足不出戶，而能見天下之人，聞天下之事。欲定居，弘撰為營齋舍居之。炎武嘗曰：「好學不倦，篤於朋友，吾不如王山史。」當時儒碩遺逸皆與弘撰往還，頗推重之。弘撰嘗集炎武及孫枝蔚、閻爾梅等數十人所與書札，合為一冊，手題曰《友聲集》，各注姓氏。中有為謀炎武卜居華下事，言：「此舉大有關係，世道人心，實皆攸賴，唯速圖之！」蓋當日華下集議，實有所為也。康熙間，以鴻博徵，不赴。初與因篤同學，甚密，及因篤就徵，遂與之絕。弘撰所居華山下，有「讀易廬」，與華峰相向，稱絕勝。卒，年七十有五。著有《易象圖說》《山志》《砥齋集》。

【亭林佚文輯補·送韻譜帖子】王無異名弘撰，一字文修，號山史。華陰縣西嶽廟南小堡內。故少司馬公之子，關中聲氣之領袖也。（顧炎武《顧亭林詩文集》）

【顧亭林先生年譜】由汾州歷蒲州入潼關遊西嶽太華過訪華陰王山史〔吳譜〕山史名弘撰，字無異，華陰人。明諸生。康熙戊午，微舉鴻博，不就。生平嗜學好古，收藏法書名畫最富。所居在華下，有「讀易廬」。撰《易象圖述》及《山志》《砥齋集》。汪堯峰稱其文議論馳騁，今古悉有據依，非苟作者。朱竹垞贈詩題其獨鶴亭二首，內有注云：「攜來京師有營丘，畫人物樹石一軸，五字不損，本蘭亭一卷尤可寶也。」又序其《砥齋集》，盛稱其所撰前明督師孫傳庭傳，謂得太史公筆法。先生集中《廣師篇》內所謂「好學不倦，篤於朋友，吾不如王山史」者也。又王阮亭《秦蜀後記》言：「余入山史山居，潔樸無纖塵，聯額皆孫鍾元奇逢、鄭谷口簠、李天生因篤諸名士書，後為『讀易廬』，孫鍾元題曰待庵。」

【記觀王氏書畫】華陰王弘撰，字無異，工書法，博學能古文。頃來京師，觀所攜書畫，聊記之。定武蘭亭五字未損本，有米元暉、宋仲溫二跋。又仲溫臨趙文敏十七跋。又與唐寺石刻《金剛經》貞觀中集王右軍書、又漢《華山廟碑》、沈石田《秋實圖》三物，皆華州郭宗昌胤伯家物，皆有胤伯跋。華山碑有虞山錢宗伯長歌，即所謂「郭香香察未遑辨」者也。又李營丘古木，賈秋壑題詩，語潦倒可笑，華亭董宗伯得之南充陳文憲公者，有跋。又唐子華《水仙圖》，甚妙。（王士禎《池北偶談》卷十三）

【趙松雪集】康熙丙子，余奉朝命祭告華山，憩王山史待庵。閱架上書，有《趙松雪集》，乃先太師大司馬公較刊本，遂告於主人攜歸。先太師所刻書甚多，亂後惟《文選冊注》《沈文端公〔鯉〕集》尚存，餘悉不可問矣。得此如拱璧也。（王士禎《古夫于亭雜錄》卷二）

【古琴銘】陳晉州士業（弘緒）云極喜古琴銘四句，云：「山虛水深，萬籟蕭蕭，古無人蹤，惟石嶕嶢。」能理會此段，便是羲皇以上人。王山史（弘撰）嘗取俞益期箋云：「步其林則寥朗，庇其陰則蕭條，可以長吟，可以遠想。」（王士禎《香祖筆記》卷五）

【明善】予少攻舉子業，時有酒色之失。尋遭寇亂，狂惰自廢，德業靡成。年逾四十，始知為學。見聖賢言語實際，要以明善為宗：「致知者知此，力行者行此，盡性者盡此，踐形者踐此，修己者非此無以修己，治人者非此

無以治人。此之謂善，至善也；此之謂明，明則誠矣。身之所在，道即在焉。道之所在，藝亦在焉。下學而上達，大行不加，窮居不損，豁如也。」書以自喻，遂顏於堂。（《山志》初集卷一）

【人心道心】虞廷言心不言性，是從其動處言之也。蓋人心一動，有善有惡，是聖狂之分也。豈不危乎？人心一動，知善知惡，天良不昧，即為道心。所謂幾也，豈不微乎？惟精者察其危也，惟一者養其微也。精一者工夫也，中者本體也，精一是從本體用工夫也。至「允執厥中」，是從工夫識本體也。先儒以人心直作人慾，則於「危」字不關切。且明是「心」字，如何強作「欲」字耶？精有二義，別其端不雜也，充其類弗蔽也，故曰「辨之明」。一有二義，志之專，勿二三也；行之力，無作輟也，故曰「守之篤」。（《山志》初集卷二）

【馮恭定】馮恭定（馮從吾諡恭定——引者注）之學，恪守程、朱之訓，可謂純而正矣。先司馬嘗遊其門，稱其「口無擇言，身無擇行」，此吾輩之所當奉為神明蓍蔡者也。讀其集，但觀其語錄足矣，其詩文固可略。在公，元不欲以詩文自見也。公嘗云：「陽明先生『致良知』三字泄千載聖學之秘，有功於吾道甚大。而先生又曰：『無善無惡心之體，有善有惡意之動，知善知惡是良知，為善去惡是格物。』夫有善有惡二句與『致良知』三字互相發明，最為的確痛快。為善去惡一句，雖非《大學》本旨，然亦不至誤人。惟無善無惡一句，關係學脈不小，此不可不辨，何也？心一耳，自其發動處謂之意，自其靈明處謂之知。既『知善知惡是良知』，可見『有善無惡是心之體』。今曰『無善無惡心之體』，亦可曰無良無不良心之體耶？近日學者信『致良知』之說者，並信無善無惡之說，固不是。非無善無惡之說者，並非致良知之說，尤不是。」〇或曰：「果如致良知之說，然則諸儒所稱，或主靜，或居敬，或窮理，或靜坐，或體認天理，或看喜怒哀樂未發氣象，彼皆非歟？」曰：「不然。良知是本體，居敬、窮理諸說皆是致良知工夫。致之云者，非虛無寂滅如二氏之說也。致乎，致乎，豈易言哉？」公之論陽明，可謂公而平矣。獨於為善去惡一句，猶有恕詞。予謂此句正不可不辨，蓋學者用功分塗，正學、異端分塗，皆在於此。豈可謂非《大學》本旨，而猶不至誤人耶？〇或問：「近日學者，亦知無善無惡之說之誤。又講有善之善，有無善之善。若謂善之善，對惡而言也。無善之善，指繼善之初，不對惡而言也。何如？」公曰：「吾儒之旨，只在善之一字。佛氏之旨，卻在無善二字。近日學者，

既惑於佛氏無善之說，而又不敢抹殺吾儒善字，於是又有無善之善之說耳。又有一警云：山下出泉，本源原清，漸流漸遠，有清有濁。謂有濁而清名始立，則可。謂流之清對濁而言，則可。謂水之源無清無濁，則不可。謂流之清為清之清，源之清為無清之清，則不可。知此，則本體無善無惡之說，有善之善，有無善之善之說，是非不待辨而決矣。」此皆不易之論也。(《山志》初集卷二)

【丘文莊】丘文莊，名臣也，其所撰《大學衍義補》，為先朝第一著作。人謂其中絕不指斥內臣，以將進呈御覽，欲得近侍之歡耳。予按內臣預政之禍已見於真氏之書，公於《正百官》條中丁寧及之固善，即不然，亦不害其為全書也。至陰主劉文泰詰奏王端毅，又令人作傳，污之與閹老餅事，果有之，則失大臣之義。前輩多謂公心術不可知，又謂不脫海蠻習氣。而同官劉吉作一對書於門曰：「貌如盧杞心尤險，學比荊公性更偏。」時論頗然之。然言出於吉，不足憑也。《雙槐歲鈔》極稱公言行為不可及，謂文泰事公實不知。但公嘗言：「范文正生事，岳武穆未必能恢復，秦檜於宋有再造之功。」皆極詭異，則紛紛之口得非有以自致之與？○武穆之事，古今有心者之所共悲也。當時既殺之以「莫須有」，而後世又欲掩之以「未必能」，何君子之不幸乎？援筆書此，幾欲隕涕。(《山志》初集卷二)

【程子訓】程子明道曰：「仁者，以天地萬物為一體。」伊川曰：「涵養須用敬，進學則在致知。」此語可續「六經」，非理徹功深不能道。○周子說主靜，程子恐其與事物不相交涉，只說主敬。朱子云：「濂溪言主靜，靜字只好作敬字看。」故又言：「無欲故靜。」若以為虛靜，則恐入釋、老去。朱子周旋靜字，實重敬字。予謂有靜而不敬者矣，未有敬而不靜者也。真西山嘗分列朱子之言，前祖周子之主靜，後本程子之主敬，然合而參之，必如所謂動靜相須，體用不離者，方為無弊。陳白沙云：「學須從靜中養出個端倪，方有商量處。」不知端倪如何養出，作何商量？今日追想程、朱之意，正恐其後來流為陽春臺作用耳。(《山志》初集卷三)

【顧亭林】顧亭林，古所謂義士，不合於時，以遊為隱者也。豐姿不揚，而留心經術。胸中富有日新，不易窺測。下筆為文，直入唐、宋大家之室。至講明音韻，克傳絕緒。他所為《日知錄》《金石文字記》《天下利病》諸書，卷帙之積，幾於等身，朝野傾慕之。行誼甚高，而與人過嚴。詩文矜重，心所不欲，雖百計求之，終不可得。或以是致怨，亭林弗顧也。居恒自奉極儉，辭受

之際，頗有權衡。四方之遊，必以圖書自隨。手所抄錄，皆作蠅頭行楷，萬字如一。每見予輩或宴飲終日，輒為攢眉，客退必戒曰：「可惜一日虛度矣。」其勤屬如此。所著《昌平山水記》二卷，鉅細咸存，尺寸不夾，凡親歷對證，三易稿矣，而亭林猶以為未愜。正使博聞強記，或尚有人，而精詳不苟，未見其倫也。〇丁巳秋九月初三日，亭林入關，主於予家，將同作買山之計。頻陽郭九芝明府聞之，以書來，曰：「憶前歲之冬，與先生坐張鹿洲將軍席上，辨《尊經閣記》。今已再歷春秋，而張將軍丘首故園及期矣。世事蜉蝣，可勝浩歎。朱太史晚年好學，文章卓然有體。一旦溘逝，關中喪一名紳。弟與天生憑弔隕涕，哀不自禁。聞先生邇年潛修，十倍曩昔，德進名藏，甚得古處樂道之益，私衷甚為犖悅。今聞顧寧人先生已抵山居，寧人命世宿儒，道駕儼然，非無所期而至止。關學不振已久，斯其為大興之日耶？」予復之曰：「《尊經閣記》大要是行『六經皆我注腳』之緒。茅鹿門謂：『程、朱所不及。』弟謂程、朱正不肯為耳。知先生有未忘於懷者，而弟亦執其愚見如故也。朱山輝忽捐賓客，聞之驚悼彌旬。弟少耽聲色，好雕蟲之技，年近五十始歸正學。今幸寧人先生不棄，正欲策勵駑鈍，收效桑榆。但以有室家之累，不能脫去俗務，方自悲悔無及。先生譽逾其實，只增赧悚耳。」（《山志》初集卷三）

【聖學】佛曰明心，老曰虛心，是反照袪蔽，亦自可為養心之功，但未免失之於偏。聖人之學曰正心誠意，兼體用動靜而言。故成己之仁、成物之智皆備，可以與天地參，而稱三才之道也。〇羅整庵曰：「程子言性即理也，象山言心即理也。至當歸一，精義無二。此是則彼非，彼是則此非，安可不明辨之。昔吾夫子贊《易》，言性屢矣，曰『乾道變化，各正性命』，曰『成之者性』，曰『聖人作《易》，以順性命之理』，曰『窮理盡性，以至於命』。但詳味此數言，性即理也，明矣！於心亦屢言之，曰『聖人以此洗心』，曰『易其心而後語』，曰『能說諸心』。夫心而曰洗，曰易，曰說，洗心而曰以此。試詳味此數語，謂心即理也，其可通乎？且孟子嘗言『理義之悅我心，猶芻豢之悅我口』。尤為明白易見。故學而不證於經書，一切師心自用，未有不自誤者也。自誤已不可，況誤人乎？」觀整庵之論心性，正聖學、異端之分也。（《山志》初集卷五）

【博文約禮】朱子解博文曰「致知格物也」，解約禮曰「克己復禮也」。許敬庵曰：「道之散見於人倫、庶物之間者，文也。其本於吾心天然之則者，禮也。隨事而學習之謂博，隨學而反己之謂約。禮即在於文之內，約即在於

博之時，博而約之，所以為精也。精則一，一則中。」孔子學而不厭，誨人不倦，其斯而已矣。先儒教人，其切實明晰如此，而學者猶不知所宗，其病始於忽卑邇，而求高遠。而究也為異端之歸，是可慨也。聖賢之學千言萬語，不過博文約禮而已。不博文，非學也。博文而不約禮，亦非學也。故往往有滅裂支離之病，先儒論學亦惟是。存養、省察二端，存養屬約禮事，即誠意之說也；省察屬博文事，即格物之說也。顏子擇善服膺弗失，曾子之毋自欺慎其獨，子思之誠明，孟子之知言養氣，皆此理也。欲存養須省察，愈省察愈存養，理唯一致，功無二候。○或謂：「欲存養須省察，是省察先而存養後矣，於體用如何？」曰：論體則存養先，而省察後。若學者用力之序，須以省察為先，故致知先於誠意。如以存養為先，恐落玄虛，必以體用為疑，則誠意且先於正心矣。況知之於意哉？要之，非截然分為二事也。（《山志》初集卷五）

【格物】王陽明不取朱子格物傳，謂：「若待天下之物皆表裏精粗無不到然後行，則無可行之時。」此似未曾讀朱子《或問》：「予所謂於其分疏已明者，猶鶻突致詰者也。」林次崖曰：「知行相資而進，日用應接，俱不可缺，非謂天下之物未能盡知，且停卻不行也。若論用功之極，則必天下之物盡格，然後為學之成耳。《補傳》意蓋如此。今不悟其意，輕以終身不能行為朱子病，竊恐未足病朱子，適自病耳。」又曰：「孟子時邪說，如許行至為詭怪無謂。夫人君治天下，許多事費許多心力，設許多官，猶不能理。況欲與民並耕而治，其勢得乎？今日又有一等人，倡為致良知不用讀書之說，不知天下義理中間，許多曲折微妙，又有似是而非者，惟大聖大賢方見得透徹無差。其餘雖盡力講解，猶不能了，如何祇格去物慾，便能知得？可怪！可怪！又有一般人信從他，都不可曉。」吾友王仲復曰：「格物致知是《大學》最初用功處，其傳信不可闕。故朱子既取程子之意以補之，而復緝其說於《或問》中，凡十有六條。學者必合而讀之，庶可知所用功矣。」又曰：「天下有一物，必有一理。人於此理亦不至全然無知，須即其所知一、二分，直推究到那十分處，方是至乎其極。此極字即事理當然之極，所謂至善者也。」又曰：「朱子謂表者人物所共由，即所當然之則，天下之達道，而性之各具也。謂裏者吾心所獨得，即所以然之故，天下之大本，而性之一原也。學者但遇一物，須反覆推尋，不惟窮其所當然，亦即究其所以然。如此既久，而脫然有悟，則在物之理與吾心之理自相會合，而無不貫通。所謂『眾物之表裏精粗無不到，而吾心之全體大用無不明者』，意蓋如此。」又曰：「陽明致良知、不用讀書與心體無

善無惡、知行合一等議論,皆邪說也。朱子謂:『邪說害正,人人得而攻之。』然則為吾徒者,可不同致其力哉?」予嘗謂仲復之學所守極正,於此亦可概見。大抵陽明之學,真所謂彌近理而大亂真者,而其實始於陳白沙,至陽明而盛。白沙元無學,故人惑之者少。陽明事業、文章炫耀一時,故天下靡然從之。其徒如王龍溪者,遂離經叛道而莫之知反矣。再傳而為李贄,則其去白蓮、無為等教一間耳。次崖謂「天地間自來有此差異事,有此祆怪人」,至此益信。此仲復所以謂不可不力攻也。(《山志》初集卷五)

【尊經閣記】王文成《尊經閣記》,大要衍金溪「六經皆我注腳」之緒耳。如其所言,是經可以不尊,尊經亦可以不閣也。題曰「尊經」,文先掃經,於為記之意不已悖乎?然金溪「六經皆我注腳」之言,謂學貴心得,亦一時自喻之見,但不可以立訓,而後儒更襲之。無論不可為學亦成語錄套話,入耳厭聽。究其病源,皆本之禪所謂「達摩西來,不立文字」者也。即如世尊上坐,文殊白槌云:「諦觀法王法,法王法如是!」世尊便下坐。論此公案,亦小有理,若重拈起,豈不索然?又況帝王之道、聖賢之學哉?茅鹿門謂此記為程、朱所不及,不知程、朱正不肯為耳!鹿門徒以詞章名家,宜其云然也。(《山志》初集卷五)

【王文成】王文成道德、事功、文章皆一代之選,而學從禪入,多涉於偏,非聖賢之訓,不能無遺議。乃今之攻之者,掊擊不已,而為詆毀則過矣。屠緯真稱:「文成靈稟鳳成,天才獨詣,神采雄邁,智略深沉。氣九死而不折,才百鍊而彌精,秉操屹於丘山,當機捷於風雨,厝注極其揮霍,理學悟入玄微。負氣節而不專於氣節,譚文章而不局於文章,學為儒而不拘於為儒,究仙釋而不露其仙釋。求之底裏,未易窺其際,方之古人,難輕定其品。異人哉!異人哉!」此其贊文成至矣。然云「學為儒而不拘於為儒,究仙釋而不露其仙釋」,則又深於訾者也。○鄭端簡曰:「今人專指斥陽明學術,余不知學,但知《大學》恐不可直以宋儒改本為是,而以漢儒舊本為非,此須虛心靜思得之。若宸藩反時,余時年二十一,應試在杭,見諸路羽書,皆不敢指名宸濠反。或曰江西省城有變,或曰江西省城十分緊急,或曰江西巡撫被害重情,或曰南昌忽聚軍馬船隻,傳言有變。惟陽明傳報,明言江西寧王謀反,欽奉密旨會兵征討。安仁謂:『陽明學本邪說,功由詭遇。』又云:『王某心事,眾所共疑。』何其不諒至此?」又曰:「宸濠之役,王陽明不顧九族之禍,擒賊奏凱。彬、忠諸佞倖導康陵南征,罪人未就甸師之戮,中外危

疑洶洶，視行陣間尤費心力。媚嫉之徒，肆為誣詆，天日鑒之而已。其桶岡、橫水、浰頭之賊連穴數省，寇叛數十年，國無大費，竟爾底定。此功豈在靖遠、威寧之下？其學術非潛心內省密，自體察者，慎勿輕訾也。」又曰：「王陽明初見宸濠，佯言售意，以窺逆謀。宴時，李士實在坐，宸濠言康陵政事缺失，外示愁歎。士實曰：『世豈無湯、武耶？』陽明曰：『湯、武亦須伊、呂。』宸濠又曰：『有湯、武便有伊、呂。』陽明曰：『若有伊、呂，何患夷、齊。』自是陽明始知宸濠謀逆決矣，乃遣其門生舉人冀元亨往來濠邸，覘其動靜，益得其詳。於是始上疏請提督軍務，言：『臣據江西上流，江西連歲盜起，乞假臣提督軍務之權，以便行事。』意在濠也。司馬王晉溪知陽明意，覆奏稱王某有本之學，有用之才，今此奏請相應準允，給與旗牌便宜行事，江西一應大小緩急賊情，悉聽王某隨機撫剿。以故濠反，陽明竟得以此權力起兵擒賊。捷奏中歸功本兵，新都故不喜晉溪，見陽明奏遂怒，故封爵久不行。至今皇帝登極詔中言之，議者遂謂新都自為已定策地也。濠反書初至，諸大臣驚懼，以為濠事十成八九。晉溪一日十四奏調兵食，且大聲對諸大臣曰：『王伯安在汀、贛，據南昌上流，旦夕且縛宸濠，諸公無恐。曩請與伯安提督軍務，正為今日。』已而濠平職方郎中論功超昇，晉溪乃不得脫戍籍，豈不大舛？晉溪後以張、桂薦，起復為吏部尚書，卒諡恭襄。」端簡，君子也，親逢其時，非有所阿於文成，其言當不妄。文成學實深邃，雖其為說有予所不取者，蓋中之所疑不能自隱，非敢故為異論，故備錄端簡之言，以示世之過詆文成者。嗚呼！以方正學之殉節，而修實錄者誣之以叩頭乞生，楊文貞可謂無天理矣！以王文成之伐叛，而作國史者誣之以首鼠兩端，費文憲尚可謂之有人心乎？近日孫少宰著書，略文成之善，而獨言其通濠有因，則以論學之不合而偏於作惡，欲從百年後定百年前莫須有之案，亦異矣！少宰博學好古，予素重之，惟於此不能無憾也。即如文貞、文憲，皆一代名臣，而以私意造謗，則其過有不可掩者。士君子於善善惡惡之際，又烏可不知《春秋》之義哉？（《山志》初集卷五）

【漢儒】漢儒傳經之功，天下萬世賴之，必不可易者。如以其人有遺行，則雖孔門七十二子中亦不無可議者矣。大抵叔世之人多刻薄之論，學者貴在折衷耳。吳文定云：「從祀苟有益於經傳，則馬融、揚雄昔皆不廢。」倪文毅亦云：「馬融、王弼之徒，其立身不無可貶，然秦漢以來六經煨燼，賴諸子抱遺經專門講授，經以復存，自是唐之注疏多祖其言，今之經傳引用尚多其說，

何可盡廢？」鄭端簡云：「宋儒有功於吾道甚多，但開口便說漢儒駁雜，又譏其訓詁，恐未足以服漢儒之心。宋儒所資於漢儒者十七八，祇今諸經書傳注盡有不及漢儒者。」此其言皆可思也。（《山志》初集卷六）

蒿庵閒話二卷　（清）張爾岐撰

張爾岐（1612～1678），字稷若，號蒿庵處士，山東濟陽人。父諱行素，龍溪府君，好儒，生四子，次失目，其三子悉教以儒。時值異說正熾，蒿庵獨守程、朱說，雖從事科舉，日與兩弟講究《大全》《蒙引》《存疑》，不少變者六七年。明末諸生，入清不仕，教授鄉里以終。顧亭林浪跡四方，以遊為隱，而蒿庵「嘉遯林岩，遺世以為高」，可謂「固隱」也（語見顧炎武《王徵士山史六帙序》）。平生交遊，顧亭林之外，惟劉友生、李象先、李中孚、王山史四大君子而已。晚年，蕭然物外，不與世接。康熙十六年卒，年六十六，自為墓銘。學守程、朱，窮究性命天人之奧。治古文辭，嘗作《天道論》《中庸論》《篤終論》。又作《學辨》五篇，曰《辨志》，曰《辨術》，曰《辨業》，曰《辨成》，曰《辨徵》。其《辨志》尤為時稱，餘不傳。年三十，治《儀禮》，苦其難讀。五十後，乃取經與注章分之，疏則節錄其要，有疑義則以意斷之。始名《儀禮鄭注節釋》，後改曰《儀禮鄭注句讀》，凡十七卷，附《監本正誤》《石經正誤》二卷。他所著有《易說略》《詩說略》《老子說略》《夏小正傳注》《弟子職注》《吳氏儀禮考注訂誤》《濟陽縣志》《蒿庵集》《蒿庵閒話》。《清儒學案》卷十六《蒿庵學案》云：「蒿庵隱居績學，為清初山左第一醇儒。學究天人，而無理障。至其精罕《禮經》，墨守高密，最為亭林所推服。後來繼起，循其緒而擴之，先導之功，不可泯也。」生平事蹟見《清史稿‧儒林傳》、張爾岐《蒿庵集》卷三《蒿庵處士自敘墓誌》、錢載《蘀石齋文集》卷二十四《處士張蒿庵墓表》、羅有高《尊聞居士集》卷五《張爾岐傳》。〔註184〕

此書卷首有康熙九年（1670）自題，稱於經學則無關大義，於世務亦不切得失，故命之閒話焉。其學宗程、朱，故其議論大抵純正，如曰：「明初學者崇尚程、朱，文章質實，名儒碩輔，往往輩出，國治民風，號為近古。自良知之說起，人於程、朱始敢為異論，或以異教之言詮解六經，於是議論日新，文章日麗，浸淫至天啟、崇禎之間，鄉塾有讀《集注》者傳以為笑，《大全》

〔註184〕按：今人有章回體傳記文學《蒿庵記》。

《性理》諸書束之高閣，或至不蓄其本。庚辰以後，文章猥雜最甚，能綴砌古字經語，猶為上駟。俚辭、諺語，頌聖、祝壽，喧囂滿紙，聖賢微言幾掃地盡，而甲申之變至矣。」又曰：「或疑聰明何以浸不逮古，曰祇是私心太勝。」「桑柔」條曰：「古來亂亡之主，亦自有其深憂過防之事，如秦之惡儒生，漢之錮黨人，宋之禁道學，皆以為萬世無窮之慮，防閑距閉，唯恐不至，他如勤征戍，急聚斂，鰓鰓過計，自謂遠猷，卒之謀非所謀，慎非所慎，根本既撥，覆壓將至，恬然安處而不悟，亦可哀也哉！詩人之言，可謂麻木處一痛針。」

是編乃其劄記之文，凡二百九十六條。《四庫全書總目》列入雜家類存目，稱是編特偶有所得，隨文生義，本無意於著書，謂之零璣碎璧則可，至於網羅四部，鎔鑄群言，則實非《日知錄》之比云云。然周中孚稱其邃於經，煉達於世務，所劄記多精義，為前賢所未發；其下者亦專辨名物、匡謬訛，非小說家所能有，蓋《日知錄》之亞也。是編為蒿庵所劄記，故間有寥寥數語及瑣細率略處，持論敘事，皆頗精切，謂之零璣碎璧，誠最允矣。〔註185〕蒿庵不愧經生本色，誠如顧亭林所稱「獨精三禮，卓然經師」，然其論學尚未臻化境，如論「易一名而含三義」，稱以簡易、變易皆順文立義，語當不謬；若不易，則破此立彼，兩義背馳，如仁之與不仁，義之與不義，以不易釋易，將不仁可以釋仁、不義可以釋義乎？此條已為錢鍾書《管錐編》所駁正。

此書有乾隆五十四年《貸園叢書》本、乾隆四十年刻本、《昭代叢書》本、《粵雅堂叢書》本，又有清李文藻家抄本。此本據國家圖書館藏清康熙間徐氏真合齋磁版印本影印。

【附錄】

【張爾岐《蒿庵閒話自序》】予既廢舉子業，猶時循覽經傳，每於義理節目外為說家所略者偶有弋獲，如咀嚼胉肋，間得少味，不必肥羜大臠也。至聽人譚所聞見，亦時有切予懷者，並箚記之。如是者二十年，巾笥漸滿。今夏，較錄成帙，將以貽好事者為譚助，以其於經學則無關大義，於世務亦不切得失，故命之閒話焉。庚戌夏五月題。

【四庫提要】《蒿庵閒話》二卷（桂林府同知李文藻刊本），國朝張爾岐撰。爾岐有《周易說略》，已著錄。是編乃其箚記之文，凡二百九十六條。顧炎武與汪琬書，自稱精於三禮，卓然經師，不及爾岐。故原跋以是編為《日知

〔註185〕周中孚：《鄭堂讀書記補逸》卷二十五。

錄》之亞。然《日知錄》原原本本，一事務窮其始末，一字務覈其異同。是編特偶有所得，隨文生義，本無意於著書，謂之零璣碎璧則可。至於網羅四部，鎔鑄群言，則實非《日知錄》之比。如「曾子易簀」一條，稱嘗見一書，說楚國曾聘曾子為相，是當時亦曾作大夫，故季孫得以此為遺云云。案《韓詩外傳》稱曾子仕於莒，得粟三秉，方是之時，曾子重其祿而輕其身。親沒之後，齊迎以相，楚迎以令尹，晉迎以上卿，方是之時，曾子重其身而輕其祿。又稱曾子仕齊為吏，後南遊於楚，得尊官。爾岐所謂嘗見一書，當即指此。然韓嬰採掇雜說，前後已自相違異，豈可引以詁經？顧炎武必無是語矣。其論吳澄《三禮考注》出於依託，極為精覈。蓋爾岐本長於《禮》，故剖析鑿鑿。使盡如斯，則方駕《日知錄》可也。(《四庫提要》卷一百二十九「子部三十九·雜家類存目六」)

【清史稿·儒林傳】張爾岐，字稷若，濟陽人。明諸生。父行素，官石首縣丞，罹兵難，爾岐欲身殉，以母老止。順治七年，貢成均，亦不出。遯志好學，篤守程、朱之說，著《天道論》《中庸論》，為時所稱。又著《學辨》五篇：曰《辨志》，曰《辨術》，曰《辨業》，曰《辨成》，曰《辨微》。又著《立命說辨》，斥袁氏功過格立命說之非。年三十，覃思《儀禮》，以鄭康成注文古質，賈公彥釋義曼衍，學者不能尋其端緒；乃取經與注章分之，定其句讀，疏其節，錄其要，取其明注而止，有疑義則以意斷之，亦附於末，成《儀禮鄭注句讀》十七卷，附以《監本正誤》《石經正誤》二卷。

【張爾岐《蒿庵處士自敘墓誌》】蒿庵處士張爾岐者，字稷若，濟陽人。其遠祖諱大倫，徙自棗強，譜牒失次。自五世祖諱清，高祖諱旻，曾祖諱信，祖諱蘭，皆力農。父諱行素，龍溪府君，好儒，生四子，次失目，其三子悉教以儒。時值異說正熾，處士獨守程、朱說，雖從事科舉，日與兩弟講究《大全》《蒙引》《存疑》，不少變者六七年。一旦府君罹大變，三弟爾徵亡，四弟爾崇死復蘇，又值大祲，處士形神慘悴，惸惸孤立，忽狂作，欲蹈水死，自焚所業書義，又欲著道士服，棄家入山，返顧堂上老母郭孺人莫誰事者，復強自抑制，教授鄉里。未幾，當貢太學，以病廢，不果行，遂貧賤以終其身。處士性好沉思，喜論著。所著有：《易經說略》《詩經說略》，學者多傳錄之；《儀禮鄭注句讀》，鮮受者，遇崑山顧寧人炎武，錄一本，藏山西祁縣所立書堂，長山劉友生孔懷取據點一本，藏其家；《夏小正傳注》一卷，《弟子職注》一卷，《老氏說略》二卷，《蒿庵集》三卷，《蒿庵閒話》二卷，《濟陽縣志》九

卷，《吳氏儀禮考注訂誤》一卷，俱藏家塾。草《春秋傳義》，未成，遂病。娶朱氏，繼娶徐氏，妾齊氏，子三人，女一人，孫二人，孫女七人。處士生於萬曆壬子七月二十二日，歿於康熙丁巳十二月二十八日。處士病既困，自顧無可誌其墓，口占數語，以誌生平云。（張爾岐《蒿庵集》卷三，《清代詩文集彙編》第 39 冊第 433 頁）

【處士張蒿庵墓表】以處士自見者，類如江南之顧絳、山西之傅山，康熙己未以博學宏詞薦，而一辭，一不至，臃腫拳曲之木，實沾雨露，以遂其山澤之生。山東濟陽張爾岐，蓋其闇然者矣。爾岐諱字稷若，號蒿庵，以明諸生入本朝。順治庚寅，當貢太學，以病不行。其病既困，乃口授墓誌。生於萬曆壬子七月二十二日，歿於康熙丁巳十二月二十八日……先生之學，深於漢儒之經，而不沿訓詁；邃於宋儒之理，而不襲語錄。其《答論學書》云：「士生今日，欲倡正學於天下，不必多所著述，當以篤志力行為先。」蓋暗然君子之自得者也。惜其《學辨》五篇僅存《辨志》一篇，然已足以見其學之正。（下略）（錢載《籜石齋文集》卷二十四，《續修四庫全書》第 1443 冊）

【張爾岐傳】張爾岐，字稷若，濟南濟陽人，明諸生也。爾岐生丁明之末造，患學者之誦說聖言，剿單辭簡，棄先民故訓而師悖，真儒之效不著，畸士狂生憤嫉鄙薄，決去為異端，遂此即不反聖緒，曰：微民受荼苦且日甚，未知厥底，於是作《學辨》五篇，曰《辨志》，曰《辨術》，曰《辨業》，曰《辨成》，曰《辨徵》……先是，有袁氏者採掇釋家、道家言，附會儒書，造功過格，立命說，唱導後進，後進靡然風從。爾岐以為離畔經法，大惡之，遍告其鄉曰：「是異端曲學，毋習也……」早歲工科舉之文……其父石首驛丞行素離兵難，爾岐創恒，甚欲身殉，又欲棄家為道士，顧母老而止，然遂焚毀諸生業，別字曰蒿庵，鬱伊屏處，不通人事……一意治古文，造《儀禮鄭注句讀》十卷、《易說略》八卷、《詩說略》五卷、《老子說略》二卷、《夏小正注》一卷、《弟子職注》一卷、《蒿庵文集》二卷、《蒿庵閒話》二卷、《濟陽縣志》九卷。晚歲好《春秋》，造《春秋傳義》，未成而卒。羅有高曰：余過濟南，濟南人為余言，張爾岐曉天文推步，能前知，異之為神人。及余從益都李生遊，讀《蒿庵文集》，及其行事，規規矩矩，有道醇儒也。故撮取其論學之要，著於篇。（羅有高《尊聞居士集》卷五，《續修四庫全書》第 1453 冊）

【亭林深斥講學亦未是】（顧）亭林單標「行己有恥」，而深斥講學，意亦可商。亭林嘗以論學書示張蒿庵，蒿庵頗持異見，謂：「論學書特拈博學、

行己二事，真足砭好高無實之病。愚見又有欲質者：性命之理，騰說不可也，未始不可默喻。侈言於人不可也，未始不可驗之己。強探力索於一日不可也，未始不可優裕漸漬以俟自悟。如謂於學人分上了無交涉，是將格盡天下之理，而反遺身以內之理也。」《蒿庵文集》卷一《答顧亭林書》。蓋亭林別有書致蒿庵，而以論學書附往者。今亭林原書已不傳，而編刻《蒿庵文集》者，即以論學書為亭林與蒿庵之原書而附刻之，誤也。其後朱一新《無邪堂答問》卷三亦評亭林「但當辨辭受、取予，不當言心性」之說，並謂「穆若平實，亭林所不逮」，其言極足相箴砭。亭林學侶歸玄恭論講學，其言亦較亭林為正。〔註186〕

尚論持平二卷析疑待正二卷事文標異一卷 （清）陸次雲撰

陸次雲，字雲士，號北墅，錢塘（今浙江杭州）人。康熙初拔貢生，官江陰縣知縣，有善政。己未鴻詞科與試，未中。高才績學，雜著甚富。詩筆排奡，獨出新意。沈德潛《清詩別裁集》稱其詩「本真性情出之，故語多沉著，而所選詩轉在宋、元，以之怡情，不以之為宗法也」。如《雜感》詩云：「雷霆能擊人，獨畏操莽威。鬼神能福人，獨於孔孟遺。今古無鑒戒，禍亂相乘除。問天天不言，屈平空著書。」「芝蘭出穢壤，芙蕖生淤泥。賦性自芳潔，於此徵神奇。君子處濁世，師惠以全夷。何必登首陽，高歌懷《采薇》。」又如《詠史》：「儒冠儒服委丘墟，文采風流化土苴。尚有陸生坑不盡，留他馬上說《詩》《書》。」又如《泛洞庭湖》：「大浸數五湖，莫大於洞庭。時當春夏交，雪融水氣蒸。仰視但有天，與波同一青。茫茫六合中，不見大塊形。三老弄洪濤，澎湃意所輕。至此乃敬慎，風正始揚舲。同舟色俱靜，半帆容與行。此中有楠木，千載成英靈。出沒每不時，異響令人驚。舟婦散紙錢，徐徐乃就平。死生呼吸間，宴坐猶兢兢。吁嗟縹緲中，難測鬼神情。或問傳書事，心知不敢應。」又如《出門》：「堂上有慈親，身外無昆季。承歡賴妻賢，委之以為弟。弱女方四齡，初知離別意。恐其牽袂啼，深傷遊子緒。乘彼睡未醒，溫存加絮被。拜母不能言，揖妻交重寄。此際心若摧，出門方隕

〔註186〕錢穆：《中國近三百年學術史》第四章《顧亭林》，商務印書館，1997年版，第145頁。

涕。回首望家山，漸遠山漸低。側聽岸旁語，鄉音已漸移。放舟入大河，煙水無端倪。偶逢相識人，遙呼心依依。無如交行舟，倏忽已遠離。」字字真至，催人淚下。著有《八紘譯史》《八紘荒史》《洞溪纖志》《北墅緒言》《湖壖雜記》《澄江集》《玉山詞》等書。生平事蹟見《清史列傳・文苑傳》、張維屏《國朝詩人徵略》卷一四、《杭州府志》卷一四五。

三書皆辯證經史疑義，體例相同，特隨得一二卷即以付梓，遂各立名目，實則一書而再續耳。阮元《文選樓藏書記》卷五稱三書條論經史，其發揮義理者為《尚論持平》，辯證疑義者《析疑待正》，注解新奇者《事文標異》。

《尚論持平》上卷論述五經，下卷論述四書及子史。如曰：「保合太和，其理甚大，可於一果驗之。果中一核，核中一仁，仁折而後核分為二，萌而生根，根生幹，幹生枝，枝生葉，葉生蕊，蕊生花，花生果，果復生核，循環往復，蓋仁太極也，核即兩儀也，因而根幹枝葉即由四象而充之，以至於萬物也。」論《金縢》曰：「愚讀《金縢》之書，未敢信其盡出周公之言也。」以情理、稱謂而辨之。又謂《論語》為孔子之史：「《論語》中多《春秋》之書法，曰八佾舞於庭……或出自夫子，或為門人所書，皆有褒貶存其間，與《春秋》相表裏。《春秋》為魯之史，《論語》則夫子之史也。」「封建」條曰：「封建之制，惟唐虞之時無弊。自成湯伐夏，諸侯從之者三千，三千之君可置之乎？周武伐殷，諸侯助之者八百，八百之國可廢之乎？殆至周衰，君弱臣強，奄奄不振，遂折而入於秦，此封建之不得不為郡縣者勢也，不可以為秦罪也。至漢，以七國之微，猶能作亂，益見封建之不可以行於後世矣。至唐，以藩鎮之強，猶能跋扈，益見封建之不可分於功勳矣。若變為郡，而或得龔、黃以為守，變為縣，而或得召、杜以為令，內有良相，外有賢師武臣，則天下未有不治者。如無道以處之，不得人以理之，使作難者揭竿而起，此非郡縣之過也。迂儒以為不復封建所致，豈足與之論變通乎？」「四皓」條曰：「古今真偽之辨，辨之於其人，不若辨之於其事之可信也。」其論皆足以開拓心胸。然以《忠經》為馬融之所著，則不辨真偽。《四庫全書總目》稱其書多捃拾瑣說，而參以臆斷，殊穿鑿無理云云，持論未免稍苛。

此本據中國科學院圖書館藏清刻《芙蓉城四種書》本影印。

【附錄】

【四庫提要】《尚論持平》二卷《析疑待正》二卷《事文標異》一卷（浙江吳玉墀家藏本），國朝陸次雲撰。次雲有《八紘譯史》，已著錄。三書皆辯

證經史疑義，體例相同。特隨得一二卷即以付梓，遂各立名目，實則一書而再續耳。《尚論持平》上卷論「五經」，下卷論「四書」及子、史，多捃拾瑣說，而參以臆斷。如水流濕，火就燥，濕自為卑濕，燥自為乾燥。而取秦觀之說，謂濕者土之氣，土者水之妻，夫從妻好，故水流濕。燥者金之氣，火者金之夫，妻從夫令，故火就燥。殊穿鑿無理。謂《周南》、《召南》即舜歌之南風；謂《詩》以邶、鄘、衛並列，存三監也，存三監所以存殷也，殷祀之絕，有未愜於聖人之心者；謂夫子錄秦風寺人之令為預見趙高之禍；謂《秦誓》、《武成》皆稱紂為商，證殷為地名，非國號，皆杜撰無稽。至《春秋》未嘗擯楚，《論語》不語怪力亂神為指《春秋》，皆郝敬之謬談；孟子論貴戚之卿為陰指田文之將篡，乃于慎行之妄說；管、蔡為殷之忠臣，文王之孝子，尤郭子章之悖語；一概錄之，殊失裁斷。謂《尚書》逸篇乃逸於孔子之時，不逸於秦火之後；謂《忠經》真出馬融，其注真出鄭玄，更漫無考證矣。《析疑待正》於《豳風》七月孟子十一月徒槤成，十二月輿梁成，皆力主周用夏正，與《尚論持平》中「春王正月」一條自相矛盾。其推崇偽撰《三墳》為古書，蓋陰剿鄭樵之說，而諱其所出。《癸辛雜識》辨《詩序》后妃之德句謂後指文王，妃指太姒。以是例之，則《葛覃》序稱后妃所自作，將文王與太姒聯句乎？《螽斯》序稱后妃不妒忌，將以不妒忌加文王乎？其說至為無理，而次雲取之，殊不可解。《事文標異》稱黃帝《素問》引古《月令》，按《素問》無引《月令》之文，其注中所言乃宋林億等校正引《唐月令》，與黃帝無關。又稱《大學》石經本，按《石經》出自豐坊，其政和年號之舛迕，合兩賈遂為一人之謬誤，前人已辨之，尤侗《艮齋雜說》不暇致詳，次雲又述之，亦為失考。惟其稱《緇衣》所載葉公之顧命，注家以為沈諸梁者，其文實在《汲冢周書·祭公解》內，葉字為蔡字之訛，其言有據，可以備一解耳。（《四庫提要》卷一百二十九「子部三十九·雜家類存目六」）

【陸次雲小傳】陸次雲，字雲士，錢塘人。監生。康熙十八年舉鴻博，放歸。後官郟縣知縣，有惠政，丁父憂，去之日，民走送越百里外。起知江陰縣，如治郟。詩筆排奡，獨出新意。雜著甚富。從子韜，一名自震，字子容，負異姿，應童子試，以詩古文取縣第一，知縣廉其貧，贈以金，悉買書，晝夜讀，咯血不已。又從友人借二十一史，力疾研尋，疾篤死。（《杭州府志》卷一四五）

艮齋雜說十卷　（清）尤侗撰

　　尤侗（1618～1704），字同人，更字展成，號悔庵，又號艮齋，晚號西堂老人、鶴棲老人，長洲（今江蘇蘇州）人。明末諸生。少日博聞強記，才名藉甚。工時文，詞曲亦負盛名。嘗以制義《怎當她臨去秋波那一轉》及《西堂雜俎》傳入禁中，順治帝譽之為「真才子」。補學官弟子，屢試於鄉，不利，順治五年（1648）拔貢生，九年任永平府推官。不畏彊禦，坐撻旗丁降調。康熙十八年（1679）召試博學鴻詞，列二等，授翰林院檢討，與修《明史》。同日入院，艮齋最長，以齒序，四十九人皆坐其下。留史局三年，分撰志傳，多至三百篇，覃恩授徵仕郎。四十二年，康熙帝南巡迎駕，升為侍講。旋告歸家居，翌年卒於鄉里。以詩文縑素請者盈庭戶，艮齋揮灑不倦，有求必滿其意。擅書法，有天趣。其詩多寫生活瑣事，筆調酣暢，風格多樣。夏時《尤西堂太史宴集楫青亭分韻》贊曰：「城南結隱構池亭，山色遙分郭外青。才子逼真天語重，文章巧奪化工靈。陶情詩酒來今雨，嘯傲林泉聚客星。我亦煙霞遊寄者，輸君高枕狎鷗汀。」宗渭《贈尤艮齋太史》云：「共指西堂重斗南，十年林下謝朝參。蕭閒何用登三事，酬對偏能竟百函。月上把杯邀白墮，雨餘臨水看紅酣。前身合是王摩詰，慧業還從貝葉探。」著有《明藝文志》《西堂全集》。生平事蹟見《清史稿》卷四八四、《清史列傳·文苑傳》及侗自編《悔庵年譜》。徐坤博士近年撰有《尤侗年譜長編》（臺灣花木蘭 2013 年版）、《尤侗研究》（上海文化出版社 2008 年）。

　　此書為艮齋晚年居家所撰筆記。全書十萬言，分十卷，卷一至六為《雜說》，卷七至十為《續說》。其論學大旨在主敬。艮齋云：「主敬二字，先聖未道，宋儒特為拈出，此千古心法也。堯曰欽，舜曰恭，皆敬也……若但知主敬而不能變化，則必入於執著。終日端坐如泥塑人，而無鳶飛魚躍、活潑潑地景象，所以有『何時打破敬字』之謔也。故愚曰：主敬工夫須變化，乃以變化助主敬之功，非與主敬相反也。」又倡「隨境安心說」。然反對調和儒、釋，曰：「儒、釋二教相非久矣。近見《竹窗二筆》，頗可折衷。其言曰：『二教聖人設化各有所主，不必岐而二之，亦不必強而合之。儒主治世，佛主出世。治世則自應如《大學》格致誠正修齊治平足矣，而過於高深，則綱常倫理不成安立。出世則自應窮高極深，方成解脫，而於家國天下不無稍疏，理勢自然，無足怪者。若定謂儒即是佛，則六經論孟諸典燦然備具，何俟釋迦降誕、達摩西來？定謂佛即是儒，則何不以楞嚴、法華理天下，而必

假羲、農、堯、舜創制於上，孔、孟諸賢明道於下，故二之合之，其病均也。雖然，圓機之士二之亦得，合之亦得，兩無病焉。』蓋蓮池逃儒而歸佛者，故立言如此。可為和事老人也。」又曰：「無驕無諂，安居貧富之間。不怨不尤，善處天人之際。」此書議論不俗，頗有可取。如論「《老》《易》之合」曰：「夫子讀《易》至損益，喟然而歎。《易》之道莫妙於損益。損之象懲忿窒欲，可以養身。益之象遷善改過，可以養德。故《繫辭》曰：『損以遠害，益以興利。』《老子》曰：『為道日損，為學日益。』此《老》《易》之合也。」論假道學真鄉愿曰：「人可為真士夫，不可為假道學。假道學者，服堯之服，誦堯之言，而行桀之行也。然而非之無舉，刺之無刺，居之似忠信，行之似廉潔。假道學不已，則變而為真鄉愿矣。真鄉愿者，生斯世也，為斯世也，閹然媚於世，然而其未得之也，患得之，既得之，患失之，真鄉愿不已，則化而為活鄙夫矣。若道學之徒，高談性命，動引詩書，借仁義道德之名，以濟奸貪詐偽之實。雖莊、列諸子，猶然笑之，聖人復起，有不深惡痛絕者乎？」至於論李卓吾、金聖歎曰：「李卓吾，天下之怪物也，而牧齋目為異人。其為姚安太守，公座常與禪衲俱，或入伽藍判事，後去其髮禿，而加巾，以妖人逮下獄，遂自刭死。當是時，老禪何在異乎？不異乎？吾鄉金聖歎，以聰明穿鑿書史，狂放不羈，每食狗肉，登壇講經，緇素從之甚眾。」

書前有康熙二十九年（1690）尤侗自序，稱歸田數載，耄及健忘，酒闌夢覺，偶憶生平載籍所傳，賓客所話，參以臆見，隨筆著錄，為揮塵之一助，匯而次之，得雜說若干卷，大抵雅俗間出，褒貶不倫，洸洋悠謬云云。其書名之理據，擬之孔子贊《易》，陳康祺斥之為謬妄之至。朱彝尊稱所撰《西堂雜组》，觀者胥悅，奉為兔園冊；晚輯《艮齋雜記》，學者服其雅馴云云，暗寓褒貶。陳康祺《郎潛紀聞》卷十稱其書塵俗蕪陋，嘗逐條細評，可議者幾什八九云云，失之過苛矣。

此本據復旦大學圖書館藏康熙二十九年《西堂全書》本影印。

【附錄】

【尤侗《艮齋雜說自序》】遞書契而計之，則「六經」以下皆說也。然君子語大，天下莫能載焉。立乎上古，以指今日，後有作者皆其小者矣。漢、唐、宋俱有小說，姑勿論。予纂《明史·藝文志》，至說類約三百七十家，其最多者：陶宗儀《說郛》、陸楫《說海》、徐武功《前四十家小說》、穀神子《後四十家小說》。《弇州四部說》其一也。其他叢譚、璅語更僕難數，然或博物君

子有心撰述，則必仰觀天文，俯察地理，近取諸身，遠取諸物，騁辨於堅白同異，鉤奇於山海幽深，若是者，僕病未能，且不暇，歸田數載，毫及健忘，酒闌夢覺，偶憶生平，載籍所傳，賓客所話，參以臆見，隨筆著錄，為揮塵之一助，匯而次之，得《雜說》若干卷。大抵雅俗間出，褒貶不倫，洸洋悠謬，可笑人也。昔歐陽公作《歸田錄》未成，而序先出，神宗亟索觀之，公因其中紀述有礙者刪去數十條，又嫌卷帙太少，乃撮取里巷委屑戲笑不急之事以足之。予之此書將無同與？然則曷名乎「雜說」？吾夫子贊《易》，有《說卦傳》焉，有《雜卦傳》焉，合而言之，是為「雜說」。康熙庚午冬至日，長洲尤侗自序。

【翰林院侍講尤先生墓誌銘】先生姓尤氏，諱侗，字同人，更字展成，別字悔庵，又曰艮齋，晚自號西堂老人。西堂者，先生讀書之所也。先世家無錫，遠祖袤，以政事、文學著南渡初，詩家所稱尤、蕭、范、陸是已。子孫世登膴仕，載《萬柳溪邊舊話》。其後轉徙長洲之斜塘。曾祖某，有隱德。祖某，舉鄉飲賓。考淪，國子監生，敕贈徵仕郎、翰林院檢討，亦兩舉鄉飲賓。妣孺人鄭。先生少日博聞強記，有才名，補學官弟子，歷試於鄉，不利，貢於廷，謁選除永平府推官。不畏彊禦，坐撻旗丁降調。康熙十七年春，天子仿古制科取士，或薦先生於朝，召試體仁閣下，上親擢五十人，悉除翰林，纂修《明史》。同日入院，先生最長，以齒序，四十九人皆坐其下。留史局三年，分撰志傳，多至三百篇，覃恩授徵仕郎。子珍以進士出身，改庶吉士，先生乃告歸家居。以詩文縑素請者盈庭戶，先生揮灑不倦，有求必滿其意。同時汪編修琬居堯峰，以古文自矜，少可多怪，見俗子議文章者，恒面斥之，以是人多畏縮，咸樂先生之和易也。歲己卯，天子南巡，先生入見，御書「鶴棲堂」扁額以賜，時先生年八十有二矣，猶康強善飯，暇相地於官山之陰，築生壙，自為之誌，結丙舍曰草草山房，俾予分書。予嘗以天台萬年藤杖奉先生，並作歌以贈，先生喜劇，然猶未窘於步，不藉扶持也。歲癸未，天子復南巡，進先生官侍講。甲申六月日，以疾卒，距生明萬曆四十六年閏月日，享年八十有七……先生名雖未登甲乙榜，早為文社倫魁，弟子著錄者多，大學士崑山徐公元文其一也。所作詩文，流傳禁臠，世祖惜其才，命相妨，終受聖主之知。官之翰苑，屢承殊渥。今年春，葬尊詣杭州，偕前輩德清徐公倬謁見皇太子於行殿，令旨賜坐，謂曰：「老成易謝，茲來又失一尤展成矣。」字而不名，洵異數也已。先生著述甚富，所撰《西堂雜俎》，觀者膺悅，奉為兔園冊。晚輯《艮齋雜記》，學者服其雅馴。《全集》五十四卷、《餘集》七十卷、《鶴棲堂稿》十卷

俱鏤板行於世。銘曰：士也懷才或不售，遭逢聖世終旁求。圭璋特達自有期，鶴書召君六十餘。俾入史局掌詞書，君之才大筆不休。有若札札機絲抽，趨庭有子登亨衢。遺榮辭老返衡茅，難進易退世所高。君於故里恣逍遙，水哉之軒蘭葉舟。琴瑟几杖官山幽，達天知命故不憂。鶴棲堂深御墨留，人生百歲語本虛。八十有七齒已憂，著史況足名千秋。君今含笑歸山丘，吾銘維實言不浮。（朱彝尊《曝書亭集》卷七六）

【堅瓠秘集序】《堅瓠集》者，聖賢格物致知之學也。理渟乎物，一物不知，引以為恥。故覈其大，不遺其小；崇其王，不廢其奇。孔子考定「六經」，以明先王之道。而羵羊之怪，萍實之祥，專車之骨，肅慎之矢，凡「六經」之所不及者，靡不博記而周悉。此無他，格物者廣也。褚子稼軒，其得聖人之遺意乎？少而好學，至老彌篤，搜群書，窮秘籍，取經史所未及載者，條列枚舉，其事小而可悟乎大，其事奇而不離乎正，逐物求知，各有原本。其去莊周之寓言、鄒衍之誕說遠矣。其書自初集始累為十集，搜羅略備，更繼以續集、廣集、補集，今秘集又成焉。夫天地間瑰異之觀，古今來奧渺之跡，無不散見之於書。日覽則日益，歲求則歲增，亦曷有紀極哉？稼軒窮幽索隱之功，與年俱積，故見聞愈廣，搜輯愈夥。又安知芸閣雞林之外，名山石室之中，不更有博物君子所未經見之書、可備採錄者乎？其為秘集也，知又非卒業事也。時康熙庚辰仲春，鶴棲老人尤侗撰。

【十三卦所以治天下】《易》有六十四卦，何取乎十三卦？又何取乎九卦？九卦所以治身，天德也；十三卦所以治天下，王道也。（《艮齋雜說》卷一）

【《老》《易》之合】夫子讀《易》至《損》《益》，喟然而歎，《易》之道莫妙於《損》《益》。《損》之象「懲忿窒欲」，可以養身；《益》之象「遷善改過」，可以養德。故《繫辭》曰：「《損》以遠害，《益》益以興利。」老子曰：「為道日損，為學日益。」此《老》《易》之合也。（《艮齋雜說》卷一）

【《周禮》作者】《周禮》一書，諸儒皆以為周公作，然武帝謂其瀆亂不經，作十論七難以排棄之。何休亦以為六國陰謀之書。或謂劉歆附益，以佐新莽。王安石又用之，以亂天下。蘇子由曰：「秦、漢諸儒以意損益之，非周公之完書也。」其辨之詳矣。吾以一言斷之，《周禮》者，《周官》也。以《尚書·周官》考之，三公、三孤立六卿之上，而《周禮》不載若師氏、保氏，乃司徒之屬，非公孤之職也。《君奭》篇召公為保，周公為師，保氏以為兼攝之

官，而正義駁之。唐虞建官惟百，夏、商官倍，周官不過三百而已。今六官之屬合至十萬，是官多於民也。即如一市之中，商賈幾何？司市官屬凡一百四十二人，一商之肆，自肆長至史二百十人，何紛然其擾也，豈可云官不必備乎？至冬官之闕，或云書未成而公亡，後人以《考工記》足之。而俞庭椿、王次點、丘葵、吳澄之徒謂《冬官》不亡，錯簡五官之內，相繼而增損之，此固非矣。若郝京山、王虛舟又謂《冬官》主事，四時惟冬無事，故其官為司空，取虛空之義。然則司空掌邦土，居四民，時地利，《周官》何以稱焉？若引唐虞司空總百揆即古之冢宰，不應與天官同職。若引漢司空列於三公，又不應分師保之任也。以為司空本無職掌，朝廷安用此無事之官乎？論《周禮》者，蘇子之言當矣。（《艮齋雜說》卷一）

【《爾雅》非周公之書】《爾雅》非周公之書，不過釋字，絕無深義。雖多識鳥獸草木之名，然郭璞注之多云未詳，又何取於《博物志》乎？其尤疵者，《釋訓》一篇皆《詩經》注耳。張仲孝友固出後人，而如切如磋者五句，直寫《大學》，更與全篇不類。（《艮齋雜說》卷一）

【《艮齋雜說》之蕪陋】尤西堂作《艮齋雜說》，塵俗蕪陋，余少時嘗逐條細評，可議者幾什八九。其自序謂：「聖人贊《易》，有《說卦傳》《雜卦傳》，合而言之，故名雜說。」尤為謬妄之至。（陳康祺《郎潛紀聞》卷十）

此木軒雜著八卷　（清）焦袁熹撰

焦袁熹（1660～1735，一作1661～1736），字廣期，號南浦，金山（今屬上海）人。康熙三十五年（1696）舉人。選任山陽縣教諭，未赴。其性至孝，刻厲清苦，鑽仰程、朱，默契絕學。私淑陸隴其，不慕榮利。擅長詩詞，學問篤實。家在南浦焦村，有南浦草堂，張照書額，其柱聯云：「文章能事非天雨，學問源頭有地雷。」何焯書贈句也。後構此木軒，為袁熹著書處。時有同道來會於此。鄞縣諸生錢起盛，為人樸率，挈妻子來浦南訪焦袁熹，談濂、洛、關、閩之旨，編纂朱子學著作若干卷，稿三四易，胼手不恤，袁熹作《溝壑行》美之。徐乾學之子徐駿《石帆軒詩集》卷十《訪焦廣期於浦上歸棹口占》云：「白雲吞吐碧山屏，望斷蒹葭日欲暝。一路秋聲催去槳，海潮夜夜到荒汀。」沈德潛稱：「廣期先輩鄉舉後，不入春闈，意自知非用世人，故願以不材終其天年也。穿穴經學，工制義，詩亦孑孑獨造，不儕流

俗。」著有《春秋闕如編》《小國春秋》《此本軒經說彙編》《此木軒四書說》《此木軒紀年略》《太極圖說就正編》《儒林譜》《太玄解》《潛虛解》《此木軒詩集》《此木軒文集》《直寄詞》《此木軒四六文選》等書，匯為《此木軒全集》。生平事蹟見《清史列傳・儒林傳》《國朝耆獻類徵》卷四四、《（乾隆）金山縣志》卷十二、《（嘉慶）松江府志》卷五十八、《（嘉慶）重修一統志》卷八十四、張維屏《國朝詩人徵略》卷一七及焦以敬、焦以恕編《焦南浦先生年譜》。

　　書前有嘉慶九年（1804）王寶序敘，稱論者徒謂先生制藝有不可名言之妙，其論制藝亦有味乎言之，故當為吾郡本朝之第一人，然遂欲以此駕乎其詩古文詞之上，如《雜著》者，是又學問之散見、文章之餘波云云。周中孚亦稱是編乃其史論之餘，取其古人事蹟而評騭之，每條各為標目，雖純抒議論，殊乏考證，而平允中理者多。〔註187〕

　　全書八萬言，分八卷。卷一「事業」條曰：「人臣立功建業，繫其才能何如，然職分有限制，又所遭值時勢不同，難可期必。大抵官愈高，任愈隆，所責望亦愈厚……惟存心仁義，以道德為務者，則不限於官職，不問所成之功大小。蓋雖小亦大也。人固有窮居草茆，而憂樂以天下，不屑為小小功利，其器量可以包含名卿才士數百輩者。」「李合」條曰：「《後漢・李合傳》：『合陰與陶範等謀立順帝，會孫程等事先成，故功不顯。後翟酺上合潛圖大計，以安社稷。錄功封侯，當時謀議自是大有曲折，史家記其略耳。』或便評之曰：『有何證據乎？』此等顓憑紙上舊文，有則言有，無即謂無，妄自下意，最為無識。觀書者當嗤之，慎勿傚之也。」卷二「封建」條曰：「秦並六王，廢封建為郡縣，天下一君，其後因革不常，而三代之制卒不可復。不知封建雖廢，而郡國之間，所以君其土，臣其人者，由漢已下閱千餘年，所謂封建之意未嘗不存也。直至宋有天下，然後此意乃無復存耳。」卷三「治怒」條曰：「易喜易怒者，小人之器也，而易怒尤害事。仁知禮義皆無自以立。德既喪，則才亦必不及人矣。凡人語及其所不平，則氣必動，色必變，詞必厲，唯韓魏公不然，更說到小人忘恩背義，欲傾己處，辭和氣平，如道尋常事。魏公之度量如此。伊川謂之閒氣者，蓋天質宏大，足以任重致遠，非必由學而能也。」卷六「學」條曰：「學始於有所見，終於忘所見。有所見者，始

〔註187〕周中孚：《鄭堂讀書記補逸》卷二十五。

得之之謂也。忘所見者，得之深不自知得之之謂也。如學《易》者，以《易》觀物，無之非卦爻，無之非象數也，無之非道也，太極也，是有所見也，非強探力索也。其久也，物如其物，不必卦爻也，象數也，道也，太極也，是忘所見也。藏之於澒洞無垠之中，置之於空虛不用之地，不知其富有也。其指以示人，非始見而言之，為夫未有所見者之，不能無待於言云爾。」卷七「論世」條曰：「盛世之言其氣和，衰世之言其氣悲，治世之言其氣直，亂世之言其氣猛。盛世之言，若皋、夔、周、召之於唐、虞、成、周，何其休美也。三代以還，不可得而見矣。治世之言，若賈生之於漢文帝，魏徵之於唐太宗，韓、范、歐陽等之於宋仁宗。」卷八「知己說」條曰：「夫古人所以重知己之感者，為夫眾人所不能知，而一人獨知之，而賞之以是為難得也。若隱深自知之處有不能知，雖褒贊累千百，言心弗樂也，與夫妄肆詆訾者分厚薄則可矣，其為不知己同也。」

此書有清嘉慶九年刻本、光緒八年掃葉山房刻本。此本據嘉慶九年刻本影印。

【附錄】

【王寶序《此木軒雜著序》】南浦先生論著至多，其所見於年譜及漢南司寇所撰行狀中者，未易屈指數。茲所刻雜著若干卷，大抵皆史論之餘……論者徒謂先生制藝有不可名言之妙，其論制藝亦有味乎言之，故當為吾郡本朝之第一人，然遂欲以此駕乎其詩古文詞之上……如《雜著》者，是又學問之散見、文章之餘波……嘉慶甲子春後學王寶序敬撰。

【續修四庫全書總目提要（稿本）34—723】《此木軒雜著》八卷（清光緒間刊本），清焦袁熹撰。袁熹字廣期，江蘇華亭人。康熙舉人。不赴會試。隱居南浦，讀書自遣，因以南浦為號。深於經學，工制藝，詩亦戛戛獨造，不同流俗。平居有所涉獵，輒取為論說以攄所見，細大不遺，學問文章本有其卓越處。然當時時論者每譽其制藝文，謂有不可名言之妙，實賞識於牝牡驪黃之外者也。所為書甚多，都經進呈，四庫輯錄者外，尚多未刻，目詳其年譜及行狀中。此則其文章之餘波，學問之散見者耳。大抵皆史論之瑣，拈之一人一事或一語為題，而發揮之，議論犀利，有時頗嫌失之深刻。如論魏收為尒朱榮作傳，美榮以若修德義之風，韓、彭、伊、霍亦何足數二語，為貶而非褒，為輕薄而非頌美，蓋以伊、霍人臣而疑於篡逼，韓、彭反畔，又嬰菹醢者

也。論劉孝標在梁終不見用，由於愚憨炫才，為武帝所惡。舉策錦被事為證等，皆固有其理，不必即為定論。其失蓋由於好為翻案文字耳。如論世氣，謂：「盛世之言其氣和，三代以還不可得而見矣；治世之言其氣直，若賈生之於漢文帝，魏徵之於唐太宗，侃然發陳，無有鬱屈；哀世之言其氣惷，似和而非和，苟悅苟免而已；亂世之言其氣猛，似直而非直，爭名競勝而已。」語自平正不矯，而最警策者。則為論系包，謂見孫昭系包考，言六壬陰陽之書，十二生辰五行胎墓之間為「絕」者，蓋誤合「系包」二字為一而訛耳。原引《黃帝書》「五行十二變」為證，袁熹則又舉四局始生、中旺、終墓之義衍申之，以是孫說，且引四局衝生為馬，今言術數者亦明其旨為旁證。至於卷末則雜記災異等，亦示勸懲意也。特於全卷體例不合，殊嫌蛇足耳。

【焦袁熹傳】焦袁熹，字廣期，婁縣人。所居浦南之焦家村，學者稱南浦先生。康熙三十五年登鄉薦，念祖母鞠〔氏〕、母唐〔氏〕春秋高，絕意進取。癸巳，詔求實學之士，華亭王文恭、安溪李文貞交章薦，奉旨召見，以親老固辭。後銓山陽教諭，仍乞終養。乙巳，母病，袁熹年六十六矣，猶躬自扶掖，進飲食，積三四月不怠。及卒，勺水不入口者十日。其至性純孝如此。生平刻厲清苦，所居不蔽風雨。究心儒先之學。時當湖陸清獻以道學提唱東南，袁熹慕而師之，鑽仰程、朱，默契絕學。所著各經說、《太極圖述》等書數十卷，皆與宋儒脗合，間出己意，俱能發所未發。其他雜著亦數十卷，如兵刑、錢穀、水利、獄訟諸大政，悉指陳利害，有裨實用。詩古文及制義凡所自為與所評騭，一時風行遠近，自言每年讀未見書必丈許，自少至老，未嘗輟。尤好獎借後進，每以齒牙餘論沾丐寒畯。年七十六卒，門人私諡曰孝文。(《(嘉慶)松江府志》卷五十八引《金山志》)

【事業】人臣立功建業，繫其才能何如，然職分有限制，又所遭值時勢不同，難可期必。大抵官愈高，任愈隆，所責望亦愈厚。且如宰相，不能以道事君，格其非心，任眾賢以成治，則雖出一言，活數千人，興一制，垂久遠之利，猶為毫毛之善而已，況並無之，何以免於立人本朝而道不行之恥乎？自卿相以下，至於尉史，以次而殺，例從可知。惟存心仁義，以道德為務者，則不限於官職，不問所成之功大小。蓋雖小亦大也。人固有窮居草莽，而憂樂以天下，不屑為小小功利，其器量可以包含名卿才士數百輩者。子路不恥縕袍，所謂治千乘使有勇知方，徒空言無事實，竟能跨越管、晏諸人。顏淵居陋巷，問為邦，夫子告之四代禮樂，若此者，以仁義道德而為事業，無職分之

禁、時勢之妨者也。故曰：「不患無位，患所以立。」「素其位而行，不願乎其外。」（《此木軒雜著》卷一）

【論世氣】盛世之言其氣和，衰世之言其氣葸，治世之言其氣直，亂世之言其氣猛。盛世之言，若皋、夔、周、召之於唐、虞、成、周，何其休美也。三代以還，不可得而見矣。治世之言，若賈生之於漢文帝，魏徵之於唐太宗，韓、范、歐陽等之於宋仁宗。侃然發陳其志，意無有鬱，屈而不得信者，斯亦其次也與？若夫衰世之言，似和而非和也，為苟悅為苟免而已，彼其氣奄奄且盡矣；亂世之言，似直而非直也，為爭名為競勝而已，其尤不肖者，色厲而內荏矣。嗚呼！非直不可以為和，非葸之甚則亦不至於終亂。然其所以致此者，豈一日之故哉？吾於是乎有感。（《此木軒雜著》卷七）

【此木軒】國朝焦袁熹字□□（廣期——引者注），撰有《此木軒全集》，皆收入《四庫》。其此木軒命名之意，乃取《莊子》「此木也，以不材終其天年」之語。□□□□自知非用世之人，不樂仕進，故以「此木」名軒，尤為恰當。（劉聲木《萇楚齋續筆》卷四）

妙貫堂餘譚六卷　　（清）裘君弘撰

裘君弘（1670～1740），字任遠，新建（今江西南昌市）人。君弼弟。康熙三十五年（1696）舉人，補教習。主講白鹿洞書院。沉淪下僚，百無聊賴以詩鳴。其《東湖懷古》詩云：「東湖簫鼓憶當年，柳色江潭倍黯然。兩相樓臺成宿草，二橋歌舞散寒煙。湖魚味共松鱸美，村杏花同鐵樹傳。洲上草堂原有賦，高文誰續李王篇。」又著有《西江詩話》十二卷，所論之詩人概為江西籍400餘人，徵文獻之脫誤，補志乘之遺漏，搜羅甚富，而詳略有體。其體例仿《全唐詩話》，微有不同，詳爵里出處，考時代先後，人微事徵，隻字必登。他著尚有《敬止錄》，已佚。生平事蹟見《（康熙）江西通志》卷五六。

書前有君弘小引，稱有談史者，有談經者，有談詩文者，有談風月者，有談里巷瑣屑，或稗小說，今古軼事者，有述前言往行，不置一喙者，有間附鄙見，或加評騭者。〔註188〕

全書四萬言，分六卷，多記舊聞，隨事論斷，或意所未盡，則本條之下

〔註188〕《續修四庫全書》第1136冊，上海古籍出版社，2002年版，第577頁。

更綴餘論以申之。凡分五類，一曰譚史，二曰譚學，三曰譚詩文，四曰清譚，五曰雜譚。其議論頗為純正。如卷一「貪甚於酷」曰：「古今治平之有待，皆由貪墨之未除。黃海岸先生嘗曰：『貪吏之害，比酷吏尤甚。』」「宇宙缺陷原多」條曰：「古來治少亂多，君子少小人多，亦是天地大缺陷處。大賢有挽回氣運之學，小賢須盡其樂天知命之功。遭晚季則謹身於無過，而遇明盛須發奮以有為。」卷二「文人宜敦厚道」曰：「文人最宜敦厚道，不可有忌嫉念頭，或肆意傲物，亦足損人器識。」卷三「文忌枯淡」曰：「文字最忌枯淡，非真正峻潔陡健，簡之一字未易言也。」卷四「詩法通於作文」曰：「語忌直，意忌淺，脈忌露，味忌短，音韻忌散緩，亦忌迫促。又曰：學有三節，其初不識好惡，連篇累牘，肆筆而成。既識羞愧，始生畏縮，成之極難。及其透徹，則七縱八橫，信手拈來，頭頭是道。此嚴滄浪論詩法也。僕以為通於論文，通於論古文，亦通於論時文。學古文，學時文者，能於此處心味而熟講之，便是最上乘法。然則如之何卻到透徹地步？則仍不外滄浪論詩數語曰：非多讀書，多窮理，則不能極其所至。」「執詩不可以論人」曰：「詩中句意及使事多屬偶然，興會或有觸，而今未可以字梳句櫛之也。嘗怪宋人評詩，輒執此以論人之才品學術，未免刻舟求劍，失之愈遠。論世者無為其語所惑。」「明詩病在近雅」曰：「余每讀明朝諸公詩，輒不愜意。王徵曰：唐詩沿於國風，而漢魏變於雅頌。雅言多盡，風詞則微。今日之詩病在近雅。此論得之，然要為弘、萬以前言耳，竟陵而下則自鄶無譏。」卷五「雅俗之辨」曰：「山谷極言士大夫不可俗，俗便難醫。或問不俗之狀，曰難言也，平居無以異於俗人，臨大節而不可奪也，此不俗人也。山谷所謂不俗如是如是，後世或號雅人，不過只清譚飲酒，絲竹紅裙而已，將以為雅俗耶？」此書所論，長於經世之學，如論「相天下寡欲為先」，「先輩虛公為國」，「政以恤農為先」，「君相之學與士庶不同」，「諫官宜用新」，「保富」，「破格用人」，「縉紳居鄉宜清謹」，「督撫須先極廉」，「宰相須親正人」，「儒者須通兵法」，「大僚須通上下之情」，凡此種種，皆關乎天下大事。然不以考據見長，不為四庫館臣所喜，故《四庫提要》列入雜家類存目，又稱「記其鄉人之事為多」，可謂王顧左右而言他。欲加之罪，何患無辭？欲存其目，何患無辭？

此本據清康熙間刻本影印。

【附錄】

【袁君弘《妙貫堂餘譚小引》】僕既以三餘讀書，而復以讀書之餘，與二

三知己譚,此妙貫堂餘譚之所為錄也。有談史者,有談經者,有談詩文者,有談風月者,有談里巷瑣屑,或稗官小說、今古軼事者,有述前言往行,不置一喙者,有間附鄙見,或加評騭者,酒後耳熱,掀髯輒作,竟曰譚子弟鹽從旁竊錄,遂已成帙,好事者轉相傳寫,雙腕苦疲,謀以殺青代兔穎,一日呈余,且慫慂之,謂是詎減於晉人之麈柄乎?余曰:「小子何知焉。古稱三不朽,立德、立言、立功。言固扶世明道之一端也。然先聖之論學也,曰敏事慎言,又曰闕疑慎餘,則知修之身矣,施之事矣,不見於言可也,矧談?又言之緒餘哉?余於談得無不足於道乎?」子弟竦然曰:「敬聞教矣。」然不可已。請並錄此語為序,遂書以付之。新建裘君弘自識。

【四庫提要】《妙貫堂餘譚》六卷(江西巡撫採進本),國朝裘君弘撰。君弘字任遠,新建人。康熙丙子舉人。是書多記舊聞,隨事論斷,或意所未盡,則本條之下更綴餘論以申之。凡分五類,一曰譚史,二曰譚學,三曰譚詩文,四曰清譚,五曰雜譚。記其鄉人之事為多。(《四庫提要》卷一百二十九「子部三十九‧雜家類存目六」)

【相天下寡欲為先】天下何先?寡欲為先。欲不但聲色貨利,即詩賦書繪及一切耳目清翫之類,略涉浮華,無當實用者,俱不可稍稍措意。如秋水澄潭,澹然無欲,使人不能窺其涯涘,乃為得也。明徐溥稱孝宗朝賢相,但性頗珍重古董,詭者因而投之,以得薦拔,時有「金翰林」「畫編修」之誚。可見輔臣端慎好尚是第一件要緊事。(《妙貫堂餘譚》卷一)

【貪甚於酷】古今治平之有待,皆由貪墨之未除。黃海岸先生嘗曰:「貪吏之害,比酷吏尤甚。酷吏威福自侈,然意在尊主庇民,鋤豪滑植,善良未嘗有私於己。若貪吏,溪壑無厭,必取盈而後已,雖顛連其父母、典鬻其妻子而不顧。是酷之害止及人一身,而貪之害遂中人一家也。且大貪之夫未有不大酷者。蓋惟酷始能濟貪。昔高帝待群臣之祿養甚憂,而懲貪吏之處分尤重,故皆矜名節,遠脂膏。神宗之季,惟孳孳以利為言。羅天下財賄,盡入內帑,自謂千萬世不匱矣,豈知宴駕甫數年,逆閹出而蕩然無遺,大命中隕,蓋盈虛聚散乃天道之本,然而專利封殖亦鬼神所深惡,朝廷尚如此,況仕宦乎?」聞者服其名言。(《妙貫堂餘譚》卷一)

【三事為先】司馬溫公論擇言官當以三事為先:「第一不愛富貴,次重惜名節,次曉知治體。」愚謂不特言官,凡大小臣工皆然。人能輕富貴,重名節,則大本立;而又曉知治體,則大用全。即以倡率百僚,調元贊化,何所不

可耶？（《妙貫堂餘譚》卷一）

【興亡並見】經史進講，不惟善惡參觀，尤當興亡並見。蓋人主尊居九重，時有歷代亂亡之鑒，入於聽聞，則思天位維艱，覆墜甚易，自然兢兢業業，不敢荒寧，敬天勤民之念由之而生。譬諸紈袴子弟，日有人說高門世閥，倏為窮氓，即有觸於富貴難恃，分外警醒起來，非甚不肖，決不至荒淫侈肆，趨於大壞極敗之地也。不然，諧臣媚子惟務逢迎，不曰福命萬全，即曰百年長保，久之入耳甚熟，彼亦相忘，以為固然。雖有賢哲，自鏡則昏；雖有忠告，無從而入。世祿之冑敗不旋踵，良由不知成立之難，如昇天覆墜之易，若燎毛故耳。所謂草野之民，知有今日久矣，但九重嚴鈇，區區之心無路上達，然則當承平之日，喜聞殷鑒，不避忌諱，是在人主之寬其斧鉞，誘使直陳而已。（《妙貫堂餘譚》卷一）

【聖賢氣象】楊文貞曰：「天下萬世之事，當以天下萬世之心處之，便是聖賢氣象。」覺蕭、曹、房、杜不能為此言也。（《妙貫堂餘譚》卷一）

【文人宜敦厚道】文人最宜敦厚道，不可有忌嫉念頭，或肆意傲物，亦足損人器識。李空同過魏交論學，因問生平病痛，交語以公才甚高，但虛志與憍氣害道之甚者也。空同喟然曰：「吾早見公二十年有此哉！」夫高才博學如北地尚有此病，何況吾輩？切須時時檢點，不可墮俗下惡習。昔萬茂先徵君雅負大才，然志在獎來學，抑薄俗，即緇素童孺之長，一技一韻，必令其聞於人人而後快，以是名益重。譚友夏謂如是則尤文士所難。（《妙貫堂餘譚》卷二）

【科舉上更有學】鄉先輩劉觀嘗語學者曰：「《小學》一書是教人做人樣子，到老須以此立腳。」又曰：「吳文正公云：『一舉作狀元，便謂事業了當者，鄙人也。』斯誠雄論。」又曰：「吾幼見青紫赫奕，知進士之貴，輒慕為科舉之學。既臥病京師，讀儒先性理書，乃知科舉上更有此學，又輒慕為之。今殊覺進士非貴也。」余嘗笑謂劉先生此語特宜出自前輩，若出之吾黨，恐未免為自己解嘲，所謂「斯言也，自母出之不害為賢母，自婦出之則不免為妬婦。」然論窮達不易的道理，實實科舉上更有學。微特進士非貴，即位登卿相，又待何如？（《妙貫堂餘譚》卷二）

【觀人之法】觀人大抵徵名不如考實，做人大抵文多不若質勝。質勝之人，不特沉毅有為，抑且簡靜載福。明許冢宰進為一代名臣，一日鄉者艾問曰：「公昔為士，樸真而已，何仕而功之偉也。」公曰：「吾亦以樸真仕。」劉

文靖公初在翰林，閉戶讀書，人謂木強人而已，既入閣，練習國體，敢於任事，稱經世才。考許一門至貴，而劉壽九十三，完名盛福，古今罕比，亦簡重載福之一徵也。(《妙貫堂餘譚》卷二)

【文忌枯淡】文字最忌枯淡，非真正峻潔陡健，簡之一字未易言也。坡公自評應舉時文字如龍蛇提不住，盧楷文章色理滋茂，論者譬之青黃應節，農人操鐮疾割，隨手委地，彌望無際。少年人作文，皆須有此氣象。(《妙貫堂餘譚》卷三)

【文人狡獪不少】閩人吳浤跋費無學《粉閣篇》云：「始無學構粉閣於園東，為三婦凝粉之所，後十年，無學，以病謝交遊，大婦尋殞，小婦佞佛除葷，而中婦已含飴，作老嫗行藏，風流頓盡，率未聞有一日一人持鏡臺粉匣，而登斯閣者，樂事之難如此。今其書綿麗可喜，俾後世人讀之，有歸風送遠之思，不知特園東一矮屋而已。彼夫敘秦樓之跨鳳，紀陽羨之籠鵝，安知非文人狡獪所成耶？」此語特妙，不惟識透盈虛消息之理，並自來著書家許多寓言假託之旨都被此一語道破。大抵宇宙奇幻固多，文人狡獪不少，識得此意，方許讀古今諸異書。(《妙貫堂餘譚》卷三)

【為文須多讀書】往時習八股業，日浸淫先輩大家及近科房行專稿，背誦常數千篇，下筆卻不見開宕。年來讀「十三經」、「念一史」、諸子百家、雜文、小說，無不肆覽，經年不見時文，偶一拈題，咄嗟立辦，倒覺得如滄海橫流，滔滔莫禦。因悟坡公「讀盡萬卷書，故下筆無一點」。(《妙貫堂餘譚》卷三)

在園雜志四卷　　(清)劉廷璣撰

劉廷璣(1653～1716)[註189]，字玉衡，號在園，又號葛莊，漢軍鑲紅旗人。康熙年間由廕生官出為浙江台州府通判，歷任處州府知府、江西按察使，後降補分巡淮徐道。少時所作詩已得王士禎稱賞，後袁枚評曰：「或嫌其詩過輕俏，然一片性靈不可磨滅。《漁家》云：『一家一個打魚舟，結得姻盟水上浮。有女十三郎十五，朝朝相見只低頭。』《偶成》云：『閒花只好閒中看，一折歸來便不鮮。』」《在園雜志》嘗自記其「童去自埋生後火，飯來還掩讀殘書」一聯，或以為剽襲陸游「呼童不至自生火，待飯未來還讀

[註189] 張一民：《劉廷璣的卒年考》，見劍鋒冷然的新浪博客。

書」句，自辨其用意不同。又自記有人評其詩曰「此亦出入於香山、劍南之間而未純者」〔註190〕，自以為允。《四庫提要》稱其詩以陸游為宗，奪胎換骨，要不能謂不出於遊云云。著有《葛莊分體詩鈔》《葛莊編年詩》。生平事蹟見《八旗通志》本傳、《碑傳集補》卷十七、《國朝詩人徵略初編》卷十三。

全書六萬言，分四卷，為廷璣任官職時筆記。《四庫提要》稱是編雜記見聞，亦間有議論考證。其書喜談小說戲曲。如論歷朝小說曰：「自漢、魏、晉、唐、宋、元、明以來，不下數百家，皆文辭典雅，有紀其各代之帝略官制、朝政宮幃，上而天文，下而輿土，人物歲時，禽魚花卉，邊塞外國，釋道神鬼，仙妖怪異，或合或分，或詳或略，或列傳，或行紀，或舉大綱，或陳瑣細，或短章數語，或連篇成帙，用佐正史之未備，統曰歷朝小說。讀之可以索幽隱，考正誤，助詞藻之麗華，資談鋒之銳利，更可以暢行文之奇正，而得敘事乏法焉。」又評《琵琶記》：「記中賓白宏博，可以見其學問之大。詞曲真切，可以見其才情之美。自古迄今，凡填詞家咸以《琵琶》為祖，《西廂》為宗，更無有等而上之者。」其書雜記見聞。如記泥人：「畫像由來久矣，筆墨之妙，所謂傳神在阿堵中，未聞以泥可捏成者。惟神鬼之像，塑者最多，蓋神鬼盡屬虛幻，誰見其真？誰辨其偽？近有高手，能以團泥極熟，對人手捏而成，與生人之面貌、肥瘦、赤白、蒼黃、鬚髮、痣點、瘢痕、光麻無不酷肖，儼然如生，覺畫工筆墨仍有未到之處。」又記指畫：「高韋之僉事其佩，留心繪事，能以指頭作畫，闢開生面，超越前人。以指蘸墨，雲飛風動，轉瞬而成。山石木樹，水藻殘荷，禽鳥魚蟹，窮工盡致，真絕技也。」其書喜泛論處世。如論做官：「居官固宜清正，亦須和平，倘一偏執，則處事不能周詳，人情難以通達，未免美中不足。」論家人索賄：「仕途中交際，必委用家人，然最有關係。蓋伊給事左右，窺伺意旨，容易作弊為奸。」皆立論正大，可為法戒。

書前有康熙五十四年（1715）孔尚任序，稱其書或紀官制，或載人物，或訓雅釋疑，或考古博物，核而典，暢而韻，有似宋人蘇、黃小品，能變史筆為寫心怡情之具云云。又有廷璣自序，稱是帙正以陳言務去，無恩怨，無

〔註190〕楊鍾羲《雪橋詩話》卷三：「劉玉衡《葛莊詩》出入於香山、劍南之間。《西山即景》云：『野寺無名惟見佛，空山有路漸知村。』《武林喜晤張中丞敬止賦呈》云：『欲抽身處何曾老，未罷官時已覺貧。』《秋懷》云：『生來多病宜蔬食，老不禁涼換袖袷衣。』《雪後答張山人》云：『疑是身居掛月村，捲簾殘雪照芳尊。灞橋非負尋詩約，為有梅花不出門。』」

諷刺，方使閱者怡情益智，又借人之口稱其書所志者昭代之制度、名公之經濟，其他文翰詩詞、新聞俗諺，即日用尋常，無不考核精詳，推原所自，至於神奇怪誕，雖驚人魄，實解人頤云云，未免王婆賣瓜之嫌。此書為複合文本，附錄相關資料（如來往書信、序跋、詩詞之類）甚夥。書後有陳履端跋，稱其書堪比《白氏六帖》，並駕《北堂書鈔》，可與《分甘餘話》《筠廊偶筆》鼎足而三云云，未免過於溢美矣。

此本據康熙五十四年刻本影印。

【附錄】

【劉廷璣《在園雜志自序》】余少習舉子業，鍵戶咿唔，其於五車二酉未能寓目。及壯，以門蔭通籍，服官終日，滿眼風塵，勞形案牘，更無暇也。乃年逾周甲，而足跡未能半天下，故耳所聞、目所見、身所親歷之事無多。今值河工久慶安瀾，得於退食餘閒，焚香靜坐，或與二三賓友煮茗清談，偶有記憶，輒書一紙投篋中，積漸成帙。一日啟與孫筆指說，客有見者曰：「盍付梓？」余曰：「昔人著書立說，或窮天文、地理，務為高遠，或搜諸子百家，以顯秘奧，其次亦有所託，以寄恩怨而存諷刺。餘則無是，何梓為？」客曰：「乾坤經史，昔人言之詳矣。若恩怨私情也，諷刺微詞也，古來文人才士往往以此受謗，皆無足取。是帙正以陳言務去，無恩怨，無諷刺，方使閱者怡情益智，何況所志者昭代之制度、名公之經濟，其他文翰詩詞、新聞俗諺，即日用尋常，無不考核精詳，推原所自，至於神奇怪誕，雖驚人魄，實解人頤，不同於《夷堅》《虞初》鑿空鏤幻，悉皆耳所親聞，目所親見，身所親歷者，絕非鋪張假借之辭。梓而問世，自可法而可傳耳。」遂強付剞劂。余因紀其言，以弁簡端。康熙乙未春初，遼海劉廷璣自識。

【孔尚任《在園雜志序》】古今風尚，各擅一代，如清談著於晉，小說著於唐，雖稗野之語多有裨於正史。近代談部說家，有櫟園《書影》、鈍翁《說鈴》、西陂《筠廊偶筆》、悔庵《艮齋雜說》、漁洋之《居易錄》《池北偶談》《分甘餘話》諸種，短則微言雋永，長則駢辭瞻麗，皆竊義於晉、唐之殘編，固有所本也。予欲匯成《稗海》，為萬年太平頭白汗青之助，但削牘浩繁，疲精費日，久縈於懷，亦非細事矣。今遊淮南，又讀《在園雜志》，或紀官制，或載人物，或訓雅釋疑，或考古博物，即夷堅、諾皋幻誕詼諧之事，莫不遊衍筆端，核而典，暢而韻，有似宋人蘇、黃小品，蓋晉、唐之後又一機軸也。曾南豐曰：「所謂良史者有四長焉，其明足以周萬事之理，其

道足以適天下之用，其智足以通難知之意，其義足以發難顯之情。」今觀《雜志》，四長已備，孰謂小品不足以臚列金匱石室，為操觚班、馬所取材也。雖然，古之秉史筆者，其體嚴，其書直，若野史雜記，又多恩怨好惡之口。今在園所著，瀟灑歷落，於人無嫌，於世無忌，讀之者油然以適，躍然欲舞，且悉化其溪刻凌厲之氣，不知何所本，而能變史筆為寫心怡情之具，以感人若是耶？予挑燈三復，乃知在園先生今之賢大夫，而以詩名者。溫柔敦厚，出於習性，退食之餘，偶憶舊聞，或有新見，書以示子孫，拈與賓客，浮白軒渠。其作史之筆，仍然作詩之筆也。古以太史采風，今以樂府演史，與詩蓋二而一者也。康熙乙未初春，雲亭山人孔尚任撰。

【陳履端《在園雜志跋》】憶辛酉、壬戌間，履端隨先君子檢討公官京師，時觀察公方髫齔陸生入洛之歲、仲華拜袞之年，常過邸舍，與先君子論詩，稱忘年交。記先君子曾語履端曰：「當今詩人接踵新城、商丘者，必以劉中翰在園為最。」謹識不敢忘。今未刻篋衍集中先君子手抄葛莊諸詩尚在。履端自壬午冬備員山陽校官，職卑務閒，時追隨觀察公學詩，回想當年京邸趨庭緒語，忽忽若前日事。觀察公喜著書，一日出《在園雜志》示履端曰：「雜志上下卷，不過就余耳之所聞，目之所見，身之所閱歷，隨筆志之，積久成帙，非有成見作文字觀，竊附兔園冊子，藉供水天閒話已耳。」履端受而讀之，不禁悚然曰：「是書也，核事物之原流，貫天人之同異，稱名邇，寄意遠，可以發人忠孝之思，動人勸懲之志，令人隨事謹飭，不敢放佚，取其緒餘，亦足以資多識，助談柄，豈如虞初、諾皋僅同叢言、脞史一二津逮及之也哉？」嘗考唐時虞世南抄經史百家之書曰《北堂書鈔》。白樂天取凡書精語，各以門目類，粹名為《六帖》。《後六帖》者，宋知撫州孔傳所纂，以續樂天之後，傳襲封衍聖公。履端又嘗讀觀察公年譜，公少工舉子業，值旗籍停科，以門蔭需次通籍，歷仕三十餘年，雖脣簪黻，而鉛槧隨身，藩潤側理，不殊儒素，以故大而軍國典要，細而蟲魚瑣碎，靡不留心手輯。乙未春，孔東塘先生從曲阜來淮，與觀察公剪燭聯吟，暇讀雜志。先生軒渠，拍手為公作序，自言亦有稗海匯輯，卷帙浩繁，漸次成書，如孔傳所纂。今《在園雜志》堪比《六帖》，並駕《北堂》。近日漁洋集中有《分甘餘話》，西陂卷內有《筠廊偶筆》，俱膾炙人口。《在園雜志》洵足肩隨二書稱鼎足焉。則齊驅王、宋者，又不獨葛莊詩也。乙未立秋後三日，陳履端百拜敬跋於袁浦學舍。

【四庫提要】《在園雜志》四卷（浙江巡撫採進本），國朝劉廷璣撰。廷璣字玉衡，號在園，鑲紅旗漢軍。由廕生官至江西按察使，後降補分巡淮徐道。是編雜記見聞，亦間有考證。頗好譽己詩，似張表臣《珊瑚鉤詩話》。四卷錄乩仙詩至十五六頁，亦太近《夷堅》諸志。所記邊大綬伐李自成祖墓事甚詳，然與大綬自序不甚合，疑傳聞異詞也。（《四庫提要》卷一百二十九「子部三十九·雜家類存目六」）

【君其恕我】衙齋署一聯曰：「所到處，隨彎就彎，君其恕我；者些時，倚老賣老，臣不如人。」細按之，不脫人我相，且有火氣。不若督河右司馬趙公世顯座右書：「只如此已為過分，待怎麼才是稱心。」「如此」二字，有許多現在之富貴安樂在內，「怎麼」二字，有許多無益之侈心妄想在內，二語殊覺謙退知足，無窮受享。（《在園雜志》卷一）

【清初少沿明制】國初少沿明制，近則推官奉裁刑名總歸知府，同知不知府事，通判不判文牒，惟署印、押糧、解餉以及雜差而已。至於司所幕員，但存經照，間有知檢者，印歸堂上，官亦虛設，亦不過聽差而已。然在明朝立法未嘗不善，未免事少官多，十羊九牧，不若今之權歸於一，不許掣肘之盡善也。（《在園雜志》卷一）

【不喜結盟】生平不喜結盟。蓋朋友為五倫之一，朋友甚親，何用弟兄之名乎？故作《結交行》，有「嗟此紛紛假弟兄，五倫忘卻真朋友」之句，憶為處州太守時，僚友八人既集飛馬相招，至則諸君坐次序齒不序爵，心竊異之。年最長者揚言曰：「今日之會，欲結異姓兄弟，君意何如？」余唯唯，因思宦途畏險，一拂其意，則不合時宜，勉強從之，至今猶悔也。（《在園雜志》卷一）

【交際委用家人】仕途中交際，必委用家人，然最有關係。蓋伊給事左右窺伺意旨，容易作弊為奸。其於事務金帛，固所不免，未聞於詩文投贈亦恣肆需索者。甲子，予謁王新城阮亭先生，以《葛莊詩集》呈教。先生一見，極口稱賞，自許作序見貽，越月往領，閽人辭以未就，適先生以宮詹奉命秩祀南海，私計先生王事匆迫，必無暇及此，不知其脫稿已久，而家人輩匿為奇貨，橫索多金，予與先生文字交，若賄而得之，不幾污先生之清白乎？迨祀畢，先生回都，踵門往候，入座即道前序，因行急，殊覺草草，予謝尚未頒發。先生怒詰家人，隨檢前敘見付，別後聞即重懲之矣。（《在園雜志》卷一）

【禹碑行】嶽麓神禹碑,何年鐫刻之?真蹟雖莫窺,字體殊瑋奇。儼如冠冕之獨立,矯若鳳鳥之來儀。或盼而連目,或聳而並肩。或展而雙足,或握而兩拳。神藏蘊蓄,意騁蹁躚。既非鳥跡之踖踖,亦非垂露之涓涓。篆隸八分,抑又邈焉。計歷年之既久,何點畫之新妍。豈鬼神之默護,故歲久而彌鮮。據譯讀之恍惚,未必當日之真傳。余過長沙弗覺,偶至湘潭返船。直肩輿而迅步,遂冒雨而陟巔。喜胸襟之豁滌,獨坐翫而弗旋。昔韓退之嘗千搜而萬索,至諮嗟而涕漣。予實迷途之未遠,無亦此生之宿緣。(《在園雜志》卷二)

【門人虛懷】門人常近辰建極天資聰敏,力學工詩。余以一札勉之,覆書云:「捧誦手諭,宛如侍立左右親聆教言,但建極自受業門牆,矢心惕厲,惟恐入於小成,有辜大教,無如天分低微,終難上達。又兼三四年來浮萍斷梗,講論無人,未免自以為是,所謂差以毫釐,失之千里者矣。昨細讀批示拙作,如夢初醒,今後更當多讀多作多改,細心體察,不但不敢有負指教,亦斷不肯自安於卑近也。」披閱之下,足見其服膺好學,深可嘉尚。當此年力富強時,能虛懷如此,其後又何量焉。〖附原書〗僕與足下訂交有年,會必談詩,別必寄詩,外人見之,莫不曰此二詩人也。然足下數年前之詩與今日之詩無異,殊為惜之,何也?寫景不過陳陳相因,幾字數言而已;寫情不過碌碌無奇,膚詞習句而已。求煉一超脫之意,出一驚人之語,成一俊逸之篇,不易得也。如此,雖再過十年,再成千首,亦何益哉?向見弔孫七古一篇,可稱傑作,以為手筆開展,自有進境,孰知此後仍寥寥焉。以足下英敏之資,靈秀之筆,何忍安於卑近?然非讀古學古不可也。老生常談,輒曰選體、漢魏、六朝、初盛,此豈易言哉?不過好高務遠者之誇示於人耳。扼要之法,但取與我性情相近者,如唐之錢、劉、香山,宋之後村、石湖、劍南,明之季迪、茶陵,推而廣之,如宋之永嘉四靈,元之虞、揚、范、揭,明之前後七子,選其集中之最者,熟讀而翫味,揣摩而討論之,即不能苦心探索,亦當採擇而涉獵之,痛謝熟徑,盡去窠臼,三五月後,鬱勃而出,奮筆疾書,眼前意中自然清真,當必有過人者矣。要知古人言景言情,不能出於雲泉花月、觴詠狂愁之外,我能化腐為新,點鐵成金,即足名家,兼能傳世耳。此足下對症之藥也。(《在園雜志》卷二)

南村隨筆六卷　（清）陸廷燦撰

陸廷燦（約 1678～1743），字扶照，號幔亭，嘉定（今屬上海）人。師事王士禛。歲貢生。康熙五十六年（1717）任崇安縣知縣，候補主事，以養病家居，未赴任。回籍後著書自娛以終。張雲章序其詩集曰：「根本深厚，格律清穩，名作傑句，唐中晚詩人之雄也。」著有《續茶經》〔註 191〕、《藝菊志》《藝花譜》《春樹唱酬集》《繭仙詩》《稷存草》《松滋草》等書。生平事蹟見《武夷山志》卷十六、《（光緒）嘉定縣志》卷十九。

書前有雍正十三年（1735）廷燦自序，稱隨筆掌記身儀、政事、典故及考明物理、辨正異同者，而先哲箴銘時時錄及，亦可以警人心而敦風俗。〔註 192〕又有雍正十三年（1735）王澍序，稱其義例一以師門王士禛、宋犖為歸。〔註 193〕

此其家居時取平日所見聞雜錄之，而於王士禛、宋犖兩家說部採取尤多，其議論皆本之《池北偶談》《筠廊隨筆》諸書，而略推擴之。此書徵引文獻極多，如《夢溪筆談》《方洲雜錄》《研北雜志》《岩棲幽事》《冊府元龜》等，究以說部、類書居多。全書近四萬言，分六卷，所記甚瑣碎，如記俗語：「北人稱婦女之不正者曰瓦剌國。」記泉品：「山頂泉輕而清，山下泉清而重，石中泉清而甘，沙中泉清而冽，土中泉清而厚。流動者良於安靜，負陰者勝於向陽。山削者泉寡，山秀者有神。真源無味，真水無香。」論文學史：「先秦、兩漢詩文具備，晉人清談書法，六朝人四六，唐人詩小說，宋人詩餘，元人畫與南北劇，皆是獨立一代。」此論亦主一代有一代之勝。「養生」條曰：「古人讀《文選》而悟養生之理，得力於兩句曰：『石蘊玉而山輝，水涵珠而川媚。』此真是至言。」「尚友堂座右銘」條曰：「為天地立心，生民立命，往聖繼絕學，萬世開太平，士君子不可無此志業。毋以嗜欲殺身，貨財殺子孫，學術殺天下後世之人，士君子不可有此罪過。」

《四庫提要》入雜家類存目，稱其中如辨古人之登高不獨重九、開元寺紙簾勝於磁簾諸條，亦頗見新意；至其載漢設官七千五百餘員乃後漢之制，不知前漢則其數較倍；推梁蕭子顯之《同姓名錄》，不知子顯書世已無傳，

〔註 191〕　今按：《續茶經》，冠《茶經》於卷首，以己作續之，全據《茶經》之次第分章，補錄《茶經》以後的歷代史料。
〔註 192〕　《續修四庫全書》第 1137 冊，上海古籍出版社，2002 年版，第 102 頁。
〔註 193〕　《續修四庫全書》第 1137 冊，上海古籍出版社，2002 年版，第 101～102 頁。

考據亦時有未密云云。然周中孚稱其逐條為標目，議論考證，頗多可取云。〔註194〕今覈其書，絕大多數條目不過隻言片語，未免太簡矣。

此本據復旦大學圖書館藏清雍正十三年陸氏壽椿堂刻本影印。

【附錄】

【陸廷燦《南村隨筆自序》】余年來以多病家居，杜門息影，茶鐺藥裹間，恒藉書卷以消永日，或可助我身儀，或可佐人政事，或有關典故，或偶涉新奇，以及考明物理，辨正異同者，輒隨筆掌記，自備遺忘。見聞隘陋，恐於文章經濟無甚裨益，漫置案頭，不敢希附諸名公說部後塵出而問世也。乃兒輩私意以為，頌揚君親之恩，感懷師友之誼，纏綿往復，而先哲箴銘時時錄及，亦可以警人心而敦風俗，因同陳婿力請，鑴之梨棗，勉以稿本，次為六卷授之，自知不能善藏其拙，惟博雅君子鑒而諒之，則幸甚。時雍正乙卯仲春上浣，嘉定陸廷燦。

【王澍《南村隨筆序》】余往讀新城王司寇《池北偶談》《香祖筆記》及商丘宋少師《筠廊偶筆》諸書，有裨國家典故，足為後學津梁，直追漢魏，媲美唐宋，為本朝說部之冠，非若稗官野史荒誕不經者可同日語也。嘐城慢亭陸君好古博雅，自少執經於兩先生之門，學有淵源，表彰其鄉之先哲，如婁、唐、程、李及王常宗、黃陶庵諸先生集，皆為刊補整齊，又編輯《藝菊志》暨《續茶經》等書行世，而宦遊所至，率皆名區，或擅江山之勝，或標洞府之奇，公事之暇，得以留連吟詠，各成卷帙，遷秩部曹，暫以養疴家居，復取平日所見聞掌記之，名曰《南村隨筆》，問序於余。反覆披閱，其義例一以師門為歸，真可謂升堂入室者矣。世之人浮沉宦海，奔走風塵，欲如張翰遂蓴鱸之思者蓋亦寡矣。即或偶得身閒，滯留鄉里，或性耽豪華，或家愁貧困，心猿意馬，居處不寧者有之，得焚香掃地，安其心於縹囊緗帙中，作名山業計，抑又難矣。余老矣，寄居二泉之上，幸身安無事，得與君雍容來往，商榷於文墨之間，是非吾君之力歟？宜隨筆之內，君恩師誼之三致意也。因不辭所請，而為之序。時雍正乙卯孟夏之月既望，良常王澍撰。

【四庫提要】《南村隨筆》六卷（浙江巡撫採進本），國朝陸廷燦撰。廷燦有《續茶經》，已著錄。此其居家時取平日所見聞雜錄之，而於新城王士禛、商丘宋犖兩家說部採取尤多。蓋廷燦為士禛與犖之門人，故其議論皆本之《池

〔註194〕周中孚：《鄭堂讀書記補逸》卷二十五。

北偶談》《筠廊隨筆》諸書，而略推擴之。其中如辨古人之登高不獨重九，開元寺紙簫勝於磁簫諸條，亦頗見新意。至其載漢設官七千五百餘員，乃後漢之制，不知前漢則其數較倍；推梁蕭子顯之《同姓名錄》，不知子顯書世已無傳，考據亦時有未密也。（《四庫提要》卷一百二十九「子部三十九‧雜家類存目六」）

【嘉定人物志】陸廷燦，字扶照，一字慢亭。父培遠，字開倩，康熙丙戌戊子己丑歲饑賑粟，里人頌德。廷燦幼從王文簡、宋犖遊，深得作詩之趣，以諸生貢例選宿松教諭，遷崇安知縣。縣武夷山產茶，名天下，廷燦以產茶之地煮茶之法，古今多異，陸羽《茶經》雖古法，多不宜於今，參今制續之，徵引繁富，類切實用。又重訂王常宗四先生陶庵諸集。（《光緒嘉定縣志》卷十九）

【泉脈】凡深山無泉之處掘井二三丈不得泉者，可束縕火薰之，而密覆其上，火煙不得出，而尋泉脈隙處潛通，即他山數里外之泉，煙通則泉流而至矣。駱駝知水脈，遇其處輒停不肯行，以足蹋地，於所蹋處掘之，即得水。（《南村隨筆》卷一）

【自箴銘】《三魚堂集‧自箴銘》：洪範六極，弱居其一。所貴讀書，變化氣質。當斷不斷，爾自貽戚。（《南村隨筆》卷二）

蓉槎蠡說十二卷　（清）程哲撰

程哲，字聖跂，號蓉槎，歙縣人。監生。康熙五十五年（1716）任寧遠州知州，雍正二年（1724）知崖州，雍正七年（1729）任鹽運司運同。聖跂為王漁陽門人，喜藏書，嘗求齋額於漁陽，名之曰「七略」，又聞其善鑒別古今圖畫尊彝之屬，所蓄甚富，築樓三楹，居之焚香，簾閣精潔，不減清閟，可謂風雅好事者也。〔註1995x〕生平事蹟見《（乾隆）江南通志》卷一三七、《（道光）歙縣志》卷八。

全書八萬餘言，分十二卷。此書雜記見聞及讀書所得，《四庫全書總目》入雜家類存目，稱其書雜掇瑣聞，不甚考證，大抵皆才士聰明語云云。今細讀其書，亦不乏警策語。如曰：「漢人云『三十而五經立』，蓋古人讀書皆有定限。今人直是悠忽度日，宜乎學之不如古也。此王山史語，凡家塾中皆當

〔註1995x〕王士禛：《分甘餘話》卷四「門人程聖跂」條。

各錄一通於座右。」曰：「權奸懼禍，百計求免，究竟何曾免，祇壞亂人家國耳。」曰：「好名人往往作不情事。」曰：「昔賢崇道賤術，貴誠不貴詐，然處末季，馭頑凶，忠信亦有不足尚者。」曰：「山谷論書法云：『此事須人自體會得，不可見立論便興爭也。』此語可移為講學者告。」曰：「偶閱近代文集數種，頌勳業則人人韓、范，敘將略則人人衛、霍，贊文學則人人左、史，獎吏治則人人龔、黃。此風自漢有之，魏晉之際彌甚。《洛陽伽藍記》記晉武時隱士趙逸，正光初猶存，或詢以先朝事，逸云自永嘉以來三百年餘，建國稱王者十有六君，遊其都邑，目見其事，國滅之後，觀其史書，皆非實錄，莫不推過於人，引善自向。前朝王文成亦嘗謂：『王道不明，人偽滋而風俗壞，上下相罔以詐，人無定行，家無信〔譜，天下無信〕史。三代以後，吾觀其史如江河之波濤焉，聊以知起伏之概而已。』詎不信夫！」又記黃山之遊曰：「吾鄉黃山有三十六峰，析之為三百六十，再析之為三千六百、三萬六千峰，了無窮盡。溪澗泉石岩洞之屬，數亦如是。余以癸巳二月往遊，首尾才六日，去住荒率，未能飽飫其勝，然一日霧，四日晴，一日雪，變幻靈譎，多出意表。其最足蕩眩耳目者，在於同雲初霽時，萬山皚皚，恍然如銀海瓊樓，清澄高寒，不知身世復在何處。林木素積，悉結成玉蘭朵朵，微風振之，作環佩聲，懸瀑千丈，枝枝冰箸倒垂，欲墜未墜，見晛解落，寸璣尺璧，觸石激響，不翅碎萬斛琳琅也。久之，所謂玉蘭已易為幽梅萬點，著松針上，縞衣映碧，又似萼綠華仙子化身，不比尋常美人，月明林下，巡歷中覺有異香冷韻頻來襲人。薄暮，登煉丹臺，望落照，見石床峰巔一人，通體瑩潔，如披白練，初疑是積雪，頃復趺坐石洞中，面正赤如自然銅色，頭稍稍顫動不止，忽有光若電潁，已而焱火迸起，遂隱不見。山僧以為白猨公常出沒丹臺左右時作此狡獪云，斯又一奇矣。此悉諸遊譜中所未及，略誌於此。」極狀黃山之奇觀，令人心馳神往。

程哲為王漁洋弟子，嘗為其師刊刻《帶經堂集》等書。此編前有康熙五十年（1711）王士禎序，稱此編抱博辨之才，具論斷之識，毋雷同，毋剿說，雖於朝章國故弗遑彈悉，至於前言往行，大可供畜德之助，細亦可佐多識之功云云。〔註196〕然周中孚稱是編錄諸古書中雜事雜說，而以己意評定之，議論雖多而考證獨少，殊不及漁洋諸說部。〔註197〕

〔註196〕《續修四庫全書》第 1137 冊，上海古籍出版社，2002 年版，第 179 頁。
〔註197〕周中孚：《鄭堂讀書記補逸》卷二十五。

此本據清康熙五十年程氏七略書堂刻本影印。

【附錄】

【王士禛《蓉槎蠡說序》】說部之書，蓋子、史之流別，必有關於朝章國故，前曹望行，若宋生氏《揮麈三錄》、邵氏前後《聞見錄》之屬，姤之為史家所取衷。予嘗於《居易錄自序》中略其例矣，而平生先後所撰著，遊歷記志而外，則又有《池北偶談》《香祖筆記》《古夫于亭雜錄》諸種，未知視宋人何如。然備掌故而資考據，或亦不為無補。近又有《分甘餘話》四卷，為門人程聖跂校刊。聖跂因以其《蓉槎蠡說》寄予論定，而屬為之序。予惟說者，釋也，述也，解釋義理而以己意述之也。夫天地之道，變化日新，發揮旁通，取不禁，用不竭，而昧者往注失之，固無是論，或者穿鑿其聰明，而不軌於正，則支離流蕩之辭為害於人心風俗最深，而尤不可以訓。聖跂此編，抱博辨之才，具論斷之識，則古昔稱先王，要之以毋雷同，毋剿說，間亦出曼倩之諧語，效彥輔之清言，但期曲達己意，以求合乎義理之歸而後止。雖於朝章國故弗遑殫悉，殆所居之地使然。至於前言往行，大可供畜德之助，細亦可佐多識之功。時時有廣老人耳目所不逮者，此予之所為望洋向若而興歎者也。而聖跂乃以蠡說名之，若曰：「吾僅以蠡測海云爾。」其不自滿之為何如哉？雖然，海也者，委也，果能由其委而窮其源，以極之於星宿，而蓉槎自此益遠矣。蓉槎，聖跂別字也。康熙辛卯莫春，詩亭逸老王士禛序。

【四庫提要】《蓉槎蠡說》十二卷（浙江孫仰曾家藏本），國朝程哲撰。哲字聖跂，歙縣人。此編前有王士禛序，稱其抱博辨之才，具論斷之識，無雷同剿說之弊。然其書雜掇瑣聞，不甚考證。大抵皆才士聰明語耳。(《四庫全書總目》卷一百二十九「子部三十九·雜家類存目六」)

【窯器說】窯器，所傳柴、汝、官、哥、鈞、定可勿論矣，在勝朝則有永、宣、成、弘、正、嘉、隆、萬官窯。其品之高下，首成窯，次宣，次永，次嘉，其弘、正、隆、萬間亦有佳者。其土骨紫白，料法也；堊藥，水法也；底足，火法也；花青彩，畫法也。所忌者三：釉澤不具白骨，罅折日蔑，邊毀剝曰茅。成窯之草蟲可口，子母雞缸杯，人物蓮子酒盞，草蟲小盞，青花小盞，其質細薄如紙；葡萄把杯，五色敞口匾肚齊箸小碟，香合，小罐，皆五彩者。成杯茶貴於酒，彩貴於青，其最者鬥雞可口，謂之雞缸（神宗時尚食，御前成杯一雙已值十萬）。成、宣把杯皆非所貴。宣窯之祭紅杯盤有通體紅者，有紅魚者、百果者，有西紅寶石堊塗燒者，其寶光凸起紫黑者，火候失也。青

花有茶把杯（畫龍及松梅），有酒把杯（畫人物、海獸）。朱砂祭紅少大器，壺物有色紅鮮，白鎖口者；有竹節鹵壺、小壺、扁罐，皆罩蓋者。爐、瓶、杯、碟、敞口花尊、蜜漬桶罐，多五彩者。白壇盞心有「壇」字。暗花白茶盞，甕肚釜底線足，裏有龍鳳暗花，底有「大明宣德年製」暗款。坐墩有漏花、填彩，皆深青地，有藍地填彩，有白地青花，有冰裂紋，其形以拱面為上，凹面次之，為其積水故也。又以花款青堊，光素品者次之。水注有五彩桃注、石榴注、彩色雙瓜注、雙鴛注，筆洗有魚藻洗、葵洗、磬口洗、漓洗，兩檯燈檠、幡幢、雀食罐、蟋蟀盆。徐應秋曰：宣窯不獨款式端正，色澤細潤，即其字畫亦精絕。嘗見一茶盞，乃畫輕羅小扇撲流螢，其人物毫髮具備，儼然一幅李思訓畫。永窯之壓手杯傳用可久，撇口折腰，沙足滑底，外深青花，內雙獅球，球內篆書「永樂年製」，細如粟米。鴛鴦心次之，近仿蠢厚，約略形似耳。嘉窯泡杯，其極低小磬口者，有畫三友者稱最，水藻者次之，芝草者又次之。壇盞大中小三號，內「茶」字者為最，「橄欖」字、「酒」字、「棗湯」字次之，「薑湯」字又次之（薑湯不恒有）。盞色以正白如玉斯美，堊嫩則近青，堊不淨則近黃。其青花五色二窯器制悉備，有三色魚區盞，磬口饅心圓足紅鉛小花合子等，有大如錢，有青花，有紅花。蓋永尚厚，成尚薄，宣青尚淡，嘉青尚濃，成青為蘇渤泥青，宣青名麻葉青。宣彩未若成彩淺深入畫也。嘉、萬之回青特為幽菁，鮮紅土絕，色止礬紅，而回青盛作。隆窯之秘戲不入鑒藏，他物汁水瑩厚如堆脂汁，故名雞皮、橘皮，質料厚實，不易茅蔑也。官窯土骨坯乾，隆年方用車碾，薄上堊，永候乾數次，故入骨最堅而厚，出火口足堊不滿者，則碾去土堊更燒之，故有雞、橘紋起，用久口不茅、身不蔑。其發棕眼、蟹爪紋者，堊中心小疵反以驗火候之到，亦如宣爐冷熱充補他鑄無及者，至於別見他產者略疏於後。彭窯。元時戧金匠彭君寶效古定器制折腰樣者甚佳，土脈細白者與定器相似，青口，欠滋潤，極鬆脆，稱為新定。近景德仿者用青田石粉為骨燒造，名為粉定，堊粗骨鬆，更不佳。龍泉窯出浙江處州龍泉縣，與哥窯共一地。趙宋時名曰青瓷。明窯移處州府，處州青色土堊火候較舊龍泉質劣，古器質薄，一種盤底有雙魚，外有銅掇環，體厚者不佳。象窯出浙江寧波府象山縣，似定而粗，色帶黃，有蟹爪紋。色白滋潤者高，俱不貴。歐窯出江南常州府宜興縣，明歐姓者燒造，有仿哥窯紋片者，有仿官、鈞窯色者，彩色甚多。皆花盤盦架，諸器不一，舊者頗佳。建窯出福建泉州府德化縣，其色甜白，青色深淺不同，古建瓷薄者絕類宋瓷，碗盞多是撇口，色黑滋潤，有

黃兔斑，滴珠大者真，體厚者多，少見薄者，唯佛像最佳。饒器出江西饒州府浮梁縣景德鎮及廣信府弋陽縣，宋時器色樣甚繁，其淋垔者甚肥，靈透與定相近而稍有異，明官窯皆出於此，其官造窯小而器不多，甚至一窯止燒一器者，蓋取火候和勻周密而無欹斜、走煙、破譽之失。祭紅以西紅寶石為垔，又有朱砂點、翠青花點，色不同，垔肥，具有橘皮紋。甜白一種，色如羊脂者尤可愛，重垔不到，磨去復上，入窯再燒，故棕紋甚厚，久用而不茅蓂。御土窯體薄而潤最好，素折腰樣茅口者體薄，色潤瑩白尤佳，其值低於定器。元時燒小定印花者，內有「樞府」字者高，新燒大足素者欠潤。有青色及五色花者，今燒此器佳者色白而瑩最高，青黑色餞金者多是酒壺、酒盞之屬。吉窯出江西吉州府廬陵縣永和鎮，色與紫定相類，體厚而質粗，不足貴。宋時有五窯，書（應為舒）公燒者佳，有白、紫二色，花瓶大者直數金，小者有花，又有碎器亦佳。相傳文丞相過此，窯器盡變成玉，遂止不燒。山西窯出太原府榆次縣、平定州平陽府。霍州又出霍器。陝窯出平涼府平涼、華亭兩縣。廣東窯出潮州府，其器與饒器類。高麗窯器類饒產，有甜白色而垔乾燥，微近黃，皮粗骨輕，花素不等，細花竟似北定印花，青色者似龍泉，上有白花朵者不甚佳。大食國器以銅骨為身，起線填五彩藥料燒成，俗謂琺瑯是也。宋官窯色鮮菁可愛，明官窯亦佳，又謂之鬼國窯。古瓷（應為磁）器出河南彰德府磁州，與定器相似，但無淚痕，亦有畫花，繡花，素者值昂於定新者，不足論也。（《蓉槎蠡說》卷十一）

【成化窯】《博物要覽》：成窯上品，無過五彩葡萄口扁肚靶杯式，較宣杯妙甚。次若草蟲子母雞勸杯，人物蓮子酒盞、五供養淺盞、草蟲小盞、青花紙薄酒盞、五彩齊箸小碟、香盒、各制小罐，皆精妙可人。高澹人《成窯雞缸歌注》：「成窯酒杯，名式不一，皆描畫精工，點色深淺，瑩潔而質堅。雞缸上畫牡丹，下畫子母雞，躍躍欲動。」按：成窯以五彩為最，酒杯以雞缸為最。神宗時，尚食御前，成杯一雙，值錢十萬，當時已貴重如此。前人評宣成高下，《留青日箚》謂宣與汝敵，永樂、成化亦以次重；《蓉槎蠡說》謂勝朝官窯，首成，次宣，次永，次嘉；《博物要覽》則謂青花成永、宣。若宣窯五彩，深厚堆垛。成窯用色淺深，頗有畫意。三家之論不同。總之，明器無能過宣、成者，而一時有一時聚精之物，則《博物要覽》之言是也。（朱琰《陶說》卷三）

【七略書堂校刊跋】吾師新城王先生所授《分甘餘話》四卷，哲同季弟

鳴謹編校刊行之，而復為之論曰：《洪範》之敘五行也，終之以土，爰稼穡，稼穡作甘，蓋土得五行之中氣，故甘為五味之中和。立我烝民，莫匪爾極，而天下後世，咸藉以寄其命而養其心，則甘之為用至大，而於人尤至切也。先生著作滿家，凡以窮天地之變，備民物之紀，闡鬼神幽明之故，察昆蟲草木之情，而上下古今，參伍錯綜，其得失是非之致，無非濟其不及以裁其過。至若一言之善，一技之長，心深嘉而亟予之，恒不霽口，斯其飲人以和，皆本五行之中氣，而有味乎其言之者，不獨《分甘餘話》一書。然即此一書，而優柔厭飫於其間，固已如五穀之可以療饑，而日用飲食之不可須臾離焉。先生之飼遺天下後世者，亦良多矣，第區區所謂君子有穀，詒孫子而已哉。乃自序猶引右軍書中之語云云，何其謙也。溫溫恭人，維德之基，其維哲人，告之話言，先生以之矣。歙縣門人程哲敬識於七略書堂。

諤崖脞說五卷　（清）章楹撰

章楹，字柱天，號諤崖，自號苧田氏，新城（今浙江富陽）人。雍正十一年（1733）進士，官青田縣教諭。晚年移居餘杭城東，後遷溪塘上，閉門謝客，以吟詠自娛。有「家臨曲水雙橋外，人在春風二月初」之句，時人傳誦，稱之為「章曲水」。李楁《（民國）杭州府志》卷一四五引《新城縣志》：「學極瀰博，著述充棟，惟《諤崖脞說》及《浣雪堂集》為門人刊於中州，餘皆鍵置一大篋，有偷兒竊以去。後得於屋旁池中，已潰爛，不可讀。」其妻吳湘，字婉羅，吳萃圖女，年十二，即工詩。《諤崖脞說》：「先室周氏，十五結褵，性淑而慧，嘗偕坐後軒看雨，新燕掠溪如翦，忽操筆書小令曰：『風滿溪，雨滿溪，風雨濛濛燕子飛，畫橋西復西。』蓋《長相思》之半闋也。予甚驚歎，令更作後半闋，笑而不言，後三年竟卒。」生平事蹟見《餘杭縣志》卷二十八。

全書近四萬言，分五卷。名曰「諤崖」，蓋勖之以寒諤之節，而不奪其崖岸之風。初無義例可舉，紙墨漸多，部署稍別，遂分四種。一曰《詩話》，多錄同時諸人贈答詩篇，意在表微。二曰《昔遊》，乃述平生經歷山水佳勝。三曰《詫異》，則紀近世異聞，而間證以古事，不過如蘇長公強人說鬼，聊供軒渠，無關掌故。四曰《摭軼》，則諸書紀載非世所習見者節錄大略，而以己見發明之，略仿史家長編總論之意。章楹曰：「學以致用為本，講學而

無關於經濟之實，其言雍容，而動輒鮮效，佩玉瓊琚，不利走趨，其與土龍芻狗何異？」可見其宗旨。卷首自注稱：「每飯罷，拈筆作楷書數百個，既無所抄，則隨意所存想而書之，故文義未順，本不起稿也。」可見其態度。

書中又詳載其友諸錦、鍾衡、張灝、茅應奎、黃家相、高藹評點，如茅應奎曰：「昌黎有知，定當俯首謝過。」體例惡俗，故《四庫全書總目》入雜家類存目。乾隆三十六年（1771）萬綿前序曰：「足與《書影》《說鈴》諸名刻並傳不朽。」擬之未免失倫矣。

此本據復旦大學圖書館藏清乾隆三十六年浣雪堂刻本影印。

【附錄】

【章楹《諤崖脞說自序》】清談始於典午，說部盛於李唐，要其議論風旨無傷雅道，足資考據，乃足尚耳。本朝名家如周櫟園之《書影》、汪鈍翁之《說鈴》、宋西陂之《筠廊隨筆》、王漁洋之《池北偶談》《分甘餘話》，皆稗官之精金良玉，清言雋永，瑣事解頤，未易率然梯接也。不肖食貧浪遊……若曰國門之懸，則吾豈敢？雍正十三年九月既望，章楹自識。

【四庫提要】《諤崖脞說》五卷（浙江巡撫採進本），國朝章楹撰。楹字柱天，浙江新城人。雍正癸丑進士，官青田縣教諭。是書皆其隨意抄撮之語，初名《罳捱脞說》，後更今名。一卷曰《詩話》，多錄同時諸人贈答詩篇，而己作亦附見一二。二卷曰《昔遊》，乃述平生經歷山水佳勝。三卷曰《詫異》，則記近世異聞而閒證以古事。四卷、五卷曰《摭軼》，則諸書紀載非世所習見者，節錄大略，而以己見發明之，略似史論之體。（《四庫全書總目》卷一百二十九「子部三十九·雜家類存目六」）

【紀夢詩序】余友仁和周岷左錫輅僑居餘杭之閒林步，其人風流儒雅，冠絕流輩，書法精楷，殆入董文敏之室，詩尤工五言，其得意處陶、韋亞也。然善病，落落寡合，今不相聞者十餘年矣。每一念之，忽忽竟日。向嘗以所為紀夢詩寄亡友鮑虞臬，且題其序曰：「辛卯陽月，夢與章君柱天、鮑君虞臬偕遊一村落，柴門竹徑，室廬蕭然。余一足踞床，一手憑几，翻平生自製詩。鮑君居右同覽，章君且行且聽。余曰：『近日又成一集，惜未攜來。』因朗吟數聯，有『叢菊裝秋枕，余英帶露餐。人家煙樹迴，香稻隴雲平』之句，兩君交口稱善。章君忽進曰：『君食餅未？』余曰：『未也，敢請！』章君急呼小童取來，授予一，自取一，啖之，如握滿月在手，厚寸許，脂凝玉糝，堪喻其美，非人間物。余與鮑君各分一半，食之甘美異常。時兒子乾侍側，鮑君分半之

半與之，曰：『此餅不易得食也。』既覺，猶津津齒頰間，瀟然歎異。」（下略）（《諤厓脞說》卷一）

【餘杭寓賢傳】章楹，字柱天，新城人。雍正癸丑進士，官青田教諭。學極灝博，睥睨不可一世。以耳疾，願就教職。著述充棟，已刻者《諤厓脞說》《浣雪堂集》二種，乃門人刊於中州者。餘皆鍵置一大麓，有偷兒入室竊之去。後鄰人得之於屋旁池中，亟往視之，悉其手稿已潰爛，不可讀矣。初寓家餘杭城東，後徙溪塘。嘗賦詩有家臨曲水雙橋之句，人稱章曲水云。（《餘杭縣志》卷二十八）

片刻餘閒集二卷 　（清）劉埥撰

劉埥（1694～1768）〔註198〕，字原圃，一字暢亭，河南新鄭人。副榜。雍正五年（1727）署侯官縣知縣，六年（1728）署莆田縣知縣，七年（1729）署安溪、南平、侯官縣知縣，十年（1732）署崇安縣知縣，八閩之地，遊歷殆遍。乾隆二年調任臺灣彰化縣知縣，後又歷官直隸，任景州及遵化州知州。自稱性嗜古文詞，筮仕後於風塵簿書中稍有閒情，輒取一編朗誦數過，聊以賞心怡志云云。然大節有虧，據《清高宗實錄》卷一六一載：「雍正十年，知縣劉埥亦照三分之一捏報墾復田一百三十九頃零。雍正十一年，又捏報墾復田一百五十頃零。共加徵銀二千二百三兩零、米二百六十石零。此項錢糧俱係灑派里戶代完，實屬無田浮賦。朕心軫念，特頒諭旨，按數蠲除，以免小民之累。至從前捏報之歷任知縣及失察之上司，理應交部議處。姑念事在恩赦以前，免其察議。」生平事蹟見《福建通志》及陳浩所撰《墓誌銘》（載《書香書屋文集》卷四）。

劉埥於羽檄星馳公務旁午之中，就其耳目所見，撰為此書，故題曰《片刻餘閒集》。書前有乾隆十九年（1755）彭樹葵序，用駢文，多虛語。又有任邱邊中寶序。

劉埥在閩臺既久，故閱歷之事頗多。當鄭成功與張煌言聯師北伐圍攻金

〔註198〕劉氏自稱：「余名埥音清，土旁也。寒家世系以五行相生為名，兄弟革命名字旁皆同，見者不察，誤為靖字。少年應試名冊中多有訛寫者。服官後，上憲僚友大半皆以靖為余名，而文案中訛寫為靖者更不一而足。計生平四方交遊閱歷多人，其有結納既久而猶未識余真名者，蓋不知其凡幾也。」（見《片刻餘閒集》卷一）

陵，退師之後，清廷施行沿海遷界之令，劉埈之祖父正宦遊鎮江，奉令辦理遷界之事。其後劉埈又任彰化令，故於鄭氏遺事與清初沿海遷界之情況及高山族風俗事蹟記載較詳。如云：「順治辛丑，鎮江當海氛初靖之後，遷徙沙州居民。先王父時為郡司馬，委督理其事，目擊哀鴻盈涪，設法保全者甚眾。張玉書題贈有『飛鴻飄泊處，更不歎無家』之句。」〔註199〕書中又詳記旅臺情形曰：「臺灣曰重洋，以有澎湖在其中也。廈門至澎湖，水程七更，澎湖至鹿耳門，水程五更，一更約六十里。往來舡隻，以澎湖為關津。如遇風正，則越澎湖而過為透洋。凡渡海者，登舟後泊於內港，待風而後放洋。自廈門港登舟赴臺灣，出大嶝門，自臺郡西關登舟，回廈門，出鹿耳門，皆為放洋。大嶝兩面，山嶺回抱，中通一徑，鹿耳有沙洲二道，曲斜相對，形如鹿耳。此兩邊內港外洋出入之門戶也，故俱謂之門。舡未出港，雖亦在汪洋浩瀚中，然水勢平穩，心目如常。一出港後，則起伏動盪，時刻有上聳下墜之勢，頭目眩暈，心神攪亂，嘔吐至於空腸胃而出。予嘗謂臺地宦遊，別無苦況，惟來往航海為可畏。航海者能置性命於度外，亦無可畏，惟眩暈嘔吐為難當耳。臺灣禽鳥之異，在北路所習見者，有曰長尾三娘，翠羽朱喙，尾長尺許，形類練雀而稍大，又有五鳴雞，一種土名五更雞，大如鶴鶉，項下有黑白文，彷彿太極圖形狀，每漏下一鼓即鳴數聲，土番呼為標標，以其音相似也。人之久客他鄉者，歸近故里，覺風景人物無一不親切可喜，若自海外返棹歷，近岸之境界，其喜猶甚於故鄉也。予臺灣歸舟過澎湖後，即望白水，遠見水有白色，遂覺胸懷稍舒，及過白水，則望飛鳥，定睛仰視，見空中數鳥飛翔，欣幸如遇故人，未幾而山頭在望矣。始而遙瞻，其形似繼，而漸睇其　巒幸，彼岸之不遠，覺生機之頓開，種種情況，非身歷者不知也。」書中又多記明末清初雜事遺聞，如節錄《虎口餘生記》所述李自成事，又錄鄭氏歸降第一表、第二表，又錄吳梅村《圓圓曲》、陸雲士《圓圓傳》、沈虬《圓圓偶記》。尤可異者，此書首次記載福建崇安之小種紅茶：「（武夷）山之第九曲盡處有星村鎮，為行家萃聚所。外有本省邵武、江西廣信等處所產之茶，黑色紅湯，土名江西烏，皆私售於星村各行。」紅茶起源之確實年代已不可考，《多能鄙事》（成書於明朝中期）曾提及「紅茶」之名稱，然語焉不詳。

〔註199〕謝國楨：《晚明史籍考》卷二十二，華東師範大學出版社，2011年版，第984
～985頁。

此本據清乾隆十九年刻本影印。

【附錄】

【續修四庫全書總目提要（稿本）35—115】《片刻餘閒集》二卷（清乾隆間刊本），清劉埥撰。埥字原圃，一字暢亭，河南新鄭人。少聰慧，能詩。康熙戊子，時年十五，入庠。弱冠登第後，初宦於閩，歷任要邑，繼調為臺灣之彰化令，任滿升福建永春州牧……補直隸景州、遵化州等……是編為雜記之體，不分序次，皆追往憶舊之言。有前輩故交投文贈詩者，悉錄其全首。行文亦清麗雅切，可見其人風采。旅途所經，偶見題什佳者亦錄之，頗有真賞。如錄《淮南酒樓題句》云：「聞說西湖可樂饑，十年勞我夢中思。湖邊欲買三間屋，問遍人家不要詩。」〔註200〕風格傲兀，言外之旨自佳。又如錄所見關侯廟集唐三聯，一曰：「三分割據紆籌策（杜甫《詠懷古蹟五首》），萬國衣冠拜冕旒（王維《和賈舍人早朝大明宮之作》）。」又一曰：「吳宮花草埋幽徑（李白《登金陵鳳皇臺》），魏國山河半夕陽（李益《鸛雀樓》）。」謂次聯尤佳，此則取其超佚耳。若論莊重，允宜廟楹，次固不如首也，然此不過揚扢風雅而已。若關係史事，足為參證者，如謂吳梅村初與侯朝宗約終隱，已復出仕，為有不得已之故，並引吳詩「死生總負侯嬴諾」，及「忍死偷生廿載餘」諸語為證，及謂陸雲士之《圓圓傳》，並不考時論世，多為懸揣附會之說，不如沈虯之《圓圓偶記》，實情實事，直捷簡明，足為梅村《圓圓曲》證信云，並錄二文，且歷指陸傳之失。按：陸傳人多見之，沈記知者較少，埥此言不獨為吳詩舉證，且為明崇禎帝后及袁、田二妃辯誣不少。至自申其說者，如云：「司馬溫公一代良史，所著《通鑒》與紫陽《綱目》並傳，惟帝魏而寇蜀，起後世之議，人有推見其隱者，謂溫公當為晉裔，晉承魏統，若以魏為割據之偽朝，則晉所承非正統矣，是乃溫公不得已之苦衷，此論似有見解。」則不免囿於俗儒正統迂論，深文周納，厚誣先賢矣！魏、蜀孰為正統，豈筆舌情感之爭哉！

【店壁題詠】少年來往南北道上，於店壁見紛紛題詠，一望多黃茅白葦，內亦間有可取者，隨手錄藏行篋中，今為時既久，奔走碌碌，盡皆散失，偶憶其一二首，每一吟哦，猶如見數十年前舊事也。山東苦水鋪一首云：「廉讓風斯邈，甘泉不可尋。我來經苦水，偶試汲清深。百折忠臣節，千秋壯士心。平

〔註200〕今按：此為房暐詩，見元房祺編《河汾諸老詩集》卷五。

生於此味，嘗徹到而今。」淮安酒樓題句云：「聞說西湖可樂饑，十年勞我夢中思。湖邊欲買三間屋，問遍人家不要詩。」又泰安店中內室壁上行書細字一絕句：「自知不是紅顏色，底事常為薄命人。記得六橋花柳外，年年美璧映新春。」後未書名，想係武林女子，現為人姬妾，追思其從前家居時於西湖道中所遇遊春少年，感而賦此，後面次韻甚多，絕無佳句，故不並錄……又邯鄲縣店壁題云：「一枕黃粱夢未終，邯鄲千載說奇蹤。須知紫府仙人界，也在盧生夢境中。」先伯淮徐觀察在園公題明妃故里一絕：「當年若占漢宮春，寵幸於今事已塵。青家芳名留得在，始知延壽亦恩人。」此皆翻改前言，新人耳目然，見解亦超人一等。（《片刻餘閒集》卷一）

【宗伯明經公】鈞陽同宗伯明經公玉戚，字蒼佩，少以詩名，人品醇雅，學問淵博，胸懷意趣在世緣冷暖之外。同堂兄弟侄輩多受業者。余未嘗從學，然自十餘歲初學拈筆即蒙嘉賞，每愛攜余遊，訓誨提撕，刮目相視，生平文章知己之遇，以此為始，今之字號皆所命也。當余初入庠時，賀以詩曰：「吾家藜火燦生光，奕奕英名莫可當。累世金章喬木第，一庭玉樹少年郎。由來化雨沾芹藻，看取秋風折桂香。自是文衡屬意切，故教聲價滿詞場。」時康熙戊子夏五月，余年十五，至庚子秋闈，余叨副薦，又贈以詩題云原圖誤中副車詩以惜之，其詩曰：「千里名駒好，風雲意氣饒。如何猶附驥，未得獨登鑣。珠榜名應在，石渠路不遙。桃花還鼓浪，無復禹門高。」越二年，遂以老病卒。有孫名世揚者，幼隨公負詩囊南北遊，亦工吟詠，今尚為博士弟子，治舉子業，回思數十年前，以伯叔而兼師友之誼，品題過當，自愧無成。今碌碌一官，不足仰酬期許之萬一，天涯遠宦，每憶荒冢白楊在箕山、潁水之間，感懷無限，不覺涔涔淚下也。（《片刻餘閒集》卷一）

【黃粱夢亭聯】邯鄲縣黃粱夢亭柱一聯曰：「睡至二三更時，凡功名都成幻境；想到一百年後，無老少俱是古人。」世間營營逐逐者，讀此可以稍為解悟。（《片刻餘閒集》卷一）

書隱叢說十九卷 （清）袁棟撰

袁棟（1697～1761），字國柱，號漫恬，又號玉田，吳江人。乾隆間監生。書內有「鼫鼠」條曰：「鼫鼠五技不成：能飛不能上屋，能緣不能窮木，能遊不能度谷，能穴不能掩身，能走不能先人。余頗似之：一好酒而無量，

二好棋而無品，三好琴而無師，四好學而無質，五好施而無財。友人或謂余為顓庵云。」頗有自嘲意味。著有《禮記類謀》《四書補音》《慢恬詩鈔》《漫恬詩餘》《玉田樂府》。生平事蹟見《國朝耆獻類徵初編》卷四一九、《蘇州府志》卷一〇六。

　　全書十六萬言，分十九卷。袁棟生平以讀書為事，無他嗜好，凡所披覽，中有所得，隨時劄記，名曰《書隱叢說》。「書隱」者，所居之樓名，亦以自號也。此書雜抄小說家言，參以己之議論，亦頗及當代見聞，不乏灼見。如「盈虛消息」條曰：「一部《易經》只是盈虛消息四字。上而天地陰陽四時日月，下而昆蟲草木器用菽帛，以至人生之生老病死，世事之循環往復，其象莫不著於《易》，莫外乎盈虛消息之間。」「學問境遇」條曰：「人生學問，當存比上不足之念。學問無窮，不妄自矜誇，則行業日進一日矣。人生境遇，當存比下有餘之念。境遇有數，不慕貴求富，則心境日舒一日矣。反是，則兩有所妨。」「寬靜退遠」條曰：「人自處乎隘，我自處乎寬。人自處乎囂，我自處乎靜。人自處乎進，我自處乎退。人自處乎近，我自處乎遠。寬謂器量，靜謂心境。退謂作事，遠謂識見。知此者自高出於人一等。」「詩文境界」條曰：「詩文境界疏闊，閫奧深邃，入門雖易，登堂甚難，入室更難矣。若四六、詩餘諸體，境界迂僻，閫奧顯淺，入門似較難，但能登堂者易於入室也。」「知今知古」條曰：「讀書人當知今知古。制度文為，以及人情風土，隨時而變，隨地而易。不知古，不能得事理之要領；不知今，不能悉情俗之變通。」「經史子集」條曰：「古今書集，大約經、史、子、集四種足以概之，而其體已各具於五經中。《易》，經中之經也。《書》《春秋》，經中之史也。《禮》，經中之子也。《詩》，經中之集也。以是類推可已。」「提要鉤玄」條曰：「韓昌黎曰：『記事者必提其要，纂言者必鉤其玄。』然則由博而約，含菁咀華，取其合道者，而棄其不合道者，亦以索子貫串之義夫。」「議論當公平」條曰：「議論古人，正須公平。奸者得以服其罪，賢者得以見其長。一入苛刻，不論時勢艱難不論，權宜變更，動以成言責之，雖聖賢不免有過。故曰議論正須公平，不必務奇立異也。」至於「今不如古」條曰：「厚於古者薄於今，樸於古者華於今，時勢使然也。文章，自《左》《國》而《史》《漢》，自《史》《漢》而八家，自唐而宋、元、明，日薄一日。詩歌，自風雅而騷，自騷而漢、魏，自漢、魏而唐，自唐而宋、元、明，日薄一日。書法，自古篆而小篆，自小篆而八分，自八分而楷，自晉而唐，自唐而宋、元、

明，日薄一日。詩餘，自六朝而唐，自唐而宋，自宋而元、明，日薄一日。八股制義，自宋而明，自明迄今，亦日薄一日。惟衣服之美，飲食之侈，地所不能得者，必欲致之俗，所視為常者，必欲更之，則日華一日矣。吁！由厚而薄者，或誘於時勢；由樸而華者，獨不可安於義命乎？」則未免有退化論之嫌。

前有乾隆九年（1744）袁棟自序、乾隆十三年（1748）沈德潛序、乾隆十四年（1749）陳祖范序、乾隆十六年（1751）阮學濬序。阮學濬稱其徵材富，其考核精，且論斷有識而允當。〔註201〕然《四庫全書》稱「究非前人之比」，故列入雜家類存目。

此本據上海圖書館藏清乾隆間鋤經樓刻本影印。

【附錄】

【四庫提要】《書隱叢說》十九卷（浙江巡撫採進本），國朝袁棟撰。棟號漫恬，吳江人。是書雜抄小說家言，參以己之議論，亦頗及當代見聞。原序擬以洪邁《容齋隨筆》、顧炎武《日知錄》，棟自序亦云摹仿二書，然究非前人之比也。（《四庫全書總目》卷一百二十九「子部三十九·雜家類存目六」）

【府志·人物】袁棟，字國柱，同里人。務為有用之學，自唐、宋來經世大典靡不窺尋。（《蘇州府志》卷一○六）

【信古信今】有信古而不信今者，謂古有跡之可憑也；有信今而不信古者，謂今時近之足據也。此皆一偏之見也。謂古有跡之可憑，不曰「盡信書不如無書乎」？謂今時近之足據，不曰「所見異辭，所聞異辭乎」？然則何以處此？曰：有考核之道在。不精於考核，古不可信，今亦不可信也。精於考核，古可信，今亦可信也。考核者，如三年考察群吏，得失皆見，如長吏中庭訊獄，毫無隱遁，則得矣。於古不惟憑其理與勢也，必參互考訂，以成其公見，庶信者信而疑者疑矣。於今不惟論其情與事也，必博訪互稽，以別其真偽，庶疑者去而信者留矣。雖然，苟有偏信，寧為信古而不信今，猶不失為好古之士也。（《書隱叢說》卷十）

【吸毒石】吳江某姓有吸毒石，形如雲南黑圍棋。有大腫毒者，以石觸之，即膠黏不脫，毒重者，一周時則落，輕者逾時即落，當俟其自脫，不可強離也，強離則毒終未盡焉。俟其落時預備人乳一大碗，分貯小碗，以石投乳

〔註201〕《續修四庫全書》第1137冊，上海古籍出版社，2002年版，第400頁。

中，乃百沸踊躍，再易乳，復投更沸，如是屢次，俟沸定，則其石無恙，以所吸之毒為乳所洗盡也。不然其石必粉裂矣，云得之舊家，本出於大西洋中，傳記不見，乃知世間奇物不可以理測也。（《書隱叢說》卷十五）

【徐時作張英論養生法】袁漫恬曰：「人生在世，百憂感其心，萬事勞其形，擾擾碌碌，無有止期，唐人所謂『舉世盡從愁里老，誰人肯向死前閒』。養生者，第一以清心養氣為主。清其心，則事感不能亂，養其氣，則外物不能侵。古人曰：『澄心如澄水，養氣如養嬰。』二語實為養生要訣。能於擾擾碌碌中，稍有間隙，即行此法，勝於汩沒者多矣。況當經年事之候，行之久而不懈，有不卻病延年者乎！若方士家服食閉氣，往往多致災戾而殞命，慎勿從也。」予細味袁君言，雖若為勞苦身心，不能養生者而發，人能清心養氣，行久不懈，即可延年卻病，此中自有至理。《莊子‧養生主》，程子《定性論》，可於此中參其微也，云云。語見建寧徐筠亭明府時作《茶堂節錄》。聲木謹案：桐城張文端公英《聰訓齋語》云：「圃翁曰：『予自四十六七以來，講求安心之法。凡喜怒哀樂、勞苦恐懼之事，祇以五官四肢應之。中有方寸之地，常時空空洞洞，朗朗惺惺，決不令此之入，所以此地常覺寬綽潔淨。予製為一城，將城門緊閉，時加防守，惟恐此數者闌入。亦有時賊勢甚銳，城門稍疏，彼間或闌入。實時覺察，便驅之出城外而牢閉城門，令此地仍寬綽潔淨。十年來，漸覺闌入之時少，不甚用力驅逐。然城外不免紛擾，主人居其中，尚無渾忘天真之樂。倘得歸田遂初，見山時多，見人時少，空潭碧落，或庶幾矣。』」云云。皆言清心養氣，和順天倪，不必求長生之術，自可延年卻病。文端之言，尤為罕譬曲喻，深有感於人心。然雖以文端之賢，必須至四十六七歲方能如此，五十六七歲方能盡如此，即此安心之法，亦豈易言哉！（《萇楚齋五筆》卷四）

瀟湘聽雨錄八卷　（清）江昱撰

江昱（1706～1775），字賓谷，一字於九，號松泉，甘泉（今江蘇儀徵）人。貢生。乾隆初舉博學宏詞，不就。所居凌寒竹軒，擁書萬卷。勤學不倦，與弟恂著述唱酬，怡然自樂。少有「聖童」之目，老有「國士」之稱。揚州馬氏小玲瓏山館嘗集江浙名流高逸之士，如惠棟、厲鶚、盧見曾、金農、陳章、陳撰、沈大成、閔華諸人，賓谷數為座客，故詩詞亦得午橋、樊榭諸人

一體。此外與鄭板橋、袁枚、吳敬梓、王昶、程晉芳等人均有交往，鄭燮《板橋詩抄》詩云：「揚州江七無書名，余獨愛其神骨清。歐陽體質褚性情，藐姑冰雪光瑩瑩。」吳敬梓為《尚書私學》撰序，王昶寄詩稱「解恨人聽雨，瀟湘剪燭頻」，即指此書。通小學，嗜金石，工詩詞，袁枚《隨園詩話》於其詩多所評點，陳廷焯《白雨齋詞話》亦稱其詞得南宋人遺意。其《題擁書圖》曰：「擁書不讀徒百城，蓄酒不醉以酒名。忍貧遠愧古人守，閉門吟出饑鳶聲。新詩似嘲困蹇束，是愛非嫉若治禿。囊錢既誤書亦荒，尚要空拳入場屋。」《買書限韻》曰：「積書儼足國，生聚富稻蟹。但得萬軸藏，何惜千金解。紅牙插縱橫，青氈坐瀟灑。查撿走小胥，編題付阿買。案蠹乾苦勤，漆碗搬笑駭。願充肩經郎，免作觀場矮。攜瓻借異本。懷餅抄細楷。恐類春明坊，賃屋錢漸尠。」《論詞絕句》十八首，議論精悍，令屬鴉歎服。著有《尚書私學》《韻歧》《松泉詩集》《梅鶴詞》《蘋洲漁笛譜》《漢上題襟集》《藥房雜志》《不可不知錄》《清泉縣志》等書，其《尚書私學》已呈四庫館。生平事蹟見《清史列傳‧文苑傳》《國朝耆獻類徵》卷四二〇、張維屏《國朝詩人徵略》卷三三。

書前有乾隆二十八年（1763）自序，稱卷中太半與其弟江恂所共對床聽雨，因以名之。〔註202〕又有無名氏墨筆識語，稱其家學專於金石考訂，《清泉志》即父子兄弟所分輯，極有體裁，又稱此書亦說部中之可採者。全書三萬言，乃其弟江恂官湖南常寧知縣時，江昱奉母就養，因摭見聞，考訂故實，著為一編。其書頗重考證。其中涉及天文分野、地理沿革、金石文字者頗多，如引《幽明錄》證渣江為查江，引《玉篇》《北史》及歐陽詢書溫彥博碑，證案牘以「準」作「准」，非宋時院吏避寇準名。《四庫提要》稱其言頗有根據。書中又頗重辨偽。如辨衡山岣嶁碑曰：「岣嶁碑之偽，始自蔗畦（即江恂——引者）啟其疑。余既詳辨之，復覼縷其以寄蔗畦長沙。蔗畦答書云：『神禹碑晉以上無明文，疑自徐靈期即為誕妄之根，陳田夫尤荒幻可笑，蜃樓海市，因而何致，則紙上傳形，沈鎰乃夢中譯字，繫風捕影，扇播若真，都忘其為子虛烏有。古今斷此案者，莫先於朱子，謂為傳聞之誤。次王弇州云其詞未諧聖經，近顧亭林云字奇而不合法，語奇而不中倫，韻奇而不合古，斷其偽，極快人意。後此仍欲售欺，豈非不智乎？伊何笨伯憑空結撰，又並管跋和盤托出，茫昧不曉，亦可謂不善作賊者，殊堪捧腹。當時鑒博如竹垞

〔註202〕《續修四庫全書》第1138冊，上海古籍出版社，2002年版，第1頁。

諸公亦信之，徒以未親到爾。茲被勘破，鐵案不移矣。惟是三千年之鴻秘晦而復顯，衡人據之，可以誇示海內者，一旦抹殺，其懊喪奚似。」」《四庫提要》稱其考究詳明，知確出近時偽撰，尤足祛千古之惑云云。又辨周子《愛蓮說》云：「濂溪在廬山下，周子始名之。謂在道州者，妄也。李穆堂宗伯極辯之。《愛蓮》，鄭東里太守之僑謂意義淺俗，氣體卑弱，絕非《通書》《太極》文字，有辯甚晰。」《四庫提要》稱江昱《瀟湘聽雨錄》力攻其出於依託，然亦別無顯證。其書多述湖南風土民俗。如謂：「南楚六月初，早稻即熟，民間獨重食新，不必有田之家各擇吉日，置酒脯，炊新穀，祀神薦先，然後招親友宴酬，微論貧富至是曰必輟業，謂之嘗新，人皆稱賀。其日用辰巳，以龍蛇不食穀米也，其饌用魚忌雞，餘饑音相同也。重農敦本，其俗極厚。秋祭曰嘗，於禮亦洽。」又謂：「衡人書字，多以意增偏旁，日月五行任情驅使，山水人物隨手增加。如渣，查江；煌，灶王；貓，苗民；纙，紗羅；芯，燈心草；筷，快飯夾也；爬碼，馬頭濟渡處，若此之類，不可枚舉。」

此本據天津圖書館藏清乾隆二十八年春草軒刻本影印。

【附錄】

（《甘泉縣續志》卷二十九引《廣陵詩事》）

【江都縣志小傳】江昱，字賓谷。讀書嗜古，少與弟恂自相師友，研經術，工詞章，而詩尤著稱於世。同時多名士之遊，後客弟楚南官署，得江山之助。所遇當代名公學士，咸尊禮之。中歲罷科舉業，一意汲古。所著見藝文中。侄德量，總角得其傳授。配陳氏，亦工詩詞。（《江都縣續志》卷六）

【江賓谷佳句】揚州江賓谷白首名場。余每過邗江，賓谷必呼子侄出見，曰：「余少時得見前輩某某，至今詫說於人。汝等不可與隨園先生當面錯過。」余感其意，錄其《與弟蔗畦夜坐》云：「宵中更警嚴城柝，暑退人親小室燈。」《冬晴》云：「剩菊尚支苔徑賞，凍蠅微觸紙窗聞。」詠《古梅》云：「乍見根疑石，旋驚雪作香。」蔗畦名恂。詠《穹廬雪》云：「穹廬雪，嚼復咽。氈毛已盡雪不歇，雪能冷骨不冷心，十九年來覺長熱。風沙大地慘無春，只有手中之節凍不折。君節臣執臣不辭，臣節君薨君不知。淚零紅雪吞不得，灑在茂陵松柏枝。」蔗畦刺亳州，守徽州，俱有善政。所藏金石文字最多。（袁枚《隨園詩話》卷十三）

【江賓谷精於書】江都江昱，字賓谷，廩膳生。下帷研經，尤精於《書》，著《尚書私學》若干卷，析疑發覆，為一時治經諸儒所折服。嘗在秣陵，與程綿莊辯論《尚書》古文，至日晡忘食，袁子才目之為「經癡」。（清徐珂《清稗類鈔·經術類》）

【吳敬梓《尚書私學序》】往讀賓谷《梅鶴》詞，詫為白石、玉田嗣響，雖先輩小長蘆朱叟亦當卻步也。既讀君詩，氣體溫厚，又非詞之所能盡。越數年，遊揚州過訪，叩所著，賓谷逡巡避席言：「年且壯，頗厭薄雕蟲技。少日治《尚書》，未究其義，近乃於諸儒注釋外，參以己見，成書數卷。固不敢謂立說窮經以公海內，則僅一人之私而已。」敬梓自維學殖荒落，頃始有志《三百篇》。群言泛濫，靡所指歸，況在諸經，尤為瞀昧。顧嘗考劉歆《七略》曰：「《尚書》直言也。」又曰：「《書》以決斷。斷者，義之證。」俗學於經生制舉業外未嘗寓目，獨好竊虛談性命之言，以自便其固陋。一二高明之士，喜持辯論今文、古文之真偽，聚訟無休，究何當於《書》之義理？今讀賓谷所著，冥搜博採，蓋有神悟焉。夫聖人之經，猶天有日月也。日月照臨之下，四時往來，萬物化育，各隨其形之所附，光華發越，莫不日新月異。學者心思紬繹，義理無窮，經學亦日為闡明。若兢兢乎取先儒之成說而堅守之，失之懦；必力戰而勝之，亦失之躁也。昔之說者謂任章所引《周書》曰：「將欲敗之，

必姑輔之；將欲取之，必姑與之。」蕭何引《周書》曰：「天與不取，反受其咎。」疑此即蘇秦所讀之《陰符》。老氏之言，范蠡、張良之謀，皆出於此。朱子亦云，老子為柱下史，故見此書。其說豈非奇僻？而賓谷生千古後，舉《舜典》一「元」字，云已開老氏一家之學，為五千言之權輿。則知老子雖深遠，要不外乎經。既而笑曰：「此正余一人之私，蓋二十八字先儒久斥以為偽者也。」斯其卓識不在宋儒下盤旋，亦作漢、晉諸賢所能籠絡。他若辨九族，辨五事，因夢與卜以破後世鬼神荒誕之見，皆足以補注疏所未備，固非詞章之士所可及，以之嘉惠來學，揭與日月同行，可也，豈一人之私學乎哉？秦淮寓客弟吳敬梓題。（載江昱《尚書私學》卷首）

茶餘客話二十二卷　（清）阮葵生撰

　　阮葵生（1727～1789），字寶誠，一字安甫，號唐山（或作吾山），山陽（今江蘇淮安）人。天資早慧，矢志篤學，為文下筆立就。耿直不面諛人，人有過，面庮之，退而相忘。少侍父京師，識國家掌故。博聞強誌，於朝章國典尤所熟洽。與弟芝生有「淮南二阮」之目。乾隆十七年（1752）鄉試中式，二十六年（1761年）會試南官得副選入幃，兼三館纂修，以內閣中書入直軍機處，歷官刑部郎中、河南道監察御史、通政司參議，終刑部右侍郎。及官刑部，熟精法律，屢決大獄，通敏無窒礙，遇大事，眾不能決者，片言立剖，洞悉情偽。朝野上下譽之為「司寇公」，有治獄才，其於審案也，不忍以輕心試，不敢以怠心乘，凡情偽之微妙，事理之曲直，爬梳剔抉，宛然身臨其境地，親睹其情狀，以無厚入有間，莫不迎刃以解，而於秋讞尤盡心焉。為官清廉，視民如傷，嘗謂「士君子無持刀殺人之事，惟庸醫誤人性命，庸師誤人子弟，其罪無殊於手刃」。好吟詩賦，詩風清麗，源出漢魏六朝。交遊甚廣，與錢大昕、沈初、法式善、吳省欽、祝德麟、程晉芳、百齡、陸耀、曹仁虎諸君交，京邸設消寒、吟秋兩會，為詩酒社唱和。如陸耀《寓園雜詠和阮唐山同年》云：「中庭促膝共蓬廬，諧笑云云習未除。苟節刪於相熟後，淡懷長似訂交初。才華須讓連城璧，蹇劣誰持下阪車。夜久不知河轉角，柳梢缺月掛方疏。」「敢笑趨公職事微，每因戒旦切朝饑。自牽騾馬呼奚僕，已見群鵁集省闈。宮漏傳聲催制草，披梧寒露濕朝衣。在家早起平生意，莫怪勞薪傴息希。」「詔策籌邊第一功，恩光稠迭動昭融。翔鸞音湛三

槐露，雀翎翻九棘風。邦典坐愁心鄭重，王綸手捧地尊崇。臨風莫道臺光迥，仰首卿雲即見公。」著有《七錄齋詩鈔》《七錄齋文鈔》《西曹議稿》《茶餘客話》《風雅蒙求》等書，今人彙編而成《阮葵生集》。生平事蹟見《淮安府志》卷二十九、《國朝耆獻類徵》卷九六及阮元《刑部侍郎唐山阮公傳》。

此本為二十二卷足本，卷一曰政，卷二曰士，卷三曰農，卷四曰禮、祀神，卷五曰婚表，卷六曰兵刑，卷七曰戶吏，卷八曰雜記明清史事，卷九曰學術，卷十曰儒，卷十一曰詩話，卷十二曰小木、聯話，卷十三曰天文、地理，卷十四曰釋，卷十五曰道，卷十六曰科舉、語言，卷十七曰書畫，卷十八曰習俗、信仰、迷信、戲曲、小說，卷十九曰篆刻、文具，二十曰文物、飲食、醫藥、俗語。卷二十一、二十二曰淮故。「讀經須識世務」條曰：「蓋五經四子之書，其精多其用宏矣。漢儒引經率非本旨，而皆有裨於世務。後人治經株守前說，而反無益於身心。漢儒雖誤而有濟，後人似正而無功。豈唯無功，抑猶有害！」「《詩經》不必作經讀」條曰：「詩宗漢、魏尚已，予謂《三百篇》正不必作經讀，只以讀古詩樂府之法讀之，真足陶冶性靈，益人風趣不少。」葵生不喜宋儒之學，故曰：「宋儒學無根柢，不考經制，徒取其能行周禮而究儀章制度，不亦悖乎！」又論明代學術之壞：「潛丘（閻若璩）嘗發憤歎息，謂明三百年學問文章，不能遠追漢、唐及宋、元者，其故有三：一壞於洪武十七年甲子定制以八股取士，盡廢注疏，其失也陋；再壞於李夢陽倡復古學，而不原本六藝，其失也俗；三壞於王守仁講致良知之學，而至以讀書為禁，其失也虛。」又懷疑清初之學：「伯祖樾軒先生嘗戒子弟曰：『近見後生小子皆喜讀《毛西河集》，其所稱引甚未足據，必須搜討源頭，字字質證，慎勿為懸河口所謾。』因言西河與閻百詩辨地理多穿鑿，百詩太息曰：『汪堯峰私造典禮，李天生杜撰故實，毛大可割裂經文，貽誤後學匪淺。』」又厭惡通俗小說：「《續文獻通考》以《琵琶記》《水滸傳》列之《經籍志》中，雖稗官小說古人不廢，然羅列不倫，何以垂後？」葵生於詩文之道具有獨見，如曰：「昔人謂作詩如食胡桃宣栗，剝三層皮，方見佳味。作而不改，與食青皮胡桃帶毛栗子何殊？作詩有甘苦，獨喻人不能知之境。」曰：「評斷古人詩文，最忌耳食，隨聲褒貶，不足為定論也。」曰：「陸放翁云：『文章本天成，妙手偶得之。』此不可摹肖者，可為學究下鐵砭。陳三所云：『學詩如學仙，時至骨自換。』此必須工候者，未許躁心人問津。」曰：「宋人好以虛字入詩，介甫東坡皆多警句。其流極至不可救藥，

初學不可效。」

乾隆五十八年癸丑（1793）其子鍾琦跋稱所記自經史及國朝典故、淮陰事蹟，下及書畫禽魚之類，靡不講貫精覈，獨出己見，論斷而折衷之云云。周中孚稱所記自經史及國朝典故、淮陰事故，下及書畫禽魚之類，靡不講貫精覈，獨出以己見，論斷而折衷之，多有未經人道，為說部諸家所不及者。〔註203〕李慈銘稱其書頗多記國朝掌故，嫻於文獻之學，間及考古，則多疏舛。〔註204〕劉咸炘亦稱多記掌故，取資不窮，間有瑣屑，無傷大體。〔註205〕

此書稿本藏國家圖書館。通行刊本有二：一為戴璐校刊十二卷本，即乾隆五十八年七錄齋活字印本，此係刪節本，每條加標題；一為光緒十四年鉛印二十二卷本，此為足本。刪節本條目僅及原書五分之一。中華書局《清代筆記叢刊》本據上海文明書局十二卷本影印，可謂劣本。《清代筆記小說大觀》本以中華上編本為底本，重加標點，並與光緒二十二卷本覆校一過，改正底本中若干訛誤之處，復增補個別條目中脫落之文字，為當今之佳本。〔註206〕此本據復旦大學圖書館藏清光緒十四年鉛印本影印。

【附錄】

【王錫祺《茶餘客話跋》】記年十三四時，於市上得《茶餘客話》。篝燈讀之，兩夕而竟，鰓鰓然以為未足也。比修郡志，微遺集，程丈仲材適繕是稿，云係足本。爾時即欲快睹，緣以私乘入公局，末由紬覽。去秋司寇裔孫鐵庵先生，慨然見假，始知原卷二十二，湖州戴脤塘選十二卷為單行本，松江吳泉之刻入《藝海珠塵》。顛倒先後，尤改舊觀。竊思鄉先生留心掌故，毅然著述，若侈意去取，殊負苦心。因照稿謄寫，不遺隻字。即經其從子定甫先生點訂者，亦逐一改正，以識廬山面目。而予廿年前嘗鼎一臠，今始朵頤屬饜，文字之緣殆真如大雄氏言有前因後果在耶？光緒戊子春二月，南清河後學王

（註203）周中孚：《鄭堂讀書記》卷六十五。
〔註204〕李慈銘：《越縵堂讀書記》，上海書店出版社，2000年版，第878頁。
〔註205〕劉咸炘：《內景樓檢書記》，《推十書》子類，第582頁。
〔註206〕劉聲木認為：「廿二卷原本，遂付之排印，袖珍小字本。予細加研究，卷數雖較戴刻為備，然煩冗無當，其中多抄撮及無關係者。原為侍郎隨手記錄稿本，凡有聞見，悉筆之於書，以待後日考核，原無意於撰述，更無意於全為刊行。戴氏刪存十二卷，深合撰述體裁，亦善為侍郎藏拙。使後人得識廬山全面，轉覺蕪穢不去，菁華亦因之湮沒矣。」今按，二種版本異同優劣已成為一樁公案，希望日後有人加以比較研究。錄此備考。

錫祺壽甫謹跋。

【戴璐《茶餘客話跋》】己亥夏，余與司寇吾山先生同膺司諫之選，先後入臺，過從無間。每春朝宴集，酒邊談論，前言往行，聽者忘倦，固未知其有所著述也。嗣讀行述，有《茶餘客話》之輯，王少林太守亟稱其書。今夏從方浦大兄借觀，其記前型，搜逸事，考證典物，多有未經人道，為說部諸家所不及者，為選十二卷梓行。是書成於辛卯之前，故云文淵閣無其地，本朝尚無三元，癸巳建閣，以及辛丑錢修撰棨及第，亦未補錄。知此稿固未成之書也。且卷中深以在閣日淺，不及遍觀庫藏典冊為慊。昔余科垣夜直，恒秉燭翻史，錄書盈尺，竊與先生有同嗜，曾於先生所撰刑部典試題名二書多所校正。惜公早騎箕，不及參訂《茶話》全書，不無遺憾。顧方浦負荷念切，行將與《七錄齋詩文全集》合刻流傳，嘉惠藝林，更樂得而觀厥成焉。甲寅上元，烏程戴璐跋。

【阮鍾琦《茶餘客話跋》】先司寇束髮受書，即耽吟詠，於書無所不讀。所著詩文集如干卷，藏於家中。歲以命入，八直綸閣，歷卿垣，僦居長安，藏書最富。手不停披，殫心著述。與一時賢士大夫遊，賓客過從，煮茗劇談，靡間寒暑。凡所得於載籍，以逮聞見所及，輒誌之。積二十年，成《茶餘客話》三十卷。所記自經史及國朝典故，淮陰事蹟，下及書畫琴魚之類，靡不講貫精覈，獨出己見，論斷而折衷之。己酉捐館後，謹錄收藏，版行匪易，中心竊負疚焉。奉常菔塘先生，為先司寇臺選同年，交好無間。今春索閱此書，詳加校正，欲公同好。先選十二卷，仿畢升活字版印行，餘卷仍謹藏以待再梓。琦愧不能讀父書，幸先生精鑒流傳，先司寇賴以不朽。而先生敦情古處，以及沾溉士林之誼，亦足以風世矣。爰敬跋於後。癸丑小除，男鍾琦謹識。

【續修四庫全書總目提要（稿本）34—502】《茶餘客話》不分卷（清光緒間清河王氏刊本），清阮葵生撰。葵生字寶誠，號唐山，又號吾三，江蘇山陽人。乾隆時進士。官至刑部右侍郎。以治獄明察平允稱。所著有《七錄齋集》。《茶餘客話》者，則記前賢，搜佚事，考證典物，多未經人道語。《昭代叢書》《藝海珠塵》皆收之，惟清河王氏所刊者為完本。如紀蘇州拙政園，本為陳素庵相國所建，因及吳梅村晚年精於星命之學，連舉十三女，而子暷始生，湯餅會時，名諸生唐東江、孫華往賀，梅村語以當與其子同解，唐意甚拂，而後果如所言，並謂梅村之出山，陳素庵相國實為推轂，蓋將須左以待，

比吳至京師，而素庵事已決裂，盡室遷謫塞外，梅村《拙政園山茶歌》感慨惋惜，蓋有不能明言之情。及明末史閣部可法殉節時，相傳尚無嗣息。雍正初，鄧東長宗伯鍾岳，督學江左試，有童子史姓，年四十餘，書祖名可法，異而詢之，知為閣部督師赴揚，寄孥白下，孕妾於滄桑後生一子，延史氏之脈，因家焉。此皆他書所未詳者。而史公後嗣，靳茶坡集有《送史愚庵梅花嶺展墓》詩，愚庵為道鄰子，鼎革後流寓山陽。又《揚州志》有史公死後，養子直求屍不得，招魂葬衣冠語，直與愚庵雖未知是一人是二人，要當為此童子伯叔行輩，當時此童子之父殆尚幼，故歷來皆未有紀之者。此實天鑒忠烈，故冥冥中閣部之裔有不期延而自延者也。又紀萬季野修《明史》事，謂錢亮工才思敏捷，如瓶泄水，時萬已老盲，口授而錢書之，因得受請託，乘機損益，竄移衮越，史稿之成，雖經史官數十人之手，而萬以老諸生繫其絕續，亦異矣，錢之才亦不可及也。

【阮元《刑部侍郎䂬山阮公傳》】阮公諱葵生，字寶誠，號䂬山，淮安山陽人。先世自明初由清江以武功隸大河衛。七世祖嘉林，宰益陽，舉循吏第一，擢監察御史。曾祖晉，縣學生，與同邑閻百詩應鴻詞徵。祖應韶，監生。父學浩，翰林檢討。兩世皆以公贈通政司參議。公生之夕，父夢客以寶石贈，故小字寶石。六歲就外傅，不好弄。七歲，《孝經》《周易》諸經已成誦。隨父入京師，與弟芝生齊名，有「淮南二阮」之目。乾隆壬申，舉於鄉，偕弟就學於天台齊宗伯息園。辛巳會試，取中正榜，授內閣中書，充《方略》《通鑒輯覽》兩館纂修官，軍機司員處行走。緬甸不靖，軍書旁午，公入直甚勤。秋，扈蹕木蘭，會京師割辮案起，蔓延各省，公虛心推鞫，日一具奏，大端以為本無其事，妖言由是漸息。三十六年，補刑部主事。時總理刑部者為諸城劉文正公，久於樞廷，識公才，告同列曰：「阮某選西曹，總讞事有人矣。」明年，兼雲南司，總辦秋審。三十九年，鞫山東亂民王倫，脅從至部者無枉縱，升員外郎。四十一年，升郎中。時有弟殺兄牛，而兄故殺弟者，議者以為弟是罪人，兄為尊長，公判曰：「弟殺兄牛，本非盜賊，兄刃弟頸，實喪天良。」竟抵罪。浙江捕盜船事有以內洋改外洋者，大吏均擬絞，公判曰：「法嚴首惡，律重誅心，千總據實報聞，其情輕，都司代改招詳，其情重，概擬絞不可，且非稱與同罪律義，千總改擬流……」四十五年，京察一等，改監察御史，部臣以刑名諳習，請留部，會有疾，請假南歸。四十七年冬，入都。先是，部臣奏公名，上曰：「秋審近，當促之來。」及至，補監察御史。十二月，特旨以四

五品京堂用，擢通政司參議。五十年，審釋監禁待質之犯，特命專其成。四月，超擢刑部右侍郎。九月，辦秋審平允，復邀褒獎。五十二年，扈從灤河，覆校文津閣《四庫全書》，命和詩三十餘首。時臺灣逆首林爽文執至部，公侍廷鞫，晝夜無少閒，而校書和詩如常。五十四年二月二十一日，以疾卒，年六十有三。先是，公父修淮安學廟畢，設灑掃會，諸生日聚一錢，為修廟資。至公時，錢有餘，公為置田，名一錢莊，立規條二十，以期久遠。在京師，建淮安西館於橫街。居鄉，修勻湖草堂，泛舟湖上，歌誦先芬。總漕楊清恪公改置麗正書院於城東，屬公董其事，院成，出藏書數百種畀諸生讀焉。公性孝友，篤於宗族，尤好獎掖後進，與錢辛楣、程魚門諸君交，京邸設消寒、吟秋兩會，為詩酒社，平居廉介清潔，門無雜賓，退直後青鞵布韈如諸生時，暇則讀書自娛，古文章疏於宣公、溫公、韓、范諸公外尤愛范忠宣、胡文恭，詩賦出入漢、魏、六朝，而以流麗為主。晚乃訂其詩文為《七錄齋集》二十四卷、《茶餘客話》三十卷、《阮氏筆訓族譜》若干卷。子鍾琦、鍾璟，孫以立、以言。論曰：公治刑以明察平允見稱於時，然其神智所開，乃自唐、宋諸賢奏議而來，故能持大體，不為苛細，公卿之異於刀筆吏者在此。（阮元《揅經室集》二集卷三）

【王昶《阮吾山秋讞總志序》】《秋讞總志》，蓋少司寇阮君吾山所撰。君由內閣中書舍人入西曹總辦，秋審十年，其於審案也，不忍以輕心試，不敢以怠心乘，凡情偽之微眇，事理之曲直，先後重輕深淺之時節分寸，爬梳別抉，宛然親履其地，身值其時，而目睹其情狀，以無厚入有間，莫不迎刃以解，而於秋讞尤盡心焉。嘗謂秋讞合十七省重獄而比之，歲論決不下數百人，至繁至重，可哀可懼。自頻歲仰承諭旨，訓示遵行之外，其擬議於泉使巡撫，覆核於刑部堂司會，詢於大學士九卿科道者，世輕世重，積時既久，舛互滋多，散而無紀，奚以昭法守？因就歷年所載，條其脈縷，發其疑似，闕者補之、雜者離之，而大指在憂世恤民，隱然見於語言文字之際，可謂用力專而用意仁者矣。往予乙酉、丙戌間承乏總辦，常與海陽吳君壇承舒文襄、劉文正兩公之命，定秋審條款四十則，今所謂舊條例是也。嗣予為大理寺卿、都察院左副都御史，預法司讞決之事，乃知君之治獄，雖毫髮有所必窮，矜疑有所必察。今觀此志，益信！余鄉試出王芥子先生之門，而芥子先生實阮澄園先生所取士君澄園之子，蓋在世交為尊，在內閣則君為後進。而君弟芝生又與予癸酉同年，因得其立心行己為詳。君氣質醇厚，博學工詩文，所長蓋

不止於讞獄。今君逝矣，而予來繼其位，而又適獲此書，遂稍整其篇章，釐其款目，俾後之司事者深知寅畏，以免於岐誤，其於聖天子明慎用刑，矜恤庶獄之至意為功非淺鮮矣。（王昶《春融堂集》卷三十七）

【吾山半月內當為刑部侍郎】楊主事護，余甲辰典試所取士也。相法及推算八字五星，皆有驗。官刑部時，與阮吾山共事。忽語人曰：「以我法論，吾山半月內當為刑部侍郎。然今刑部侍郎不缺員，是何故耶？」次日堂參後，私語同官曰：「杜公缺也。」既而杜凝臺果有伊犁之役。一日，倉皇乞假歸，來辭余。問：「何匆遽乃爾？」曰：「家惟一子侍老父，今推子某月當死，恐老父過哀，故急歸耳。」是時尚未至死期。後詢其鄉人，果如所說，尤可異也。余嘗問以子平家謂命有定，堪輿家謂命可移，究誰為是？對曰：「能得吉地即是命，誤葬凶地亦是命，其理一也。」斯言可謂得其通矣。（紀昀《閱微草堂筆記》卷八《如是我聞二》）

【翰林前後輩稱號】翰林故事，初入館，於前輩投刺書侍生，而口稱學生。七科以前，則書晚生；未及七科而官至庶子以上，亦書晚生。洗諭以下則否。竊怪庶子與洗諭、講讀同為五品，不應分別等差若此。嘗問翰苑諸公，皆不能言其故，但云俗稱庶不見庶而已。心竊疑之。今年歸里，質之家大人，云於故籍亦無可徵，但明有掌坊學士之官，而員不恒備，多以庶子兼之。蓋其始止於學士稱晚生，而其後亦用於兼官之庶子，沿襲至今，遂並用於不兼學士之庶子矣。（《茶餘客話》卷二）

【紅豆詩人】蘇州城內東南有東禪寺，舊植紅豆樹，相傳白鴿（十二卷本作鶴）禪師所種，老而朽矣。久之復萌新枝，惠元龍移一枝入階前，自號紅豆主人，繪紅豆新居圖。題而和者百數十人。又虞山紅豆為蒙叟著書之處，今年顧古湫宗人繪《紅豆山莊圖》，同人題詠甚眾。董東亭潮七言一篇，尤為擅場，一時傳抄。果邸見而賞之，鐫玉章一方贈之，朱文曰「紅豆詩人」。（《茶餘客話》卷九）

【君子之道】君子之道，自子臣弟友孝悌忠信始，雖孔子猶自謂未能。學者躬行心得，各有得力之處，聖人必不強之使出於一。聖人之教在文行忠信，詩書執禮，親炙者猶未能躐等。曾子則曰忠恕，顏子則曰博約，孟子則曰仁義而已，孝悌而已。以及濂溪之主靜，明道之定性，伊川之敬，橫渠之禮，象山之發明本心，紫陽之窮理致知，陽明之致良知。皆艱難辛苦，已試之效。過來人道個中語，親切而有味，孔子復生，必不分彼此厚薄。譬之涇、渭、漆

沮同入於河，瀟、湘、沅澧同入於江，而江河又同入於海。今必指江入者為海，而河入者非海，有是理乎？指江河為旁流，而反引斷溝絕港、蹄涔杯水為滄溟，堅持門戶之見，黨同伐異，牢不可破，豈非世道人心之患哉！（《茶餘客話》卷十）

【儒者空言】吳康齋奉召入都時，每對人輒以兩手作圈子，行步亦然，曰：「令太極常在眼前。」有浮薄者，以蘆菔投其中。莊定山詩有「枝頭鳥點天機語，擔上梅挑太極行」及「太極圈兒大，先生帽子高」之句，一時傳笑。湛文簡講學，以隨處體認天理為宗。時方遇倭亂，當事問何以禦之，正色曰：「壯者以暇日修其孝悌忠信。」此同甫所謂病風痹不知痛癢之人矣。儒者空言無實際，大率類此。（《茶餘客話》卷十）

【十二史】王西樵（即王士祿）嘗謂司馬《史記》非一姓之書，陳氏《三國志》不宜廁「廿一史」之數。南北事非一統，且有李氏南北二史，則並列為複。合提出《史記》單行，而以蘇子由之《古史》為第一，班書第二，范書第三，謝陛《季漢書》第四，《晉書》第五，《南史》第六，《北史》第七，《隋書》第八，《新唐書》第九，而以《舊唐書》作注，參較異同，《五代史》第十，近閩人柯維騏輯宋、金、遼三史，為《宋史新編》，其書簡核有體，以易宋、金、遼三史，為第十一，《元史》第十二。既正史體，復除重書，止此十二史，古今備矣。施愚山極以此說為有見。但柯史太簡，須仿其體例增之。（《茶餘客話》卷十）

【學詩工夫】放翁夜吟絕句：「六十年來妄學詩，工夫深處獨心知。夜來一笑寒燈下，始是金丹換骨時。」人人皆有此火候，惟所煉之丹不同耳。（《茶餘客話》卷十一）

【讀書飲酒】歐陽公詩云：「一生勤苦書千卷，萬事消磨酒十分。」讀書、飲酒，人生實在受用只此二者，其他樂事雖多，不可相提並論。東亭曰：「只有一事，唯好色耳。」（《茶餘客話》卷十一）

【浙派詩人之短】浙人自厲太鴻、萬循初後，鄉人沾其餘習，漸流為餖飣瑣屑一派。康古、魚門皆奉二子為正法眼藏，不可解也。（《茶餘客話》卷十一）

【四不可】拘儒不可與談玄，腐儒不可與談道，癡人不可與說夢，達人不可與言命。（《茶餘客話》卷十五）

【道家】九流惟道家為多端。昔黃、老、列、莊之言，清靜無為而已，煉

養服食所不道也。赤松子、魏伯陽則言煉養而不言清淨，盧生、李少君則言服食而不言煉養，張道陵、元魏寇謙之則言符籙，而不言煉養服食。迨杜光庭以來，至近世黃冠，獨言經典科教。蓋不惟清靜之旨趣，懵焉無聞，而煉養服食之書，亦未嘗過而問焉矣。而悉宗老氏，以託於道家者流，不亦謬乎！夫道以深為根，以約為紀，以虛極靜篤為至。故曰：虛者，道之常；因者，君之綱。此古聖秉要執中，南面無為之術，豈其有幾於長生哉！耳味者棄本逐末，誕欺迂怪者，因而乘之。假託之書，彌以益眾。嗟乎，世惟卓識殫洽者，能辨學之正偽，彼方士烏能知其純駁，擇善而從也。符籙自寇謙之之後，唐則明崇儼、葉法善、翟乾祐，五代則譚紫霄，宋則薩守堅、王文卿等，而林靈素最顯。科醮始自杜光庭，宋世尤重其教，自朝廷至里巷，所在盛行。南渡，白玉蟾亦為人奏章。今二業皆無甚表著者，惟張真人襲世職而已。明憲宗時，有李孜省、鄧常恩，流為房中術。明世宗時，邵元節、陶典真突起，勢壓張真人之上。一解不如一解，大都如斯。（《茶餘客話》卷十五）

【三難】梨洲先生言：「藏書難。或藏而不能讀，讀而不能文章，兼是三者尤難。」古來文士，不乏抱兔園數冊，修飾成家，欲以行遠，難矣。古來藏書家，亦不乏兼收並蓄，錦幅牙籤，爭長於名畫奇器間。酒闌燭跋，充為耳目之翫。此可謂之能讀乎？近世以博洽名者，如陳晦伯、李於田、胡元瑞之流，皆不免疥駝書簏之誚。弇州、牧齋，好醜相半。上下三百年間，免於疑論者，止宋景濂、唐荊川二人。其次則楊升庵、黃石齋。森森武庫，霜寒耀日，誠間世之學者也。（《茶餘客話》卷十六）

【強記法】張爾岐云：「歷城葉奕繩嘗言強記之法云：『某性甚鈍，每讀一書，遇意所喜好，即箚錄之。錄訖乃朗誦十餘遍，黏之壁間，每日必十餘段，少亦六七段。掩卷即就壁間觀所黏錄，日三五次以為常，務期精熟，一字不遺。黏壁既滿，乃取第一日所黏者收箚中，俟再讀有所錄，補黏其處，隨收隨補，歲無曠日。一年之內，約得三千段。數年之後，腹笥漸富。每見務為泛覽者，略得影響而止，稍經時日，便成枵腹，不如余之約取而實得也。』」葉有文采，善劇曲，濟南人士推為淹洽，其所言真困學要訣。予苦讀書不能記，當時雖聞此法而不能用，年既衰暮，回憶舊所披覽，已無隻字。下筆窘索，徒有恨恨。見少年有志者輒述此語之，不惟自悔，亦冀此法不沒人間也。（《茶餘客話》卷十六）

【選本】艾東鄉痛天、崇間文風敗壞，高者陽奉孔、孟，陰歸佛、老。其

淺陋者又目無一卷之書，放言高論，謬種流傳。於是尊程、朱，闢二氏，撰定待二書，專主宋儒之學。文之背謬者輒塗乙，不少假借，其用意亦良苦矣。張天如選「五經」文字，鄭崧陽選四十名家，韓烏程選文在文室文閭。顧九疇文傳，陳溧陽選名家制義，昔人多病其未醇，然皆能各立一宗旨。異吾法者，雖佳弗錄，蓋選政之不可苟也如此。後來選手，不求根柢，於書義未識畔岸，實時文源流派別，四百年來正變升降之故，毫末未究，而妄操月旦，黃口白腹，咸標參閱之名。標榜者妄希得名，招搖者因以為利。數十年來，選政因之大壞。王牆東汝驤選《明文治》，風行一時，然已盡破前人之法矣。曩聞何義門選《行遠集》，其指歸悉本閔潛邱先生。安溪相國前後選諸集，皆徐壇長、何義門所手定者。方靈皋奉敕選四書文，其總評線批，皆由兵曹郵寄周白民振采先生改定，然後出示同館。蔡芳三寅斗選三十名家，白民汰易其大半。後因付雕無資，復增易數人於其間，以助刊費，識者憾之。前輩於選事慎重如此。若俞西園百二十家，因文以存人。徐山琢《嶺雲編》，自刊其家藏世不常見同題之文，以多為貴。《同風錄》等皆墨牘，無關選法，又當別論也。王淵如選明文，頗別具手眼，但以己作列入，謬加讚歎，以愚聲聾，不可為訓。（《茶餘客話》卷十六）

【八股惡習】吾鄉陸密庵，視學八閩，條舉閩士熟用之惡調，榜示通衢以為戒，有犯者輒置劣等，罰及父師。初行，士論大嘩，久之貼然，而閩之文風由此益上。後彭茶陵先生督學兩浙，痛惡浙人之摹仿聲調，千篇一律，絕無性靈。因仿密庵之法，舉其習用之調，自開講、起股、中股、後股，以及提掇、頓落、尾聲，各標出百數十則，示為禁例，痛極醜詆。刊行各學，嚴示諸生，一時凜然遵之不敢犯。彭既去任，故態復萌，繼且家置一編，裝潢成帙，丹黃甲乙，奉為枕中之鴻寶，傳家之秘籍矣。嗚呼，昔吳道子畫地獄變相，欲令人心畏懼為善，而反助成酷吏慘毒之刑，豈不同一可哀乎！（《茶餘客話》卷十六）

【香樹】香樹生海南黎峒，葉如冬青。凡葉黃則香結。香或在根株，或在枝幹，最上者為黃沉，亦曰鐵骨沉。從土中取出，葉泥而黑，堅而沉水，其價三倍。或在樹腹，如松脂液，有白木間之，曰生沉，投之水亦沉。投之水半沉半浮，曰飛沉。皆為上品。有曰速香者，不俟凝結而取之也，不沉而香特異。曰花鏈者，香與木雜，鏈木而存香也。有曰土伽楠者，與沉香並生。沉香性堅，伽楠性軟，其氣上升，故老人佩之少便溺。產占城者佳，樹為大

蟻所穴，蟻食石蜜，遺漬香中，歲久凝而堅潤，其色若鴨頭，上之上也。又有虎豹斑、金絲結，其色黃，貴與鴨頭綠等。《嶺海見聞》云：「香樹幹如樹蘭，葉如黃楊，子如連翹而黑。以夏月子熟種之，亦有寄生榕樹上者。」《閩小紀》云：「千年榕樹，上生奇南香。」《玉劍尊聞》云：「伽南香一名奇南，占城國有之。有生結、糖結、虎斑結、金絲結不同，生結國人最重，不以入中國。入中國乃糖結。瓊州亦有土伽南，即所謂鷗鵒香，入手終日馥郁。」（《茶餘客話》卷十九）

【論《茶餘客話》】山陽阮吾山侍郎葵生撰《茶餘客話》，原本廿二卷，湖州戴菔塘刪存十二卷，刊之，頗為士林愛重。論者有嘗鼎一臠，未窺全豹之憾。至光緒戊子二月，清河王錫祺壽？於侍郎裔孫鐵荃□□□□處，得見廿二卷原本，遂付之排印，袖珍小字本。予細加研究，卷數雖較戴刻為備，然煩冗無當，其中多鈔撮及無關係者。原為侍郎隨手記錄稿本，凡有聞見，悉筆之於書，以待後日考核，原無意於撰述，更無意於全為刊行。戴氏刪存十二卷，深合撰述體裁，亦善為侍郎藏拙。使後人得識廬山全面，轉覺蕪穢不去，菁華亦因之湮沒矣。亦猶山陽閻若璩撰《潛丘札記》六卷，同邑吳玉搢為之編纂，菁華咸備，條理秩然，幾可與《日知錄》爭衡。及其孫學林過珍手澤，全為刊行，轉使此書減其身價。信乎撰述難，即編纂亦不易，非深明撰述之體，焉能為他人編纂。存精去粗，不煩不儉，能使作者之長畢露於世，亦非可易為也。（劉聲木《萇楚齋隨筆》卷二）

水曹清暇錄十六卷　（清）汪啟淑撰

汪啟淑（1728～1799），字慎儀，一字秀峰，號訒庵，又號印癖先生，歙縣人。工詩好古，與顧之琰、朱樟、杭世駿、厲鶚諸人相唱和，繼西泠諸子之軌。在京師與朱筠、紀昀、沈初、翁方綱、程晉芳、張塤、蔣麟書、顧宗泰等人交遊。治鹽於浙，寓居錢塘。高宗純皇帝巡幸江南，進呈詩賦後，以貲入選工部都水司員外郎，擢兵部職方司郎中。家有開萬樓，藏書百櫥，甲於江南。在歙有綿潭山館，極池臺水竹之勝。乾隆三十七年，會四庫館開館，高宗頒詔各省搜訪遺書，啟淑應詔進呈精純秘本六百餘種，獲賜《古今圖書集成》一部，高宗又於所進《建康實錄》《錢塘遺事》賜題二詩，後四年，又賜《平定伊犁戰圖》一冊，五十二年，又賜《小金川戰圖》一冊。著有《擷芳集》《蘭

溪棹歌》《印人傳》《訒庵詩存》等書，工鐵筆，又酷嗜金石文字，輯有《飛鴻堂印譜》《漢銅印叢》《集古印存》《退齋印類》諸集。生平事蹟見《（光緒）重修安徽通志》《徽州府志》及金天翮《皖志列傳稿》卷四。

全書八萬言，成於汪氏官水曹（即工部都水司）時，因以名書。隨筆所記，故不以目錄分次第，所輯亦不皆工部事，凡載籍可採與得諸當時傳說，或目所備見以及詞人學士吟詠之什，有可錄者輒錄以備忘，歲久成帙。書中多記人物，如稱朱筠品學兼優，洵為一代文人，視學安徽時，提拔孤寒，表揚節烈，人甚德之，而以江永、汪紱入祀鄉賢祠，尤為善政。又稱莫太史瞻菉字青友，別號菊人，河南盧氏縣人，壬辰進士，學問賅博，善畫墨蘭，交友亦極誠篤。書中於其長婿洪榜記載尤為詳盡。間記文物，如記昌吉出土文物：「紀曉嵐侍郎曾為予述，在烏魯木齊得悉昌吉築城，掘土至五尺許，獲紅繡花女鞋一，製作精巧，尚未朽壞。然入土已五尺許，非近時可知，而昌吉婦女無纏足者，殊不可解。」又記越窯秘色磁器：「曩在姚徵士培謙家，見柴窯茶盞一枚，翠光璀璨，陸龜蒙所謂『九秋風露越窯開，奪得千峰翠色來』，信非虛語。」書中間論文獻真偽，一論孔明《心書》：「前明胡少室以為歷代藝文書目從未見載，遽斥為偽。然其辭氣醇雅，恐蘇明允尚難擬議，豈近世人所能假託耶？」二論《相牛經》：「不著作者姓氏，託名寧越，亦猶《禽經》託名師曠，《鶴經》託名浮邱耳。然《齊民要術》已載其文，似兩漢人之書。」三論《碧雲騢》：「蓋魏泰所作，嫁名於梅堯臣。當時士大夫每以私怨肆口謗人。此書幸人皆知出於魏手，故聖俞不蒙其咎。至元人陸輔之一跋，全未深晰，極稱許其足補當時遺事，非後人可擬，殊屬憒憒。」今考，《碧雲騢》確為梅堯臣之作，錄以備參。

卷首乾隆五十七年（1792）錢大昕序，稱其體裁本於龐氏《文昌雜錄》，而間及時賢詩詞，則又兼能改齋、苕溪漁隱之長，且復留心掌故，邇言必察，識大識小，足補孫耳伯、朱錫鬯諸公之所未備。又有乾隆四十六年（1781）其叔存寬序、同治六年（1867）馬貞榆識語，書末乾隆四十六年翟槐跋。謝國楨稱此書敘述燕都掌故，既不像孫承澤《春明夢餘錄》、朱彝尊《日下舊聞》記載全面，又不如劉侗《帝京景物略》生動，亦不如戴璐《藤陰雜記》詳細淵博。〔註207〕此書雖非精心之作，亦不乏可取之處。

此本據南京圖書館藏清乾隆五十七年汪氏飛鴻堂刻本影印。此書又有

〔註207〕謝國楨：《明清筆記談叢》，上海書店出版社，2004年版，第63～64頁。

日本刻本。

【附錄】

【錢大昕《水曹清暇錄序》】都水之官，昉於西漢，少府、甘泉、上林三輔皆有之，而劉子政以護三輔都水典校秘書，故其名特著。魏晉尚書省始置水部郎，至唐定六部諸曹，水部實居二十四司之殿，而東坡有「詩人例作水曹郎」之句。居斯職者，世多豔羨之，則以何仲言、張文昌之故，豈非官以人重之故乎？汪訒庵先生，生新安山水之邦，擁書百城，專意撰述。及含香郎署，公務之暇，丈室蕭然，鉛槧不去手。請告南歸，宴坐綿潭山館，觴詠之樂，不減輞川。頃遊吳中，出所撰《水曹清暇錄》，屬為商訂。其體裁本於龐氏《文昌雜錄》，而間及時賢詩詞，則又兼《能改齋》《苕溪漁隱》之長，洵所謂才大無所不有也。水部今稱劇之司，趨直畫諾，勾稽握算，常苦日不暇給。而訒庵行所無事，遊刃有餘，且復留心掌故，邇言必察，識大識小，足補孫耳伯、朱錫鬯諸公之所未備。蓋由根柢深厚，自在流出，故不以事之繁簡而或妨作之功。當其抗志希古，悠然有會，視八座令僕不足以易吾好。而後之讀是書者又將援以備水曹故事。都水君之名，其將不專美於西京矣夫。乾隆五十有七年，歲在玄黓困敦八日，嘉定弟錢大昕拜手。〔註208〕

【汪存寬《水曹清暇錄序》】皇上宣聰稽古，文治光昭。近復開日下舊聞館，凡勝蹟所留遺，人文所薈萃，嘉瑞所瀜蒸，見於紀載者罔不搜羅而備採，則夫官斯地者，固宜隨時隨地考金石，訪闕遺，一一筆之於書，以補竹垞所未及也。秀峰七任，藏書萬卷，廣覽博綜，著述箋注，不下廿餘種。公餘，出《水曹清暇錄》，求序於余。余惟都水司昉自《周禮‧夏官》司險掌設國之五溝五塗，而塗其道路。魏尚書有水部郎凌。魏北齊有水部，屬都官尚書。隋初為水部侍郎，始屬工部。唐龍朔中改為司川，天寶中改司水，至德初復舊。前明洪武間乃立今名。觀鄭谷寄賈嵩詩，薛廷珪授溫緒制，有謂貴為金馬升之文，昌則清署之雅稱。餘暇足珍，昔何遜兼尚書水部郎，范雲稱其含清濁，中今古。張籍為水部員外，韓文公與相友善，史推其善詩文，及書翰行革。今秀峰精吟詠工，皇上開四庫館，搜訪遺編，秀峰以秘籍曾仰叨恩賞《古今圖書集成》，海內傳為盛事，乃以水曹公餘綴成是編，職守之

〔註208〕按：又見《嘉定錢大昕全集》（增訂本）第 11 冊第 284～285 頁，「都水之官」誤作「都水之宮」，「玄黓」誤作「玄默」。

所關，固已體諸身，垂諸後，而連類附書，紀事提要，既不盡於水曹，要必考證確鑿，洞徹源流，非同於四部七錄之所謂小說家者。心淡水，故常清；才浮於事，故多晦。余於秀峰賢任所著《訒庵詩存》四十卷、《文鈔》四卷以及所選《歷朝詩髓》《古文輯要》《諸子粹》《詩部》尚未窺全豹，而於是錄已知為輯舊聞，所必欣賞也，因敘而歸之。乾隆四十六年，歲次辛丑中秋月，愚叔存寬拜序。

【杭郡詩輯】汪啟淑，字秀峰，號訒庵，歙人。官工部都水司郎中。注云：訒庵寓吾郡小粉場，顏其聽事曰飛鴻堂，嗜古有奇癖，藏書百廚。乾隆三十七年詔訪遺書，訒庵家進呈六百餘種，恩賞《古今圖書集成》一部，士林榮焉。少工吟詠，當杭董浦太史歸田之後，與樊榭諸老結社南屏，訒庵以終賈之年，聘妍抽秘，進與諸老宿抗行。其他雜著有《烊掌錄》《水曹清暇錄》《小粉場雜識》。

【蔣心畲之母】甘茶老人鍾太安人，蔣心畲太史母氏也。壼德素著，兼工文章。贈公非磷先生常出遊，太史生四齡，太安人口授四子書及唐詩，以幼不能執筆，太安人乃鏤竹枝，為絲斷之，詰屈作波點畫，日教合之成字，以慈母而兼嚴父。丸熊畫荻，備歷艱辛。所著《柴車倦遊集》，不輕以示人。（《水曹清暇錄》卷一）

【內閣藏書】內閣另有十庫，以天干次目之，所藏歷代帝王及先賢遺像，聞尚完好。至辛字庫多宋元板書，大率明文淵閣所遺，斷簡殘編，惜多錯亂。遇有檢閱，則派漢中書涉手，其橐鑰皆滿中書司掌焉。又有奇書一部，凡人八字皆預算定判斷，載明證之多不爽，惜人無由見之。（《水曹清暇錄》卷一）

【天一閣藏書】寧波府城內天一閣，明嘉靖時范司馬東明藏書處也。予因祝吳軍門進義壽至其地，偕全編修祖望曾登覽焉。鄰人相傳，閣上常有光怪，書雖富，而蟲傷鼠齧者甚多。（《水曹清暇錄》卷四）

【士大夫時尚】二十年來，士大夫皆尚黑柿漆扇、乳金字畫。近則復古，用白紙，然尚未行純金面。（《水曹清暇錄》卷四）

【四庫館徵書數】乾隆三十七年開四庫館，徵訪天下遺書，武英殿移取九百種，在京各官進呈九百八十三種，直隸總督進呈二百三十八種，奉天府尹進呈三種，兩江總督進呈一千三百六十五種，安徽巡撫進呈五百二十三種，江蘇巡撫進呈一千七百二十六種，浙江巡撫進呈四千五百八十八種，福建巡撫進呈二百零五種，江西巡撫進呈八百五十九種，河南巡撫進呈一百十三種，

山東巡撫進呈三百七十二種，山西巡撫進呈八十八種，湖南巡撫進呈四十六種，陝西巡撫進呈一百零五種，湖北巡撫進呈八十四種，廣東巡撫進呈十二種，雲南巡撫進呈四種，兩淮鹽院進呈一千五百七十五種，共採訪得書一萬三千七百八十一種，《永樂大典》重纂修得三百二十一種。(《水曹清暇錄》卷五)

【詩諷沈萬三】沈萬三名富，字仲榮，行三，元末富甲江南。其弟名貴，以詩諷之曰：「錦衣玉食非為福，檀板金樽可罷休。何事子孫長久計，瓦盆盛酒木綿裘。」殊堪翫味。(《水曹清暇錄》卷六)

【汪啟淑秀峰】《杭郡詩輯》：「汪啟淑，字秀峰，號訒庵，歙人。官工部都水司郎中。」注云：「訒庵寓吾郡小粉場，顏其聽事曰『飛鴻堂』，嗜古有奇癖，藏書百廚。乾隆三十七年詔訪遺書，訒庵家進呈六百餘種，恩賞《古今圖書集成》一部，士林榮焉。少工吟詠，當杭董浦太史歸田之後，與樊榭諸老結社南屏，訒庵以終賈之年，聘妍抽秘，進與諸老宿抗行。其他雜著有《烊掌錄》《水曹清暇錄》《小粉場雜識》。」鮑廷博《庶齋老學叢談跋》：「吾友郁君潛亭所貽也。間有誤書，思之不適，聞某公有善本，欣然偕潛亭往借，秘不肯宣，是為乾隆甲午。迨嘉慶甲子，始據錢功父本一掃烏焉之訛。往讀某公所著《清暇錄》，歷數近來藏書家，而自述其儲藏之富。曾幾何時，已散為雲煙矣。」昌熾案：《清暇錄》當即訒庵所著《水曹清暇錄》。訒庵敝帚自珍，誠為可鄙。然潑飲於身後作快心之論，亦非長者之言也。(葉昌熾《藏書紀事詩》卷五)

【浙江採集遺書】按汪啟淑《水曹清暇錄》：「乾隆三十七年開四庫館徵訪天下遺書，武英殿移取九百種……《永樂大典》重纂修得三百二十一種。」總不若浙江進呈總數之多云。蔣恭煦有《浙江採集遺書總目詩》，云：「丹詔徵文下彩鸞，收藏浙水例原寬。圖書自拜天家賜，十卷猶留甲午刊。」(丁申《武林藏書錄》卷上)

簷曝雜記六卷附錄一卷　(清) 趙翼撰

趙翼 (1727～1814)，字雲崧，號甌北，陽湖 (今江蘇武進) 人。幼聰穎，年十二學為文，一日成七藝，莫不異之。以直隸商籍入學。性情倜儻，才調縱橫，而機警過人，所遇名公卿無不折節下之。乾隆二十六年 (1761)

成進士，以第三人及第，由編修出守廣西，民淳訟簡，人民悅服。適緬甸用兵，奉命赴滇，贊畫軍事。調廣州監司。未幾，擢貴州貴西兵備道，而以廣州讞事鐫級。遂乞養，乾隆三十八年（1773）後歸籍著述，又主講揚州安定書院，學者稱甌北先生。歸田十年，母既終，不復出。五十二年，臺灣林爽文作亂，李公侍堯奉命赴閩，過常時邀先生為參贊。事既平，李公欲入奏起用，先生固辭之。遂由建寧分道，遊武彝九曲，過常玉山，遍歷浙東山水之勝，與當世賢士大夫相唱酬以為樂。與袁子才、蔣心餘友善，才名亦相等，故心餘序其詩謂興酣落筆，百怪奔集，奇恣雄麗，不可逼視，子才謂其忽正忽奇，忽莊忽俳，稗史方言皆可闌入。年八十八而卒。著有《廿二史劄記》《陔餘叢考》《簷曝雜記》《皇朝武功紀略》《甌北詩鈔》《甌北詩話》《甌北集》等書，今以《趙翼全集》行世。生平事蹟見《清史稿·文苑傳》《清史列傳·文苑傳》、姚鼐《貴西兵備道趙先生翼家傳》、孫星衍《甌北先生墓誌銘》。《清儒學案》卷八十一《蘭泉學案》云：「乾隆朝文治極盛，朝士多以學術相尚，宏獎為懷。蘭泉博通之才，宗主漢學，雖研經考史，未有成書，其說多見諸文集，金石尤為專家。同時甌北趙氏，貫串乙部，並有裨學林，用附著焉。」

　　全書五萬餘言，分正文六卷、附錄一卷。此書非一時之作，乃其一生零散筆記文字之匯輯。何秋濤《北徼彙編》稱此書成於嘉慶庚午（1810）。書中雜記清代朝野事蹟。卷一述朝廷政事。所記軍機處沿革掌故，雖可供參考，然未能越《內閣小志》《嘯亭雜錄》諸書之範圍。「煙火」條詳記乾隆時元宵節煙火晚會：「上元夕，西廠舞燈、放煙火最盛。清晨先於圓明園宮門列煙火數十架，藥線徐引燃，成界畫欄杆五色。每架將完，中復燒出寶塔樓閣之類，並有籠鴿及喜鵲數十在盒中乘火飛出者。未申之交，駕至西廠。先有八旗騙馬諸戲：或一足立鞍蹬而馳者，或兩足立馬背而馳者，或扳馬鞍步行而並馬馳者，或兩人對面馳來各在馬上騰身互換者，或甲騰出乙在馬上戴甲於首而馳者，曲盡馬上之奇。日既夕，則樓前舞燈者三千人列隊焉，口唱《太平歌》，各執彩燈，循環進止，各依其綴兆，一轉旋則三千人排成一『太』字，再轉成『平』字，以次作『萬歲』字，又以次合成『太平萬歲』字，所謂『太平萬歲字當中』也。舞罷，則煙火大發，其聲如雷霆，火光燭半空，但見千萬紅魚奮迅跳躍於雲海內，極天下之奇觀矣。」文字生動，歷歷如畫，似將二百年前之太平盛事逕作現場直播矣。卷二記人物逸事。如記

杭應龍先生玉成之力，又記汪文端公、傅文忠公、總憲觀公保之愛才，多涉及人物事實，向為史家所重。他如「殿試送卷頭」「徐健庵」條，亦可考科舉制度之利弊。又詳記辛巳殿試之經過，自述經歷，應屬可信。卷三、卷四記風土人情。趙翼嘗官桂、滇、黔、粵，故多記諸地之氣候水土、風光勝景、特產奇珍、習俗民情。如記邊郡風俗：「粵西土民及滇、黔、苗、猓風俗，大概皆淳樸，惟男女之事不甚有別。每春月趁墟唱歌，男女各坐一邊，其歌皆男女相悅之詞，其不合者亦有歌拒之，如『你愛我，我不愛你』之類。若兩相悅，則歌畢輒攜手就酒棚，並坐而飲，彼此各贈物以定情，訂期相會，甚有酒後即潛入山洞中相昵者。其視野田草露之事，不過如內地人看戲賭錢之類，非異事也。」卷五、卷六為讀書筆記。來新夏稱頗為凌雜。李解民亦稱不如前四卷記敘有緒、條理井然，似未經整理，可取之處不多。

前人對前四卷多持肯定，而對後二卷則多有批評。如平步青《霞外攟屑》云：「卷一、二載朝章沿革，卷三、四紀滇黔粵西風土人物，魏默深《經世文編》多採之，足資援證。五卷則錄《池北偶談》《居易錄》諸書，昔人成說，無所參訂，且雜以隱語。六卷並附方藥，又多復出，殆茅簷曝背隨手拉雜書之，授梓時不加芟削，讀者取瑜略瑕可也。」錢林《文獻徵存錄》卷六稱其體例稍雜，未為善本，然國家掌故及滇、黔各省土風物產，觀覽略備，益足增長見聞，通知時事，較之侈談考據，於日用事物之間毫無裨補者勝之。

此本據復旦大學圖書館藏嘉慶間湛貽堂刻《甌北全集》本影印。

【附錄】

【清史稿·文苑傳】趙翼，字耘松，陽湖人。生三歲能識字，年十二，為文一日成七篇，人奇其才。乾隆十九年，由舉人中明通榜，用內閣中書，入直軍機，大學士傅恒尤重之。二十六年，復成進士，殿試擬一甲第一，王杰第三。高宗謂陝西自國朝以來未有以一甲一名及第者，遂拔杰而移翼第三，授編修。後出知鎮安府。粵民輸穀常社倉，用竹筐，以權代概。有司因購馬濟滇軍，別置大筐斂穀，後遂不革，民苦之。翼聽民用舊筐，自權，持羨去，民由是感激，每出行，爭肩輿過其村。先是鎮民付奉入雲南土富州為奸，捕獲百餘人，付奉顧逸去，前守以是罷官。已而付奉死，驗其屍良是。總督李侍堯疑其為前守道地，翼申辨，總督怒，劾之。適朝廷用兵緬甸，命翼赴軍贊畫，乃追劾疏還。傅恒既至滇，經略兵事，議以大兵渡戛鳩江，別遣偏師從普洱進。翼謂普洱距戛鳩江四千餘里，不如由江東岸近地取猛密，如其策入告。其後

戛鳩兵遭瘴多疾病，而阿桂所統江東岸一軍獨完，卒以蕆事。尋調守廣州，擢貴西兵備道。以廣州讞獄舊案降級，遂乞歸，不復出。五十二年，林爽文反臺灣，侍堯赴閩治軍，邀翼與俱。時總兵柴大紀城守半載，以易子析骸入告。帝意動，諭大紀以兵護民內渡。侍堯以詢翼，翼曰：「總兵欲內渡久矣，憚國法故不敢。今一棄城，則鹿耳門為賊有，全臺休矣！即大兵至，無路可入。宜封還此旨。」侍堯悟，從之，明日接追還前旨之諭，侍堯膺殊賞；而大將軍福康安續至，遂得由鹿耳門進兵破賊，皆翼計也。事平，辭歸，以著述自娛。尤邃史學，著《廿二史劄記》《皇朝武功紀盛》《陔餘叢考》《簷曝雜記》《甌北詩集》。嘉慶十五年，重宴鹿鳴，賜三品銜。卒，年八十六。同時袁枚、蔣士銓與翼齊名，而翼有經世之略，未盡其用。所為詩無不如人意所欲為，亦其才優也。

【貴西兵備道趙先生翼家傳】先生姓趙氏，諱翼，字耘松，號甌北；常州府陽湖人也。生三歲，日能識字數十。十二歲，學為文，一日成七藝；人皆奇之。乾隆庚午，舉順天鄉試；已而選授內閣中書，入直軍機，大學士傅文忠公、汪文端公咸倚重焉。辛巳，成進士。殿試，進呈一甲第一，而陝西王文端公傑居第三；純皇帝謂「自國朝以來，陝西未有以第一人舉者」，遂易文端為第一。而先生之才則固已心識之矣。丙戌，由翰林編修授廣西鎮安知府。鎮居廣西極邊，民淳訟簡。而倉穀出入，吏緣為奸；先生痛革其弊，鎮民悅服。每巡行，村民輒昇入其村；謂「我公至矣」！奉酒食為恭敬。所治皆如之。先是，鎮民與安南民入雲南土富州為奸；事發，捕獲百餘人，而其魁農付奉顧逸去，前守以是罷官。已而付奉死於安南，獲其子並獲其屍，驗之良是；總督李公侍堯疑其為前守道地，不之信。先生申辨，李怒劾之。適朝廷用兵緬甸，命先生赴滇贊畫；乃追劾疏還。明年返鎮，李公乃示意監司，欲先生稍折節而移之守廣州自助；先生不肯，遂以他屬。而適奉特旨調先生廣州，監司乃服先生之有守也。在廣州，決獄平。獲海盜一百八人，按律皆當死；先生詳讞分別，殺三十八人，餘遣戍。辛卯，擢貴西兵備道；而以廣州他讞事降級調用，先生遂乞養親而歸。丁未，臺灣民林爽文作亂，李公赴閩辦軍事；道過常，邀先生偕往。時兵將雲集，咸謂不日蕩平；先生詢察情形，亟請李公密調粵兵為備。既而總兵郝壯猷敗遁、游擊鄭嵩被殺，賊勢大振；而粵兵適至，人心始安。已乃籌海運、增雇值、給衣裝，奏輒報可。李公鳳以綜覈為政，先生每事濟以寬大；迄事平，先生之力居多。始，先生贊畫滇軍，傅文忠公為經略

進征緬甸，議大兵由戛鳩江進而命提督五福由普洱進；先生曰：「戛鳩、普洱，按圖相距不過三寸，而實是四千里而遙。兩軍既進，聲息不相聞；進退維谷，此危道也。大兵欲渡戛鳩，則偏師宜由蠻暮老官屯進；夾江而下，庶兩軍可互為聲援。」文忠從之。先生之善籌軍事，多類此。臺灣既定，李公欲奏起，先生固辭之；因遊武夷，遍歷浙東山水之勝，一發之於詩。先生固善詩，自少游京邸，歷館閣，與諸賢士大夫相酬唱；歸田後，朋遊故舊杯酒相過從，日賦詩為笑樂。其詩與同時袁簡齋、蔣心餘齊名，世所傳《甌北集》也。其他著述凡十餘種，而《陔餘叢考》《廿二史箚記》尤為人所稱道云。先生與鼐，俱以乾隆庚午得舉；越六十年而為嘉慶庚午，先生八十有四而鼐亦年八十，循例重赴鹿鳴，賜三品銜，而鼐亦得四品銜。乃相與會於鍾山，屈指知交，零落殆盡；先生喟然曰：「某少孤，貧不自振。謬以非才，入侍館閣，分校多士。中年洊登繁劇，奔走軍旅。未垂白而養拙邱園，上獲終養慈母、下獲撫字孫曾。今又叨蒙上賜爵秩逾等，生人之遇，可謂榮幸！皆兩朝聖人高厚之恩也。」相與泫然者久之。今歲四月，先生卒於家，其子以狀訃，乃按其事而傳之。子廷英、廷偉、廷俊、廷彥，孫十人、曾孫四人。（姚鼐撰文，見《碑傳集》卷八十六）

【軍機處】軍機處，本內閣之分局。國初承前明舊制，機務出納悉關內閣，其軍事付議政王大臣議奏。康熙中，諭旨或有令南書房翰林撰擬，是時南書房最為親切地，如唐翰林學士掌內制也。雍正年間，用兵西北兩路，以內閣在太和門外，爆直者多，慮漏泄事機，始設軍需房於隆宗門內，選內閣中書之謹密者入直繕寫。後名「軍機處」。地近宮庭，便於宣召。為軍機大臣者，皆親臣重臣。於是承旨出政，皆在於此矣。直廬初僅板屋數間，今上特命改建瓦屋。然擬旨猶軍機大臣之事。先是世宗憲皇帝時，皆桐城張文和公廷玉為之。今上初年，文和以汪文端公由敦長於文學，特薦入以代其勞。乾隆十二、三年間金川用兵，皆文端筆也。國書則有舒文襄赫德及大司馬班公第，蒙古文則有理藩院納公延泰，皆任屬草之役。迨傅文忠公恒領揆席，滿司員欲藉為見才營進地，文忠始稍假之，其始不過短幅片紙，後則無一非司員所擬矣。文端見滿司員如此，而漢文猶必自己出，嫌於攬持，乃亦聽司員代擬。相沿日久，遂為軍機司員之專職，雖上亦知司員所為。其司員亦不必皆由內閣入，凡部院之能事者皆得進焉，而員數且數倍於昔。此軍機前後不同之故事也。按：出納詔命，魏以來皆屬中書，故六朝時中書令極貴，必以重臣為

之。而中書令官尊，不常親奏事，多令中書舍人入奏，於是中書舍人亦最為權要地。唐初猶然，高宗時始分其職於北門學士，玄宗時又移於翰林學士，於是中書門下之權稍輕。迨唐中葉以後，宦者操國柄，設為樞密使之職，生殺予奪皆由此出，而學士及中書俱承其下流，是以樞密一官極為權要。昭宗時大誅宦官，宮中無復奄寺，始命蔣玄暉為之，此樞密移於朝臣之始。地居要津，人所競羨，故宣徽使孔循欲得其處，輒譖玄暉於朱全忠而殺之。朱梁改為崇政院，以敬翔為使。後唐復名樞密，以郭崇韜為使。明宗時安重誨為使。晉高祖以樞密使劉處尚不稱職，乃廢此職，歸其印於中書，而樞密院學士亦廢。出帝時桑維翰復之，再為樞密使。周世宗時王樸為之。是五代時之樞密院，即六朝之中書，其於唐則國初之中書、中葉之學士、末季之樞密合而為一者也。至宋、金則樞密使專掌兵事，與宰相分職，當時謂之兩府，而他機務不與焉。元時軍國事皆歸中書省。明太祖誅胡惟庸後，廢中書省不設，令六部各奏事，由是事權盡歸宸斷。然一日萬機，登記撰錄，不能不設官掌其事，故永樂中遂有內閣之設，批答本章，撰擬諭旨，漸復中書省之舊。其後天子與閣臣不常見，有所諭，則命內監先寫事目，付閣撰文。於是宮內有所謂秉筆太監者，其權遂在內閣之上，與唐之樞密院無異矣。本朝則宦寺不得與政。世祖章皇帝親政之初，即日至票本房，使大學士在御前票擬。康熙中雖有南書房擬旨之例，而機事仍屬內閣。雍正以來，本章歸內閣，機務及用兵皆軍機大臣承旨。天子無日不與大臣相見，無論宦寺不得參，即承旨諸大臣，亦祇供傳述繕撰，而不能稍有贊畫於其間也。〔按五代、宋、金樞密院，皆有學士供草制。今軍機司員，亦猶是時之樞密院學士。〕

【慶典】皇太后壽辰在十一月二十五日。乾隆十六年屆六十慈壽，中外臣僚紛集京師，舉行大慶。自西華門至西直門外之高梁橋，十餘里中，各有分地，張設燈彩，結撰樓閣。天街本廣闊，兩旁遂不見市廛。錦繡山河，金銀宮闕，剪綵為花，鋪錦為屋，九華之燈，七寶之座，丹碧相映，不可名狀。每數十步間一戲臺，南腔北調，備四方之樂，倀童妙伎，歌扇舞衫，後部未歌，前部已迎，左顧方驚，右盼復眩，遊者如入蓬萊仙島，在瓊樓玉宇中，聽霓裳曲，觀羽衣舞也。其景物之工，亦有巧於點綴而不甚費者。或以色絹為山嶽形，錫箔為波濤紋，甚至一蟠桃大數間屋，此皆粗略不足道。至如廣東所構翡翠亭，廣二、三丈，全以孔雀尾作屋瓦，一亭不啻萬眼。楚省之黃鶴樓，重簷三層，牆壁皆用玻璃高七、八尺者。浙省出湖鏡，則為廣榭，中以大圓鏡

嵌藻井之上，四旁則小鏡數萬，鱗砌成牆，人一入其中，即一身化千百億身，如左慈之無處不在，真天下之奇觀也。時街衢惟聽婦女乘輿，士民則騎而過，否則步行。繡轂雕鞍，填溢終日。余凡兩遊焉。此等勝會，千百年不可一遇，而余得親身見之，豈非厚幸哉！京師長至月已多風雪，寒侵肌骨，而是年自初十日至二十五日，無一陣風，無一絲雨，晴和暄暖，如春三月光景，謂非天心協應，助此慶會乎？二十四日，皇太后鑾輿自郊園進城，上親騎而導，金根所過，纖塵不興。文武千官以至大臣命婦、京師士女，簪纓冠帔，跪伏滿塗。皇太后見景色鉅麗，殊嫌繁費，甫入宮即命撤去。以是，辛巳歲皇太后七十萬壽儀物稍減。後皇太后八十萬壽、皇上八十萬壽，聞京師鉅典繁盛，均不減辛未，而余已出京，不及見矣。（《簷曝雜記》卷一）

【皇子讀書】本朝家法之嚴，即皇子讀書一事，已迥絕千古。余內直時，屆早班之期，率以五鼓入，時部院百官未有至者，惟內府蘇喇數人〔謂閒散白身人在內府供役者。〕往來。黑暗中殘睡未醒，時復倚柱假寐，然已隱隱望見有白紗燈一點入隆宗門，則皇子進書房也。吾輩窮措大專恃讀書為衣食者，尚不能早起，而天家金玉之體乃日日如是。既入書房，作詩文，每日皆有程課，未刻畢，則又有滿洲師傅教國書、習國語及騎射等事，薄暮始休。然則文學安得不深？武事安得不嫻熟？宜乎皇子孫不惟詩文書畫無一不擅其妙，而上下千古成敗理亂已了然於胸中。以之臨政，復何事不辦？因憶昔人所謂生於深宮之中，長於阿保之手，如前朝宮庭間逸惰尤甚，皇子十餘歲始請出合，不過官僚訓講片刻，其餘皆婦寺與居，復安望其明道理、燭事機哉？然則我朝諭教之法，豈惟歷代所無，即三代以上亦所不及矣。（《簷曝雜記》卷一）

【汪文端公】汪文端公詩、古文之學最深，當時館閣後進群奉為韓、歐，上亦深識其老於文學。歿後，上以詩哭公，有云：「贊治嘗資理，論文每契神。」公之所以結主知者可想已。余自乾隆十五年冬客公第，至二十三年公歿，凡八、九年。此八、九年中，詩文多餘屬草，每經公筆削，皆愜心饜理，不能更易一字。嘗一月中代作古文三十篇，篇各仿一家。公輒為指其派系所自，無一二爽，此非遍歷諸家不能也。金鼇玉蝀橋新修成，橋柱須鐫聯句，余擬云：「玉宇瓊樓天尺五，方壺員嶠水中央。」自以為寫此處光景甚切合。公改「尺五」作「上下」二字，乃益覺生動。即此可見一斑矣。公又好獎借後進。余嘗代擬東嶽廟聯，云：「雲行雨施，不崇朝而遍天下。理大物博，祖陽氣之發東方。」已進御，奉朱筆圈出。公方繕書，適金檜門總憲至，謂

必出自公手。公曰：「非也，乃門人趙雲崧所集句耳。」又嘗代和御製司馬君實《玉印》詩，中一聯云「不名符宿望，比德稱高賢」，亦非甚佳句。上命內監持示南書房諸臣，謂畢竟汪由敦所作不同，諸臣皆宜師事。蓋諸臣皆說成名印，此獨云「不名」，於「君實」二字較切耳。諸臣皆詆公，公又以余答。其說項如此。及公歿，諸公皆以公故物色余，謂公所捉刀者，必好手也。及屬草持去，其所擊賞者未必佳，而著意結構處轉或遭竄改，於是益歎此中甘苦固非淺人所能識。余初序公集有云：「公死而天下無真知古學之人，天下無真知古學之人，而翼遂無復知己之望。」由今思之，安得不潸焉出涕也。（《簷曝雜記》卷二）〔註209〕

【徐乾學】先輩嘗言：徐健庵乾學在康熙中以文學受知。方其盛時，權勢奔走天下，務以獎拔寒畯、籠絡人才，為邀名計，故時譽翕然歸之。其所居繩匠胡衕，後生之欲求進者，必僦屋於旁。俟其五更入朝，輒朗誦詩文使聞之。如是數日，徐必從而物色。有所長，輒為延譽。當時繩匠胡衕宅子僦價輒倍他處。所甄拔初不以賄，惟視其才之高下定等差。相傳鄉、會試之年，諸名士先於郊外自擬名次。及榜出，果不爽，非必親自主試也。徐方主持風氣，登高而呼，衡文者類無不從而附之。以是遊其門者，無不得科第。有翰林楊某者，其中表也。八月初，遇徐於朝。徐問：「欲主順天鄉試否？」楊謂：「幸甚。」徐曰：「有名士數人不可失也。」及夕，則小紅封送一名單至，計榜額已滿。詰朝，主試命下矣。楊不得已，與諸同考官如其數取之。榜發而京師大嘩，捏名帖遍街市。聖祖聞之，降旨親審。楊窘甚，求救於徐。徐謂：「毋恐，姑晚飯去。」翼日，有稱賀於上前者，謂：「國初以美官授漢兒，漢兒且不肯受。今漢兒營求科目，足覘人心歸附。可為有道之慶。」聖祖默然，遂置不問。蓋即徐令人傳達此語也。嘗有人日具名紙謁其門，必饋司閽者十金，而不求見，但囑以名達徐而已。閽人怪之，密以白徐，徐令留見之，其人故作踸踔狀，謂：「吾誠意尚未到，不敢求見也。」強之而後入。徐問曰：「足下有深讎未報乎？」曰：「無有也。」「然則何為逡巡不敢言？」固問之，始以情告，欲得來科狀元耳。徐曰：「已有人，可思其次。」其人謂：「他非所望，寧再遲一科。」徐許之。然徐不久罷歸，其人竟不第。（《簷曝雜記》卷二）

【高士奇】高江村士奇，康熙中直南書房，最蒙聖祖知眷。時尚未有軍

〔註209〕汪文端公即汪廷珍，為大司成時，取文以「清真雅正」為宗，此四字乃八股取士的最高標準。

機處，凡撰述論旨，多屬南書房諸臣，非特供奉書畫、賡和詩句而已，地既親切，權勢日益崇。相傳江村初入都，自肩襆被進彰義門。後為明相國家司閽者課子。一日相國急欲作書數函，倉卒無人。司閽以江村對，即呼入，援筆立就。相國大喜，遂屬掌書記。後入翰林，直南書房，皆明公力也。江村才本絕人。既居勢要，家日富，則結近侍探上起居，報一事，酬以金豆一顆。每入直，金豆滿荷囊，日暮率傾囊而出，以是宮廷事皆得聞。或覘知上方閱某書，即抽某書翻閱。偶天語垂問，輒能對大意。以是聖祖益愛賞之。初因明公進，至是明公轉須向江村訪消息。每歸第，則九卿肩輿伺其巷皆滿，明公亦在焉。江村直入門，若為弗知也者。客皆使僕從偵探：盥面矣，晚飯矣。少頃，則傳呼延明相國入，必語良久始出。其餘大臣或延一、二入晤，不能遍，則令家奴出告曰：「日暮不能見，請俟異日也。」諸肩輿始散。明日伺於巷者復然。以是聲勢赫奕，忌者亦益多。江村率以五鼓入朝，至薄暮始出，蓋一刻不敢離左右矣。或有譖之者，謂：「士奇肩襆被入都，今但問其家貲若干，即可得其招權納賄狀。」聖祖一日問之，江村以實對，謂：「督撫諸臣以臣蒙主眷，故有饋遺，絲毫皆恩遇中來也。」聖祖笑頷之。後以忌者眾，令致仕歸，以全始終。猶令攜書編纂，以榮其行，可謂極文人之遭際矣。（《簷曝雜記》卷二）

【殿試送卷頭】殿試前，有才之士例須奔競，以所擬對策首三十餘行先繕寫送諸公之門。卷內有當切題處，固不能預擬，而頌聖數語則不拘何題皆可通用也，謂之送卷頭。延攬者即以是默識之，然亦須視閱卷大臣之為人。當兩劉公主裁數科，則營進者轉或被擯。辛巳科，余固慮及此而不使知矣。癸未新進士褚筠心及余門人董東亭潮，本一榜中鉅擘，詩文楷法掄魁有餘。東亭惟恐不得前列。余告以兩劉公不可干以私，且其衡鑒自精，有才者亦不必干，余往事可驗也，東亭竊以為不然。而吾鄉少司空劉圍三先生好汲引，與文定又從兄弟也，特為東亭送卷頭。文定既入閣，則先覓東亭卷，謂同列曰：「此吾鄉董潮也。」文正亦覓筠心卷出示曰：「此吾向日延請在家修書之褚廷璋也。」兩人遂不入十卷，褚卷第十一，董卷第十二。而十卷進呈者或轉遜焉，此又因營求而失之者也。然兩劉公歿，而不受干謁之風又令人思矣。
（《簷曝雜記》卷二）

【託碩使俄訂約事之駁正】趙甌北《簷曝雜記》，稱康熙中諭遣侍衛託碩至俄羅斯定邊界，託碩美鬚眉，為其國女主所寵，凡三年始得歸，所定規約十八條，皆從枕席上訂盟，至今猶遵守不變云云。梁茞林撫部《南省公餘錄》，

據《會典》以駁之。略謂自康熙二十八年平定羅剎，命內大臣索額圖與俄國使臣費要多羅定議，雍正五年，郡王額駙策凌與俄使薩華等定議，及乾隆三十三年、四十五年、五十七年，三次皆因俄國籲請開市，允准定約五條，從無託碩所定十八條於枕席訂盟之事。康祺按：他書紀述俄夷，均謂世傳女汗，羅列男侍夫，以窮邊島國，禮教未興，即果有羈留使臣，昏荒曖昧之行，亦殊不足奇。唯託碩以天朝近臣，銜命萬里，何至俯受羈絆，廉恥蕩然。人如山陰之面首，跡異子卿之胡婦，當日同行星使，完節歸來，有不起而彈之者乎？趙氏之言，殆如郢書燕說矣。（陳康祺《郎潛紀聞三筆》卷十）

黃奶餘話八卷　　（清）陳錫路撰

陳錫路，約為乾嘉時人，字玉田，歸安人。舉人，嘉慶間任教諭。生平事蹟見《（民國）杭州府志》卷一〇四。

黃奶之典出自梁元帝《金樓子》：「有人讀書握卷而輒睡者，梁朝有名士呼書卷為黃奶，此蓋見其美神養性如奶媼也。」黃奶餘話者，讀書餘話也。全書三萬餘字，分八卷，頗重文章修辭。卷一「文章穩字」條開宗明義：「文章下字，最貴是穩，而得之或難易不同。朱文公云：『作文自有穩字。古之能文者才用便用著。』宋景文云：『人之屬文有穩當字，第初思之未至也。』二公皆甘苦有得之言。」如擬孟浩然句：「古人詩雖單詞隻字，俱非可及，往往脫簡流傳，後人極意擬之，不能得。詩話中散見非一，孟浩然有『到得重陽日，還來就菊花』之句，刻本脫一『就』字，有擬補者，或作『醉』，作『賞』，作『泛』，作『對』，後得善本，是『就』字，乃知其妙。路按：此兩句九個字都是俗字，有此一『就』字，下之便字字飛動，化俗為雅。苕溪漁隱所謂詩句以一字為工，如靈丹一粒，點鐵成金，其妙固不可思議。」「詩文貴善於運筆」條云：「大凡詩文都不免要使事用古，總須善於運筆。善運筆則無不可使之事，無不可用之古。」此書亦重版本校勘。如論讀書耐訛字：「昔人云：『讀書須耐訛字。』陳眉公謂：『如登山耐仄路，踏雪耐危橋，閒居耐俗漢，看花耐惡酒。』此四語比況最好，可謂曲盡神致。因念北齊邢子才有書不甚讎校，以為誤書思之，更是一適，正以緣耐得思，緣思得適，初非有二旨也。」耐字絕妙，讎較之深意在焉。又如論東坡貧家詩：「嘗見羅大經《玉露》記東坡詩云：『貧家淨掃地，貧女巧梳頭。下士晚聞道，

聊以拙自修。』以為朱文公每藉此句作話頭，接引窮鄉晚學之士。竊疑貧女巧梳頭，『巧』字與下『拙字』相左，但所見數本皆然，後閱蘇集，是『好』字，為之首肯，豈羅亦漫憶之而漫筆之，或傳寫之訛。」前者主於不校而書存，後者主於校勘而義明，合而論之，校勘之理始備焉。

前有乾隆三十七年（1772）曾光先序，稱此編不過自叢言脞史文詞韻語中來，一經黏綴，如掘得玉合子，底必有蓋，或加以考訂，復具有理致，令閱者心開目明云云。〔註210〕俞樾《茶香室叢鈔》於此書徵引甚夥。周中孚稱是編乃作者讀書有得之作，逐條為之標目，於經史子集各有所評品，而於詩為多，然其間亦多考據，非純作空言者。〔註211〕至於《侯鯖錄》《太真外傳》《漢成帝內傳》皆偽妄之書，而漫加引用，未免不辨真偽矣。

此書有清乾隆三十七年芸香窩刻本、嘉慶八年精寫刻本、光緒二年葛氏嘯園刻本。此本據北京大學圖書館藏清乾隆間刻本影印。

【附錄】

【曾光先《黃奶餘話序》】余歸自象山，杜門不出，晨起聞剝啄，則茗士門人陳子玉田以書來問訊，並緘寄其所著《餘話》視余。余展讀甫數則，遽已津津，愈讀愈不厭，既乃惟恐苒卷盡，喜曰：有是哉！說部之書固子之屬也。然使以己意為結造，而或失之誕，或失之鄙，則其無當於觚墨者，無論至剌取古人書而衍說之，或不免為剿襲之陋、穿鑿之非，若此者亦無取焉。茲余託一編，即不過自叢言脞史文詞韻語中來，一經黏綴，如掘得玉合子，底必有蓋，或加以考訂，復具有理致，令閱者心開目明，是其浸淫乎卷帙者。以講論為哺乳則有之矣，而顧取《金樓子》黃奶之語，以自兼乎哉？陳子藉，歸安烏程人。往余分校湔闈，於糊名中誠之不忘疇昔，奉是編遠用相質為亟，題數語於簡端，而於手答間則復寓之意，曰願與剞劂氏謀之，以訂於世之同好者。乾隆三十七年壬辰秋九月，湘陰曾光先序。

【陳錫路《黃奶餘話自序》】《金樓子》載，有人把卷即睡，因呼黃卷為黃奶。而唐人遂以黃奶作晝睡之稱。錫路架鮮藏書，兼疏津逮，顧不免如《金樓子》所嘲。午餘飯罷，往往探取一編，遲宜椷之來，而當瞳矇間，見有情事相等，意語相類，及足以適口悅目者，偶一染神都，於其起而筆之，為消閒之

〔註210〕《續修四庫全書》第1138冊，上海古籍出版社，2002年版，第365頁。
〔註211〕周中孚：《鄭堂讀書記補逸》卷二十五。

餘話，亦哈嗶語耳。大雅君子必無取焉。書以誌愧。錫路自識。

【得句】得句如得官，唐人句也。《全唐詩話》稱，裴說詩以苦吟難得為工。嘗有詩云：「苦吟僧入定，得句將成功。」乃知由苦得樂，樂復不啻得官耳。（《黃奶餘話》卷八）

【好德如好色】孔子曰：「我未見好德如好色者也。」《大學》釋誠意云：「如好好色。」子夏之言曰：「賢賢易色。」凡論好善而皆比之好色，蓋取常情為喻。常情只是色字，為足以揭其所好之誠，故若聖人賢人立論皆必極之，於是而義乃盡耳。（《黃奶餘話》卷八）

定香亭筆談四卷　（清）阮元撰

阮元（1764～1849），字伯元，號芸薹，儀徵人。乾隆五十四年（1789）進士，官至大學士，加太子太保，進太傅，卒謚文達。元博學淹通，早被知遇。敕編《石渠寶笈》，校勘石經。再入翰林，創編《國史儒林・文苑傳》，至為浙江巡撫，始手成之。集四庫未收書一百七十二種，復擬提要進御，補四庫之闕。嘉慶四年，偕大學士朱珪典會試，一時樸學高才搜羅殆盡。道光十三年，由雲南入覲，特命典試，時稱異數。歷官所至，振興文教。在浙江立詁經精舍，選高才肄業；在粵立學海堂，並延攬通儒。主編《十三經校勘記》《經籍籑詁》《皇清經解》百八十餘種，專宗漢學，治經者奉為科律。集清代天文、律算諸家作《疇人傳》，以表章絕學。重修《浙江通志》《廣東通志》，編輯《山左金石志》《兩浙金石志》《積古齋鐘鼎款識》《兩浙輶軒錄》《淮海英靈集》，刊當代名宿著述數十家為《文選樓叢書》。自著曰《揅經室集》。他紀事、談藝諸編，並為世重。身歷乾、嘉文物鼎盛之時，主持風會數十年，海內學者奉為山斗。《清儒學案》卷一二一《儀徵學案》云：「乾嘉經學之盛，達官耆宿提倡之力為多。文達早躋通顯，揚歷中外，所至敦崇實學，編刻諸書，類多宏深博奧，挈領提綱。《揅經室集》說經之文，皆詁釋精詳，宜乎為萬流所傾仰也。」楊向奎《清儒學案新編・儀徵學案》亦云：「為學宗旨在實事求是，自經史、小學、曆算、輿地、金石、辭章，鉅細無所不包……所輯《皇清經解》，雖有割裂，亦或選擇未周，間有遺漏，但至今不失為研究清代解經之典要。」〔註212〕生平事蹟見《清史列傳》《清史稿》

〔註212〕楊向奎：《清儒學案新編》，第五冊第 379 頁。

本傳。王章濤獨撰《阮元年譜》《阮元評傳》，陳居淵撰《阮元評傳》，皆可參考。

書前有嘉慶五年（1800）阮元自序，稱督學浙江時，隨筆疏記近事，名曰《定香亭筆談》，屬吳澹川、陳曼生、錢金粟、陳雲伯諸君重訂正之。〔註213〕所謂定香亭者，杭州學使署西園荷池中之小亭，阮元用陸游詩「風定池蓮自在香」意名之。張子白同年攜撝石翁畫至杭州，展讀於定香亭上，是時地荷怒發，盆蘭襲人，把酒論詩，極一時清興，阮元欣然賦詩曰：「蓮花過雨清宜畫，蘭箭臨風韻似詩。記取丁年秋七夕，定香亭上晚涼時。」謝啟昆《題定香亭》詩亦云：「一簾虛白自生光，鼻觀微參別有香。鷺立影橋新雨過，校書人在水中央。」集中所載詩歌連篇累牘，間有論學文字，如謂：「經非詁不明，有詁訓而後有義理。許氏《說文》以字解經，字學即經學也。」又謂：「修書與著書不同。余在京奉敕修《石渠寶笈》，校太學石經，又嘗纂修國史及《萬壽盛典》諸書，自持節山左、浙江以來，復自纂《山左金石志》《浙西金石志》《經籍籑詁》《淮海英靈集》《兩浙輶軒錄》《疇人傳》《康熙己未詞科摭錄》《竹垞小志》《山左詩課》《浙江詩課》諸書，皆修也，非著也。學臣校士頗多清暇，余無狗馬絲竹之好，又不能飲，惟日與書史相近，手披筆抹，雖似繁劇，終不似著書之沉思殫精。」又謂：「《荀子·性惡篇》：『人之性惡其善者，詐也。』『詐』當讀如『平秩南訛』之『訛』。訛，化也。《老子》：『夫佳兵者，不祥之器。』『佳』字古『惟』字。『夫惟』二字乃引出之詞，今讀為『佳』字，且習用之誤矣。」「佳兵」之釋，與《讀書雜志餘編》闇合，亦可謂確論。又以舜葬蒼梧、禹葬會稽為古人死陵葬陵、死澤葬澤，亦足破千古之疑。其《刻七經孟子考文並補遺序》《四六叢話序》《里堂學算記序》已收入集中，而未收篇目有《重刻測圓海鏡細草序》《海潮輯說序》《秦漢十印記》《周五戈記》，可補文集之闕。

胡玉縉《許廎經籍題跋》稱全書雅人深致，足以考見當時人物，當與《小滄浪筆談》並傳。〔註214〕今考書中多收他人之作，如焦循《番薯行》、吳錫麒《西湖泛月圖記》、李銳《測圓海鏡跋》，而所錄己作不多，未免喧賓奪主。此書看似總集，亦似筆記，又似詩話，可謂編次無法，叢脞無倫。名為「筆談」，實為雜編。

〔註213〕《續修四庫全書》第1138冊，上海古籍出版社，2002年版，第431頁。
〔註214〕胡玉縉：《續四庫提要三種》，上海書店出版社，2002年版，第664頁。

　　此書有清嘉慶五年揚州阮氏琅嬛仙館刻本、光緒二十五年浙江書局刻本。此本據清嘉慶五年揚州阮氏琅嬛仙館刻本影印。

【附錄】

　　【阮元《定香亭筆談序》】余督學浙江時，隨筆疏記近事，名曰《定香亭筆談》。殘篇破紙，未經校定。戊午冬，任滿還京，錢唐陳生雲伯偕余入都，手寫一帙，置行篋中。己未冬，雲伯從余撫浙，旋南孝豐施孝廉應心復轉寫去，付之梓人，其中漏略尚多。爰出舊稿，屬吳澹川、陳曼生、錢金粟、陳雲伯諸君重訂正之。諸君以其中詩文不妨詳載，遂連篇附錄於各條之後。余不能違諸君之意，因訂而刊之，並識其緣起如此。（阮元《揅經室集》三集卷二）

　　【清史稿本傳】阮元，字伯元，江蘇儀徵人。乾隆五十四年進士，選庶吉士，散館第一，授編修。逾年大考，高宗親擢第一，超擢少詹事。召對，上喜曰：「不意朕八旬外復得一人！」直南書房、懋勤殿，遷詹事。五十八年，督山東學政，任滿，調浙江。歷兵部、禮部、戶部侍郎。嘉慶四年，署浙江巡撫，尋實授……八年，奏建昭忠祠，以歷年捕海盜傷亡將士從祀。盜首黃葵集舟數十，號新興幫，令總兵岳靈、張成等追剿，逾年乃平之。偕總督玉德奏請以李長庚總督兩省水師，數逐蔡牽幾獲，而玉德遇事仍掣肘。十年，元丁父憂去職……十一年，詔起元署福建巡撫，以病辭。十二年，服闋，署戶部侍郎，赴河南按事。授兵部侍郎，覆命為浙江巡撫，暫署河南巡撫。十三年，乃至浙，詔責其防海珍寇。秋，蔡牽、朱濆合犯定海，親駐寧波督三鎮擊走之，牽復遁閩洋……十四年秋，合擊於漁山外洋，竟殱牽，詳得祿等傳。元兩治浙，多惠政，平寇功尤著云……累遷內閣學士。命赴山西、河南按事，遷工部侍郎，出為漕運總督。十九年，調江西巡撫。以捕治逆匪胡秉耀，加太子少保，賜花翎。二十一年，調河南，擢湖廣總督。修武昌江堤，建江陵范家堤、沔陽龍王廟石閘。二十二年，調兩廣總督……道光元年，兼署粵海關監督。洋船夾帶鴉片煙，劾褫行商頂帶。二年，英吉利護貨兵船泊伶丁外洋，與民鬥，互有傷斃，嚴飭交犯，英人揚言罷市歸國，即停其貿易。久之折閱，多託言兵船已歸，俟復來如命。乃暫許貿易，與約船來不交犯乃停止。終元任，兵船不至。元在粵九年，兼署巡撫凡六次。六年，調雲貴總督……十二年，協辦大學士，仍留總督任……十五年，召拜體仁閣大學士，管理刑部，調兵部。十八年，以老病請致仕，許之，給半俸，濒行，加太子太保。二十六年，鄉舉重

逢，晉太傅，與鹿鳴宴。二十九年，卒，年八十有六，優詔賜恤，諡文達。入祀鄉賢祠、浙江名宦祠。元博學淹通，早被知遇。敕編《石渠寶笈》，校勘石經。再入翰林，創編《國史儒林・文苑傳》，至為浙江巡撫，始手成之。集四庫未收書一百七十二種，撰提要進御，補中秘之闕。嘉慶四年，偕大學士朱珪典會試，一時樸學高才搜羅殆盡。道光十三年，由雲南入覲，特命典試，時稱異數。與大學士曹振鏞共事意不合，元歉然。以前次得人之盛不可復繼，歷官所至，振興文教。在浙江立詁經精舍，祀許慎、鄭康成，選高才肄業；在粵立學海堂亦如之，並延攬通儒：造士有家法，人才蔚起。撰《十三經校勘記》《經籍籑詁》《皇清經解》百八十餘種，專宗漢學，治經者奉為科律。集清代天文、律算諸家作《疇人傳》，以章絕學。重修《浙江通志》《廣東通志》，編輯《山左金石志》《兩浙金石志》《積古齋鐘鼎款識》《兩浙輶軒錄》《淮海英靈集》，刊當代名宿著述數十家為《文選樓叢書》。自著曰《揅經室集》。他紀事、談藝諸編，並為世重。身歷乾、嘉文物鼎盛之時，主持風會數十年，海內學者奉為山斗焉。

【阮文達公傳】阮元，字伯元，一字雲臺。乾隆己酉進士，由翰林院編修大考一等第一名，擢少詹事，歷官詹事、內閣學士、戶禮兵工等部侍郎、山東浙江學政、浙江河南江西巡撫、漕運兩湖兩廣雲貴總督、太子少保、體仁閣大學士。嘉慶己未、道光癸巳兩充會試總裁。戊戌秋，予告回籍，晉加太子太保，支食半俸。丙午科重宴鹿鳴，晉加太傅，支食全俸。二十九年十月十三日卒，年八十六歲。諭賜祭葬，予諡文達。國史有傳。生平持躬清慎，屬吏不敢干以私。為政崇大體，所至必以興學教士為急。在浙江則立詁經精舍，在廣東則立學海堂，選諸生知務實學者肄業其中，士習蒸蒸日上，至今官兩省者皆奉為楷範。其撫浙時，安南艇匪肆掠，親督水軍禦諸台州，會神風助順，賊船盡碎，溺海者無算，偽總兵倫貴利等皆伏誅，僉謂誠感神祐所致。海盜蔡牽屢擾閩浙，奏請以提督李忠毅公總統兩省，舟師不分畛域，立專注首逆隔斷餘船之法，循環攻擊，識者謂牽之淹斃於溫州黑水洋，全得力於此策。其撫江西時，嚴查保甲，破獲朱毛俚謀反鉅案，未嘗控絃發矢，銷叛逆於未起事之先，保全民命甚多，遂膺宮保花翎之賞。其在雲貴時，留鹽課溢額之半，協濟邊防，騰越廳邊外之野人出沒無常，甚為民患，惟保山縣境有傈僳熟夷弩箭最精，為野人所憚，因籌款招募，以資捍衛，野人聞風斂跡，相率獻木刻乞降。是時提督曾勤勇公方官雲南副將，特薦其堪膺專閫，及曾公會剿

—545—

廣東叛瑤，力戰先登，功居第一，出諸將上，中外咸以為知人。而其碩畫遠謀，尤在督兩廣時，履任之初，即籌備緝捕經費，俾州縣無畏累諱飾之心。廣西富賀、懷集、廣東連山、陽山多盜，以接界之姑婆山為逋逃淵藪，因調集兩省重兵，三路合圍，掃其巢穴，先後獲會匪劫盜數千，內地一律肅清。又創建大虎山炮臺，以防夷患，奏禁鴉片煙，不許帶煙之洋船入口，並將保結之洋商某三品頂戴參摘，見廣東省城布政司街酒館用木板畫夷館式，怒斥之曰：「此被髮祭野也。」立諭府縣毀之。英吉利護貨之兵船殺二民人于伶仃山，遂封閉其艙，不容貿易數月，後夷目稟請查獻兇犯，始令照舊通商。蓋久料英夷桀驁，遇事必加裁抑，故終其任兵船不敢再犯粵洋。及致仕後，因夷氛甚惡，致書伊公里布代奏，請駕馭美利堅以制英吉利為「以夷攻夷」之策。粵東當事者寢而不行。迨英夷困而就撫，實因為鄰國所侵，始共服為老成謀國之遠慮，然後知其三十年綏靖封疆功德之被於人者遠矣。歸田後，怡志林泉，不與郡縣相接，而於地方義舉無不首先倡捐，待族黨故舊咸有恩誼，樂於汲引後進，休休有容。至其論學之宗旨，在於實事求是。自經史、小學以及金石、詩文，鉅細無所不包，而尤以發明大義為主。所著《性命古訓》《論語孟子論仁論》《曾子十篇注》，推闡古聖賢訓世之意，務在切於日用，使人人可以身體力行。在史館時，採諸書為《儒林傳》，合師儒異派，而持其平，未嘗稍存門戶之見。其餘說各經之精義……載於《揅經室集》者不可枚舉。所編《經籍纂詁》《十三經校勘記》，傳佈海內，為學者所取資。《疇人傳》《淮海英靈集》《鍾鼎款識》《山左》《兩浙金石志》，並為考古者所重。即隨筆記錄，如《廣陵詩事》《小滄浪筆談》等書，亦皆有關於掌故。所刻之書甚多，最著者為《十三經注疏》《皇清經解》，嘉惠後學甚溥。督學時，士有一藝之長，無不獎勵。能解經義及工古今體詩者，必擢置於前。總裁會試，合校二三場文策，績學之士多從此出。論者謂得士之盛不減於鴻博科。主持風會五十餘年，士林尊為山斗。蓋生平以座師大興朱文正公為模楷，故其經術政事與文正相類云。（劉敏崧《通義堂文集》卷六，《求恕齋叢書》本）

【卷首語】浙江杭州學使署西園有荷池，池中小亭翼然，四圍竹樹蒙密，入夏後萬荷競發，清芬襲人。亭舊無名，余用放翁詩「風定池蓮自在香」意名之曰定香亭。命青田端木子彝國瑚賦之，清思古藻，絕似齊梁人手筆。（阮元《定香亭筆談》卷一）

【焦廷琥能傳家學】里堂子廷琥，讀書頗具慧心，能傳家學。年十四，

隨里堂來杭，隨眾賦詩，動有佳句，如《天竺道中》云：「半里百重樹，一樓三面山。」《西園讀書》云：「繞戶書聲花外遠，隔牆山影雪中明。」時校浙士，以天文、算學別為一科，里堂佐余閱卷，廷琥知平圓三角之法，嘗令其步籌推算，以驗得數，百不失一。（阮元《定香亭筆談》卷四）

【爾雅補郭】杭州瞿晴江灝著《爾雅補郭》。余謂景純宜補者固多，宜糾者亦復不少。餘姚邵二雲學士晉涵作《正義》，謹守郭說，亦未肯有所糾正也。晴江所補未盡確者，如引用張得天鴻昏於顯之說，直似明人陋語。余謂《釋木》樸樕心即專為《凱風》棘心而釋，朻者聊即專為椒聊而釋，而晉以來皆昧其義。此等引證難與迂拘者言左證，亦不可與穿鑿者滋傅會也。（阮元《定香亭筆談》卷四）

【團扇】團扇之名甚古，漢時已有之。有明中葉，乃行摺扇，至本朝為尤盛，遂不復知有古制矣。阮雲臺先生於嘉慶丙辰提學浙江，嘗得一古團扇，有馬和之畫，楊妹子題，因依式仿製，以賞諸生之高等者。時錢塘陳雲伯大令尚為秀才，歲試賦此題，有云：「江南三月春風歇，櫻桃花底鶯聲滑。合歡團扇翦輕紈，分明採得天邊月。南渡丹青待詔多，傳聞舊譜出宣和。入懷休說班姬怨，羞見曾憐晉女歌。班姬晉女今何有？攜來合付纖纖手。闌前撲蝶影香遲，花間障面徘徊久。樓臺花鳥院中春，馬畫楊題竟逼真。歌得合歡詞一曲，不知誰是合歡人？」先生閱此卷，大為稱賞，拔置第一，刻入浙江詩課及《定香亭筆談》。不二十年，團扇之製遂行滿天下。余亦有團扇詩贈先生云：「用舍行藏要及時，製成團扇寄相思。時來畢竟如公少，明月清風一手持。」（錢泳《履園叢話》卷八）

【許廎經籍題跋·定香亭筆談書後】《定香亭筆談》四卷，儀徵阮元撰。此即督學浙江時隨筆記載，嘉慶己未屬吳文溥、陳鴻壽、錢福林、陳文傑訂正編錄者，體例與《小滄浪筆談》同，而提倡風雅，刻畫巉岩，間或考證經義、金石，要以論列詩文為尤多，附錄他人作亦夥。中如以《論語》鄉人飲酒為即《儀禮》之三年大比鄉飲酒，最得經旨。以《老子》「夫佳兵者不祥之器」，為「佳」即古「惟」字，「夫惟」乃引出之詞，發前人所未發。以舜葬蒼梧、禹葬會稽為古人「死陵葬陵、死澤葬澤」，足破千古之疑。其論李轂割股，謂「毀傷肢體非孝，然以親故為之，則凡可以愛其親者無不為，且吾知其若仕必能致身於君」。其記瞿太守趙姬墓，謂「欲烏表之，徒以古人亡姬；非貞烈可比，恐士庶傳言，未可為法而止」。皆意圓語純，耐人尋味。

惟據《說文》「娶，古文妻字，從肖、女。肖，古文貴字」，以為後世之妻公主者皆曰尚。尚者，「肖」之訛，《孟子》「舜尚見帝」，即言既娶之後見帝，其字當讀為「妻」，不當讀為「尚」。則後世之尚公主，是否本《孟子》義不可知，而《孟子》如「智」不作「知」，「悅」不作「說」，已與《論語》異，不應「妻」字獨從古文作「娶」，且既妻之後見帝，而曰「舜妻見帝」，亦近不詞，不如仍從今本為安。又如宋大樽籍貫，卷二稱錢塘，卷三稱仁和，亦以後說為是。然全書雅人深致，足以考見當時人物，當與《小滄浪筆談》並傳。其編次以端木國瑚《定香亭賦》及《後賦》為始終，亦天造地設云。（《續四庫提要三種》第 664 頁）

循陔纂聞五卷　（清）周廣業撰

周廣業（1730～1798），字耕崖（或作耕厓），號勤圃，海寧人。與陳鱣、吳騫交往最密，又與前輩王鳴盛、盧文弨往復論學。乾隆四十八年（1783）舉人，明年應春闈試，不第，留京佐沈嵩門校四庫書者二年。終身課徒授業。深研古學，通小學，尤邃於經。安徽巡撫朱珪聘主廣德書院。著有《經史避名匯考》《讀易纂言》《孟子四考》《讀相臺五經隨筆‧續筆》《動植小識》《周世年考》《三餘擨錄》《過夏雜錄》《過夏續錄》《廣德直隸州志》《寧志餘聞》《兩浙地志錄》《昭烈靈澤夫人廟考》《文昌通紀》《客皖紀行》《客皖錄》《冬集紀程》《石經紀略》《桐川石墨》《補漢官儀》《季漢官爵考》《浙江鄉會副榜考》《四部寓眼錄補遺》《蓬廬詩鈔》《蓬廬文集》等書。生平事蹟見《清史列傳‧儒林傳》、吳騫《愚谷文存‧周耕厓孝廉傳》、吳慶坻《（民國）杭州府志‧儒林》。

書前有嘉慶二十五年（1820）趙懷玉序，稱其持論平允，諷刺深長，不泥於古，不背於今云云。[註215] 懷玉當時號為大師，不知何故如此吹捧耕崖？抑微詞相譏乎？

其書名「循陔」者，當為居家奉養父母時所作。此書間有名物考證。如謂：「傘一作繖，即古之蓋也。」又辨犧象曰：「按《博古圖》載，周時犧尊二，皆有蓋，以口為流，四足無銘，並全牛像之形，而鑿背為尊。象尊有蓋，四足有提梁，無銘，全作象形，開背為尊。據此，則今廟中所用正合古制，

〔註215〕《續修四庫全書》第 1138 冊，上海古籍出版社，2002 年版，第 557 頁。

而犧、象本是二器，注家謂畫鳳尾而飾以象骨者，大誤矣。」偶有文獻辨偽資料，如辨《鬻子》曰：「鬻子名熊，殷人，年九十，為文王師，周封為楚祖。著書二十有二篇，為子書之冠，見《漢書藝文志》道家，今佚不傳。其散見者，賈誼《新書・修政篇》所引七條，《文選注》所引一條，今世本所存十四篇皆無之……明楊文憲公慎《鬻子論》據此斷世本為贗，而欲取賈誼書中七條以補之，誠為有見。又末篇昔者魯周公使康叔往守於殷云云，皆極其淺陋，決為偽書。升菴又稱新書七條如『和可以守，而嚴可以守，不若和之固也』云云，皆正言確論。則知二公所言但指世本為偽。如劉炫之偽《三墳》，張霸之偽《書》，劉歆之偽《周禮》，李荃之偽《陰符》，阮逸之偽《元經》耳，非謂本無此書，而後人憑空結撰也。」

全書八萬言，分五卷，實雜抄四部，綴緝成編。徵引雖博，弋獲無多。中間多採雜說，皆不著所出。自稱「纂聞」者，似有瞞天過海之嫌。此書可謂之書抄，亦可謂之筆記，然與成一家之言之著作固有別矣。開卷謂：「余壬午科試，策問諸子源流。余文云：『最先有《鬻熊子》。』閱者批其旁曰：『偽書也。』是誠然矣，但未知執筆者意中曾知有真本《鬻子》否也？」可知其書原為備考筆記。

此本據國家圖書館藏清抄本影印。

【附錄】

【朱珪《書孟子四考後》】予在杭時，海寧周孝廉耕厓以所著《孟子四考》示予，校勘比予將行來索則為僕人誤束諸書簏矣。及到京師，耕厓屬蘇生琳趣此稿甚迫，已託阮編修元為予作題辭應之，然鄙意本欲有所質於周君，故復申之。竊謂孟子道不行，退而與萬章之徒著書七篇，皆實事也，非同莊生之寓言與《戰國策》之錯記諸國事者，故當仍以本書為據。（下略）

【周廣業小傳】周廣業，字勤圃，海寧人。乾隆四十八年舉人。少通訓詁，辨音切。早喪父，教授生徒，以奉母撫弟。尤邃於經。大興朱珪巡撫安徽，招主廣德書院。著《讀相臺五經隨筆》四卷、《續筆》一卷，馬瑞辰稱前人所未道。其辨東晉《古文尚書》之訛，尤足與閻若璩、惠棟相發明，他考訂經史之書凡十數種。子勛懋能世其學。〔海昌備志〕（吳慶坻《（民國）杭州府志・儒林》）

【耕厓學案】耕厓《孟子四考》，於出處、時地及傳學源流，搜逸訂訛，詳博精審，其有功鄒嶧之書，足與里堂《正義》相媲美。同時海昌學者，松

𪻠之研音學，仲魚之治鄭學，並為阮文達所推許。兔床博雅，亦仲魚之亞也。
○周廣業，字勤補，號耕崖，海寧人。乾隆癸卯舉人。深研古學，於《孟子》
一書致力最勤。所著《孟子四考》四卷，一逸文，二異本，三古注，四出處
時地，考訂皆極精詳。又著有《經史避名彙考》四十六卷及《讀易纂略》《讀
相臺五經隨筆》《季漢官爵考》《廣德州志》《四部寓眼錄》《補注意林》《動
植小志》《循陔紀聞》《三餘摭錄》《時還讀我書錄》《古文紀序》《蓬廬詩文
鈔》等書。嘉慶三年卒，年六十九。（參史傳）（《清儒學案》卷八十七）

【周耕崖孝廉傳】吾友周君耕崖之喪，予走哭諸寢門。既卒哭，其孤勳
懋、勳常排比行事，衰絰踵門，泣以家傳為請。予辱君之知，而勳常又吾兄女
之夫也，悉君為較詳，其敢以不文辭。君諱廣業，字勤補，別字耕崖，姓周
氏，宋儒元公之後。南渡初，太常公嗣源從濟南扈蹕居錢塘，七傳至職方郎
中，宣閫門殉德祐之難。遺孤肇允遁跡海寧之洛塘，遂家焉。七世祖甸為王
文成公高第，著書傳世。六世祖啟祥，隆慶戊辰進士，仕廣州知府，崇祀鄉賢
名宦。五世祖明輔，天啟中以文學舉賢良方正。祖諱奕，考諱璟，並舉孝廉，
不仕。君生而穎異，試啼有英聲，父名之曰靈根。初入小學，即能通訓詁，辨
音切，讀書數行並下，長老咸以令器目之。性端重，不事童遊。蚤歲慈父見
背，哀毀如成人。母夏孺人甫四旬，弟成業才六歲，君力持門戶，上奉嬬母，
下撫幼弟，雖從學於外，而甘旨衣食無稍乏闕。弱冠即家授徒，以供饘粥，從
遊者頗眾。於是益克苦自勵，祁寒酷暑，無間昕夕。年二十二，受知於學使翠
庭雷公，補博士弟子。又與同邑祝人齋、朱蒿庵兩先生講學纂禮，雅見推重。
為人謹厚方正，恥事竿牘，以故屢困於場屋。乾隆戊子，闈卷已刻，魁旋以
疑，抑置副車。厥後倖得倖失，迨癸卯始登賢能之書，則君年已五十有四矣。
偕計吏北上，又累絀於禮部。然長安貴人皆稔君名，爭欲致之門下，君終不
肯訕首降志，與時俗為進退。旅食潞河數載，落落無所遇合。予間寄以詩，即
幡然戒裝，作歸計，青衫席帽，策蹇渡蘆溝，自是杜門卻軌，壹意著述，不復
再蹋春明矣。於書無所不窺，凡十四經、二十四史，以及九流百氏，靡不遡流
討源，鉤沈索隱，晚尤注意於《孟子》，嘗謂搜討經史，涉獵子流，所稱引《孟
子》往往為內篇所無，是逸文也，其與內篇錯出者，是異本也，注家盛於朱，
後獨趙為古，而各書所載注文實不止趙，則又知有鄭、劉、綦母之注亦考而
存之，凡此皆無所疑者也。以疑義言之，則如爵祿、封建、井田、學校之制與
《周官》、戴《記》同異甚多，見於《注疏》可考。趙氏謂漢文時孟子嘗置博

士，迄今「五經」通義得引以明事，何嘗白虎觀談經，寧雜用緯書，而終不一及孟子也……君於《意林》寢饋不離，南北舟車，輒載以自隨，間為人借刻，亦置而不問，其襟懷豁達又如此云。生雍正庚戌十一月十二日，卒嘉慶戊午正月初一日，年六十有九。（吳騫《愚谷文存》卷十，《續修四庫全書》第 1454 冊）

履園叢話二十四卷 　（清）錢泳撰

錢泳（1759～1844），原名鶴，字立群，號臺仙；改名之後更字梅溪，號梅溪居士，金匱（今江蘇無錫）人。工詩詞、篆隸，精鐫碑版，善於書畫。畢生以訪碑、刻帖、著述為事。書內多記遊蹤，如「古蹟」條稱：「余生懶墮，憚於行役。紀遊之處，不過直隸、山東、河南、湖北、江西、安徽、浙江、福建諸省而已。足跡所到，略志鴻泥，以備遺忘，不可謂之閱歷也。江蘇為父母之邦，習見熟聞，則從其簡。」「趵突泉」條稱：「乾隆壬子六月，余入京，為遊第一次。自後每過濟南，必往觀焉。」「潁水」條稱：「余自乾隆丁未十月將之汴梁，道出潁川，由太和至周家口，舟行者數日。」梅溪一生艱於科舉，嘉、道間以諸生客遊畢沅、秦震鈞、張井諸大僚幕府，文酒風流，挾藝自給，負一時盛名在此，梅溪之不能終成大家亦在此，蓋專事依傍，不肯戞戞獨造也。著有《履園金石目》《說文識小錄》《漢碑大觀》《梅溪詩鈔》等書。生平事蹟見胡源、褚逢春《梅溪先生年譜》（北京圖書館出版社《年譜叢刊》第 122 冊）。

書前有道光十八年（1838）《履園叢話自序》，曰：「小說家亦文章之唾餘也。上可以紀朝廷之故實，下可以採草野之新聞，即以備遺忘，又以資譚柄耳。以所居履園，名曰『叢話』。雖遣愁索笑之筆，而亦《齊諧》《世說》之流亞也。」〔註216〕又有道光五年（1825）孫原湘序，稱其曰舊聞，識軼事，備野乘也；曰閱古，釋所見三代、秦、漢以來法物而資小學也；曰考索，雜取古書事物疑義以證心得也；曰水學，專為三吳水利輯錄先世舊文而增益之，以紀時事也；曰景賢，勸薄俗，垂典型也；曰耆舊，思老成，奉模楷也；曰臆論，警頹風也；曰譚詩，正雅音也；曰碑帖，從所好也；曰收藏，慨煙雲之過眼也；曰書畫，示正法眼藏也；曰藝能，即形下以見道也；曰科

〔註216〕《續修四庫全書》第 1139 冊，上海古籍出版社，2002 年版，第 2 頁。

第，紀人材之盛也；曰祥異，明天地之大也；曰鬼神、曰精怪，窮陰陽之變
也；曰報應，昭天人之合也；曰古蹟、曰陵墓、曰園林，記雪泥之鴻爪也；
曰笑柄，寓莊於諧也；曰夢幻，示實於虛也；而以雜記終焉。〔註217〕

　　全書二十八萬言，分二十四卷，大致一門為一卷。碑帖、收藏、書畫、
藝能、閱古諸卷，為本書精華之所在。對歷代石刻、拓本、法書、名畫，或
敍述源流，或評騭得失，或品第甲乙，或鑒別真偽。如卷九碑帖「偽法帖」
條曰：「吳中既有偽書畫，又造偽法帖，謂之充頭貨。」卷十收藏總論曰：
「考訂之與詞章，固是兩塗；賞鑒之與考訂，亦截然相反。有賞鑒而不知考
訂者，有考訂而不明賞鑒者。宋、元人皆不講考訂，故所見書畫題跋殊空疏
不切。至明之文衡山、都玄敬、王弇州諸人，始兼考訂。若本朝朱竹垞、何
義門、王虛舟輩，則專精考訂矣，然物之真偽，恐未免疏略。」又曰：「收
藏書畫有三等，一曰賞鑒，二曰好事，三曰謀利。看書畫亦有三等，至真至
妙者為上等，妙而不真為中等，真而不妙為下等。上等為隨珠和璧，中等為
優孟衣冠，下等是千里馬骨矣。然而亦要天分，亦要工夫；又須見聞，又須
博雅，四者缺一不可。詩文有一日之短長，書畫有一時之興會，雖真而乏佳
趣，吾無取也。」其人閱歷豐富，故書中不乏名言，如曰：「天地之道尚寬
容，故君子小人並生；鬼神之道尚密察，故為善為惡必報。」曰：「富貴如
花，不朝夕而便謝；貧賤如草，歷冬夏而常青。」曰：「好花如富貴，祇可
看三日，富貴如好花，亦不過三十年。能於三十年後再發一株，遞謝遞開，
方稱長久。」曰：「富者持籌握算，心結身勞，是富而仍貧；貴者昏夜乞憐，
奴顏婢膝，是貴而仍賤。」曰：「人之誠實者，吾當以誠實待之；人之巧詐
者，吾尤當以誠實待之。」曰：「儒者宜不貧不富，不富則無以汩沒性靈，
不貧則可以專心學問。」曰：「人事有同筵席散，杯盤狼藉聽群奴。」曰：
「治家以和平兩字為主，即治國亦何獨不然？」曰：「吃虧二字，能終身行
之，可以受用不盡。大凡人要占些小便宜，必至大吃虧；能吃些小虧，必有
大便宜也。」曰：「遇富貴人切勿論聲色貨利，遇庸俗人切勿談語言文字，
寧緘默而不言，毋駛舌以取戾。」曰：「貨物愈貴，而服飾者愈多，不知其
故也。」曰：「貪巧而明於民事者，尚有人心者也；貪巧而懵於民事者，則
禽獸之不若。」曰：「須於俗中帶雅，方能處世；雅中帶俗，可以資生。」
曰：「子弟如花果，原要培植，如所種者牡丹，自然開花，所種者桃李，自

〔註217〕《續修四庫全書》第 1139 冊，上海古籍出版社，2002 年版，第 1～2 頁。

然結實；若種叢竹蔓藤，安能強其開花結實乎？雖培植終年，愈生厭惡。」曰：「踏遍高山復大林，不知回首夕陽沉。下山即是來時路，枉費夤緣一片心。」曰：「既遇順風，張帆不可太滿，滿則易於覆舟。」曰：「處富者不言富，乃是真富；處貧者不言貧，方是安貧。」曰：「發財人必刻薄，惟其刻薄，所以發財；倒運人必忠厚，惟其忠厚，所以倒運。」曰：「人能以待己之心待其君，便是忠臣；以愛子之心愛其親，即為孝子。」曰：「安心於行樂者，雖朝市亦似山林；醉心於富貴者，雖山林亦同朝市。」曰：「水火、盜賊、兵刑、凶荒、徭役及一切人世艱難之事，無不可以老我之才，增我之智，勿謂無關學問也。」曰：「有才而急欲見其才，小才也；有智而急欲見其智，小智也。惟默觀事會之來，不動聲色，而先機調處，思患預防，斯可謂大才智。」曰：「凡事做到八分。」曰：「吾輩與人交接，捨短而取長可也。」曰：「小人不知其累也，而反滋之以私慾，則其累愈重。」「人生一切功名富貴得意之事，只要一死，即成子虛；夢中一切功名富貴得意之事，只要一醒，亦歸烏有。」要之，梅溪情商甚高，言辭頗有機鋒，類似成功之學，彼可謂之古代中國之卡內基矣。

其書資料翔實，辨析精審，學林重之。《緣督廬日記鈔》卷三錄阮元書曰：「《履園叢話》已經披讀一過，付與兒輩觀之。其中頗多嘉慶十年前後之人之事，如憶舊學，如見古人，非公載筆，化為太虛矣。」王伯祥稱其人精於金石碑帖之學，賞鑒刻畫，靡所不能，尤拳拳於先輩行事，兼亦涉及時政利弊，並關心三吳水利，不徒託空言云。〔註218〕

此本據華東師大圖書館藏道光十八年述德堂刊本影印。

【附錄】

【錢泳《履園叢話自序》】昔人以筆札為文章之唾餘，余謂小說家亦文章之唾餘也。上可以紀朝廷之故實，下可以採草野之新聞，即以備遺忘，又以資譚柄耳。余自弱冠後，便出門負米，歷楚、豫、浙、閩、齊、魯、燕、趙之間，或出或處，垂五十年，既未讀萬卷書，亦未嘗行萬里路。然所聞所見，日積日多。鄉居少事，抑鬱無聊，惟恐失之，自為箋記，以所居履園名曰《叢話》。雖遣愁索笑之筆，而亦《齊諧》《世說》之流亞也。曩嘗與友人徐厚卿明經同輯《熙朝新語》十六卷，已行於世。茲復得二十四卷，分為三集，以續其

〔註218〕王伯祥：《庋櫎偶識》，中華書局，2008 年版，第 11 頁。

後云。道光十八年七月刻始成，梅花溪居士錢泳自記，時年政八十。

【孫原湘《履園叢話序》】履園主人於灌園之暇，就耳目所睹聞，著《叢話》二十四卷，間以示予曰：「吾以是遣愁索索笑也。」孫子讀而歎之曰：「此非遣愁索笑之為也，先生欺予哉！」主人改容起曰：「噫！子知我者，試為我序之。」其曰舊聞，識國初軼事，備野乘也；曰閱古，釋所見三代、秦、漢以來法物而資小學也；曰考索，雜取古書事物疑義以證心得也；曰水學，論三吳水利之不可緩也；曰景賢，勸孝悌，警薄俗也；曰耆舊，思老成，奉模楷也；曰臆論，警頹風也；曰譚詩，正雅音也；曰碑帖，從所好也；曰收藏，慨煙雲之過眼也；曰書畫，示正法眼藏也；曰藝能，即形下以見道也；曰科第，紀人材之盛也；曰祥異，明天地之大也；曰鬼神、曰精怪，窮陰陽之變也；曰報應，昭天人之合也；曰古蹟、曰陵墓、曰園林，記雪泥之鴻爪也；曰笑柄，寓莊於諧也；曰夢幻，示實於虛也；而以雜記終焉。舉凡人情物理，宇宙間可喜可愕之事，無不備也。此溫伯雪子目擊道存之意也。序既畢，以復於主人曰：「履園之義何眆乎？履之言禮也，將以辨上下，定民志也。顧履而園，則『貴於丘園』之象也。其殆將託於戔戔者，以諷世與？抑話者，言之善也，不話於朝而話於野。《坤》之初六曰『履霜堅冰至』。《履》之九二曰『履道坦坦，幽人貞吉』。履園有焉。然則是話也，即以為遣愁索笑可也。」道光五年冬十月，前翰林院庶吉士昭文孫原湘序。

【梅溪之病】吾鄉錢梅溪（泳），嘉道間遨遊公卿間，文酒風流，挾藝自給。尤精金石之學，所刊《漢碑匯刻》，摹印上石，皆出一人之手。徐子薇生語余：「梅溪負一時盛名在此，梅溪之不能終成大家亦在此。蓋專事依傍，不肯戞戞獨造也。」其言殊中梅溪之病。嘉慶癸酉，梅溪卜居翁家莊，相傳為叔元司寇舊宅。嘗作七律四首，自寫胸臆，一時和者至數十家。其錄入《履園叢話》中者，有華亭王綺思（昆藻）女史四首，殊見功力。詩云：「軟紅撲面復何為，收拾歸心上釣絲。已卜鶯邊酬燕喜，何勞鶴怨與猿悲。高情陶令營三徑，妙喻莊生戀一枝。看盡稻花香十里，耦耕生計未嫌遲。」（其一）「振衣千仞恥徒論，占得臨溪郭外村。豈為逃名辭越水，偶因長嘯寄蘇門。緩歌漫弔前朝跡，風雅豈歸異代孫。定有新詩吟《白紵》，清尊檀板付桃根。」（其二）「小住吳中隔一牆，僦居何幸近華堂。花開綺陌青春短，燕蹴晶簾白日長。落紙乍驚詩筆健，當歌不厭酒杯忙。請看袞袞登臺者，可有閒情把玉觴。」（其三）「才名夙昔動幽燕，瞥眼星霜歷廿年。筆陣鍾王無

敵手，談鋒苟陸本齊肩。早趨朱邸稱詞客，晚臥滄江作散仙。最是撐腸五千卷，一甌茶熟正高眠。」（其四）（《然脂餘韻》卷三）

【南州逸事】玉峰徐大司寇乾學，善飲啖，每早入朝，食實心饅頭五十、黃雀五十、雞子五十、酒十壺，可以竟日不饑。同朝京江張相國玉書，古貌清臞，每一朝止食山藥兩片、清水一杯，亦竟日不饑。二公之不類如此。徐公解組後，常寓蘇州雅園顧氏。凡人有一面者，終身不忘，無材藝者不入門下。有執贄者先繕帙以進，公十行俱下，頃刻終篇，其有不善處，則折角志之。其人進見，公面命指示，一字不爽。故凡人有奇材者，必有異相也。（《履園叢話》卷一）

【安頓窮人】治國之道，第一要務在安頓窮人。昔陳文恭公宏謀撫吳，禁婦女入寺燒香，三春遊屐寥寥，與夫、舟子、肩挑之輩，無以謀生，物議譁然，由是弛禁。胡公文伯為蘇藩，禁開戲館，怨聲載道。金閶商賈雲集，晏會無時，戲館酒館凡數十處，每日演劇養活小民不下數萬人。此原非犯法事，禁之何益於治。昔蘇子瞻治杭，以工代賑，今則以風俗之所甚便，而阻之不得行，其害有不可言者。由此推之，蘇郡五方雜處，如寺院、戲館、遊船、青樓、蟋蟀、鵪鶉等局，皆窮人之大養濟院。一旦令其改業，則必至流為遊棍，為乞丐，為盜賊，害無底止，不如聽之。潘榕皋農部遊虎丘冶坊浜詩云：「人言蕩子銷金窟，我道貧民覓食鄉。」真仁者之言也。（《履園叢話》卷一）

【田價】前明中葉，田價甚昂，每畝值五十餘兩至百兩，然亦視其田之肥瘠。崇禎末年，盜賊四起，年穀屢荒，咸以無田為幸，每畝祇值一二兩，或田之稍下，送人亦無有受諾者。至本朝順治初，良田不過二三兩。康熙年間，長至四五兩不等。雍正間，仍復順治初價值。至乾隆初年，田價漸長。然余五六歲時，亦不過七八兩，上者十餘兩。今閱五十年，竟亦長至五十餘兩矣。（《履園叢話》卷一）

【米價】康熙四十六年，蘇、松、常、鎮四府大旱，是時米價每升七文，竟長至二十四文。次年大水，四十八年復大水，米價雖較前稍落，而每升亦不過十六七文。雍正、乾隆初，米價每升十餘文。二十年蟲荒，四府相同，長至三十五六文，餓死者無算。後連歲豐稔，價漸復舊，然每升亦祇十四五文為常價也。至五十年大旱，則每升至五十六七文。自此以後，不論荒熟，總在廿七八至三十四五文之間為常價矣。（《履園叢話》卷一）

【銀價】顧亭林《日知錄》記明洪武八年造「大明寶鈔」，每鈔一貫折銀

一兩，四貫易黃金一兩。十八年後，金一兩當銀五兩。永樂十一年，則當銀七兩五錢。萬曆中，猶止七八換。崇禎中，已至十換矣。國朝康熙初年，亦不過十餘換。乾隆中年，則貴至二十餘換。近來則總在十八九、二十換之間。至於銀價，乾隆初年，每白銀一兩換大錢七百文，後漸增至七二、七四、七六至八十、八十四文。余少時每白銀一兩，亦不過換到大錢八九百文。嘉慶元年，銀價頓貴，每兩可換錢一千三四百文，後又漸減。近歲洋錢盛行，則銀錢俱賤矣。（《履園叢話》卷一）

【古今人表】班孟堅列《古今人表》於《漢書》中，顏師古以為但次古人而不表今人者，其書未畢故也。於是後人有議之，有駁之，訖無定論。余獨謂不然，蓋上古之世，聖帝明王接踵而生，故聖人、仁人、智人居多。中古之世，則漸生中下之人。至戰國時，則下愚之人接踵而生，上上之人少矣。故自周公、孔子而後，無有一人列於上上者。班氏意蓋本孔子「唯上知與下愚不移，中人以上可以語上也」二語，是借古人以鑒今人，此立表之深意也。若必欲以有漢一代之人盡列表中，試問將高祖以下諸帝，置於聖人之列耶？仁人之列耶？抑孟堅是漢人，能雌黃本朝人物耶？且序中立意，原歸乎顯善彰惡，勸誡後人，故博採焉。後人讀書，每每誤會前人意見如此。暇時擬著《兩漢人表》以補班、范兩家之書，亦一快事。（《履園叢話》卷三）

【宋儒】「六經」孔、孟之言，以核《四子書》注，皆不合，其言心、言理、言性、言道，皆與「六經」孔、孟之言大異。「六經」言理在於物，而宋儒謂理具於心，謂性即理。「六經」言道即陰陽，而宋儒言陰陽非道，有理以生陰陽，乃謂之道。戴東原先生作《原善》三篇及《孟子字義疏證》諸書，專辯宋儒之失，亦不得已也。蕭山毛西河善詆宋儒，人所共知。同時常熟又有劉光被者，亦最喜議論宋儒。嘗曰：「朱晦庵性不近《詩》而強注《詩》，此《毛詩集傳》所以無用也。」又曰：「一部《春秋》本明白顯暢，為胡安國弄得七曲八曲。」其言類如此。西河同鄉有韓太青者，著有《說經》二十卷，為西河作解紛，皆平允之論。（《履園叢話》卷三）

【時藝】袁簡齋先生嘗言：「虞、夏、商、周以來即有詩文，詩當始於《三百篇》，一變而為騷賦，再變而為五七言古，三變而為五七言律，詩之餘變為詞，詞之餘又變為曲，詩至曲不復能再變矣。文當始於《尚書》，一變而為《左》《國》，再變而為秦、漢，三變而為六朝駢體，以至唐、宋八家，八家之文又變而為時藝文，至時藝亦不復能再變矣。嘗見梨園子弟目不識丁，一上戲場

便能知宮商節奏，為忠為孝，為奸為佞，宛對古人，為一時之名伶也。」其論時藝雖刻薄，然卻是有理。余嘗有言：「虛無之道一出，不知收束天下多少英雄。時藝之法一行，不知敗壞天下多少士習。」董思白云：「凡作時文，原是虛架子，如棚中傀儡，抽牽由人，無一定也。」余在汴梁識海州凌仲子進士，仲子自言嘗從江都黃文暘學為時藝，乃盡閱有明之文，洞徹底蘊，每語人曰：「時藝如詞曲，無一定資格，今人輒刺刺言時文者，終於此道未深。」與思翁之言相合。(《履園叢話》卷三)

【水害】王政所重，莫先民食，而食出於農，農資於水。水得其用，可以挽凶而為豐，化瘠以為沃，利莫大焉。水不得其用，可以反豐而致凶，化沃以為瘠，害莫甚焉。(《履園叢話》卷四)

【三教同源】儒家以仁義為宗，釋家以虛無為宗，道家以清靜為宗。今秀才何嘗講仁義，和尚何嘗說虛無，道士何嘗愛清靜，惟「利」之一字，實是三教同源。秀才以時文而騙科第，僧道以經懺而騙衣食，皆利也。科第一得，則千態萬狀，無所不為，衣食一豐，則窮奢極欲，亦無所不為矣；而究問其所謂仁義、虛無、清靜者，皆茫然不知也。從此秀才罵僧道，僧道亦罵秀才，畢竟誰是誰非，要皆俱無是處。然其中亦有稍知理法而能以聖賢仙佛為心者，不過億千萬人中之一兩人耳。(《履園叢話》卷七)

【天道人道】自古言天道者，皆以吉凶禍福喻之。余以為天道即人道，人道即天道，天道不可強也，人道不可挽也。何以言之？以堯、舜之仁，而其子皆不肖；以禹、湯之仁，而不能不生子孫如桀、紂者；以文、武之德，既生周公，復生管、蔡；以孔子之聖，而幼喪父，老喪子，棲棲皇皇，終其身無所遇；以顏子之賢，年三十二而卒；皆不可強也，不可挽也。天地，生物者也，而有水旱、疾疫、兵戈之慘；人心，至靈者也，而有貧賤、夭殤、殺戮之虞。故曰，天道即人道，人道即天道也。(《履園叢話》卷七)

【君子小人】君子、小人，皆天所生。將使天下盡為君子乎？天不能也。將使天下盡為小人乎？天亦不能也。《易》曰：「君子道長，小人道消。」然則小人道長，君子道消，此天地之盈虛，亦陰陽之運會也。(《履園叢話》卷七)

【不足畏】王安石以新法致宰相，專以理財、用刑惑亂其君，且謂「天變不足畏」，此其所以為小人也。余謂譬如父母教子，繼之以怒，將鞭撻之，亦可云不足畏乎？是必當遷善改過，方可以為人子。(《履園叢話》卷七)

【援墨入儒】業師金安安先生有句云：「一官騙得頭全白。」推此而言，人生富貴功名，聲色貨利，以至翻雲覆雨之事，何莫非騙局耶？甚而騙到身後之名，可悲也。故佛家有「五蘊皆空、六根清淨」之說，為之一筆鈎消，甚屬暢快。然余以為畢竟六根清淨，始可立聖賢之基；果能五蘊皆空，方與言仁義之道。若一入騙局，便至死而不悟矣。斯言也，並非援儒入墨，直是援墨入儒。(《履園叢話》卷七)

【利己】今人既富貴驕奢矣，而又喪盡天良，但思利己，不思利人，總不想一死後，雖家資鉅萬，金玉滿堂，尚是汝物耶？就其中看，略有良心者，不過付與兒孫享用幾年，否則四分五裂，立時散去。先君子嘗云：「人有多積以遺授於子孫者，不如少積以培養其子孫也。」(《履園叢話》卷七)

【醉鄉】時際升平，四方安樂，故士大夫俱尚豪華，而尤喜狹邪之遊。在江寧則秦淮河上，在蘇州則虎丘山塘，在揚州則天寧門外之平山堂，畫船簫鼓，殆無虛日。妓之工於一藝者，如琵琶、鼓板、崑曲、小調，莫不童而習之，間亦有能詩畫者，能琴棋者，亦不一其人。流連竟日，傳播一時，才子佳人，芳聲共著。然而以此喪身破家者有之，以此敗名誤事者有之，而人不知醒，譬諸飲酒，常在醉鄉，是誠何心哉！(《履園叢話》卷七)

【明日歌】明日復明日，明日何其多。我生待明日，萬事成蹉跎。世人苦被明日累，春去秋來老將至。朝看水東流，暮看日西墜。百年明日能幾何，請君聽我《明日歌》。(《履園叢話》卷七)

【唐開成石刻十二經】余家有開成石經舊本，其用筆絕類歐陽率更，可備書家一格。《舊唐書》譏其字體頗乖師法，言其與經文相淆雜，非議其書法也。故顧寧人尤詆之，而不知原刻殘闕，為後人修改補綴，以至魯魚莫辨，顧氏未見原刻，但憑修改之本而駁詰之，誤矣。乾隆壬辰歲，畢秋帆先生為陝西巡撫，見諸碑率棄榛莽，瞻顧歎惜，始議興修，賴以不墜。第卷帙浩繁，椎搨之難，裝池之費，不能家置一部也。茲記其目錄於此：《周易》九卷，計九石；《尚書》十三卷，計十石；《毛詩》廿卷，計十六石；《周禮》十一卷，計十七石；《儀禮》十七卷，計二十石；《禮記》廿卷，計三十三石；《春秋左傳》三十卷，計六十七石；《春秋公羊傳》十二卷，計十七石；《春秋穀梁傳》十二卷，計十六石；《孝經》一卷，計一石；《論語》十卷，計七石；《爾雅》三卷，計五石；又《五經文字》《九經字樣》共十石，每石高七八尺，廣三四尺不等，都計六十五萬二千五十二字。乾隆國學石經，即仿開成

舊式也。(《履園叢話》卷九)

【梨園演戲】梨園演戲，高宗南巡時為最盛，而兩淮鹽務中尤為絕出。例蓄花雅兩部，以備演唱，雅部即崑腔，花部為京腔、秦腔、弋陽腔、梆子腔、羅羅腔、二簧調，統謂之亂彈班。余七八歲時，蘇州有集秀、合秀、擷芳諸班，為崑腔中第一部，今絕響久矣。演戲如作時文，無一定格局，祇須酷肖古聖賢人口氣，假如項水心之何必讀書，要像子路口氣，蔣辰生之愬子路於季孫，要像公伯僚口氣，形容得像，寫得出，便為絕構，便是名班。近則不然，視金釵、琵琶諸本為老戲，以亂彈、灘王、小調為新腔，多搭小旦，雜以插科，多置行頭，再添面具，方稱新奇，而觀者益眾；如老戲一上場，人人星散矣，豈風氣使然耶？(《履園叢話》卷十二)

【雜戲】按《文獻通考》，雜戲起於秦、漢，門類甚多，不可枚舉。然則今世之測變器物及弄缸、弄椀諸劇，愈出愈奇，皆古所無也。道光初年，以國喪不演戲，大家酒館，輒以戲法弄椀，雜以詼諧，為祐觴之具，自此風行一時。同鄉言心香通守嘗置酒招余，戲書二絕云：「空空妙手能容物，亹亹清言欲笑人。謾道世間人作假，要知凡事總非真。」「蹴球弄椀真無四，舞劍緣竿未足多。觀者滿堂皆動色，一時里巷廢絃歌。」惟考元吳淵穎有《椀珠詩》云：「椀珠聞自宮掖來，長竿寶椀手中回。」似即今之弄椀也，可補古雜戲之缺。雜戲之技，層出不窮，如立竿、吞劍、走索、壁上取火、席上反燈、弄刀舞盤、風車簸米、飛水頂燭、摘豆抽籤、打球鉛彈、攢梯、弄缸、弄甕、大變金錢、仙人吹笙之類，一時難以盡記。又有一老人，年八十餘，能以大竹一竿，長四五丈，豎起，獨立竹竿頭上，更奇，不知操何術也。他如抽牌算命、蓄猴唱戲、弄鼠攢圈、蝦蟆教學、螞蟻鬥陣等戲，則又以禽獸蟲蟻而為衣食者也。(《履園叢話》卷十二)

【折福】戴堯垣《春水居筆記》載杭州余秋室學士廁上看書折去狀元一事甚詳。乾隆壬子七月，余初次入京，見學士即問此事，學士曰有之，可見堯垣之言非妄。大凡人有以廁上看書最為可笑。雲間蔡禮齋者，為侍郎鴻業之孫、左都御史馮公光熊外孫，通才也。最喜在窬桶上看書，鄉試十餘科不第，以援例作江西縣丞，候補南昌，窮苦殊甚。有長子甚聰慧，未婚而死，禮齋亦旋歿。余嘗勸之，不聽。其一生困頓者，又安知不如余學士之折福耶？(《履園叢話》卷十七)

【陋吏銘】近日捐官者，輒喜捐鹽場大使，以其職與知縣相等，而無刑

名錢穀之煩也。有揚州輕薄少年用劉禹錫《陋室銘》而為《陋吏銘》者，其辭云：「官不在高，有場則名。才不在深，有鹽則靈。斯雖陋吏，惟利是馨。絲圓堆案白，色減入枰青。談笑有場商，往來皆灶丁。無須調鶴琴，不離經。無刑錢之聒耳，有酒色之勞形。或借遠公廬，〔署印官有借佛寺為公館者。〕或醉竹西亭，〔候補人員每喜遊平山堂，每日命酒宴樂而已。〕孔子云：『何陋之有？』」（《履園叢話》卷二十一）

竹葉亭雜記八卷　（清）姚元之撰

　　姚元之（1773，一作 1776～1852），字伯昂，號薦青，又號竹葉亭生，桐城人。嘉慶十年（1805）進士，授翰林院編修，升侍講。任刑部最久，辯論法律精確，多所補益。官至左都御史，以事降調內閣學士。工漢隸，擅繪事，尤工於花果翎毛，落筆蒼秀，如石田翁；亦畫山水，近華秋嶽，寥寥數筆，精妙入神。喜談因果，尤重師生之義，宏獎風流，主持盟會。《水窗春囈》稱：「自來處士橫議，不獨戰國為然，道光十五六年後，都門以詩文提倡者陳石士、程春海、姚伯昂三侍郎；諫垣中則徐廉峰、黃樹齋、朱伯韓、蘇賡堂、陳頌南；翰林則何子貞、吳子序；中書則梅伯言、宗滌樓；公車中則孔宥涵、潘四農、臧牧庵、江龍門、張亨甫，一時文章議論，掉鞅京洛，宰執亦畏其鋒。」可見元之曾為清流領袖之一。著有《薦青詩集》。事蹟見《清史稿》卷三七五、《清史列傳》卷四二、《重修安徽通志‧儒林傳》。

　　其家近浮山，老屋數楹，內有竹葉亭，因以自號，兼以名書。此書為其平生讀書聞見之得，雜錄成稿，生前未曾付梓。當其歿後，從孫姚穀據其遺稿，編校刊行。卷首有姚穀序，稱其官京朝數十年，每就見聞所及，成《竹葉亭雜記》十萬餘言，一時士大夫相與傳錄，凡國家掌故、四方風俗、前賢遺事，下及物理小識，各以類次。〔註219〕

　　編凡八卷，內容廣博。卷一敘清廷掌故、禮儀官制、進貢之禮，卷二述科場官宦典制、關市稅收、災患時弊，卷三述民俗古蹟、名勝奇景、異域聽聞，卷四述金石雕刻、典籍文物，卷五、卷六多記官僚文人、同鄉親人行跡故事，卷七為雜說考辨之屬，卷八記花草石木、蟲魚鳥獸。今按書中所記「蛙異」現象，實為地震前兆。

〔註219〕《續修四庫全書》第 1139 冊，上海古籍出版社，2002 年版，第 371～372 頁。

元之曾從學姚鼐，書畫並工，尤熟諳朝廷典制。嘗參與高宗、仁宗實錄及《大清一統志》編纂，其於朝廷典制、宮廷內幕、諸事禮儀、科場典故皆能悉數明瞭於心，所記本朝時政朝章諸條，如卷一所記嘉慶時事，地方、外國每歲進貢方物之制，卷六所記抄錄奏稿，近於實錄。其中御用時憲書規制、嘉慶十七年壬申三月二十日皇帝幸南苑事諸條，記載尤為詳贍。晚清吏治衰微，官貪肆斂，鬻爵成風，為所欲為。元之痛陳時弊，揭露吏治黑幕，以示警惕。又記州縣中差役之擾鄉民，其術百端。言民間遇有竊案，呈報之後，差役將被竊鄰近之家資財殷實而無頂帶者，扳出指為窩戶，拘押索錢。每報一案，牽連數家，名曰「賊開花」。鄉曲無知，懼干法網，出錢七八千至十數千不等。胥役欲壑既盈，始釋之，謂之「洗賊名」。故孫寶瑄《忘山廬日記》稱其多載本朝天家軼事，足備掌故云。劉承幹序《蕉廊脞錄》稱阮氏《石渠隨筆》、法氏《槐廳載筆》、胡氏《西清劄記》、阮氏《茶餘客話》、姚氏《竹葉亭雜記》、戴氏《藤陰雜記》、梁氏《樞垣紀略》、王氏《石渠餘記》、唐氏《天咫偶聞》，先後作者，此為鉅子云云。

此書稿本藏國家圖書館。此本據復旦大學圖書館藏清光緒十九年姚虞卿刻本影印。

【附錄】

【續修四庫全書總目提要（稿本）13—561】《竹葉亭雜記》八卷（光緒癸巳刊本），清姚元之撰。元之字伯昂，號薦青，桐城人。嘉慶進士。官至左都御史。是編凡國家掌故、四方風俗、前賢遺事，下及物理小識，莫不紀述，共三百十二則。其所記朝廷制度、會試名額、關稅盈餘、乾隆太學石經之源委、武英殿聚珍版之情狀，與法式善《陶廬雜錄》相校，可以互為補證者也。又詳載四夷之言語，及紀昀、梅植之之瑣事，並足以增廣見聞。至若賣貓之吃、牡丹之譜，尤為可珍之材。元之雖不以考證著稱，然如父馬之名，證以《史》《漢》之注，早晚之語，徵以《隋書》之傳，其學亦不能謂為淺薄也。

【小兒執鰲拜】聖祖仁皇帝之登極也，甫八齡。其時大臣鰲拜當國，勢焰甚張，且以帝幼，肆行無忌。帝在內，日選小內監強有力者，令之習布庫以為戲（布庫，國語也，相鬥賭力）。鰲拜或入奏事，不之避也。拜更以帝弱且好弄，心益坦然。一日入內，帝令布庫擒之，十數小兒立執鰲拜，遂伏誅。以權勢薰灼之鰲拜，乃執於十數小兒之手，始知帝之用心，特使權奸不覺耳。使當日令外廷拿問，恐不免激生事端。如此除之，行所無事。神明天縱，固非

凡人所能測也。(《竹葉亭雜記》卷一)

【矜恤言官】今上即位初，御史多有條陳彈奏時事者。下軍機大臣及部議時，上多裁去銜名及摺尾年月，或條陳數事只議一事，則裁去前後之文，不欲令人知之，恐其取怨也。聖主矜恤言官至意如此。湖北袁道長銑陳奏一摺，聞有十事。上裁出核賦課、平刑法、廣教化三條下大臣會議，余俱留中，不知何事也。(《竹葉亭雜記》卷一)

【體恤老臣】內廷召見，年老大臣頗以升階登降為苦。道光八年，有「嗣後凡文武大臣年逾六十五歲者，准由內右門出入」之旨。道光二十四年十一月二十八日，上念前旨於帶領引見諸老臣未經分晰，因再准文武三品以上年逾六十五者，遇養心殿帶領引見，一體由內右門出入。體恤老臣之恩如此。(《竹葉亭雜記》卷一)

【徽號抬頭處當加慎】校勘館書本當加慎，逢徽號抬頭處尤為緊要。余壬申歲充武英殿提調，以刊本錯誤降職，同事及校對褫遣有差。(《竹葉亭雜記》卷二)

【誤寫高宗廟號】戊寅順天鄉試，場中號口貼科場條例，高宗廟號「宗」字誤寫「祖」字，姚上舍宴指其誤，監臨始知之。查係舊刷條例之錯，具摺參奏。舊提調官禮部孔郎中昭虔褫職。纂修員外郎常德、黃維烈、達麟，主事喻元準、尹濟源，前郎中蔡鑾揚，前員處薩迎阿以頒發條例時隨同畫稿。(《竹葉亭雜記》卷二)

【朝考最重】新進士殿甲後，朝考最重，蓋庶常之得否，只爭朝考入選與否耳。其入選有不用庶吉士者，或其省入選人多，不能全用。如甲戌科浙江省入選者十二人，用庶常者九人，其三人則一部、兩即用。其不入選者而得授庶吉士，必其省或有全不入選，或有而太少，故不入選者亦得邀用一二人。每科朝考約取七、八十人。(《竹葉亭雜記》卷一)

【午門聽宣】舊例，鄉、會試於聽宣之日，各赴午門前。先時，內閣拆本傳出某某為考官、某某為同考官，其得差者咸集朝房，更換朝服，俟宣旨時出，行三跪九叩禮。禮畢，鄉試赴順天府上馬宴，會試赴禮部宴。宴畢，各取金花、表裏、杯盤等件，再赴貢院。竟亦間有不赴午門在家聽信，得信後再趨赴行禮，蓋得信距行禮時尚有數刻，不致誤也。房考多不赴宴，於行禮畢竟奔入闈。其表裏等件屬親友領收，或託衙門中友代送至家。其不肯赴宴者，蓋以第三房為孫前輩辰東不利之屋，嘗見鬼害人，恐後到則闈中房舍為人占

滿，只餘第三房與之，故由行禮後竟奔入闈為先占屋舍也。嘉慶□□年，凡聽宣者始有投遞職名之例，有不到者御史指名參奏。二十四年己卯，因袁金溪給諫銑奏，其本始不發閣，屆期派乾清門侍衛二員齎至午門前拆封宣讀。得差者不用更換朝服，即於宣畢行三跪九叩禮，即行入闈。(《竹葉亭雜記》卷二)

【欽定前五名】故事，新進士朝考，閱卷大臣取足名數、擬定名次進呈。乙丑四月二十七日朝考，上特命選擇十卷呈覽，欽定前五名，大臣所閱自第六名擬定。項復傳旨：「試卷中有詩意末句切東巡者，自當選入閣卷。」諸公即以此卷置第一呈入，欽定為第一，即臣元之卷也。其餘四人，上於九卷中選取，親加次第焉。是日午刻雨，聖心大喜，令軍機、南齋大臣暫緩退直。俟試卷去取畢，發出此五卷令諸大臣閱看，因具奏頌睿鑒焉。(《竹葉亭雜記》卷二)

【棚規係陋習】貴州學政向無棚規，取進童生歷有紅案銀兩。嘉慶四年二月有人條奏，奉旨詢之任滿談學使絪綖屬實。上諭曰：「各省學政棚規係陋習相沿，非私賣秀才可比。若將棚規紅案銀兩概予裁革，則學政辦公竭蹶，豈轉令其營私納賄耶？況各省地方官所得各項陋規不一而足，尚難一一禁止，乃獨於讀書寒畯出身膺衡文之任者遇事搜求，亦殊屬無謂。惟此項紅案，只應令新進童生量力交送，實無力者即當量為減免。倘於規外復加多索，則必重治其罪。」聖人準情立制如此。其人蓋彈前學政陳伯恭先生崇本而類及之也。其時有酌定每名四金之例。次年上以貴州地瘠，恐日久復舊，遂裁革，增學政養廉五百兩。貴州學政向為美官，今不然矣。(《竹葉亭雜記》卷二)

【營伍廢弛】順治間，林司農起龍條奏軍營綠旗兵制，略曰：「有制之師兵雖少，以一當十，餉愈省，兵愈強，而國富。無制之師兵雖多，萬不敵千，餉愈貴，兵愈弱，而國貧。今天下綠旗營兵幾六十萬，而地方有事即請滿洲大兵。是六十萬之多，仍不足當數萬之用。推原其故，總綠將官赴任，召募家丁，隨營開糧，軍牢、伴當、吹手、轎夫皆充兵數。甚有地方鋪戶命子任充兵，以免差徭，其月餉則歸之本管。又馬兵關支草料多有剋扣短少，至驛遞缺馬，亦借營兵應付，是以馬皆骨立，鞭策不前。又器械如弓箭、刀槍、盔甲、火器等項，俱鈍敝朽壞。至於帳房、窩鋪、雨衣、弓箭罩從未見備。又春秋兩操之法竟不舉行，將不知分合奇正之勢，兵不知坐作進退之法。徒空國幣而竭民膏，雖有百萬之眾，亦屬何益？然其大病有二：一則營兵原以戢亂，

今乃責之捕盜;一則出餉養兵原以備戰守之用,今則加以剋扣,兵丁所得僅能存活,又不按月支發,貧乏之兵何以自支?今總計天下綠旗兵共六十萬,誠抽得二十萬精兵,養以四十萬兵餉,餉厚兵精,不過十年可使庫藏充溢。」云云。足見營伍廢弛大概。然以兵為伴當,器械鈍敝之弊今亦不免。(《竹葉亭雜記》卷二)

【滿洲跳神之禮】其禮,前期齋戒。祭用豕,必擇其毛純黑無一雜色者。及期未明,以豕置於神前。主祭者捧酒尊而祝之,畢,以酒澆入豕耳,豕動則吉。若豕不動,則復叩祝,曰:「齊盛不潔與?齋戒不虔與?或將有不吉,或牲毛未純與?」下至細事,一一默祝,以牲動為限,蓋所因為何,祝至何語而牲動矣。其牲即於神前割之,烹之。煮豕既熟,按豕之首、尾、肩、脅、肺、心排列於俎,各取少許,切為釘,置大銅碗中,名「阿嗎尊肉」,供之,行三跪、三獻禮。主祭者前,次以行輩排列,婦女後之,免冠叩首有聲。禮畢,即神前嘗所供阿嗎尊肉,蓋受胙意也。至晚,復獻牲如晨禮,撤燈而祭,其肉名「避燈肉」……薩嗎誦祝至緊處,則若顛若狂,若以為神之將來也。誦愈疾,跳愈甚,鈴鼓愈急,眾鼓轟然矣。少頃,祝將畢,薩嗎復若昏若醉,若神之已至,憑其體也,卻行作後僕狀,主家預設椅,對神置,扶薩嗎坐於椅,復作閉氣狀。主人於時叩神前,持杯酒灌豕耳,豕掙躍作聲,主家乃闔族喜曰:「神聖領受矣。」乃密為薩嗎去鼓、脫帽、解鈴,不令鈴鼓少有響聲。薩嗎良久乃蘇開目,則闖然作驚狀,以為己之對神坐之無禮也,急叩謝神,徐起,賀主家。禮畢,眾乃受福。薩嗎即古之巫祝也。其跳舞即婆娑樂神之意。帽上插翎,蓋即鷺羽、鷺翿之意也。必跳舞,故曰跳神。二十年前余嘗見之。今祭神家罕有用薩嗎跳祝者,但祭而已。此亦禮之省也。(《竹葉亭雜記》卷三)

【貢院白蛇】京城貢院內有一白蛇,出則不利於考官。十八房,惟第三房屋舍孫辰東沒於其中,孫蓋非考終命者,同考官多不肯居是屋,或於親友同為房考者約共一室,此屋遂空。戊寅鄉試,楊編修希銓與某以此舍為會食之所。一日甫晚餐,屋牆忽傾倒,如人力推者然,懼而出,不敢食於此,而家人及鄉廚(場中謂鄉官廚為鄉廚)。遂以為廁。一日有青蛇一自戶下出,了不畏人。眾趨視,則更有大白蛇一,巨如茶盂,長六七尺,蟠於舍中,昂首視人,群懼而奔。不數日,同考廣東崔舍人槐沒於闈中,貴州某病亦幾危。此蛇不知是何怪也?更有青蛇,則又不僅一白蛇矣。孫沒於第三房,後頗為厲,拆而改革,亦復未安。自其子河間太守憲緒釋褐後,稍稍安靜。某科憲緒以

充同考官，眾留此屋與之。孫已攜香楮入闈，至舍設奠，哭而祝之。此舍由此稍安。己巳會試，同年邵編修葆鍾充同考，不知此舍為孫之屋也，居之。試事畢，亦無他異。揭曉前一日，同人有賀之者，詢得其由，是夕寒熱大作。填榜時竟不能升堂出闈，半月而沒。甲戌春闈，孫少蘭侍御入闈最後，惟餘此舍。少蘭乃約與余同居，問之，辛未同考已無人敢居者。此舍由此遂廢。今復有崔舍人之事，又將廢一屋舍矣。（《竹葉亭雜記》卷三）

【雲貴邊境瘟氣】雲、貴邊境常有瘟氣。氣之至也，鼠必先災，鼠災必吐血而死。人家或見梁上鼠奔突墮地吐血者，其人即奔，莫回顧，出門或橫走，或直馳，竭其力奔數十里，或可免。人有中之者，吐血一口即死。此氣之災，時或一條，時或一段。如一村分南北街，竟有街南居室一空而街北完然者。如下村數十百家，竟有中間數十家一空而村兩頭完然者。初聞此災不禍有功名之人，凡生監皆可免。近今生監亦不免矣。此理亦不可解。（《竹葉亭雜記》卷三）

【考文提要】太學石經凡一百九十碑，為江南拙老人蔣衡書，乾隆五十七年始勒石。先是五十六年，高廟欲勒石經於太學，初命彭文勤公元瑞司校雠，金司空簡司工。五十九年高廟啟蹕，幸避暑山莊，文勤不隨扈，命每晨攜筆硯至乾清宮遍校內府所弆宋刻各本，金司空備食。文勤因得觀人間罕見之本，考其同異，著為一書，名曰《乾隆御定石經考文提要》。凡蔣書不合於古者，俱改正之。碑成，文勤面奏云：「石經將垂訓萬世，祇臣與金簡二人列後銜，臣以末學，金又高麗人，恐不足取信。」因加派和相國珅、王文端傑為總裁，董文恭誥、劉文清墉及金司空、彭文勤為副，金司空士松、沈司農初、阮制軍元、瑚太宰圖禮、那太宰彥成隨同校勘，獨文勤得邀宮銜，並命仿《五經文字》《九經字樣》例，每經勒《考文提要》於後。和相國嫉焉，大毀《提要》不善，並言非天子不考文，議文勤重罪。高廟諭云：「彭元瑞本以《乾隆御定石經》加其上，何得目為私書？」和計不行，乃令人作《考文提要舉正》，分訓詁、偏旁、諧聲三門，以為己作也以進。又訾《提要》多不合坊本，不便士子，請妨禁銷毀，並命彭某不得私藏。高廟歎曰：「留為後人聚訟之端，亦無不可。」其事乃寢。和乃密令人將碑字從古者一夜盡挖改之，而文勤之《考文提要》亦不果刊。嘉慶八年，文勤奏請詳加察核，仁宗命董文恭、紀文達、朱文正、戴文端、那家宰查對，但將碑字之草率漏畫略加修補而已。阮制軍之撫浙江也，始以《考文提要》屬門下士許進士紹京刊刻焉。《提要》之作，薈

萃宋本之善者。嘉慶二年，乾清宮毀於火，宋本俱燼，今乃藉是書以存其大概，豈非深幸耶？碑無故被一夜之災，抑又何也？（《竹葉亭雜記》卷四）

【通志堂經解】《通志堂經解》納蘭成德容若校刊，實則崑山徐健庵家刊本也。高廟有「成德借名，徐乾學逢迎權貴」之旨。成為明珠之子。徐以其家所藏經解之書薈而付梓，鐫成名，攜板贈之，《序》中絕不一語及徐氏也。書中有宋孫莘老《春秋經解》十五卷，而目錄中無之。山東朱鳶湖在武英殿提調時得是本，以外間無此書，用活字板印之，蓋以通志堂未曾付刻也。其時校是本者為秦編修敦甫恩復。秦家有通志堂刻本，持以告朱，朱愕然，不知當日目中何以缺此也。秦云，據其所見，為目中所無者尚不止此。豈是書有續刻歟？（《竹葉亭雜記》卷四）

【通鑑稿】《存復齋集》載有《跋司馬溫公於范忠宣手帖上書通鑑稿》。《跋》云：「此稿標題晉永昌元年之事。是年王敦還鎮，元帝崩。此江左立國之一變也。故公不得不手書之。」云云。今讀《通鑑》，於是年事簡明詳盡，令人了然可見。先輩不知費幾許心血往復審正，而後脫稿也。《存復齋集》元朱德潤撰，字澤民，睢陽人，流寓吳中。延祐末以薦授翰林，應奉文字，兼國史院編修官，尋授鎮東行中書省儒學提舉。虞伯生序惜以畫事掩其名，周伯琦作墓誌謂山水人物有古作者風，其《雪獵賦》稱「天子大搜於柳林，召小臣朱德潤圖而賦之」，是善畫矣。（《竹葉亭雜記》卷四）

【董詰內外有別】董相國文恭公年五十大拜，入直軍機，三十餘年，見人從無疾聲厲色，禮貌之周到，雖於童子亦不肯忽也。而退直入家則性氣殊急。出門能謙恭數十年如一日，實亦人所難能也。公鼻中有淤肉閉塞，氣不得通。每當嚴冬，入西華門，撲面風來，則張口迎之，或風甚氣逆，則小立暫喘。老年得上氣疾，至冬恒劇，蓋亦由鼻息之不能轉運也。（《竹葉亭雜記》卷四）

【詩龕先生】有蒙古法學士梧門先生，名式善，能詩，性情灑落，有飄然出世之態。以庚子科翰林起家，□□年不過四品。然每及四品輒躓，今已屢躓屢起矣。先生喜與文士遊，所居為李西涯之故居。蘇齋翁閣學顏其西室曰「詩龕」，人因稱為詩龕先生。晚喜食山藥，又名其齋曰「玉延秋館」。性不能飲，然有看花飲酒之約，雖風雨必至。又愛畫，朱青上、素人、野雲時往來其門，號「三朱」。嘗要三朱作《詩龕圖》，青上寫太湖石，素人、野雲分司竹樹亭榭焉。詩畫之會，一時稱勝。嘗蓄王麓台山水小卷，前為南齋諸公題詠，

因凡入南齋者，俱請之題。己巳余供奉南齋，亦與名楮尾焉。暮年好學益篤。卒以學士終。壬申冬，召余與孫平叔爾準至其家，告曰：「有事屬二君，二君其為吾祭文、墓銘乎？」神色沮喪。居無何，果卒。先生壯而無子，夫人病瘵者已若干年。買妾久不育，一歲有娠，先生夢窗前桂花大開，然實無有桂也，喜而醒，則家人叩扉報公子誕生矣，因名曰桂馨。未弱冠成進士。先是未第時，求婚於英大家宰煦齋先生。吾鄉方葆巖制軍精於平，家宰以桂屬之推，制軍極贊成之。桂以進士授中書，群謂先生平生學問為文人領袖，公子將光大以食其報也。不三歲亦病瘵卒，復無嗣。天道不可知也。猶記詩龕一聯十六字，錢梅溪隸書，云「言論大蘇，性情小謝；襟懷北海，風度西涯」，可作先生像贊。（《竹葉亭雜記》卷五）

【貴者多有異人處】俗言凡大貴者多有異人處，此語或然。曹文恪宗伯秀先臥被僅四尺餘，只覆胸腹而已，赤兩足置於被外，雖甚寒亦然。劉文清相國臥被甚長，睡時將被摺為筒，疊其下半，挨入之，家人俟其入被中，並將上半反疊如包裹狀，雖酷暑亦然。（《竹葉亭雜記》卷五）

【天門山口不容蛇入】丁上舍廷樞云：士子應金陵省試舟行回家者，當過天門山，即梁山，在蕪湖北。舟中有將獲雋者，其舟尾必有水蛇數頭銜而過水口。試者以為驗。相傳天門山口不容蛇迤徑入，蛇每欲入，必隨有貴氣者乃得入。人之貴賤蛇亦能知，異哉！（《竹葉亭雜記》卷六）

【獵狼不可造次】葦仙喜獵，云獵狼不可造次。凡狼獨行者可施槍，若兩狼行則當擊其後。蓋狼行，雄者在前，雌者在後，若雄者被害，雌者必登高處以睞，見人即前，捨命以鬥，槍或施藥不及，必為所傷。若雌者被擊，則雄者即逸矣。若三狼，亦止擊其後者。狼之行恒以三足，其一爪曲以護其喉。狼喉最畏人擊，故以爪護之，所以禦擊也。狼若中槍，長號之聲如鬼加屬，最不可聞。又狼性隨煙，鳥槍火出，煙必回退，狼中槍者即隨槍煙回撲。獵者於施槍後隨蹬於地，轉首向後，右手拔短刀持向左耳前，以備狼之回撲以刺之也。若其時有風，槍煙不能回退，必先直上空中而後散，狼中槍亦必上躍與煙齊，而後墜地以斃也。狼性亦最狠矣，然猶能死其雄。人之謀其夫者，視之何如也。（《竹葉亭雜記》卷八）

【養魚之法】小魚長至半寸許，即宜分缸，每缸不過百頭。至寸餘，則每缸三十足矣。多則擠熱而死，竟至一頭不留。漸長漸分，至二寸餘大，則一缸四、五、六對。至三寸，則一缸不過四頭、六頭而已。然養缸如此，若庭院

賞玩，則一缸一對，至多二對，始足以盡其游泳之趣，而觀者亦可心靜神逸也。（《竹葉亭雜記》卷八）

【曆書異聞】內廷進御之時憲書，與外間頒行者，其款式絕不相同。用白宣紙印朱絲闌，楷書繕寫，一頁僅十日，積三頁乃成一月。每日所有宜忌各事，皆屬國家大政，慶賞、刑戚、朝會、遊幸之屬。姚伯昂先生《竹葉亭雜記》嘗載其一條：高宗內禪後，已頒行嘉慶元年憲書。嗣仁宗面諭樞臣，命除民間通行專用嘉慶元年一種外，其內廷進御，及中外各衙門，與外藩各國頒朔，皆別刊乾隆六十一年之本，與嘉慶本並行，以彰孝敬之誠。自是兩本並行者歷四歲，至高宗昇遐後始已。此見諸聖訓及《東華錄》諸書者也。江右某學士，於光緒中葉，在琉璃廠肆一舊書攤上，購得順治三十年曆書一冊，亦係內廷進御之本。印官裝潢，色色精麗，且欽天監朱印，鮮明如新，決非可以偽為者。遍詢故老，竟莫明其故，今此本猶藏學士家中。（李岳瑞《春冰室野乘》卷上）

【蛙異】癸丑三月，京師齊化門外六里屯一土窯，群蛙列隊出，數不可計，迤邐向東行，越陌度阡，歷數車道，至一小溝，赴水而沒。自十四日至十七日止，綿延四晝夜。密如群蟻，頭足銜接，遙望若長橋之臥波，惟蠕蠕動。蛙大者如瓶、如盎，小者如常蛙。時有數小蛙伏大蛙之背，路人掇之，堅不可拔。蛙皮作深青色，腹淡紅，凡蛙必怒目。每躍恒尺許，或數尺許。此蛙並閉目，行紆徐，舉足前作作獸行。第一日車行所歷，斃無數，為警廳所聞，乃令車皆繞道行，都人驚傳其異。時南方謀變方急，爭言主兵象，或言主大水。姚元之《竹葉亭雜記》：「嘉慶己卯春，鄭州城壕遍城皆蛙，大小層累連銜無隙地，斃於履與車，不可勝計。及秋，遂有河決之患。」與此至相類矣。都人喧言蝦蟆搬家，奔走聚觀，車馬絡繹於道，亦可異矣。光緒甲午，京師盛傳南下窯水怪，吼聲如巨鼓，聞數里外。時公車皆集都下，爭往覘其異。男女老幼，日數千人，陶然亭、錦秋墩之間，茶棚至十數，僻地忽成鬧市。士論謂主兵，宮中命齋醮以禳之。步軍統領且嚴兵備非常。綿竹楊銳叔嶠與榮縣趙熙堯生往觀歸，窮搜《五行志》證其異。趙堯生有詩所謂「楊舍人歸，舌不下，取《五行志》，終夜翻」者也。無何，中日戰起，京師大震，時論謂咎徵已驗。今則災異之說信者絕稀，聊備記之，亦京師一異聞也。（羅惇曧《賓退隨筆》）

【翁錢持論不合】姚伯昂《竹葉亭雜記》云：「翁覃溪、錢籜石兩先生交

最密。每相遇必話杜詩，每話不合，甚至相搏。劉孟塗開在江西與同學數人論道統，有兩人持論不合，始而相詈，繼而揮拳。」（以上姚記）數公雖不免意氣用事，然以學問言，必能持之有故，以交誼言，猶不失為直道。特揮拳相搏，則不可為訓。或亦傳聞之過耳。（何聖生《簷醉雜記》卷三）

【恭篆御寶故事】桐城姚伯昂總憲元之，於道光元年十一月，奉使瀋陽，恭篆高宗純皇帝玉寶，撰《使瀋草》三卷，道光二年閏月自刊本。詩中所載各節，亦可備國朝掌故之用，因錄之於後。總憲詩序云：「道光元年十一月，奉使瀋陽，恭篆高宗純皇帝玉寶。出都，順天府給官車一輛。同使者：內閣中書松公安，蘇公都禮。造辦處監造工人，一為周午亭庫掌桂齡，一為徐餘圃筆政善慶。中書分公費助行李，每日人各壹兩伍錢，往還以四月計。監造除本署公費伙助外，復支領官費各肆拾兩，仍行取本處每日路饌，惟翰林衙門今無之。」又云：「聞之監造徐君云，嘉慶五年，曾任是役，其時張皋文前輩惠言以庶吉士充選，衙門以公費助行，計錢貳百千，皋文令弟亦云然。是亦舊聞，用附記之於此。」云云。聲木謹案：總憲工篆隸，故能充篆高宗純皇帝玉寶差。其撰述，惟《竹葉亭雜記》八卷最為流行，《薦青詩草》□卷與此詩甚為罕覯，總憲本不以詩文名也。（劉聲木《萇楚齋五筆》卷四）

尖陽叢筆十卷續筆一卷　（清）吳騫撰

吳騫（1733～1813），字槎客，一字葵里，號兔床，海寧人。貢生。與陳鱣、黃丕烈交遊，相與切磋。陳鱣《石藥爾雅跋》稱「同里吳槎客老人鑒別最精，持論甚允」。錢大昕賀《吳槎客七十》詩云：「七十顏猶少壯如，松身鶴骨最清疏。手摹離墨前朝字，家有淳熙善本書。曹憲壽應逾百歲，蘇公味祗戀三餘。海山咫尺庭前列，試辦長籌幾屋儲。」吳文治贈詩云：「槎客先生七十七，老手能握兩枝筆。詩曾索寫屏幛新，畫忽摹成林壑密。早年工詩晚工畫，畫意都從詩意出。」其子壽暘《題東坡先生鹽官縣絕句殘碑》云：「扁舟載過蘇閣中，醃餲芸編日為伍。」自注云：「家君得宋槧《百家注東坡先生集》，因名藏書處曰『蘇閣』，蓋先以蘇詩名其閣，繼印以閣名字其子也。」著有《愚谷文存》《拜經樓詩集》《拜經樓文集》《拜經樓詩話》《桃溪客語》《小桐溪錄》《小桐溪隨筆》《槎客日譜》《桐陰日省編》等書，輯有《拜經樓叢書》。生平事蹟見《清史列傳・文苑傳》《杭州府志・文苑》《兩浙輶

軒續錄》卷九。

全書六萬言，《叢筆》十卷，《續筆》一卷，皆不分門類。大體考辨經史，訂其訛謬。於經史詩文、金石碑銘之外，亦涉典冊藏書、經籍版本，搜羅軼聞逸事、俚語俗言，敘文士事蹟，載復社姓氏，所記端溪之硯、鬱金類別、傳國璽、骨牌之制諸事，皆廣見聞。如卷二「吳氏家藏宋方爐」條，王漁洋據爐上銘文言姜氏即姜娘子，吳騫繼而據《建炎以來朝野雜記》所述南宋古銅器姜娘子、王吉二人所鑄，定姜為南宋初人，辨曹昭《格古要論》謂姜、王二人俱為元人之謬。卷五杜牧詩「禪智山光好墓田」條，考徐騎省寄喬亞元歌，言山光為橋名，辨何義門以為寺名之誤。卷六《通雅》官制門條，據《雲麓漫鈔》善本有枝官碑，辨方以智《通雅》以為「枝官，校官也」之誤。卷八《子貢詩傳》條，據沈耿巖所作《子貢詩傳辨》，辨《子貢詩傳》真贗參半。卷六以汲冢出土之竹書校之於傳世文獻，載其異同。卷三據紹興崇化寺磚塔記所載延福之名及其封號，證葉九來《金石錄補》所言崇化寺在臨安城之訛。卷一稱劉原父晚年病，不復識字，至日、月、兒、女之字都不能辨，或謂知永興軍多發墓求古物所致。此據劉跂暇日記云，以其情狀推測，當是小腦萎縮耳。

此書為其孫之淳據所存遺稿編輯而成，書末有之淳識語，稱家近海上之尖山，故名之曰《尖陽叢筆》。又稱此書雖未盡所蘊，而其援據詳明，議論精確云云。然劉咸炘稱其考證尚多而皆瑣屑，又稱兔床本無專長，經史皆罕實得云云。〔註220〕究以劉評為定論焉。

此書有《張氏適園叢書》本、《叢書集成初編》本。此本據國家圖書館藏清抄本影印。

【附錄】

【管庭芬《尖陽叢筆跋》】兔床先生祖籍休寧，流寓尖山之陽。博綜好古，纂述宏富，拜經樓之藏弆，足與道古、得樹二家後先鼎峙。嘉慶癸酉，先生年八十一下世。蘇閣父子，保守遺籍，累世不怠，亦自來藏書家所難能也。

【吳之淳《尖陽叢筆跋》】昔先大父聚書萬卷，手不停披，潛志探討。兼好綱羅遺事軼聞，搜剔名跡古器，多所表著。

【吳騫小傳】吳騫，字槎客，浙江海寧人。諸生。友同郡陳鱣，講求訓詁之學，互相質證。著《子夏易傳疏》二卷、《詩譜補亡後訂》一卷。篤嗜典籍，

〔註220〕劉咸炘：《內景樓檢書記》，《推十書》子類，第589頁。

遇善本書，輒傾囊購之。先後所得不下數萬卷。顏所居樓曰拜經，取東莞藏氏例也。校勘精審，裒其題跋成《藏書記》五卷，多資考訂，在錢遵王、吳尺鳧上。嘗獲宋槧本《咸淳臨安志》，刻一印文，為「臨安志百卷人家」，蓋風致如此。先世故有別業在荊溪，每間歲來往。因採訪舊聞，撰《桃溪客語》五卷。又成《國山碑考》一卷、《陽羨名陶錄》二卷，並極詳賅。年八十卒。刊《拜經樓叢書》若干種，如陶靖節、謝玄暉、羅昭諫諸集，率宋、元舊刻，而以己著暨詩文集附焉，藝林重之，與士禮居相頡頏云。（《清代學人列傳》）

【吳騫傳略】吳騫，字槎客，海寧諸生。負異稟，過目成誦，篤嗜典籍，遇善本傾囊購之。校勘精審，所得不下五萬卷，築拜經樓藏之。與陳鱣講訓詁之學。所為詩文，詞旨渾厚，氣韻蕭逸，晚益深造，不屑為流俗之作。四方賢士大夫每過從，必觴詠連日。妻魏咄嗟力辨，既而魏膺病，欲為騫置妾，適騫客杭，魏納平湖良家女，騫歸，以為義女，物色海鹽名家子嫁之，時高其義。子壽照，字南輝，乾隆五十一年舉人，長《文選》學。壽暘字虞臣，嘗取蘇詩依宋本編次，拾遺補闕，為一集，見者歎賞。（《杭州府志》卷一四六）

【海昌備志】吳騫，字槎客，號兔床，家新倉里。篤嗜典籍，遇善本傾囊購之弗惜，所得不下五萬卷，築拜經樓藏之。晨夕坐樓中展誦摩挲，非同志不得登也。得宋本《咸淳臨安志》九十一卷、《乾道志》三卷、《淳祐志》六卷，刻一印曰「臨安志百卷人家」，其風致如此。子壽照，字南輝，號小尹，乾隆丙午舉鄉試。壽暘字虞臣，槎客以宋槧《東坡先生集》授之，因自號蘇閣，取拜經樓書有題跋者，手錄成帙，為《題跋記》。虞臣子之淳，諸生，亦能守遺籍，校讀不倦。海昌百年來藏書家，若前步橋許氏之惇敘樓，今遺籍蕩然，樓亦毀矣。胡陳村胡氏華鄂堂，所藏僅有存者，獨拜經樓完好無恙，賢子孫善守之效也。

【吳騫《愚谷文存·桐陰日省編》下】吾家先世頗乏藏書，余生平酷嗜典籍，幾寢饋以之。自束髮迄乎衰老，置得書萬本，性復喜厚帙，計不下四五萬卷，皆節衣縮食，竭平生之精力而致之者也。非特裝潢端整，且多以善本校勘，丹黃精審，非世俗藏書可比。至於宋元本精鈔，往往經名人學士賞鑒題跋，如杭菫浦、盧抱經、錢辛楣、周松靄諸先生，鮑淥飲、周耕崖、朱巢欽、張芑堂、錢綠窗、陳簡莊、黃蕘圃諸良友，均有題識，尤足寶貴。故余藏書之銘曰：「寒可無衣，饑可無食，至於書，不可一日失。」此昔賢詒厥之名言，允可為拜經樓藏書之雅率。嗚呼！後之人或什襲珍之，或土苴視之，其

—571—

賢不肖，真竹垞所謂視書之幸不幸，吾不得而前知矣。

【吳騫撰述】海寧吳槎客□□騫，生平酷好藏書，兼嗜金石。撰有《國山碑考》，刊入《拜經樓叢書》中；《拜經樓藏書題跋記》六卷，刊入《別下齋叢書》中。所撰雖有《愚谷藏書》，嘉慶七年刊本。中有《愚谷文存》十四卷、《續編》二卷、《拜經樓詩集》十一卷、《續編》四卷、《萬花漁唱》一卷、《尖陽叢筆》十卷。詩文集及叢筆中，多記書籍金石，遺聞軼事，足資考證。惜書板久佚，外間罕有知之。近年上海博古齋書坊有《拜經樓叢書》及《愚谷叢書》石印本。（劉聲木《萇楚齋續筆》卷三）

【蘭亭舊址】今之遊蘭亭者，求右軍故跡，不特茂林修竹，即流觴曲水之地，亦無可據。蓋今所謂蘭去舊址遠矣。晉時蘭亭在天章寺側，元末寺與亭並毀於火，明永樂中僧智謙重建，於今地距舊址幾二里。（《尖陽叢筆》卷一）

【國山碑文】此碑全文載《雲麓漫抄》，凡九百餘言，當時不可識者尚七百餘字，而今可辨僅得其半。蓋碑立山巔，上無覆蔽，風雨之所剝蝕，樵牧之所侵伐，日甚一日，故三國至宋，字畫由深至淺，尚多可讀，由宋至今，自淺而之漫滅，竟莫可識，此亦理之必然者。今碑西南兩面俱有裂紋，再椎搨數年，必致斷落。考《金石錄》分為上下二碑，王象之《輿地碑目》分為封禪、國山二碑，似皆誤。此碑俗呼囷碑，以其形圓八出也。王漁洋《分甘餘話》又混以囷碑為《天發神讖碑》，尤謬。《天發神讖》則天璽元年紀功碑，在建業紫金山，乃皇象書，俗謂之三段碑也。盧熊跋以為此二碑皆蘇建書。（《尖陽叢筆》卷一）

【拙政園】拙政園臺池林木之勝甲於中吳。明嘉靖中，御史王獻臣始辟之，其子以博進償徐氏，傳子及孫，又歸於陳素庵相國，遷謫後改駐防軍府，未幾為某氏所有，益大事結構，以侈遊觀。中有楠木廳九楹，四面虛欄洞槅，備極宏麗。柱凡百餘，礎徑三四尺，高齊人腰，皆故秦楚豫王府物，車駝輦致，所費不貲。某敗後，官悉毀之。柳蘼蕪亦嘗寓此中，有麴房，乃其所構。陳其年詩云：「此地多年沒縣官，我因官去暫盤桓。堆來馬糞齊妝閣，學得驢鳴倚畫欄。」其荒涼又可想見矣。康熙中改為蘇松糧道署，今則散為民居，惟寶珠、山茶尚無恙。往年有虎入其中，亦異事。（《尖陽叢筆》卷一）

【朱奇齡撰述】朱上舍奇齡字與三，康流先生從子也。以經學世其家。有《周易蠡測》《春秋測微》。又嘗以王圻《續通考》尚多闕略，撰《通考續

補》，凡為類一十有五，曰《百官補》《典禮補》《貢舉補》《曆象補》《律呂補》《田土補》《戶口補》《賦役補》《食貨補》《國用補》《國用刑法補》《刑法志》《疆域補》《武備志》。與三為此書垂三十餘年始脫稿，未幾下世。今稿猶藏其家。（《尖陽叢筆》卷二）

【千元十駕】《東湖叢記》：「黃蕘圃主政百宋一廛，吳兔床明經以千元十架相敵，故老風流，猶令聞者色飛眉舞。」昌熾案：拜經十架，諸家所記皆作插架之架，獨蕘圃《席上輔談跋》云：「余藏書所曰百宋一廛，海昌吳槎客聞之，即自題其居曰千元十駕，謂千部元板，逐及百部之宋板，如駑馬十駕耳。潛研老人《十駕齋養新錄》即此十駕之義。」其字作駕，且從而為之辭，莞翁同時同好，不知何以傳聞異詞也。（葉昌熾《藏書紀事詩》卷五）

【吳兔床藏書於拜經樓】海寧藏書家，舊稱道古樓馬氏、得樹樓查氏。吳兔床祖籍休寧，流寓海寧尖山之陽，曰新倉里。時值馬、查遺書散佈人間，偶得其殘帙，每繫跋語以寄慨慕。博綜好古，勤於搜討，與同邑周松靄、陳蘭莊賞奇析疑，獲一秘冊，則共為題識歌詩以紀其事，且於吳門、武林諸藏書家互相抄校。臨江鄉魏小洲得蜀石經《毛詩》殘序，為摹副本，並著《考異》二卷。得宋槧百家注《東坡集》，錢曉徵壽吳槎客七十詩所謂「手摹離墨前朝字，家有淳熙善本書」是也。又嘗得宋本《咸淳臨安志》九十一卷、《乾道志》三卷、《淳祐志》六卷，刻一印曰「臨安志百卷人家」。兔床既篤嗜典籍，遇善本，輒傾囊購之，弗惜，所得不下五萬卷，築拜經樓藏之。晨夕坐樓中，展誦摩挲，非同志不得登也。子壽熙，字南輝，號小尹，乾隆丙午舉於鄉。壽暘，字虞臣，兔床以宋槧百家注《東坡集》授之，因自號蘇閣，取拜經樓書有題跋者，手錄成帙，為題跋記。虞臣子之淳，諸生，亦能守遺籍，校讀不倦。海寧乾、嘉間百年以來之藏書家，若前步橋許氏之惇敘樓，遺籍蕩然，樓亦毀矣，胡陳村胡氏華鄂堂所藏，僅有存者，獨拜經樓完好無恙，蓋賢子孫善守之效也。（徐珂《清稗類鈔·鑒賞類上》）

【衡門惜別圖後序】嘉慶庚午九月十八日，海昌吳槎客騫來宜，訪任澧堂、吳菊畦、儲靜齋、周藕塘、申蕉庵、潘璟、溪迂雲諸君子，於澧堂之衡門澹和堂。諸君與槎客文字交二十餘年，詩歌雅集，歲以為常。是日會飲，槎客袖攜朱西村枯墨樹石小景、董香光濃墨山水橫幅、沈朗倩臨黃子久淡墨富春山圖、徐俟齋深墨鄧尉十景冊頁、王麓臺淡墨樹石、王員照潑墨山水、吳歷深墨山水橫卷青綠山水直幅，與諸公共觀，指點畫家，南北宗出各種刊，就

新書少陵草堂圖蘇公鹽官詩石刻分贈諸君，又呼澧堂孫喬林，槎客前所錫名者，遺以繡囊日表、男錢女錢果餌之屬。語次，槎客曰：「吾年且七十有八，駕舟來為別，故人後會未知何日。」諸君聞言皆嗚咽。菊畦因作《衡門惜別圖》，靜齋取陸雲《谷風詩》「和神當春清節為秋」為韻，分賦詩詞，藕塘仿《西園雅集》為記。予讀東坡《答山谷㮤字韻詩》：「陰求我輩人，規作林泉伴，寧當待垂老，倉卒收一旦。」初未覺其言之有味，年來屏居湖上，故人寥落，每誦坡詩，淒然感歎。頃在城晤蔣君夔揚，述菊畦衡門惜別圖，又舉記及分韻詩詞示予，予喜風雅盛集復見於今，乃為序其後。嗟乎！人生百年，以三萬日為期，其間愛惱悲歡，何可紀極，安得隨侍諸君後，樂文字無涯之樂，以竟吾生之有涯耶？槎客別號兔床。悝齋居士謹序。（楊丹桂撰）

桃溪客語五卷　　（清）吳騫撰

此書前有乾隆五十三年（1788）周廣業序，稱其搜剔溪山，爬疏人物，博而且精云云。〔註221〕

全書四萬言，分五卷，為吳氏閒談隨筆。桃溪一曰張溪，乃宜興至廣德要道。因其客居桃溪而專錄此地所見所聞。或述山川地理，奇山異石；或記風光勝景，賦詩酬唱；或載碑刻銘文，敘及歷史故實；或傳寫人物，鋪陳生平事蹟；或記奇聞逸事，民俗風情。此書多地理山川、金石碑銘考證，與史事相參，實可徵信。如卷一以國山與吳孫晧封禪碣所在之菫山有別，辨《常州府志》所載之誤。辨世所傳祝陵並非祝英臺墓。卷二據《吳書》《茅山志》《吳志·陸抗傳》辨「立信」實為吳時官號。卷三周孝侯墓碑文意與史傳乖謬，且文勢不貫，辨其所言韓信事實為後人竄入。據盧商生卒年辨葉石林所載「盧商」當為「徐商」之誤。卷五據《隋書·食貨志》及明陳絳《金罍子》，辨任昉所求「二綵段」當為「二絲段」之訛。卷一據離里山石碑，與史實相參，辨「大石自立」之訛。卷二據李太白所作貞義女碑，辨浣紗女廟與貞義女碑分立兩地。據張居詠居桃溪入仕南唐而不歸吳越事，證省莊以北屬南唐，以南屬吳越。卷四據《新唐書·戴叔倫傳》，辨常州荊溪古冢碣所言叔倫事甚謬，實為其後好事者偽造。以唐李戡史傳與杜牧為之所作墓誌銘相參證，疑遊善權一絕非李戡詩。據劉三吾《坦庵集》載洪武二十七年為耿炳文撰三代祖墓

神道碑，辨朱彝尊所載劉三吾為耿炳文刻墓碑事實誤。然亦有可議之處，如稱《荊溪外紀》所載詩文多不可信。

此書稿本藏上海圖書館，錢大昕、吳騫校清抄本藏國家圖書館。此本據復旦大學圖書館藏清乾隆吳氏刻《拜經樓叢書》本影印。

【附錄】

【吳騫《桃溪客語自序》】予褐來（一作「往遊」）荊南，樂其風土之閒曠（一作「恬曠」），人士之雋淑，買田學稼，結廬國山之下，日與田更野老（一作「岩翁溪父」）相往還，輟耕多暇，偶有聞見，則筆而識之，積久成帙，以其叢脞嵬瑣，一若道聽而途說之，命曰《桃溪客語》。若夫擴懷舊之蓄念，發思古之幽情。世有東都主人，能無聽然（一作「欣然」）而笑乎？丁未冬日，海昌吳騫。

【董山非國山】國山在桃溪東北十五里，即離里山也。其下一小山，吳孫晧封禪碣存焉。俗以其遣董朝所封，故謂之董山。《常州府志》以此山為國山，非是。（《桃溪客語》卷一）

【有用之才】湯文正公語錄云：「天地何時不生才？雖衰晚，亦有之。顧用之何如耳？明季如盧九臺、孫白谷、蔡雲怡都是有用之才，萬吉人亦不易得。」（《桃溪客語》卷二）

【吳騫《陳景辰〈荊南小志〉序》】山經、地志為史家外乘，可以輔皇輿而備職方氏之掌錄，所關亦綦重哉！若伯翳作《山海經》，具述海外諸幽奇瑰異，自非鴻通淹洽之儒能解畢方之禽，辨盜械之屍者，尠不河漢其言。三代而下，惟桑經酈注，苞羅宏富，加文致逋峭，讀之令人超然神遠，故譜方輿者必於是，徵文考獻者亦於是。稱古今絕撰焉，近世有《徐霞客遊記》，殫畢生精力，舉數萬里山川，薈萃為一編，使人不出戶庭，能坐攬天下之勝，至於逾崑崙，探星宿海，遙見方外黃金寶塔，舉博望之未睹，涉流沙，歷西域，溯迷盧阿耨，觀人馬積骨標識，知元奘所未經，皆足以廣聞見而補史傳。惜書多散佚，於東西洞庭、陽羨、金陵、京口等，均付闕如，不無遺憾。予友陽羨陳君景辰，夙負魁奇俶儻之概，又博雅嗜古，性好遊覽，陽羨故饒佳山水，支峰蔓壑，古洞仙岩，景辰遊屐所至，輒留連吟賞，或撫模古刻，至累日夕不能去。間裒其所經歷者為一編，曰《荊南小志》。予讀之，雖卷帙無多，恍置身千岩萬壑中，有應接不遑之致。且文筆簡雋，殆不在酈、徐之亞。予寓荊南久，嘗輯《國山碑考》及《桃溪客語》《陽羨摩厓紀略》等，恒資景辰為鹽石。

斯編之成，非特可匡予不逮，即以補霞客之闕也可矣，小志云乎哉？

【吳國山碑考序】吳封禪國山碑，孫晧所立，在今常州荊溪縣西南五十里。其文始著錄於《雲麓漫抄》。厥後，吳人盧公武考之，加詳焉。沈敕《荊溪外紀》及唐鶴徵《常州府志》亦備載之。然俱不能無訛誤，且其文字可讀者尚多，而率皆遺脫。蓋由其地處僻，人罕得至，但得椎拓本摹之，故不能以細辨也。海寧吳槎客客遊宜興，好古搜奇，不憚危阻，嘗再三過焉。於其文之摩滅者，咸得審其界埒，一一而指數之，合其有文者，共得四十一行，凡千有餘言，與趙氏《金石錄》所紀數略相等，他皆不及也。於是為之圖說，為之釋文，為之考核辨正，並薈萃古今人題詠及古蹟之與是山鄰近者，咸裒為一編，名曰《國山碑考》。余觀其首辨陳壽《吳志》之誤曰：「是碑天冊元年所立，《吳志》書於天璽元年，此不辨碑文之過也。碑云『旃蒙協洽之歲，受上天玉璽，乃以柔兆涒灘之歲紀號天璽，丞相沈等咸以為宜先行禪禮』云云，則是天璽之前一年也。又碑有國史瑩、核等名，核乃華核，考本傳以天冊元年免官，益知不在天璽明矣。」其言鑿鑿有證據類如是。晧所立碑，又有所謂天發神讖者，今庋江寧學宮，康熙間祥符周雪客嘗為之考矣。此在通都大邑，得見者多。而是碑久隱翳於榛莽虎豹之區，微槎客之天機清妙、興寄高遠者為之一抉其秘，即今何由得見以證昔人所紀之誤哉？雪客所為考，秀水朱錫鬯為之序。今槎客之書實遠勝於雪客，本不待余言；而余之視前輩復不逮遠甚，聊因相厚之意，遂為之引其端，寧足為是書增重哉！乾隆五十年正月十日，盧文弨序。（盧文弨《抱經堂文集》卷六）

燈窗叢錄五卷補遺一卷　（清）吳翌鳳撰

吳翌鳳（1742～1819），初名鳳鳴，字伊仲，一作眉庵，自號枚庵漫士，又號古歡堂主人，徽州休寧人，僑居吳縣。諸生。少寓陶氏東齋，攻讀書史，積二十年。中歲應湖南遜挺姜晟之聘，繼主瀏陽南臺書院，課徒講學，從之者眾。垂老始歸家，卜居城南〔註222〕，著書奉母。於學無所不窺，尤長於詩，詩宗杜甫、陸游，卓然成家，所為詩格律深穩，得溫柔敦厚之旨。書法秀逸，手書秘冊，幾及千卷，與當時藏書家鮑廷博、吳騫、朱奐、盧文弨等

〔註222〕吳壽暘《贈梅庵詩》：「槐市幽棲比鶴巢，高風幾為俗情淆。」自注：「先生居吳之槐樹街。」

互換互借圖書，遇未見之書，必力抄之。王芑孫《題吳枚庵明經借書圖》詩云：「君昔富搜羅，藏家所爭詫。偶食武昌魚，倏然皆羽化。晚歸空四壁，往夢付嚘唶。雖無千金市，幸可一瓻藉。久亡憶之類，驟得喜如乍。昏燈摩老眼，積漸仍滿架。圖成應自哂，茲身亦傳舍。」藏書印有二，一曰「枚庵流覽所及」，一曰「吳翊鳳家藏文苑」。著有《古歡堂經籍略》《字學九辨》《歧音備覽》《今韻酌古》《漢書考證》《歷代帝王統系考》《姓氏源流》《金石略》《雨窗懷舊錄》《懷舊集》《詩臆》《詞約》《印須集》《與稽齋叢稿》《東齋脞語》《吳梅村詩集箋注》《遜志堂雜鈔》等書，編有《古詩錄》八卷、《樂府選》四卷、《唐詩選》七卷、《明詩選》十六卷、《國朝文徵》四十卷、《國朝詩選》十七卷。生平事蹟見《清史列傳·文苑傳》《（同治）蘇州府志》卷八三、王幼敏《吳翊鳳研究：乾嘉姑蘇學界考略》。

全書三萬言，分五卷，補遺一卷。卷一議論文字，記稱謂忌諱、社集始末、風俗趣聞。卷二記本朝圖書典籍、文士詩賦、太學典制、前朝舊臣及周代建寅之制。卷三記官宦臣僚事蹟，載名士傳聞及民間風俗。卷四敘本朝時政、前朝遺事，兼及經史雜文。卷五記名士佚聞、錢幣稅制、醫藥雜方。此書注重經史訂誤。如鄭氏解《周禮》「奚三百」曰：「古者從坐，男女沒入縣官為奴，無才知者為奚，即今之侍史官婢。」吳氏據《周禮》無「縣官」之文駁之。又引《左傳》僖十七年「生女名姜」、杜氏謂「不聘曰姜」，辨許慎《說文》訓「姜」為有罪之女之誤。書中亦雜記名物、風俗。古時凡物皆可云床，宋時稱「床」為「座」，如屏風一床；南朝呼筆四管為一床；《北史》有「強弩一二床」；又北齊賦民之法稱一夫一婦為一床。又古者居室，貴賤皆稱宮，初未嘗分別。秦漢已來，始以天子所居為宮。又記燕北風俗，不問士庶，皆自稱「小人」。京師風俗入冬以花藏土窖中，四周以火逼之，故隆冬時即有壯丹，謂之「唐花」。浙東用火哺鴨，其未成者，嘉興用香鹽炮之，為春月佳味名曰「鴨餛飩」，俗名「嘉蛋」。

書末有庚申孫毓修跋，稱此錄或記載客語，或抄撮古書，時與《東齋脞語》相出入。〔註223〕《續修四庫全書總目提要稿本》稱是編所記皆隨意綴錄，未能獨造精微，亦有用之書云云。今覈其書，辨析學術，表彰忠義，不可竟廢。

〔註223〕《續修四庫全書》第1139冊，上海古籍出版社，2002年版，第615頁。

此書向未刊行，抄本後為上海商務印書館涵芬樓藏。此本據民國十五年鉛印《涵芬樓秘籍》本影印。

【附錄】

【續修四庫全書總目提要（稿本）13—313】是書乃吳氏據平素筆記編撰而成，計五卷，補遺一卷。或搜集風俗趣聞、時聞傳說，或平議文字、雜論經史，載經籍典藏，述太學故制，敘本朝時政，兼及前朝遺事。是書乃劄記之書，未有一定體例。其錄前人之文，如卷二錄韓朝衡《司官歎》十首，卷三錄朱彝尊《曝書亭集》文一首，卷四錄孫奕《示兒編》七條，錄《隨園詩話》一條，直錄其文，無所辯證。間亦考訂名物，如卷一解昔為夜，謂古樂府「昔昔鹽」即「夜夜鹽」，卷三釋東漢人無二名，引《公羊傳》哀十三年「晉魏多率師使魏」，此「晉曼多」謂之「晉魏多」，譏二名非禮也。史稱翌鳳博雅工詩，少寓陶氏東齋，寢饋書史，積二十年。又謂考據之文易於傷氣，故是編所記皆隨意綴錄，雖有開發，不斷斷以考據為工。然翌鳳讀書甚博，其辯正徵引之廣，往往可供參稽。雖未必能獨造精微，亦有用之書，不可竟廢也。

【蘇州府志·人物十】吳翌鳳，字伊仲，諸生。先世新安人，高祖盧遷吳。翌鳳於學無所不窺，尤長於詩，自漢、魏、三唐及宋、金、元人詩皆手自選定。吳祭酒《梅村詩集》舊注詳略失宜，翌鳳考訂五十餘年，據史傳為之注。所為詩格律深穩，得溫柔敦厚之旨。所撰輯之書甚多。卒年七十八。中歲應湖南巡撫姜晟之聘，繼主瀏陽南臺書院，操行潔白，不可干以私。既老倦而歸，篋中惟書數千卷而已。父死，哭過節，一目失明。事繼母以孝聞。與人交有終始，友人林蕡鍾為婁縣教諭，病篤，以書招翌鳳，馳往，卒為經紀其喪。（《蘇州府志》卷八十三）

【枚庵先生】吳枚庵先生名翌鳳，長洲人。少為諸生，工詩，家甚貧，以館穀自給，嘗手抄秘書至數十百卷無倦色。乾隆五十年，吳中大饑，乃攜其母夫人暨妻子出遊，歷湖北、湖南、廣東、江西諸省，凡二十餘年無所遇，母已百歲，枚庵亦七十餘矣。余嘗書楹帖贈之云：「賣賦卅年惟奉母，浪遊千里為尋詩。」晚年家居，仿漁洋《感舊集》之例，選平生交遊之詩曰《懷舊集》十八卷，又《印須集》十八卷、《吳梅村詩集箋注》二十卷。（錢泳《履園叢話》卷六）

【首在戒淫】僧家祇律，首在戒淫。法秀道人嘗呵綺語，乃經典所載。三十三天色界欲界居其二，七佛皆有妻有子。如來為太子時，有三夫人，有

六萬采女。上天之最尊者莫如帝釋，而采女多至四十三億萬二千五百人。娶修羅之女，以其美也。後與采女戲池中，女以告修羅，遂有戰鬥之事。閻浮王晝則治事，夜仍與采女行樂。又，佛所說男女情慾，有曰以相視為樂，以相有為樂，以相抱為樂。女以相觸為樂，男以出不淨為樂。其穢褻有甚於閭巷之所談議者，吁，可怪也！（《燈窗叢錄》卷一）

【力行三句】有學究言：「人能力行《論語》一句，便是聖人。」有紈綺子笑曰：我已力行三句，恐未足稱聖人。問之，乃「食不厭精」，「膾不厭細」，「狐貉之厚以居也」，聞者大笑。（《燈窗叢錄》卷一）

【司官歎】仁和韓朝衡舉進士，浮沉郎署，貧苦特甚，嘗作《司官歎》云：「漫道司官地位清高，文章收拾簿書勞，上衙門走遭笑。當年指望京官好，到於今低心下氣空愁惱。要解得個中辛苦，耐人熬，聽從頭說曉。幾曾見傘扇旗鑼紅黑帽叫，名官從來不坐轎。只一輛破車兒代腿跑，剩有個跟班的夾墊駄包。傍天明將驟套，再休提遊翰苑三載清標，只落得進司門一聲短道，辦事費推敲，手不停披目昏眊，那案情律意都用把心操。還有滑經承弄筆蹺蹺，與那瘦貼寫行文顛倒。細商量坐把精神耗，才約伴回堂畫稿。大人的聰明洞曉，相公的肚量容包，單衹為一字，寬嚴須計較。小司官登答周旋敢挫撓，從今那復容高傲。少不得改稿時要顛頭簸腦，上堂時要垂手呵腰。西院路非遙，候堂官偏難湊巧。東垣事更饒鈔，案件常防欠早。受用些汗流浹背的秋陽照，沙飛撲面的冬風暴。那顧得頭顫心搖，腸枯舌燥，百忙中錯誤真難保。暗地裏隻眼先瞧，只望乞面去呆須臉燥，那知道乞雷回唬得魂銷。若是例難逃，律不饒，忙檢舉也半邊焦。只怕註誤因公幾降調，幸得霹靂聲過雨點小，趕辦過平安，暫保公堂事了。拜客去西頭須先到約債，去東頭須親造急歸來柵閉，溝開沿路繞，淡飯兒才一飽，破被兒待一覺。奈有個人兒恰把家常道，道則道非絮叨，你清俸無多用度饒，房主的租銀促早，家人的工錢怪少，這一隻空鍋兒等米淘，那一座寒爐兒待炭燒。且莫管小兒索食傍門號，怎當得啞巴牲口沒麩草。況明朝幾家分子典當沒絲毫。空煩擾，空煩擾！五旬外頭顱老休嗟悼，休嗟悼，千里外家山渺，無文貌，沒機巧，怪不得辦事徒勞，陞官尚早，回頭顧影真堪笑。把平生壯氣半向近年消，這便是做司官的行樂圖兒，信手描。」（《燈窗叢錄》卷二）

【國初遺老】國初遺老之有氣節者，我吳甚多，尤以徐枋、楊无咎、鄭敷教、顧苓、金俊明、徐樹丕諸先生為冠。（《燈窗叢錄》卷二）

【各守師說】古之學者專門名家，箋注經文者不一，其徒各守其師之說，所以某氏《易》、某氏《書》、某氏《詩》，傳授異派。自唐太宗詔諸儒撰定《五經正義》，於《易》取王弼，於《書》取孔安國，於《詩》取鄭康成，於《春秋》取杜預，由是他說盡廢。（《燈窗叢錄》卷五）

【鐵函心史】鄭所南先生，福之連江人，初名某，以太學上舍應博學宏詞科，侍其父來吳，厲條坊巷。德祐北狩，憤恨欲死，遂改名思肖，字憶翁。作《心史》一卷。癸未三月，與所作《咸淳集》一卷、《大義集》一卷、《日興集》二卷併入鐵函，投承天寺井中，時距德祐之亡已九年矣。崇禎戊寅十一月八日，承天寺後山房僧達始因旱濬井啟而得之，計藏之時至是又三百五十六年，不濡不滅，完好如新。又有《釋氏施食心法》一卷、《太極祭煉》一卷、《謬餘集》一卷、《文集》一卷、《自敘一百二十圖》一卷，並先生之父震《菊山集》一卷，傳於世。（《燈窗叢錄》卷五）

【文信公絕筆詩】文信國柴市臨刑南向，再拜索筆書二詩，曰：「昔年單舸走維揚，萬死逃生輔宋皇。天地不容興社稷，邦家無主失忠良。神歸嵩嶽風雷變，氣壯燕雲草樹荒。南望九原何處是，塵沙黯黯路茫茫。」「衣冠七載涴旂裘，顦顇形容似楚囚。龍馭兩宮厓海月，貔貅萬灶海門秋。天荒地老英雄哭，國破家亡事業休。唯有一靈忠烈氣，碧空長共莫雲愁。」見趙弼所撰《文信公傳》，世但知有贊，而不知有詩，然其詩頗不似公語，備錄於此，以俟博雅。（《燈窗叢錄》卷五）

【書法秀逸】吳翌鳳，字伊仲，號枚盦。本休寧人，僑居吳郡。乾隆三十一年入吳縣學。道光中卒，年七十八。鮑廷博〔《遊記續編跋》〕曰：「書法秀逸，手書秘冊，幾及千卷，今之錢罄室也。」〔一旦化為煙雲，其歸也蓋有大難為懷者矣。〕（《皇清書史》卷六）

【吳枚庵所選國朝人詩】吳枚庵翼鳳所選國朝人詩，近時始有刻本，門戶較沈選稍宏大，有正集、外集。蒙叟、梅村諸家皆入外集。蒙叟之姓名，則易為彭撝，字曰六吉，謂為浙江常山人。屈翁山姓名，則易為翁紹隆，字曰騷餘，謂為廣西臨桂人。想見當時法網之密。然雖易姓更名，而詩仍多膾炙人口之作。姓名既異，遂無人過問者，斯所以為中國之法禁歟？（孫靜庵《棲霞閣野乘》卷下）

【吳枚庵贈書江藩】此本乃吳君枚庵所贈。枚庵，長洲庠生，手抄秘籍數百種，日夕不輟，因而損一目。枚庵名翌鳳，一字小盌。（江藩《半氈齋題

跋·李賀歌詩編》，《江藩集》，上海古籍出版社 2006 年版，第 156 頁）

【呈吳先生翌鳳】枚庵先生隱於詩，十年浩蕩江湖思。一朝歸來結茅屋，百歲壽母如嬰兒。先生有屋小於舟，水流不競閒雲遲。先生有書一萬卷，光芒出沒胸中奇。東家西家好風日，常時遊戲無窮期。鳥能歌舞花能言，歡呼上堂解母頤。吁嗟人世厭平淡，先生之樂吾知之。十年嘯傲江湖上，難得波恬浪靜時。只今歸來奉甘旨，從來此樂無人知。（潘曾沂《功甫小集》卷三）

【蘇州府志小傳】吳翌鳳，字伊仲，諸生，於學無所不窺，卒年七十八。中歲應湖南巡撫姜晟之聘，繼主瀏陽南臺書院。葉昌熾案：枚庵，乾隆三十一年曹宗師歲試，入吳縣學，見《三邑諸生譜》。（《藏書紀事詩》卷五引《道光蘇州府志》）

【絳雲樓書目跋】此冊為張子白華所藏，予嘗借閱。癸巳秋日，得陳丈少章閱本，愛其博洽，爰抄錄如右。張子疑予有藏匿不返之意，索取甚急，幾至面赤不顧，因錄置別本，亟將此冊還之。張子博雅多聞，獨於書斤斤護惜。古人所謂讀書種子習氣未除，然即此知張子能謹守勿替者矣。丙申秋七月二十四日燈下，枚庵漫士吳翌鳳記。

【拜經樓藏書題跋記】伊仲本休寧商山人，僑居吳郡。家貧而好書，與朱文遊為莫逆交，手抄秘冊極多。予至金閶，必為留連日夕，得佳本輒互相傳錄。後應姜度香中丞之辟，挈家入楚，郵筒不接者十載，聞其書亦皆散失矣。

【黃丕烈題跋】《洞天清祿集跋》曰：「枚庵久客楚中，舊藏書籍寄貯親友所者，半皆散逸。」《文房四譜跋》曰：「枚庵久而不歸，故親友無忌憚而為此也。」

【藏書紀事詩·吳翌鳳伊仲】槐市塵封有敝廬，半生飽食武昌魚。歸來嘆唶摩昏眼，充棟雲煙付太虛。（《藏書紀事詩》卷五）

【前後十家詞】戴園獨居，誦本朝人詞，悄然於錢葆馞、沈適聲，以為猶有黍離之傷也。蔣京少選《瑤華集》，兼及雲間三子。周稚圭有言：「成容若、歐、晏之流，未足以當李重光。」然則重光後身，惟臥子足以當之。嘉慶時，孫月坡選《七家詞》，為厲樊榭、林蠡槎、吳枚庵、吳穀人、郭頻伽、汪小竹、周稚圭，去取精審。予欲廣之為前七家，則轅文、葆馞、羨門、漁洋、梁汾、容若、適聲，又附舒章、去矜、其年為十家。後七家則彝文、保緒、定庵、蓮生、海秋、鹿潭、劍人，又附翰風、梅伯、少鶴為十家。詞自南宋之

季，幾成絕響。元之張仲舉，稍存比興。明則臥子，直接唐人，為天才。近代諸家，類能祧南宋而規北宋，若孫氏與予所舉二十餘人，皆樂府中高境，三百年所未有也。（譚獻《復堂詞話》）

【明以來之鈔本】戴延年《摶沙錄》：「吳枚庵，名翼鳳，吳縣人。酷嗜異書，無力購致，往往從人借得，露鈔雪纂，目為之眚。」按：枚庵名翌鳳，不作翼鳳，吳縣庠生。《黃記》《陸志》《丁志》：「手抄書極多，曾主講湖南瀏陽南臺書院。」其平日以抄書為課程，故至今流傳不絕。尤可貴者，馮己蒼舒當甲乙鼎革之交，遯跡於荒村老屋。酷暑如蒸，而手抄不輟。（葉德輝《書林清話》卷十）

瑟榭叢談二卷 （清）沈濤撰

沈濤（1792～1855），原名爾政，字西雝，一字季壽，號匏廬，嘉興人。年十四，入阮元詁經精舍習經學，尚考據，喜金石，遍交南北文人，亦能詩。嘉慶十五年（1810）中舉人。出守正定，以經學為政，凡所修舉，必蘄合於古。自稱「太守窮經，而善於其政」。咸豐初署江西鹽法道，隨巡撫張芾守南昌，拒太平軍，授福建興泉永道，未到官，改調江蘇，病逝於泰州。幼負神童之譽，嘗從段玉裁遊〔註224〕。著有《論語孔注辨偽》《說文古字考》《常山貞石志》《畿輔金石記》《十經齋文集》《柴辟亭詩集》《匏廬詩話》《交翠軒筆記》《銅熨斗齋隨筆》《柴闢亭讀書記》等書。生平事蹟見《清史列傳·儒林傳》，附見《清史稿·黃易傳》。

此書不足兩萬字，分上下兩卷。上卷多以經史考證地理。如「鵶兒嶺」條，言鵶兒嶺為唐李可舉破李克用兵之處，引《舊唐書·僖宗紀》《五代史》《唐本紀》《唐書·地理志》為證，辨《新唐書·藩鎮傳》所稱「可舉遣軍司馬韓園詔擊沙陀藥兒嶺」事實謬。下卷多搜羅俗語舊聞。如浙江乍浦之「光餅」為「戚繼光行軍時所作，為三軍裹糧之用」。又世所稱人之老病而

〔註224〕段玉裁《十經齋記》云：「嘉興沈君濤久從余遊。今年八月書來，請作《十經齋記》。十經者，有取於《南史》周賡之五經五緯號曰十經也。沈君天資卓犖，十二三時已倍誦《十三經》，如瓶瀉水，長益泛濫，辭章苕發，穎豎離眾絕致，而猶自恐華而不實也，乃沉潛於五經，以五緯博其趣。築室閉戶，著述其中，不為聲華馳逐，其於訓詁、名物、制度、民情、物理之際研之深矣。此其志之遠大何如哉？豈守兔園帖括，或剿說宋儒一二以拾青紫、誇學問者所可輩哉？」

死者為「燈盡油乾」，漢時已有此說。又謂世井中竊鉤之徒竄身都市潛於人叢中割取佩物，俗呼「剪絡」，明人說部京師稱為「小李」，所謂「中有小李善剽竊，如鬼如蜮滿路隅」。又游手剽竊之人有剝脫衣物環佩者，謂之「覓貼兒」，此風南宋已然。又稱筆墨之佳者呼為「名手」，《隋書·經籍志》有《名手畫錄》之名。世人以乞養他人子稱為「過房」，北宋已有此稱。又世俗以麥間小蟲為「麥秋」，北人指七月間小蜻蜓為「處暑」。

書前有道光十年（1830）沈濤自序，稱廨之西偏有射圃，為賓從遊燕之所，隙地十笏，老屋數楹，水木清華，幾格明淨，顏曰瑟榭，因名此書為《瑟榭叢談》云云。末有吳更生《瑟榭記》。沈濤出自詁經精舍，奔走南北，俗務纏身，只能處處留心，事事關心，其學雖駁雜，然無力深究其蘊，與書齋純粹學人已拉開距離，至於其師段玉裁更不敢望其項背矣。

此本據南京圖書館藏清道光刻本影印。

【附錄】

【續修四庫全書總目提要（稿本）35—72～73】《瑟榭叢談》二卷（《聚學軒叢書》本），清沈濤撰。濤原名爾政，字西雝，號匏廬，浙江嘉興人。生嘉慶間，幼聰慧，有神童之目。年未冠，領鄉薦，由知縣歷官至府道員司。道光中，知直隸正定府，訪古碑二百五十餘種，為前人所未見者十凡五六……著有《論語孔注辨偽》《說文古字考》《常山貞石志》《銅熨斗齋隨筆》《十經齋全集》《柴辟亭詩集》等。是書為道光十年知宣化府時所纂，其自序云：「治事餘暇，登靡笄之山，渡桑乾之水，弔耨斤之故宮，尋耀辣之舊壘，酒酣耳熱，作為詩歌，時復焚香枯坐，默憶舊聞……受代後探而出之，甄錄得若干條，分為上下卷。」所錄多塞上雜談。上卷首宣郡地志及地名傳聞之考證，如辨懷來縣歷陽山，一名歷山，相傳為虞舜耕處之非，引《水經注》證其異，決媯川為清彝水之訛，媯為清彝兩字音合，懷來縣之橋山，非黃帝葬處，引《史記》《漢書·地理志》《魏書》等，證為上谷上郡相涉之誤，皆確論也。其次則旁搜物異，障彰表節孝，故雖散雜筆墨，終不失賢有司體也。下卷所錄，多當時題詠唱和之作，略及俗語考原，引經據典，饒有奇趣。如俗喻人之老病而死者，為燈盡油乾，見《太平御覽》中火部。桓譚《新論》曰：「余與劉伯師夜坐，燈中暗炷燋禿將滅。余謂伯師曰：『人衰老亦如彼禿炷矣。』」證漢時已有此說。又近世鉤竊之徒，竄身都市，於人叢中，潛割佩物者曰剝絡，見明人說部，京師則稱為小李，見葉文莊《水東日記》，均

足助談也。名《瑟榭叢談》者，則宣署中之屋名。其自序云：「府廨之西偏，有射圃焉，為賓從遊燕之所，隙地十笏，老屋數楹，水木清華，幾格明淨，顏曰瑟榭，以著其潔。」因名是書為《瑟榭叢談》云爾。

【清代學人列傳】沈濤，原名爾岐，字西雝，號匏廬，浙江嘉興人。未冠，舉嘉慶庚午鄉試。選授江蘇如皋縣知縣，尋擢守燕北各郡，卓著政聲。顧軀幹小，入覲，坐是久不調，援例以觀察指分江西，歷署鹽法、糧儲。會粵事棘，隨巡撫張芾嬰城拒守四十九日，解圍後，授福建興、泉、永道，改調江蘇，病卒。先生生平專尚考訂。《論語》孔注之偽，自段茂堂發之，陳仲魚昌言之，至先生乃設為五證，抉摘盡致，作《論語孔注辨偽》二卷。又作《說文古本考》十四卷，亦有根據，與妄以他書改本書者不同。其關於金石學之書，則有《常山貞石志》二十四卷。讀書所得，加以考辨，有《銅熨斗齋隨筆》八卷、《瑟榭叢談》二卷、《交翠軒筆記》四卷。其餘尚有《柴闢亭詩集》四卷、《十經齋文集》四卷，《匏廬詩話》三卷，並刊行。

【沈濤墓】福建興泉永道沈濤墓，在西跨塘南岸。濤字西雝，嘉興舉人，官直隸知府，升補福建道。著述甚富。（《木瀆小志》卷五）

【黃帝葬處】懷來縣有橋山相傳即黃帝葬處。案《史記·五帝紀·集解》引《皇覽》曰：「黃帝冢在上郡橋山。」《漢書·地理志》：「上郡陽周縣橋山南有黃帝冢。」是黃帝所葬之橋山初不在此。《魏書·太宗紀》：「泰常七年，如廣寧幸橋山遣使者祠黃帝。」唐堯廟亦止云黃帝祠，不云黃帝冢也。蓋上郡、上谷郡相涉而誤。又黃帝都涿鹿之阿，即今之保安州，而釜山、阪泉皆在境內，後人因以傅會。《宣鎮志》：「兩山相近中有一石如橋，闊五尺，長丈餘，可通行。」是山因此得名。《爾雅》：「山銳而高曰橋。」凡高山皆可名為橋，猶龍門縣之龍門山，豈得謂即導河積石之龍門耶？

【京錢·宣錢·東錢】今京師用錢以五百為一千，名曰「京錢」。宣郡以三百三十三為一千，名曰「宣錢」。通州以東至山海關以一百六十六為一千，名曰「東錢」。不知起於何時。相傳前明兵餉不足，以故減短之數，因地而異。考梁武帝時破嶺以東錢八十為百，名曰「東錢」；江郢以上七十為百，名曰「西錢」；京師九十為百，名曰「長錢」。錢陌多寡不同，自古有之。然我朝各省兵餉皆制錢足陌，從無蹺減之事，而民俗尚因仍勝國之舊，殊不可解。

【吳更生《瑟榭記》】宣化郡治之幹，維有射圃焉。地拓百弓，曲徑屢折；室橫十笏，虛牖傍通。決決泉流，琴筑表其幽韻；落落樹影，几席分其餘清。

每當靚霧晨開，鮮飈夕動。綠穿苔溜，乍漾恬鱗；紅徑藥欄，頻喧逸羽。小憩眠雲之石，重攜釣月之竿。洵足寄遐尚於寧川，標勝情於上谷者矣。飽廬太守符支鶴料，跡狎鷗盟，判牘破閒，傳箋斗捷，花覆一楨而作纈，蘚侵雙屐以留痕。耽此崢泓，則其蕭爽，顏曰瑟榭，意本諸桑經酈注也。或謂瑟之為器柱，促則節乖弦，絚則軫絕，甚至自矜別調，競託繁音，徒貽掉磬之譏，難免盜竽之誚。是非相佯幼眇，宣鬯鬱湮，又烏能穆羽召和清音屬響也哉？太守道腴養瘵，心粹易漓，五蠹潛形，三蚩罷訟，於是援髟柳，踐髯莎，門峙七松，籬安六杙，檻茸庚辛而涵白石，題甲乙而浮青酒，聖推襟詩，星接襀翔，蕱未墜折，波欲平會，心在濠濮間，置身於巖石裏，固不僅看山扴笂，選樹移床，崔沔著陋室之銘，庾信成小園之賦而已。

【沈濤洺州唱和詞】《洺州唱和詞》一卷，嘉興沈飽廬濤編。此飽廬守洺州時幕中唱酬之作，紅弦綠酒，笙磬同音，較之板聲錢聲珠盤聲，自為佳也。作者自邊袖石浴禮至戴蘭卿錫祺，先後共八人，有《九秋詞》《銷夏四詠》《消寒四詠》等題目。袖石，任丘人，有《空青詞》。邵葉辰建詩亦嘉興人，有《聽春閣詞》。金改之泰，英山人，詞與袖石合刻，曰《燕築雙聲》。女史沈芷蔾蒘則飽廬之女，桐鄉勞介甫勳成之室也。飽廬後官吾閩興泉永道。《題瘦吟樓硯序》云：「隨園詩弟子陳竹士，蘇州人，元配金纖纖，亦隨園女弟子，著《瘦吟樓詩稿》。」纖纖體羸善病，卒年二十五，是硯乃其手製，背有自寫小影。（謝章鋌《賭棋山莊詞話》續編三）

【菊花詩】曩余撰詞話，辨朱淑真《生查子》之誣，多據集中詩比勘事實。沈飽廬先生《瑟榭叢談》云：「淑真《菊花詩》『寧可抱香枝上老，不隨黃葉舞秋風』，實鄭所南《自題畫菊》『寧可枝頭抱香死，何曾吹落北風中』二語所本。志節皦然，即此可見。」其論亦據本詩，足補余所未備，亟記之。（況周頤《蕙風詞話》卷四）

【白蓮教】（雜名）偽託佛教之邪教也。其教始於元末韓山童劉福通等。詭言彌勒佛下世，白蓮華開，以焚香誦經惑愚民，言可救劫。轉輾相煽，遂成大亂，而元以之亡。明代有唐賽兒、王森、徐鴻儒等，至清代，其萌蘖日熾。又變為清水、八卦、榮華、紅陽、白陽、青蓮、紅蓮等名目，不可究詰。乾隆三十九年壽張王倫以清水教倡亂，舒赫德平之。四十年又有劉松、劉之協等以持齋治病惑眾，事發被捕，而黨徒四起，以色分號。其最著者為齊王氏、姚之富、徐天德、王三槐等，蔓延川湖陝數省。至嘉慶七年，始得額勒登保、德

楔太、楊遇春等肅清之。十六年西巡，又有林清、李文成之變，是為天地八卦教。清黨潛伏禁城起事。文成在滑縣應之。幸即事敗。就擒伏法。而根株未絕，釀成義和團。遂有庚子之變。按沈氏濤《瑟榭叢談》，載元英宗至治二年，禁白蓮佛（即白蓮教，見《元史》），則其來久矣。錄此以著邪匪偽託於佛之謬妄。（丁福保《佛學大辭典》，華藏淨宗學會 2008 年版，第 910 頁）

醒世一斑錄五卷附編三卷雜述八卷　　（清）鄭光祖撰

　　鄭光祖（1776～1866）〔註 225〕，字企先，號梅軒，琴川（今江蘇常熟）人。監生。河工議敘九品頂帶。少曾隨父在浙幕，大約中年後即家居，以儒家自命，敦品力行，抗心古學。據道光二十五年（1845）自序，知尚有《舟車所至》（叢書），皆前人記邊境域外風土人情者。光祖自述：「余心情淺隘，每見兒童失所，而知其無母，無不黯然神傷。有益友責余曰：『庸人以安樂為幸，志士以憂患為幸。子滿懷皆兒女之情，豈丈夫哉？』余改容謝之，更請盡言賜教，既而曰：『人生處安樂宜深憂患之思，處憂患毋生怨尤之念，強毅以立身，圓通以入世，君子哉！』余三復斯言，而愧未逮焉。」道光十四年（1834）以河工代賑，因刊《開河條議》，遍發各屬，詢訪「三江既入，震澤底定」事宜，光祖一一作答。道光二十九年（1849）江南大水災，長夏數月，民居如在大海，光祖連聞慘狀，心膽俱碎，夜不能寐，急返東鄉老宅，竭力所能，為將號饑者施捨。事蹟見《重修常昭合志·藝文志》。

　　書前有道光十八年（1838）顧恩序，稱其言天地物理鬼神，提要鉤玄，入深出顯，即格致之學；仙、佛與楊、墨同害而闢之，而人心始正，人道乃立，即誠正之學。〔註 226〕又有道光二十四年（1844）邵淵懿序、道光二十二年（1842）朱邦任題辭。道光二年（1822）光祖自序，謂此書之作，其意總期醒世。又云：「天地者，人所戴履者也，故首之。人事者，人所當盡者也，故次之。物理者，人之所宜知者也，復次之。方外鬼神者，人所易惑，不可不力為剖析者也。」又曰：「余著此書，冀與二三知己，守正理，由正路，不至於匪僻。」《後言》稱俾讀者細想立身行己之要務，勿為萬物所溺，

〔註 225〕　自稱「嘉慶二十四年餘年四十四矣」，嘉慶二十四年為 1819 年，據此可確定其生年為 1776 年。

〔註 226〕　《續修四庫全書》第 1139 冊，上海古籍出版社，2002 年版，第 641～642頁。

勿為眾欲所乘，勿誤信仙佛而攻異端，勿誤信鬼神而惑妖術，庶幾於理不悖，於己無傷云云，著書宗旨於此可見矣。

全書二十六萬言，《醒世一斑錄》五卷，分天地、人事、物理、方外、鬼神，人事、物理各居其一，實則五篇皆言物理，亦均為人事。附編三卷，附權量、勾股、醫方各一卷，雜述八卷。此書雖未極精深，然醒世振俗，在當時正不可多得之筆記。今觀此書，如天文參西法，而不信天主所居之名；說地理窮北極，而獨得中旋滲入之真；詮物理通古今，能綜其蓄變紛紜。兼採泰西聲光電化之學，以探陰陽消長之機。鬼神禍福之說，本智者之所不道，故光祖闢之尤力。其可貴處在致意於人情物理之真，究天地人物物理之原，闢前賢名宿之謬，釋俗傳邪說之妄，記物產物價，多有可採。他如謂卜筮不可誤信，風水亦難深信，符咒純是妖靈，謂學貴守約，為人必藉乎學，讀書難盡信，謂人戒輕薄，人宜自省，人毋自欺，謂嗜古不可泥，謂禮義塑人，謂郭鉅埋兒必非孝道，謂婦人再嫁與男子再娶略同，謂《紅樓夢》立意高而奇，傳情深而確。書中又有《中國外夷總圖》，以「落漈」標注東沙群島，「東沙」標注中沙群島，「西沙」標注西沙群島，「石塘」標注南沙群島。「大旱」「大水」「大疫」諸條皆為珍貴之災害史料。論者稱其書係《夢溪筆談》之後又一部百科全書式科學筆記。〔註227〕

《一斑錄》初刊於道光十八年，其《雜述》僅六卷，比重刊本增為八卷，又有增損移易。此書流傳絕少，蓋咸豐時蘇、浙一帶軍火頻仍，道咸間所刻書較乾嘉間刻書反少見。此本據浙江圖書館藏清道光二十五年刻咸豐二年增修本影印。

【附錄】

【鄭光祖《一斑錄後言》】右《一斑錄》五篇，人事、物理各居其一，實則五篇皆言物理，而均為人事也。蓋人生各有其福，而其福各定於命，但必盡人事則克享其全，不然，每享其半而遺其半，然人事何以不盡，則必由理不明也。人生於世，滄海一粟，不自寶愛，與世浮沉，目習見昏庸之情狀，耳習聞昏庸之語言，稍不留心省察，其畢生之所為，於人世當然之則時時刺謬，自必招尤招悔，顛覆敗壞，以終其身。余也自幼而壯，自壯而老，以云尤悔之

〔註227〕袁俊：《鄭光祖〈一斑錄〉：我國古代百科全書式科學筆記》，《東方收藏》2017年第12期。

寡，豈不令人人絕倒，乃不克敏於行，而但託於言，空言勸世，其誰聽之？然心有所不能已者，姑著此一書，俾人之觀之者細想夫立身行己之要務，勿為萬物所淆，勿為眾欲所乘，勿誤信仙、佛而攻異端，勿誤信鬼神而惑妖術，庶幾於理不悖，於己無傷，豈非吾於世人有厚望者哉？若夫術士之言定數最足惑人，吾又願世之君子守正以安定命，而不為所弄焉。吾將鼓腹而歌，不識不知，順帝之則，可上媲美於羲、軒、巢、燧之民矣。

【鄭光祖小傳】鄭光祖，字梅軒，（鄭）鍾孫。《河工瑣記》，董治白茆時所記。《一斑錄》五卷附編雜述，類記所聞逸事名言為世勸誡，邵淵懿序刊本。以上見鄭鍾傳。類記所聞逸事名言為世勸誡。（《重修常昭合志‧藝文志》）

【大旱】二百年來屢逢大旱，如順治九年，康熙十八年、二十年、三十二年、四十六年、六十年，雍正二年，乾隆三十三年，載於本邑志乘均不知其詳，餘惟即目擊者言之。乾隆五十年，自春及夏，河流已小，刈麥後雨澤更少。五月底六月初，墅人遍張紙旗，畫龍祈雨，米價始不過二千餘文一石，粿麥七八百文一石，望雨不得，倏忽騰貴。七月石米至六千餘文，粿麥三千餘文。產米之鄉，高區全荒，低區往年易沒者轉稔，然此十不及一也。棉花乏資本者無收，有資本者收不薄敝百餘觔，惟核重絮少，往歲花二觔十二兩，得絮一觔，是歲花三觔半始得絮一觔。凡旱年，棉花舁水澆者後必生蚛而壞，是歲澆者倍收。夏秋之交，河流四涸，井底並乾。餘家茶水所賴東涇潭，至深，擔水以濟，墅人日用遠出求水。先君為此請開貴涇，自余家宅前起，至老徐墅止。雙浜自婁家橋與貴涇分支，繞北而南，與貴涇合，又過張墅，而南入白茆兩塘。是冬動工，開竣，張、吳、周三墅至今尚賴其利。縣城外東湖即昆承湖，西湖即尚湖，又名山前湖，水落過半，無量碑見。此碑倒臥湖中，非大旱不能見，見必成災。不辦糧，俗稱無糧碑。嘉慶十九年夏旱，高區稻全荒，低區偶有熟者，與前情景略相似。米價每石至五千餘文，粿麥三千餘文。旱久地生毛，城鄉皆同。必在眾人往來之所，牆圻石罅，莖莖停立拔取，細視色青黃，與犬身之毛莫辨真假。余高鄉多小港，平時行路必循橋壩，時水澤皆涸，行路各隨所向，取徑路直過。

【大水】歷稽遇大水者，順治八年，康熙四年、九年與十七、十九、四十一、四十七、五十四等年，雍正元年、四年、十年，雖皆可考，均不知其詳。乾隆三十四年、四十二年水亦大，而不至太甚。余惟目擊其甚者誌之。嘉慶九年五月，雨大且多。任陽李墅為本境最低區，先已沉浸報荒，其餘半低之

處，民多竭力築圍岸，擬黃淮之堤戽田水出外以存稻苗。河水壅高二三尺，其勢可危，戒往來之船不得近堤搖盪，時雖不免於荒，而冀幸保全者尚不少也。六月初四，晴霽，後眾情已安，不意十三夜風雨又大作，遠近圍岸盡決，於是全荒。常境西高鄉皆種稻，是歲全熟，昭境東高鄉棉花始長二三寸，傷雨葉脫盡，農夫一望喪氣，後得滋長，佳者獲半收，次春烙秄二十兩花價，每擔至錢十一千，與乾隆五十九年同貴。道光三年大水，較前更高一尺，一切被災，情狀更甚於前。舟往縣城者，東高鄉過董浜新墅，四里至鶴嘴裏，即一望汪洋，不辨涯涘，惟向虞山搖櫓而已。低鄉民居水中一百餘日，前次不過五十餘日。積薪之上多掛巨蛇，沉灶產蛙。一時炊爨盡用行灶，黃沙銅價增數倍，鄉民豢養新雞尚未及劀，素無賣理。因大雨不已，人無生計，何暇飼雞？街頭價賤，相與買而烹之。余欲下箸，不覺惻然，為之縮手焉。餘張墅附近，五月十八九等日，水入人居，或及於尺，一兩日即退，惟橋壩低田日久以次漸出。若低鄉各鎮，與縣城各門外附郭墅廬及城內低處，如蕭家廊下一帶，人居皆遭久浸，高鄉豆苗、御麥、玉蜀黍水浸即死，棉花在低田者被水沒頭，浸一晝夜，透出後水再上，又浸一晝夜，透出不死，然不花矣，復何用乎？高田水未沒者，棉花亦已重傷，往歲立秋後六七日已有新棉花，是歲黃花且無有，蓋自開黃花結鈴，以至開棉花，須歷四十餘日，為時太晚，共知有秋無望，然至七月下旬，其較優者十居二三，似尚存五分歲收，乃又遭陰雨爛壞，故只得二分歲收矣。高鄉棉花、黃豆沒壞者農家，或又努力改種晚稻，不意三伏無暑，稻秄不發，枉費血本，愈覺傷心。高鄉竹園半壞於水，故次年春筍貴，樹木則桂花桃杏香椿最易壞。余次之城中言子墓前，相近有大松一本，其地已久著名，為一棵松，其松亦於是歲傷雨而槁。人赤足行水中，日久足皆腫爛。六月中天已大晴，而赤日中忽忽細雨。余家稍收租麥，苦不能曬，出小黑蟲（俗稱蚌子是也）甚多，囷中有聲如沸，殊難為情。至七月乃得曬乾，風車搧出空麥，百石中究不過二三石⋯⋯《易》曰：「損上益下，其道大光。」次年春，常邑尊李公貧至典衣罄盡，昭邑尊臧公去官，眾百姓為上保赤心誠匾額。《詩》曰：「樂只君子，民之父母。」可為各在位詠也。

【大疫】自古癘疫之興，其症多前所未有，人死每至十二三，而所行之地遠不過數百里，從無延及各省者。惟道光元年夏秋疫作，我邑常昭忽甚於彼，忽甚於此，至九月少殺，十月乃已。名蛣蛛瘟，手足歛縮似之，死者十之一，病者則多，而傳聞已甚，一時竟視為酆都地獄。其症：腹痛，筋收，氣

塞，泄瀉，嘔吐，五者或並見，而分輕重，或專見一二症。凡染此病者，類無六脈，其死不過一兩日，不死即瘳。偶有病至十數日，死者其泄瀉一如無肛門收束，薄糞直下，色白略同米湯，泄兩日，雖肥人必瘦，筋收則四肢拘攣，手足各指，倩人扯拔。如不勝死，則膀肚肉欠，過腿彎手臂，肉欠，過腋下，肋骨條條岡起，周身之肉不知消歸何所。邑尊劉出百金合藥，普濟邑中，好善君子在在施藥，城內外莫甚於六月中下旬，南門壇上一日而死數十人，比戶喪牌擠軋懸掛。次年夏疫又作，在城不若去年之甚，鄉間則過之。餘張墅自五月十七八日至六月初，疫頗重，如常行走之人，倏忽報斃。余宅上下人口損傷亦多。宅後附返農家尤甚。季龍生一家四口，龍生先死於牀，其婦亦病不能起，號鄰祐則皆懼染，莫之應，旋婦亦死，女十歲亦死，男孩僅一朞，無與憐顧，不日亦死，慘之至矣！其鄰某因疫甚恐怖，竟至自經。後知此疫傳染甚遠，南自杭，以至閩、廣，西自金陵，以至江西、兩湖，北自山東，以至直隸，竟無地不然也。兩年來，論是疫者不一其說，治是病者亦不一其方。余以為，常年夏月人之傷暑者當時即病，則一順發熱，至秋兼感新涼，則成寒少熱多之瘧。自疫一行，諸病絕不復見，意疫乃傷暑內陷也。其泄瀉則病必在脾腹，痛筋收則病必在肝，氣塞則病必在肺，幸而發渴，則病必由胃腑過也。急與飲冷，則病立解。若神昏，則病已及心胞，危矣。然歷觀時疫之興，必甚於儔人廣眾往來之地，罕至人家深庭內院，故養靜者不及也。

【希賢希聖】或問：「希賢希聖從何處做起？」余曰：「聖賢之德、聖賢之才皆不易及，惟今人事事與聖賢悖道而馳，若能知其所悖而力為更改，即才與德有不逮，而已與聖賢同步趨矣。試略舉所當改者言之。一勿誤信人死有鬼……一勿誤信墳墓風水……一勿誤信讖緯術數之說……一勿誤信夢兆有吉凶……一勿誤信天下有佛……一勿誤信天下有仙……一勿誤信排八字算命……一勿誤信按面貌論相……一勿誤信鬼神之靈應……一勿誤信卜筮之靈驗……以上十條，營營者無分君子、小人，常如在夢。余著《一斑錄》醒世，已盡言於前，今又將前所已言者再盡諄諄之意，以勖同志，勉之！」或又問曰：「人生不當信之事備聞之矣，而吾人所當為之事亦須指示一二。」余曰：「人所當為之事，《論》《孟》兩書垂教，已無不周遍。《孟子》云：『惻隱、羞惡、辭讓、是非人各具於本心。』人能率其性，讀《論》《孟》而擴充之，亦安見聖賢不可及乎？」

【徐癡】康熙時，崑山徐氏兄弟並掇巍科，膺顯秩長，乾學健庵康熙九

年庚戌探花，後為刑部尚書，次秉義果亭康熙十二年癸丑探花，後為右庶子，三元文立齋順治十六年己亥狀元，後為戶部尚書，大拜迨數傳而衰。士子赴昆小試，輒生今昔之感。有徐癡者，司寇玄孫也，家貧失業，日抱三弦琴往熱鬧場索小施捨，幾同乞丐矣。嘗見多士環之嬉笑，余曰：「諸君子勿以為偶然也。顯達如徐氏子孫，不慎而至是，今各屬文人，具在將來，豈無高發如徐者乎？此殷鑒也。蓋知勢位無常，則視富貴當何如？若知積善有餘慶，則處富貴又當何如？」或告余曰：「徐癡最陋劣人，或少假顏色，即拖住索錢，他丐不至是也。伊本不至赤貧，居常毫無籌劃，得錢惟知奉母而已。」余聞而驚曰：「果如是耶？是孝子也。」我儕誦詩習禮，毋為乞兒所笑，因小為施予。後聞其母已死，徐癡遂不知所往，則從前之所為實為奉養故也，安可輕哉？

【紅樓夢】有所假託著一大部傳奇，宣揚朝廷之尊嚴，光昭王侯之體統，儒生孤陋寡聞，將此展翫一番，亦何必非藏修遊息之一助。至於富貴之積弊，紈袴之氣習，閨閣中之瑣屑閒情，熱鬧場中之炎涼世態，吾人格物致知亦何可無此聞見。此書立意高而奇，傳情深而確，使天下不可無一，不能有二，當與蘇若蘭織錦回紋比肩而壽世，惟既有假寶玉，何必復及真寶玉？是為疵瑕。若後之無知者捉管而漫冀續貂，誠所云刻畫無鹽，唐突西子。《會真記》但有此風流之一體，用情亦不俗，落筆亦神妙，然以全體相形，則渺乎微矣。

【聊齋誌異】具非常之抱負，無可發洩，不自知墨生香，筆生花，風雲鼓舞，噓成蜃氣，樓臺滿海天半壁。此書並非立德，亦非立功，並不足為立言，而蒲留仙人自不朽。馬介甫一段，包舉《醒世姻緣》一部小說，所以痛罵天下悍婦之醜劣，亦痛罵天下不成丈夫者之闒茸無恥，妙音經續言，真千古奇談哉！

【紀公五種】長夏無聊，觀紀文達公《灤陽消夏錄》《續消夏錄》《姑妄聽之》《如是我聞》《槐西雜志》五種，欽其居心忠厚，論事公平，雖東坡說鬼，明係子虛，而總不失為尚德之君子，兼之記事亦可備參考，與尋常之小說迥異。

【溫公九分人】伊川論司馬君實為九分人，余同人有戲問余曰：「倘有以伊川問君實將謂之何？」余曰：「若以之問東坡，殆必謂之一分人。文正公度量恢宏，所論必不從刻，然亦未必許為十分人也。夫文正公乃宋代大賢，為一時良相。惟《資治通鑒》捨蜀、漢而以曹魏為正統，議皇嗣大禮謂為人後者，不得顧私親。革安石新法，驟罷免役而行差役，似少通變，小德誠有出

入，而其大德不逾閑也。但謂之九分人，必出諸仲尼之口，而人心始服。」

【黃石公素書】戎問：「張良得黃石公兵書而為漢代賢佐，今其《素書》儼在，吾人博學於文，亦當留意。」余曰：「書莫好於四子五經，以及《左》《國》《史》《漢》。若用兵步伐止齊之節，亦治平中之一事。孫臏、吳起及後世善用兵者類有傳書，《素書》何足道哉？但孔、孟以前無孔、孟，孫、吳以前無孫、吳。項羽學兵法，稱萬人敵。漢祖豁達大度，何所學而能創業乎？張良得《素書》為王者師。韓信國士無雙，何所學而善將兵乎？自古豪傑奮興智慧，天縱子房，本可運籌帷幄，黃石公乃秦時隱士，授之以書，不過一指點之機緣耳。我儕力學，有正業，毋捨近求遠，毋見異思遷，為一生守約之要。

【明儒可敬】宋儒有言，人皆附和之，奉為儒宗。明王陽明守仁真聖賢也，其曰致良知，則評之者紛紛焉，豈知所謂良知者是人不慮而知，惻隱、羞惡、辭讓、是非之心人皆有之者也。致之者，所謂廓而充之，可以保四海，非陽明之謂乎？是以陽明官方武略實有大過人者，惟此致良知之效也。蓋致良知則其本先正達之天下所聞所見皆可觸類旁通，拘守一經者何足與語斯道哉？不然，中無主而道不可居，早見譏於老子矣。陽明《尊經閣記》將吾道詳說之，貫通之，散為萬事，合為一理，言雖多而不厭其繁，意亦深而不入於僻，吾儒倚之重矣。我後學敬而讀焉。陽明才德過人，其言致良知不足議，惟言及程、朱，而與眾庶同聲推奉，似於至理尚欠精察。

【為人務大節】德大無名，智大不矜，仁大不惠，巧大無奇，信大不諒，勇大不力。人能行其大，而不務其細，謂之大人。孟子曰：「大人者，不失其赤子之心者也。」又曰：「大人者，正己而物正者也。」又曰：「大人者，言不必信，行不必果，惟義所在。」

【麵筋】今素食中有麵筋，若得佳廚精製之，可與豆腐同稱佳品，惟烹製之難，亦與豆腐同。余在桂林時，廚子最精此味，以餉同人，無不詫為稀有，而吾鄉人多不食之，家人尤相率戒此，詰其故，則以店中製麵筋者，率以兩足底踹之，此誠不能保其必無，若係家廚自製，則斷無此弊。此物自占即重之，《夢溪筆談》云：「凡鐵之有鋼者，如麵中有筋，濯盡柔麵，則麵筋乃見。煉鋼亦然。」《老學庵筆記》云：「仲殊性嗜蜜，豆腐、麵筋皆用蜜漬。」近人《一斑錄》中，亦有製麵筋乾一法，亦雅人清致，非俗子所知也。（梁章鉅《浪迹續談》卷四）

【物入肺管】《一斑錄》云：「常昭城中有鉅姓子，甫七八歲，於四月食

鮮蠶豆，以最大一粒弄於口，不料氣吸而入於肺管，實時委頓發喘，醫皆束手，自薄暮至夜半，竟死，其家只此一子，母悲悼不已，未久亦亡。惜其時未有喻其理者！但捉兒兩足使倒懸，則所入之豆，一咳即出，本非藥可治，何用延醫？三十年前，珍門廟有小兒食海蛳，誤吸其殼入肺管，又七八年前，有家僕之子十歲，亦吸海蛳殼入肺管，並延至月餘日而死，皆不知治法而貽誤也。」又云：「小兒以豆誤塞鼻管，而不能出，但將此兒兩耳與口掩緊，不使通氣，乃以筆管吹其無豆鼻孔，則豆必自出，去之甚易矣。」（梁章鉅《浪跡叢談》卷八）

費隱與知錄一卷　　（清）鄭復光撰

　　鄭復光（1780～約1853），字浣薌，一字瀚香，號元甫，歙縣人。監生。以算術聞名。與程恩澤交善，曾擬共同修復古儀器。著有《鏡鏡詅癡》《鄭元甫割記》《鄭瀚香遺稿》等書。生平事蹟見《安徽通志稿》《歙縣志》及《疇人傳三編》。

　　王錦光《費隱與知錄發凡》稱，「費隱與知」取自《中庸》：「君之道費而隱。夫婦之愚，可以與知焉。」以「費隱與知錄」名書，蓋引泰西之說，而取其可信者錄之。此書前有道光二十二年（1842）包世臣序，稱其書不僅能窮物理之極，且使天下嗣後見事之奇怪者，知物理自然之常，而得免其驚駭，是至庸而至奇，真宇宙不可少之書云云。

　　全書五萬言，採用主客問答體，所涉多為格致之學，凡天文五行、日月星辰、風雲氣候、潮汐月相、人之臟腑與精氣神、視力遠近之別、飲食烹調、紙墨筆硯、器物製作、蟲魚鳥獸諸項，皆有記載。其「地脈說」乃中國古代地磁場論之最高成就，「羅針偏東由於地脈」，明確賦予地脈以確切力學作用——針為地脈牽掣，與法拉第之力線、電場和磁場思想貌異而神合。復光引介泰西之學，探格物之原理，倡科學之實驗，如「隙無定形漏日恒圓」條論小孔成像原理曰：「凡光照平壁，皆見光體所發之光而不見光之體形。故中隔片版，則見版景；使版有方孔，則版景中現孔方光。若引版漸遠於壁，則孔之光漸模糊；再遠則方孔變為圓光而極清；若再遠則仍是圓形，其光漸大而淡矣。」又論指南針原理曰：「針為鐵造，鐵順地脈，向南向北，自因生塊本所致然，理也。追製成針，鐵向南處，未必恰值針秒，且針本不指南，

磨磁乃然。」此書亦為科普作品，多載生活常識，析之以物理，復以熱學、光學原理闡釋之，往往徵實可信。又記氣象小識，如曰「西風多燥開亦致雨」，「地濕成雨多在夏時」，「雨有浮漚雨不遽止」，「寒日久雨必雪乃晴」，皆言之成理。又謂天氣預測當因地而異，如曰「缸汗驗雨江南無聞」，「濕氣占雨隨地而異」，此論洵為可貴。氣象變化與農業生產休戚相關，其言多有可取。他如井為止水無有蟲毒、蓄水生蟲無害於水、人糞有毒糞清解毒、石羊膽寒故能止喘、濕地之害甚於舟居、飲食滋益過則為災，皆有裨於實用。明末清初，西方格致之學漸染中國，有識之士放眼西方先進技術及科學，倡導經世致用之學。析物窮理，依意取捨，旨在實用。魏源《海國圖志》徵引其「作遠鏡法」「火輪船圖說」，孫詒讓《墨子閒詁》亦屢引其說以釋《墨子》，以科學之光燭照幽邃之理。〔註228〕

此本據清道光二十二年活字印本影印。

【附錄】

【疇人傳】程恩澤，字雲芬，號春海，歙縣人。嘉慶十六年進士，改翰林院庶吉士，散館授編修，先後在南書房上書房行走，官至戶部右侍郎。道光十七年薨於位，年五十有三。學識超時俗，六藝九流，皆好學深思，心知其意。嘗謂近人治算，由《九章》以通四元，可謂發明絕學，而儀器則罕有傳者。乃與鄭君復光有修復古儀器之約……又同縣友人鄭復光，字浣薌，亦作瀚香，上舍生，精算術。侍郎嘗病齊梅麓氏創面東西晷，自午初至未初無景，因與上舍謀而補成之。（諸可寶《疇人傳三編》卷二）

【徽州府·人物志·方技】鄭復光，字瀚香，歙縣監生。以明算知名海內。凡天元、四元、中西各術無不窮究入微。程恩澤與有修復古儀器之約。著有《鏡鏡詅癡》等書。尤篤風義。其師吳鎔與妻妾俱歿於京邸，無嗣，復光醵資葬於石榴莊歙義園。〔程恩澤遺集〕（何紹基《重修安徽通志》卷二六二）

【作遠鏡法說略】湯若望《遠鏡說》，用一凹一凸，頗言其理，而做法不詳。今洋制多用純凹，因積思而得其法，今說其略焉。《遠鏡說》云：人

〔註228〕 費正清《劍橋晚清中國史·最初的反應和惰性（1840～1860年）》指出，這時期有十多位作者研究和寫出了關於西方軍艦的著作。解釋最詳細的是鄭復光的《火輪船圖說》。所有這些反應都是因與西方接觸而被直接激發出來的。它們終於使中國人自己產生了真正的需要。總起來說，正如魏源所指出，這些研究的目的是為了「師夷長技以制夷」。

睛中有眸，睛底有◎〔刻本如此，想是圖其形狀，蓋謂凹也〕，屈申如性。高窪二鏡，自備目中云云。其做法用套筒，安一凹鏡於內，安一凹鏡於外，縮筒視遠，申筒視近。縮以配短視，申以配老花。然則遠鏡從目睛悟得也。短視睛多凸，故凹殺其凸，而短視者能見遠矣。衰老睛近平，故凸益其凸，而老花者能察細矣。一補偏救弊之理耳，凹稱大光明〔凹為大光明，凸為次光明，本遠鏡說〕。凸能恢物象，其所長也。凹視物則小，凸視遠則昏〔凸視近極即是顯微〕。其所短也。明能解昏，恢以顯小，是補偏救弊之術也。蓋物遠不能見者，影小而色淡耳。凸為外鏡，恢其影矣。而未免於昏，凹為內鏡，大其明矣，而未免益小，合之則兼貲交濟，所以成遠鏡也。然目有不合奈何？於短視者稍縮，則凹得力，於老花者稍申，則凸得力，於平人則在伸縮之間，而目之異者同矣。然遠近有差奈何？物近則稍申，使凸得力，物遠則稍縮使，凹得力，而遠近之差者，齊矣。既悉此理，便可製造。而遠近說謂須察二鏡之力若何，相合若何，比例若何，必須面授，而不肯言其所以然，今皆推說得之，並推廣得三種焉。遠鏡創於默爵〔見《疇人傳》〕，言其理者，則湯若望《遠鏡說》。言其妙者，一見於陽瑪諾《天問略》，一見於南懷仁《儀象志》，一見於戴進賢《星圖》。於一凹一凸之制，皆無異辭，然未見其佳者。觀《遠鏡說》圖作七筒，戴進賢有非大遠鏡不能窺視之論，必愈長愈佳，而所見者皆長不過尺耳。此初出之一種也。一種用兩凸，外淺內深，最長者亦止尺餘，視物甚大而清，但其影倒見，俱用之於儀器窺筒。蓋物象既倒，偏上者反下，偏下者反上，是物一差分，則影差二分，於以測物則目暢而差微，易得中影，此用非遠鏡，而亦可為遠鏡也。一種純用凸鏡，外用一淺凸，內用數深凸，合為一筒，從三面起，至六面止，而優劣不與焉。洋制佳者多如此，為後出一種，而諸書皆未及，惟皇朝禮器圖有之。義取備物，故論說不詳耳。統觀其理，凸凹之力，相合比例，皆在乎深淺。深淺之分，不可量。則量其收光之長短，其法取凸鏡對日，承以板片，上蒙白紙，由近漸遠，則日光射板，由大漸小，而光漸濃，過此復大又淡矣。極小最濃之尺寸，即為是鏡之深力也〔愈短愈深，愈長愈淺〕。業鏡者名幾寸光，此即火鏡取火之法也。今以光是順透而收小，命為順收限。夫凸有一面凸者，為單凸，有兩面凸而深恰相等者，為雙凸，又有深淺不等者，命為畸凸。用雖同而力限之長短各異，惟順收限則無論何面向日，皆如一日。若版置鏡上，令

不遮日，稍側其鏡，則有返照日光射版上，亦能取得極小最濃處，與順收限理同。而度必短，命為側收限，此限在雙凸，則兩面向日，其度必等。在畸凸必不等，至單凸理當一有一無，而乃一長一短，恒若一與三也。雖皆有法推算，姑不多及。只取單凸一種，以平面向日論之。有側收限二，求順收限法，以六乘得十二。有順收限三十，求側收限，法以六除得五，即所求。若凹則無收限而有側收限，必以凹面向日〔平向日則無光獨與凸異〕。蓋凹與凸反，凸以平面向日，正是凹形，此陽燧取火之理也。作遠鏡法，其一種凹凸相合者，各求其限取凹一而凸二為定率焉。蓋一凹一凸，假如限俱一寸，則勢均力齊，若相切為一必成一平鏡矣。今凹切目，推凸離之，則物影漸大〔凹力止於此，凸力漸大也〕，至極大而清，即是遠鏡。能及其順收之半則止，是凹力不足也。凹深加倍，必至順收限而止，故以凹一凸二為定率也〔凡用限法必歸一律，俱順或俱側皆可。凹無順限，取側限六乘之，用其虛數可也〕。其二種兩凸相合者，或兩凸若一。則任求一順收限，倚之以為兩鏡之距，則視物影倒而極清，亦稍大焉。若內深外淺，則各取其順收限，並之以為距，蓋外凸愈淺，而距愈長，影亦愈大而顯。今命為距顯限焉，此種最佳，易作易用，惜影側耳。其三種內筒，用純凸相合者，外凸亦宜淺。然所見者，至長五尺而止。或緣凸過淺，則非極大不易作。而攜鏡遊覽，長三四尺，於用已足耳。其內三凸，或同深，或深淺不等，俱以距顯限為率。如用甲乙丙，則甲與乙，乙與丙，各用其距顯限為之。其合為一筒，則命為大光明限，緣目切甲視遠，則無所見而光爛然。離目漸遠，必見物清而小，愈遠愈小，同凹鏡理故也。然則外加淺凸，豈非仍即凹凸相合之理歟？推其相合比例，如大光明限一尺，則外凸之順收限二尺，是亦一與二之定率也。數筒展足，共數宜四尺餘。蓋外凸限二尺，則鏡長宜四尺，一如加倍之理。餘數寸者，以為收展及相銜之準耳。若內凸用四，則大光明限須縮之。凸用五，須再縮。凸用六，又再縮。其法各置其距顯限。四凸者用一五除〔合六六六折〕，五凸者五折，六凸者四折以為距，即得大光明限。其外凸順收限，皆視大光明限加一倍，然宜稍短二三分，不宜稍長，恐量難準確也。蓋外凸順收限，假如二尺，展足約四尺，目距凸四尺，則見倒形，而大光明限，雖合凹理，實皆凸形，故能倒其倒形，使復順也。夫用倒者，取其能清，非取其倒也。外限稍短則稍深內外之距，用時須稍縮，不過力稍殺耳。若外限稍長，則稍淺

用時稍中，必過其限，不可用矣。凹凸相合者亦然。但其器長，則外凸須大，否則內凹顯，外凸小矣。而純凸者，器雖長，外凸徑小而內凸亦能顯使大也。此後出之鏡，所以棄簡就繁，必有取爾。又五凸六凸，非能加勝。而四凸者，如甲乙丙丁，多有另作數短筒。視甲乙遞深者以備調用，蓋甲乙稍深則視大，而稍暗稍淺，則稍大而更明，時明物小則用深，時晦物大則用淺，亦一巧也。（魏源《海國圖志》卷九十五）

【塔影倒垂】臨鑒而立，〔句〕景到，〔畢云：「即今『影倒』字正文。」〕鄒伯奇云：「謂窪鏡也。」案：畢、鄒說是也。《說文》日部云：「景，光也。」《大戴禮記‧曾子天圓篇》云：「故火日外景，而金水內景。」蓋凡發光含明及光所照物，蔽而成陰，三者通謂之景。古無玻璃，凡鑒皆以金為之，此所論即內景也。到者，所謂格術。沈括《夢溪筆談》云：「陽燧照物，迫之則正，漸遠則無所見，過此則倒，中間有礙故也。如人搖櫓，臬為之礙，本末相格，算家謂之格術。」鄭復光《鏡鏡詅癡》云：「光線自闊而狹，名約行線。約行線愈引愈狹，必交合為一而成角，名交角線。兩物相射，約行線自此至彼，若中有物隔，則約行線至所隔之物而止。設隔處有孔，則射線穿孔約行，不至彼物不止。如彼物甚遠，則約行必交，穿交而過，則此之上邊必反射彼下邊，此之左邊必反射彼右邊者，勢也。能無成倒影乎？塔影倒垂，此其理也。」〕多而若少〔張云：「若，如也。」劉岳雲云：「此為凹面回光鏡也。凸面透光鏡亦能令景顛倒。《考工記》『金錫相和謂之鑒燧之劑』，據此，古無透光鏡，知為凹面回光鏡矣。依光學理，置一物於凹鏡中心以外，即於凹鏡中心與聚光點之間，成物顛倒之形象，但較之實形稍小。若以此物置於凹鏡中心與聚光點之間，即在中心以外，亦成物顛倒之形，但較之實形稍大。此言多而若少，與較實形稍小之款合，是以知人必立於凹鏡中心以外也。」〕（孫詒讓《墨子閒詁》卷十‧經下第四十一）

【景大於木】大小於木，〔疑當作「光小於木」。〕則景大於木，〔鄭復光云：「光與物大小相等，其景雖遠，相等而無盡。物大光小，則景漸遠漸大而無量。」〕（孫詒讓《墨子閒詁》卷十‧經下第四十三）

讀書小記一卷因柳閣讀書錄一卷　（清）焦廷琥撰

焦廷琥（1782～1821），字虎玉，江都（今江蘇揚州）人。焦循之子。優

貢生。性醇篤，能讀書，傳父業。詩文俱有家法，其說經之作亦多心得。循歿，廷琥哀毀骨立，幾不勝喪，苫塊中編校循書，以勞瘁膺疾，惜其早卒。著有《尚書伸孔篇》《讀詩小牘》《儀禮講習錄》《冕服考》《春秋三傳經文辨異》《益古演段開方補地圓考》《地圓說》《密梅花管詩文鈔》《因柳閣詞鈔》《焦理堂事略》等書。事蹟附《清史列傳》《清史稿》之焦循傳末。

全書不足五千言，為焦氏隨筆劄記，於民情風俗之類多探其源。如賤者之稱曰「白衣」，見《漢書・兩龔傳》。今之風箏，古謂之「紙鳶」，據宋曾敏行《獨醒雜志》云漢時陳豨反於代，高祖自將征之。淮陰與豨約從中應，作紙鳶以為期，謀敗身戮。又「親家母」之稱始於《舊唐書・蕭嵩傳》。今之候選於京者，窘乏則必借貸，期以得官乃還，謂之「京債」，唐時已有此積習。今俗以紙寓錢用諸祠祭，始創於唐。俗語云「外甥多似舅」，此語宋時已有。俗語於病之難治者，而彊強治之，多曰「死馬作活馬醫」，此語始於宋時。酒家揭簾，俗謂之「酒望子」，宋時已有此語。賓客往來投刺，每於束面書一「正」字，明時已然。古俗謂盡死殺人為「鏖糟」，今世以「鏖糟」為齷齪瑣屑之稱。又記《舊唐書・楊虞卿傳》云：「鄭注為上合金丹，須小兒心肝，密旨捕小兒無算，民間相告語，扃鐍小兒甚密。」稱《西遊記》演比邱國事實源於此，以此知稗官小說未嘗絕無所依附，而無道之事特書史冊，閱者為之惻然云云，亦可廣見聞。

此書有徐氏《鄃齋叢書》二卷本。此本據國家圖書館藏稿本影印。

【附錄】

【清史稿・儒林傳】子廷琥，字虎玉。優廩生。性醇篤，善承家學，阮元稱為端士。循嘗與廷琥纂《孟子長編》三十卷，後撰《正義》，其廷琥有所見，亦本范氏《穀梁》之例，為之錄存。循又以《測圓海鏡》《益古演段》二書，不詳開方之法，以常法推之不合。既得秦道古《數學九章》，有正圓開方法，為開方通釋，乃謂廷琥曰：「汝可列《益古演段》六十四問，用正員開方法推之。」廷琥布策下算，一一符合，著《益古演段開方補》一卷。陽湖孫星衍不信西人地圓之說，以楊光先之斥地圓，比孟子之距楊、墨。廷琥謂古之言天者三家，曰宣夜，曰周髀，曰渾天。宣夜無師承，渾蓋之說，皆謂地圓。泰州陳氏、宣城梅氏悉以東西測景有時差，南北測星有地差，與圓形合為說。且《大戴》有曾子之言，《內經》有岐伯之言，宋有邵子、程子之言，其說非西人所自創。因博搜古籍，著《地圓說》二卷。他著有《密

梅花館詩文鈔》。

【清代學人列傳】焦廷琥，字虎玉。焦循之子。優貢生。性醇篤，善承家學。以里堂既著《群經宮室考》，因別撰《冕服考》四卷輔翼之。其辨析精覈，殊不下於乃父，亦較宋氏《釋服》為完備。合而觀之，於禮經制度可概睹其大凡矣。於算學亦頗深造。孫星衍作《釋方》，不信地圓，以西人誤會《大戴禮記》「四角不掩」一語，始創為地圓之說。導讀其書，則謂：「《大戴》有曾子之言，《內經》有岐伯之言，末後有邵子、程子之言，其說非西人所自創。」於是博搜古籍，合諸家言而臚列之，成《地圓說》二卷。又嘗取秦氏之法。讀李氏之書，就《益古演段》六十四問，每問皆詳畫其式，里堂見而喜曰：「有此可讀《演段》矣！」即命名為《益古演段開方補》。且云「可附諸《學算記》之末」。蓋其得父贊許如此。餘尚傳《讀書小記》三卷，雖隨筆箚記，足與鍾裏《考古錄》駢駢，收入徐氏《鄘齋叢書》。《密梅花館詩文錄》若干卷，則綴刊《雕菰樓集》後以行。

【疇人傳】子廷琥，字虎玉。優廩生。性醇篤，善承家學，於算學亦精進。陽湖孫觀察星衍撰《釋方》，不信地圓，謂西人誤會《大戴禮》四角不掩之言而創地圓之說，以楊光先之斥地圓比孟子之距楊朱。廷琥讀其書，謂古之言天者三家，曰宣夜，曰周髀，曰渾天。宣夜無師承，渾、蓋之說皆謂地圓。泰州陳氏、宣城梅氏悉以東西測景有時差，南北測星有地差，與圓形合為說。且《大戴》有曾子之言，《內經》有岐伯之言，宋則有邵子、程子之言。其說非西人所自創，並非西人誤會古人之言也。因博搜古籍，合諸家言而臚列之，為《地圓說》二卷。又庭訓謂李欒城、秦道古之學，既撰有《天元一釋》《開方通釋》以闡明之，而《測圓海鏡》《益古演段》兩書，未詳開方之法，讀者依然溟涬。因以同名相加、異名相消、用超用變諸法示廷琥，廷琥乃知以秦氏之法讀李氏之書。布策推算，一一符合，遂取《益古演段》六十四問，每問皆詳畫其式。書成，其父見而喜曰：「得此可讀《演段》矣。」即命名為《益古演段開方補》，且云可附於《學算記》之末。〔《事略》《雕菰樓文集》〕（阮元、羅士琳續補《疇人傳》卷五一）

【焦虎玉童年精於算術】焦廷琥虎玉，里堂孝廉子也。讀書具慧心，能傳家學，知平圓三角八線之法。阮文達公校浙士，以算學別為一科，孝廉方佐公閱卷，虎玉隨之來杭，公嘗令其步籌推算，以驗得數百，不失一時，虎玉年僅十四也。人固樂有賢父兄，然童年精詣若虎玉，亦豈易得？（陳康祺《郎

潛紀聞三筆》卷七）

【蜜梅花館詩錄紀略】儀徵阮梅叔陰經〔亨〕《珠湖草堂筆記》云：江都焦虎玉讀書頗具慧心，知平圓三角之法。雲臺兄嘗令其步籌推算，以驗得數，百不失一。詩如「積雲爭鳥路，涼雨薄人衣」，「岸明人照蟹，林響葉爭鴉」，「繞戶書聲花外遠，隔牆山影雪中明」，「鄰戶有欄登籬蟹，夕陽如水淡秋葵」，皆佳句也。儀徵阮梅叔明經《瀛舟筆談》云：「余師焦里堂先生子廷琥，博學工詩，有淵源，如《秋日田家》云：『稻稀湖水見，場闊夕陽全。』《黃葉》云：『寺外鐘聲催早雁，渡頭船影繫斜暉。』」（陳壽祺《纂喜堂詩稿》）

【山齋】聽我吟山齋，山齋白雲曲。楊柳到門深，林擒暎簷熟。開窗紫射干，夾城黃石竹。牆藤勢崛拗，徑蘚香歷碌。簾額生晚紅，琴心上秋綠。茶鐺近水安，灑甖傍花漉。佳興或與同，高瞑不妨獨。泠泠泉出山，欣欣鳥投木。萬物如有營，吾生究何屬。神仙紫瓊府，富貴青金籙。飛昇羨雞犬，炫赫訝量僕。生死幻有無，福禍互倚伏。變態出千百，誰能折其獄。憶昔長安遊，歡燕共征逐。駝街扶醉過，鶴市抱香宿。歌臺翡翠茵，舞帳鴛鴦褥。屏山倒金盞，鏡檻轉銀燭。勝會來不常，芳韶去難續。依人百事賤，下第一身辱。囊空鼠欲驕，衣緇狗爭喊。飄蓬感身世，離亂念邦族。春夢脫塵轆，秋風理歸軸。是時兵氣囂，軍書日飛告。衰衰若為謀，炎炎不可撲。薊北頻斷魂，江南徒極目。形勝饕主客，憂患中心腹。得地賊益驕，走險兵更蹙。流亡鳥雀散，繫累牛馬牿。仳儷遍老稚，艱難半殤殞。腐骨生荒苔，饑軀飽飛鏃。民命亦可憐，造物竟何酷。我從賊壘過，匹馬空躑躅。跕跕水中鳶，蜎蜎桑下蝮。月黑無人行，天荒聞鬼哭。浩劫悲沙蟲，餘生貸虺蝮。去城一千里，驚魂猶觳觫。歸家拜老母，開軒而芳麓。山妻汲井華，稚手摘園蔌。書翻蟬粉新，簾卷燕泥馥。行行話瓜豆，依依問松菊。種魚量昔租，養鶴料今祿。泉石尋古歡，芰荷試初服。山中人事寂，天上流光速。更番事詩酒，兩度秀壺奠。似聞淮徐問，狂寇尚魚肉。我朝二百年，深仁浹華俗。列聖承丕基，萬類同一育。今皇嗣大寶，美政不勝錄。蠲租憫困窮，赦罪念刑戮。兢兢勵宵旰，翼翼勖臣牧。民生豈無良，何心負幃覆。氣機倘可轉，郅治不難復。浮雲淨寰海，丹霞麗朝旭。玄黃賞筐篚，刀劍化牛犢。眾志堅似金，皇猷美如玉。懷柔記遐徼，歡嬉到比屋。山齋春晝長，優游百事足。閒閒懶鈍身，藹藹昇平福。載歌舊日詩，一飽新田穀。（《蜜梅花館詩錄》）

【冬夜獨世感賦】弱冠性不羈，跌盪脫天檢。長貧寡所營，千失矜一慊。無端嬰世好，利欲中以漸。冷如魚上竹，熟若蛾赴焰。求奢償每約，境捷步愈險。方寸如瑾瑜，愁病日雕剡。空山有隱者，蓬門晝常掩。習靜逃人嘲，居窮謝鬼詔。粲然招我遊，臨風啟青嶂。荷衣翠欲折，松層香可點。萬物自有餘，造化不能儉。一笑還吾初，勿使白雲貶。(《蜜梅花館詩錄》)

卯兮筆記二卷　　(清)管庭芬撰

管庭芬（1797～1880），原名懷許，字培蘭，號芷湘，海寧人。諸生。少時博覽群書，能詩文，精鑒賞，善畫山水，尤善畫蘭竹。留心海昌掌故，喜抄舊籍，於目錄校勘之學尤為專門。其《典衣買書歌》云：「天涯有客芷湘子，青山嫩隱隱村市。貧居陋巷無所求，願與史籍同蠹死。既耕還調甌屢虛，仰天狂笑心不舒。天生我材必有用，供我豈乏今古書。叩門喜接西吳客，一笑相逢皆秘冊；繞床其奈阿堵無，欲捨仍留費籌畫。緼袍掛體春衣閒，呼童且質錢刀還；奇文換得自欣賞，勝絕夢遊瑯嬛間。芸香謹貯心亨室，讎校樂可銷永日；丹黃塗乙且咿唔，兩手晨昏少停筆。吁嗟乎！富兒插架為鬥奇，開卷茫然何所知？深房空鎖少人跡，蠹魚作糧蛛縈絲。寒士寥寥稀卷軸，個中欲想尋清福；苦心稱得幾殘篇，也要後人能善讀。」《深廬學師招看牡丹賦呈》詩云：「廣文官舍如山家，晝靜但聞蜂喧衙。海棠開過鹿韭花，香凝宿露光朝霞。護風不用蘇幕遮，支以荻簾竹丫叉。我來花正一叢坼，深紅色映絳帳紗。看花授與種花訣，栽培謂必先根芽。醞釀當令氣深厚，扶持莫任枝欹斜。開雖遲暮後眾卉，品自穩重殊凡葩。還須得意無矜誇，我聞師言為諮嗟。君不見名園別墅繁春華，往來遊賞皆高車。幾家富貴得長守，易衰往往由豪奢。爭如此地塵無嘩，來看只許譚與芭。清談久坐有餘味，一杯共啜穀雨茶。」可窺其真性情矣。所校《讀書敏求記》，視邗上刊者為勝。嘗佐錢泰吉纂修《海昌備志》。著有《芷湘吟稿》《芷湘筆乘》《海隅遺珠錄》《一罍筆存》《屐霜雜識》《待清書屋雜鈔》，輯有《天竺山志》《宋詩鈔補》《銷夏錄舊》《花近樓叢書》。生平事蹟見《海寧州志稿》卷二九、《海昌藝文志》卷一七、李濬之《清畫家詩史》庚下、莊一拂《古典戲曲存目匯考》及《嘉興市志》。〔註229〕

〔註229〕管庭芬科場失意，老死於戶牖之下。近年，隨著《管庭芬日記》《管庭芬筆記二種》《管庭芬詩文集》等書陸續問世，關注其人其學者不乏其人。人以

書前有道光二年壬午（1822）庭芬自序，稱攜十年前筆存之冊，汰去二三，取《毛詩》『總角丱兮』之義，題曰《丱兮筆記》。〔註230〕此書是讀書筆記，皆抄自他書，如引楊升庵曰：「李密《陳情表》有『少仕偽朝』之句，責備者謂其篤於孝而妨於忠。嘗見佛書引此文偽朝作荒朝，蓋密之初文也。偽朝字蓋晉改之以入史耳。劉靜修詩：『若將文字論心術，恐有無邊受屈人。』蓋指此類乎？」今按：此抄自《升菴集》卷四十七「李密《陳情表》」條。此為古人童子功之證據，不可徑以著述視之矣。

此書向無印本，稿本藏國家圖書館，清抄本收入《中國稀見史料叢刊》第一輯（廈門大學出版社2007年版）。此本據國家圖書館藏稿本影印。

【附錄】

【管庭芬《丱兮筆記自序》】僕十二三出就外傅時，課誦之暇，即喜觀書。凡涉獵於山經水注、稗官藝術者流，每袖挾一編，不時翻擷，心有所得，筆而存之。積四三年，成一鉅帙。受室後，碌碌為衣食計。閒則習舉子業，除四子五經外，餘書屏貯高閣。弱冠後，雖得一衿，而愛博之心反不如初矣。今歲課蒙郭溪，長夏無事，攜十年前筆存之冊，汰去二三，取《毛詩》「總角丱兮」之義，題曰《丱兮筆記》，志幼學也。事雖無裨於帖括，然童子時一種去取不可遽歸摧焚，亟錄之，以志壯不努力之愧。壬午荷月既望，芷湘居士管庭芬識。（又見《清代詩文集彙編》第五九五冊）

【宋詩鈔補序】涵芬樓既重印《宋詩鈔》，以原本著目，闕詩者凡十六家。曾謀於義寧陳散原先生，將董理補輯，以成完書。會聞吳興劉君翰怡，從吳縣柳蓉村得別下齋舊藏本。急以重值相易，審視藏印宛然，其署簽為海寧管芷湘庭芬鈔補，蔣生沐光煦編輯。蓋原闕十六家，既均補鈔，他家名作，亦多最錄。總為詩二十千七百八十首，為力勤矣。別下齋藏書著稱於海內，而補鈔復為管氏所編定，體例精善，同於原書，用付印行，以副初志。夫我國秘籍孤本，往往以收藏家不即校刊，半委蠹爐。涵芬樓今以此本襮於天下者，蓋欲使秘籍孤本，不終閟也。斠印將竟，吾友山陰諸真長，復得熊心松為霖《宋詩鈔補》三冊於京師，為嘉應黃公度遵憲人境廬故物。雖僅補原闕十六家，而甄採較此編為富。惜中佚一冊，不知流轉何所？今真長亦以此本歸涵芬樓，

書傳，信哉！

〔註230〕《續修四庫全書》第1140冊，上海古籍出版社，2002年版，第353頁。

俟覓得所佚，當再墨木。嗟乎！吳、呂手定之書，歷二百年而始重印。而管氏此編，亦適於此時出於存亡絕續之交，使嗜宋詩者得以資其研討，是亦文字之靈不終沒於天壤也夫。乙卯四月，閩縣李宣龔序。

【芷湘留心海昌掌故】同邑曹種水明經，名言純。自弱冠後，專心詞章之學。家苦無書，借人書籍，節取其精華，蠅頭細書，三十餘年，無慮千百冊。余嘗勸其仿庾仲容《子鈔》、馬元會《意林》，鈞玄提要，匯為一編，種水領之而未暇為。今遺書滿篋，恐無人收拾矣。近時海昌喜鈔舊籍，而端楷不苟者，莫若郭溪葛涬南繼常。余嘗從管芷湘庭芬處，見其手寫談孺木《海昌外志》、周松靄《海昌勝覽》，因至郭溪訪之，相與訂交。涬南淳篤君子也，芷湘與潘梧君藹人，皆喜鈔書。梧君專錄名人文集，寒暑不倦。芷湘留心海昌掌故與涬南同，而於目錄之學尤為專門。近校《讀書敏求記》，視邢上新刊者為勝。陳節亭名欣時，專抄明季遺事，不下數十種。若排比成書，亦談氏《國榷》之亞。（《曝書雜記》）

【經籍跋文書後】吾鄉陳簡莊徵君，生平專心訓詁之學。嘗與錢竹汀宮詹、翁覃溪閣學、段懋堂大令，抽甲庫之秘，質疑問難以為樂。晚客吳門，聞黃蕘圃百宋一廛九經三傳各藏異本，於是欣然定交。互攜宋鈔元刻，往復易校，疏其異同，精審確鑿，其功與考定石經無以異。暮年歸隱紫薇講舍，手自鈔撮成書，心十有九篇，署曰《經籍跋文》。

冷廬雜識八卷續編一卷　　（清）陸以湉撰

陸以湉（1801～1865），字敬安，號定圃，又號冷廬，桐鄉人。幼年攻讀四書五經，多聞博識。青年即教授生徒。道光十六年（1836）成進士，授知縣後改授教職，道光十九年（1839）任台州府教授。此書卷二《山齋留客圖》云：「道光己亥，余選臺郡教授，廨近闤闠，榱棟多傾，而地勢宏敞，西南諸山列戶外。余稍稍葺治，隙地皆補以花，眾香滿室，每與二三佳客清言竟日，幾忘身在城市。爰作《山齋留客圖》，並賦詩以寄興云：『空齋閉門居，閒散伍丞掾。經世愧無術，幸愜庭闈戀。廊廡日清曠，一甔此安宴。迤邐城外山，濃翠撲人面。煙雲莽終古，倏忽狀萬變。於斯悟塵幻，榮利又奚羨！願偕素心侶，撫景忞笑拚。情真略形跡，俯仰任所便。品題各揮毫，秀綠入吟卷。回睇階下花，深叢正摛絢。』『浮生役萬事，形悴神亦傷。豈如

適我性，優游飫眾香。韶春淑氣轉，繁英媚晴光。花開雜五色，軒檻列成行。佳客抱琴至，角巾共倘佯。客至不常聚，花開不恒芳。見花復見客，曷不盡百觴！酒罷樂未已，攬衣舞迴翔。江湖多風波，吾黨興自狂。淹留日既夕，月華吐遙岡。』道光辛丑十一月，桐鄉大雪，高積丈許，壓圮屋宇，傷人甚多。時以澠司鐸台州，臺地少雪，是歲雪亦有數尺。同人用坡公《北臺書壁》韻作詩，裒然成集。二十九年（1849）調杭州教授。咸豐間，避太平軍，辭官回鄉，居於笠澤之畔，常與諸名士詩酒唱和。後移居上海，李鴻章聘為忠義局董事。同治四年（1865）受聘為杭州紫陽書院講席。陸家出才女。其姑蕙心少嫻吟詠，適歸安沈虛舟，結褵未久，即得癇疾，蕙心遂絕口不吟詩，幼時所作，亦深自諱匿，僅傳其《詠松》云：「瘦石寒梅共結鄰，亭亭不改四時春。須知傲雪凌霜質，不是繁華隊裏身。」其妹十歲亦能詩，十六病卒，詩多性情語，如《漫興和定圃兄韻》云：「佳境可行樂，莫愁生有涯。杯邀千古月，庭種四時花。山色當門近，泉流繞屋斜。揮毫成一笑，得句漫籠紗。」其弟及子因病誤治而亡，遂發憤習醫，精通其術，其研究學識，必窮理索奧，務達其旨，於是隨筆記述，而成《冷廬醫話》《再續名醫類案》，流傳於世。博極群書，識見超人，尚有《冷廬詩話》《冷廬雜識》《杭州紀難詩》《蘇廬偶筆》《吳下匯談》等書。生平事蹟見《兩浙輶軒續錄》卷三六。

全書十七萬言，凡八卷，乃以澠讀書筆記，大體載經史著作、詩詞典故、金石碑文、文字書畫，述清代及清以前文人學者之學行、經歷及交遊。記姓名字號、諡號、避諱，錄詩詞聯帖、印文、硯銘、箴言，及於三吳山水名勝。末附《續編》一卷，重次《千字文》為《冷廬憶言》。此書以品論藝文為主。如評葉茂才調元《漢口竹枝詞》之《後湖詞》云「筆意獨俊逸可喜」。評吳石華所著《桐花閣詞》「清空婉約，情味俱勝，可稱嶺南詞家鉅擘」。評金岱峰詩「沉著清老，無描頭畫角習氣」，又謂其詩「氣格高爽，雅近中唐」。評姚鼐詩清俊可誦，如「地擁江聲出，天橫雨勢來」「雨歇群山響春深萬木齊」「石壁凌江閣，風林隔浦船」。評徐應秋《玉芝堂談薈》：「類摭故實，累牘連章，可稱華縟。然其書尚有二失：一則搜羅未遍，即正史猶有所遺；一則援引昔人文辭，每不標明某書。前之失猶可言也，後之失既乖體要，且蹈攘善之愆矣。」又贊徐霞客其人其書：「蓋他人之遊，偶乘興之所至，惟霞客聚畢生全力，專注於遊，勇往獨前，性命不顧。其遊創千古未有之奇，其《遊記》遂擅千古未有之勝。書中間有考證。如卷一「破邪論序」條據葉奕苞《金

石錄補》、姚鼐《惜抱軒筆記》辨《破邪論序》非永興所書，實乃唐時僧徒偽託之作。「王伯厚」條據史言王伯厚家世世宦，無販馬之事，其弟晚伯厚八年，以此辨陸子元《聲雋》及褚氏《堅瓠集》所傳乃為污蔑之詞。「西遊記」條據淮安府康熙初舊《志》藝文書目謂是其鄉嘉靖中歲貢生官長興縣丞吳承恩所作，且謂記中所述大學士、翰林院、中書科、錦衣衛、兵馬司、司禮監皆明代官制，又多淮郡方言，此足以正俗傳以為出自元邱真人處機手之訛。卷五論為學之道曰：「凡為學之道，見聞欲其博，術業欲其約。」又引毛奇齡之言曰：「動筆一次，展卷一回，則典故純熟，終身不忘。日積月累，自然博洽。」又引徐嘉炎之言曰：「讀古人書，就其篇中最勝處記之，久乃會同。」又引王鳴盛之語：「彼好多能，見人一長輒思並之，夫專力則精，雜學則粗。」於此數語可窺其治學宗旨。論《周禮》曰：「《周禮》之制，王莽用之而敗，王安石用之而亦敗。方正學，一代偉人，乃以用《周官》更易制度，無濟實事，為燕王藉口。無他，古與今異勢，不可強以所難行也。禮『時為大』，信夫！」亦為正論矣。

書前有咸豐六年（1856）以湉自序，稱隨筆漫錄，搜探未精，稽考多疏，論說鮮當云云。詞氣謙遜，可見人品醇厚。曰「湉」曰「安」，號「定」號「冷」，傳統學者之低調形象已栩栩如生矣。李慈銘稱其頗有史學，記時事亦多可觀，較近時梁紹壬《兩般秋雨盦隨筆》、梁章鉅《歸田瑣記》諸書為勝一籌。〔註231〕

此本據清咸豐六年刻本影印。此書又有光緒十九年烏程龐氏刊本。

【附錄】

【陸以湉《冷廬雜識自序》】學莫貴於純，純則不雜。著之為書，可以闡淵微之蘊，成美盛之觀。此必具過人之質，復殫畢生才智以圖之。用力深，斯造詣粹，理固然也。余不敏，幼惟從事舉業，弱冠即以是授徒。三十五歲通籍，宦遊武昌，未逾年，改官歸，復理舊業。三十八歲為校官，幸遂祿養，冀得捨帖括，專精典籍，而勢不可捨，事與願違，孜孜於手披口講，迄今又十七年矣。自念半生佔畢，於道無聞，且以心悸疾，不克為湛深之思。雖詩詞小技，亦未底於成，近歲屏棄不作。暇惟觀書以悅志，偶有得即書之，兼及平昔所聞見，隨筆漫錄，不沿體例，積成八卷，名曰《雜識》。蓋惟學之不能純，

〔註231〕李慈銘：《越縵堂讀書記》，上海書店出版社，2000年版，第725頁。

乃降而出於此，良自愧也。至於搜採之未精，稽考之多疏，論說之鮮當，則甚望世之君子正其失焉。

【續修四庫全書總目提要（稿本）13—635】是編雜述四部，頗為零碎。如《永樂大典》《四庫全書》諸節，所記寥寥，蓋學識不高，見聞狹隘。然小言切用，未可盡非。時有考據，亦可取資。如趙翼《陔餘叢考》謂史有三三楊、三二宋之目，以湉據《元史》楊湜與楊珍、楊卞齊名，則有四三楊矣。更據《元史》宋子貞與族兄知柔，人稱大宋小宋。《明史》宋克、宋廣，善書，稱二宋。清宋既庭與宗弟疇三，稱大宋小宋。宋衛、宋琪亦以二宋稱之。又趙翼《贈三元錢湘舲閣學詩》云：「累朝如君十一個。」云云，以湉據《遼史》王棠亦三元。清之三元，錢棨、陳繼昌二人，凡此之類，可供一端之參考。所載藥方……皆切於實用。學者軼事亦多記述，如……足廣見聞。末附續編重次《千字文》為《冷廬憶言》，重次《千字文匯編跋》。二篇跋亦重次之體，文頗雅潔。李慈銘《越縵堂日記》謂此書可與梁章鉅《歸田瑣記》並傳，信不虛也。

【尊師重道】雍正二年二月，奉上諭：「帝王臨雍大典，所以尊師重道，為教化之本。朕覽史冊所載，多稱『幸學』，近日奏章儀注，相沿未改。此臣下尊君之詞，朕心有所未安。今釋菜伊邇，朕將親詣行禮。以後奏章記注稱『幸』非宜，應改為『詣』字。」三年十二月，上以先師孔子聖諱，理應迴避，令九卿會議具奏。奏稱：「凡係姓氏，俱加『阝』為『邱』字；凡係地名，皆更易他名；至於書寫常用之際，則從古體『𡊟』字。」奉上諭：「今文出於古文，若改用『𡊟』字，是仍未嘗迴避也。此字本有期音，查毛詩及古文，作期音者甚多。嗣後除『四書』、『五經』外，凡遇此字，並加『阝』為『邱』，地名亦不必改易，但加『阝』旁，讀作期音，庶乎允協，足副朕尊崇先師至聖之意。」四年八月初八日，上親行釋奠禮，太常寺卿呈儀注，獻帛進酒皆不跪。上特跪以將敬，命記檔案，永遠遵行。聖天子尊師重道，遠軼前古，宜乎人文化成，臻極盛也。（《冷廬雜識》卷一）

【四庫全書卷冊】高宗純皇帝命儒臣編輯《四庫全書》，特建文淵、文溯、文源、文津四閣藏庋。乾隆四十七年，第一份告成，排庋於文淵閣，書凡三萬六千冊。計經部十類，六百九十五部，一萬二百十四卷，二十架，九百六十函。史部十五類，五百六十三部，二萬一千三百五十九卷，三十三架，一千五百八十四函。子部十四類，九百三十部，一萬七千五百六十六卷，二

十二架，一千五百八十四函。集部五類，一千二百八十二部，二萬六千七百五十七卷，二十八架，二千十六函。又於揚州大觀堂之文匯閣、鎮江口金山寺之文宗閣、杭州聖因寺行宮之文瀾閣，各繕一份安貯。有願讀中秘書者，許陸續領出，廣為傳寫。聖天子昌明文教，嘉惠多士之心至矣。（《冷廬雜識》卷一）

【有美堂後記】吳山有美堂，故址久廢，今杭州府治後堂乃襲是名，刊歐陽公記於屏門。嘉慶癸酉夏四月，大興翁覃溪學士方綱為嚴少峰太守榮作後記，手書刻石於堂之西偏。記為歐公作駁難，紆折淡蕩之致不及歐公，而意義深密有裨吏治，特錄於此：「昔歐陽子為梅公儀作記，以遊覽之勝歸於斯堂，愚竊非之。梅公取賜詩『地有吳山美』之句，以名其堂，而歐公實切杭、湖言之，曷為而非之乎？君子於友，宜擇所當務者以告之，錢塘湖山之美，則一語足矣，何賴乎作記？為斯記者，宜舉習俗之工巧，邑屋之華麗，悉衰諸質樸，而勉以勤儉，持以淳厚，然後所謂富完安樂者，貞之於永久。必如是以言，所有者有風俗之美焉。又言臨是邦者，選公卿侍從之臣，因而言賓客、占形勝。此則宜導以早作夜思，黜貪舉廉，懲奸別弊，鼇案牘以靖閭閻，防微而燭隱。必如是以言，所有者有吏治之美焉。杭人文藝，甲於東南。往者，浙西文匯、紫陽院課諸編，多尚華縟。是宜崇經術，使士皆研精傳注，不苟為炳娘之觀，然後風會益趨於醇實。必如是以言，所有者有文章之美焉。歐陽子豈不知此，而徒娛意繁華之是稱耶？今則官清而政平，士務學而民安業，胥入於聖天子綏和煦育之中，使歐陽子居今日，其文當不如彼矣。吾友嚴子少峰，即歐陽子所謂清慎好學者也。故竊舉曩所疑於歐陽文者，為吾嚴子記之。」（《冷廬雜識》卷一）

【博學鴻詞】康熙己未，乾隆丙辰，兩次博學鴻詞，其制微有不同。己未三月，試一百五十四人，取五十人（一等二十人，二等三十人）；丙辰九月，試一百九十三人，取十五人（一等五人，二等十人），丁巳七月補試二十六人，取四人（一等一人，二等三人）。己未試一場，賦一、詩一；丙辰試二場，第一場賦、詩、論各一，第二場經、史、論各一。己未取者，進士授編修，餘皆授檢討，其已官卿貳、部曹、參政、參議者，皆授侍講；丙辰取者，一等授編修，二等進士、舉人授檢討，餘授庶吉士，逾年散館，有改主事、知縣者。己未，自大學士以下，至主事、內閣中書、庶吉士、兵馬指揮（劉振基薦張鴻烈）、督捕理事（張永祺薦吳元龍）等官，皆得薦舉；丙辰，三品以下官薦舉

者，部駁不准與試。己未，凡緣事革職之官，皆得與試（陳鴻績以革職知縣，試授檢討）；丙辰，部駁不准與試。己未，已官翰林仍得與試，故有兩次入詞林者（秦松齡、沈筠、錢金甫）；丙辰，已官翰林者，皆不得與試，兩科人才，皆以江南為極盛。己未取二十六人，丙辰取七人。己未王頊齡、丙辰劉綸入閣，皆江南人也。其次，則浙江為盛，己未取十三人，丙辰取八人。（《冷廬雜識》卷一）

【形容失實】史傳有形容失實之語。如《史記·藺相如傳》記相如持璧卻立倚柱，則曰「怒髮上衝冠」，《趙奢傳》記秦軍鼓譟勒兵武安，則曰「屋瓦盡振」，《項羽本紀》記羽與秦軍戰，則曰「楚兵呼聲動天」，皆描摹傳神之筆。事雖虛而不覺其虛，彌覺其妙，此龍門筆法所以獨有千古也。《晉書·王遜傳》襲其語，而增一句曰「怒髮衝冠，冠為之裂」，則近於拙矣。（《冷廬雜識》卷一）

【破邪論序】虞永興《破邪論序》最為世所寶貴。余觀崑山葉微君奕苞《金石錄補》謂：「《破邪論序》有云：『太史令傅奕，學業膚淺，識慮非常，乃穿鑿短篇，憑陵正覺。法師愍彼後昆，撰《破邪論》一卷。』夫胡僧咒人，奕破其妖妄，識者韙之。今反以為邪，世南從而和焉，何也？」又觀桐城姚姬傳比部鼐《惜抱軒筆記》謂：「《破邪論序》自署銜太子中書舍人，太子官但有中舍人，安得有中書舍人？永興父名荔，而序中用『薜荔』字，此必唐時僧徒寡聞見者所妄作偽託，欲以自取重於世耳。」以二說證之，其非永興書可知。吁！世俗鮮精察之識，而以偽為真者多矣，不獨此帖為然。（《冷廬雜識》卷一）

【金布衣】錢塘金布衣農，畫梅竹蒼勁絕俗，晚又畫佛。自署號最多，曰「冬心先生」、曰「稽留山民」、曰「曲江外史」、曰「昔邪居士」、曰「龍梭仙客」、曰「百二硯田富翁」、曰「心出家庵粥飯僧」。余於杭城骨董肆得其畫竹一幅，題曰「凌霜雪，節獨完。我與君，共歲寒。」筆墨高古，良可寶玩。（《冷廬雜識》卷一）

【印章】印章以切為佳。錢塘袁簡齋太史枚之「三十七歲致仕」，蕭山汪龍莊大令輝祖之「雙節母兒」，語最新確。他若興化鄭板橋大令燮之「康熙秀才雍正舉人乾隆進士」，衍聖公孔慶鎔之「九歲朝天子」，則自述其遭遇也。歸安孫太史辰東之「其於人也，為寡髮，為廣顙，為多白眼」，則自道其形狀也。錢塘陳雲伯大令文述之「團扇詩人」，則以《團扇詩》受知於阮學使也。

至如楊鐵崖之「湖山風月福人之印」，唐六如之「江南第一風流才子」，魏叔子之「乾坤一布衣」，則尤顯著於世，非此三人，要皆不能當也。（《冷廬雜識》卷一）

【徐文長胡稚威】明山陰徐文長渭，與我朝山陰胡稚威天遊才相若，遇亦相似。文長為諸生時，提學副使薛應旂閱所試論，異之，置第一。及為胡宗憲所知，秋試前，嘗極力為之地，卒為簾官某所遺，竟以諸生終。胡以明經應博學鴻詞試，鼻血污卷，扶病出。比應京兆試，翰林某入闈分校，自詡曰：「吾必中胡某，為闈榜光。」卷落其房，而某不能句讀，即鉤勒皆誤，時乾隆辛酉年也。比甲子，長安朱某以庶吉士分校順天，其父與胡素交好，倡言：「入闈不中胡君卷，則爾輩剜吾目。」及得胡卷，又以奇古不能讀，反加紅勒焉。辛未以經學薦，左都御史某忌之，但稱胡詞章，遂不得召見，卒困抑以死。徐有《青藤書屋集》，胡有《石笥山房集》，皆傳播藝林。遇不遇僅一時耳，其才則千古矣。（《冷廬雜識》卷一）

【徐霞客遊記】明江陰徐霞客弘祖遊記，敘生平遊歷之處，由中國遍及遐荒。自萬曆丁未年二十二即出遊，至崇禎己卯自滇得足疾歸，幾於無歲不遊，無地不到。其遊也，持數尺鐵作磴道，窮搜幽險。能霜露下宿，能忍數日饑，能逢食即飽，能襆被單夾耐寒暑。其尤異者，腳力健捷，日從叢菁懸崖，歷程過百里，夜即就破壁枯樹下，然松拾穗記之。蓋他人之遊，偶乘興之所至，惟霞客聚畢生全力，專注於遊，勇往獨前，性命不顧。其遊創千古未有之奇，其遊記遂擅千古未有之勝。霞客亦能詩，題小香山梅花堂云：「春隨香草千年豔，人與梅花一樣清。」流利可諷。（《冷廬雜識》卷一）

【撾鼓捕盜】魏李崇為兗州刺史，令村置一樓，懸鼓，盜發之處，雙槌亂擊，四面諸村始聞者，撾鼓一通，次後聞者，以三為節，各擊數千槌。諸村聞鼓，皆守要路，是以盜竊始發，便爾擒送。宋薛季宣治武昌時，金兵且至，而縣多盜，乃鄉置樓，盜發，伐鼓舉烽，瞬息遍百里。守計定，訖兵退人心不搖，此治盜之良模也。又明李驥為河南知府，境多盜，驥為設火甲，一戶被盜，一甲償之。犯者，大署其門曰「盜賊之家」。又為勸教文，振木鐸以徇之。此則清盜之源，尤牧民者所當取法矣。（《冷廬雜識》卷一）

【張夢廬】同邑張夢廬學博千里，醫名隆赫。道光間，應閩浙總督無錫孫文靖公之聘至閩，時公患水脹已劇，猶篤信草澤醫，服攻水之藥，自謂可瘳。張乃詳論病情，反覆數千言勸其止藥。私謂其僚屬曰：「元氣已竭，難延

至旬日矣。」越七日果卒。其論大略云：「專科以草藥為丸為醴，峻劑逐水，或從兩足滂溢，或從大腸直瀉。所用之藥，雖秘不肯泄，然投劑少而見效速，其猛利可知。夫用藥猶用兵，攻守之法，參伍錯綜，必主於有利而無弊。從未有病經兩年，發已數次，不辨病之淺深，體之虛實，祇以峻下一法為可屢投而屢效者。蓋此症之起，初因飲啖兼人，胃強脾弱，繼則憂勞過度，氣竭肝傷。流之壅由乎源之塞，若再守飲食之屬禁，進暴戾之劫劑，不啻剿寇用兵而無節制，則兵反為寇；濟師無餉而專驅迫，則民盡為讎。公何忍以千金之軀，輕其孤注之擲耶？彼草澤無知，守一己之師傳，圖僥倖於萬一，以治藜藿勞形之法，概施諸君民倚賴之身。效則國之福，不效則雖食其肉猶可逭乎？此愚之所痛心疾首而進停藥之說也。」語殊切直，特錄之以告世之溺惑於庸醫者。張有謁孫宮保句云：「身思報國仔肩重，病為憂民措手難。」（《冷廬雜識》卷一）

【崇尚貞節】墓誌，婦人之書再適也，見於宋子京之志張景妻唐氏，及陳了齋之為太令人黃氏墓誌銘；女之書再適也，見於陳了齋之為仁壽縣君高氏墓誌銘。蓋宋世士大夫家婦女再適者，不以為異，故范文正公年譜直書其母謝氏再適長山朱氏。今制崇尚貞節，婦人再醮者不得請封。雍正元年，詔直省州縣各建節孝祠，有司春秋致祭。所以勵風教維廉恥者至矣，宜不復沿陋習也。（《冷廬雜識》卷一）

【玉芝堂談薈】徐應秋《玉芝堂談薈》，類摭故實，累牘連章，可稱華縟。然其書尚有二失：一則搜羅未遍，即正史猶有所遺；一則援引昔人文辭，每不標明某書。前之失猶可言也，後之失既乖體要，且蹈攘善之愆矣。（《冷廬雜識》卷一）

【逸民榜】乾隆癸卯科，浙江鄉試，首題「逸民伯夷、叔齊、虞仲、夷逸、朱張、柳下惠、少連」，獲售者鮮登第，時稱「逸民榜」。嘉慶癸酉科題「剛毅木訥近仁」，所取文皆恬靜之作，登第者絕少，時稱「啞榜」。丙子科題「夫達也者，質直而好義，察言而觀色，慮以下人」，所取文皆動宕發皇，登第者獨多，時稱「響榜」。大抵場屋文字，察理宜精，而才不可斂；審法宜密，而筆不可枯。必也，以沉實之思，運高華之氣，風骨近於古，而聲調合於今，斯為舉業利器。（《冷廬雜識》卷一）

【四子書集注】士子習四子書，皆恪遵《集注》而往往不能全讀。乙未歲，在京師同人宴飲，秀水汪子黃同年熹舉令云：「述外國四書一句，不能者

罰。」眾無以應,譁辨云:「此書從未寓目,得毋杜撰耶?」汪曰:「出《孟子》『仁也者,人也』節,《集注》非僻書也。」檢視果然,乃各飲罰酒。偶閱董東亭太史潮《東皋雜鈔》,云:「周雅榑清原,以康熙己未召試入翰林,一日入直,聖祖忽問以『增廣生員』四字,周不能對。上哂之曰:『四書尚不讀全,何云博學?』後檢之,乃在『子適衛』章,圈外注『唐太宗置增廣生員』。」云云。可見當日鴻詞中人已如此矣。(《冷廬雜識》卷一)

【郭頻伽詩】吳江郭頻伽明經麐,少有神童之目,一眉白如雪。屢試不售,橐筆江湖,詩名噪一時。所著《靈芬館集》,氣骨清雋,洗淨俗塵。余最愛其言情之句,摘錄於此。《西湖春感》云:「二月落花如夢短,一湖春水比愁多。」《汶上道中卻寄載園》云:「歲月不多須愛惜,功名無定且文章。」《寄壽生獨遊》云:「狂因醉後輕言事,窮為愁多廢著書。」《夢中得句》云:「憂果能埋何必地,人猶難問況於天。」《雪持表弟至杭得家中書賦贈》云:「此地逢君同是客,故鄉如我已無家。」《客中飲酒》云:「身世不諧偏獨醒,飢寒而外有奇窮。」(《冷廬雜識》卷一)

【四子書說約】舅氏周古軒先生乾,志行醇篤,無愧古人。生平無他嗜好,惟研精經書,深探理奧,著有《四子書說約》《易庸春秋集義》諸書。《說約》尤為精粹,間有與朱子《集注》異者,自謂非敢矜奇,惟求歸於至當,以闡明聖道而已。謹為摘錄於左。「儀封人」章云:「封人一見夫子,而即相稱如此,其德亦可知矣。夫子之周流刪定,正是設教致治,不必待得位而後見也。故《中庸》言『大德者,必受命』,亦不必謂身為天子而始言受命。若夫子承先王之道統,立萬世之人極,凡有血氣者,莫不尊親,非受命而何?故曰:『天之將喪斯文也,後死者不得與於斯文也;天之未喪斯文也,匡人其如予何?』天命之篤於夫子也,蓋已久矣,豈得以勢位言之哉?其曰『天將以夫子為木鐸』,彼謂天生夫子,正以垂教天下萬世,不必以位之得喪而患之。將,殆也,擬議之辭,非謂將來也。若以得位言,則封人之言不驗矣。」「子在川上曰」章云:「水有原則其流不息,道有本則其用不窮。觀其逝之萬殊,而知其來之一貫。夫子欲學者小德之川流,以悟大德之敦化,告諸往,欲其知來也。夫往,至費也,來,至隱也。往之費,人皆見之,而其費必根乎來之隱,則惟知道者乃能知之。蓋道必有本,本立則道自生,而其逝自不捨晝夜矣。學者見水之不息,而不知道之不息,知道之不息,而不知道之所以不息,此夫子所以寄慨無窮也。豈徒無間斷之意哉?孟子告徐子

-611-

說，乃此章正解。」「棘子成」章云：「夫子謂『文質彬彬，然後君子』，即是文質相等之意，則子貢之言未為失也。蓋文陽質陰，陰陽不偏勝，而後得中可久耳。惟質為近本，夫子有寧儉毋奢之說，子貢所以先以君子稱之，而後救其失也。」（《冷廬雜識》卷一）

【文家操縱之筆】文家操縱之筆，太史公最為擅長，有以一句縱，一句操，而於一篇之中屢見之者。試以《魯仲連列傳》證之曰：「吾始以君為天下之賢公子也，吾乃今然後知君非天下之賢公子也。」曰：「吾視居此圍城之中者，皆有求於平原君者也；今吾觀先生之玉貌，非有求於平原君者也。」曰：「梁未睹秦稱帝之害故耳。使梁睹秦稱帝之害，則必助趙矣。」曰：「始以先生為庸人，吾乃今日知先生為天下之士也。」曰：「與人刃我，寧自刃。」曰：「吾與富貴而紬於人，寧貧賤而輕世肆志焉。」此皆以兩句自為開合之法也。（《冷廬雜識》卷一）

【四庫全書表文】乾隆四十八年，編纂《四庫全書》告成，進呈表文係獻縣紀文達公昀所撰，刊入全書卷首，公遺集中亦編入焉。公門人長沙劉相國權之跋其後云：「《四庫全書》開館，吾師即奉命總纂，自始至終，無一息之間。不惟過目不忘，而精神實足以相副。經手十年，故撰此表，振筆疾書，一氣呵成，而其中條分縷晰，纖悉具備，同館爭先快睹，莫不歎服。總其事者，復令陸耳山副憲錫熊、吳穀堂學士省蘭合撰一表，屬吾師潤色，終不愜意，仍索吾師所撰表，列名以進。高宗純皇帝謂：『此表必紀某所撰。』遂特加賞一分，咸驚睿照之如神也。」按：《全書總目提要》二百卷，亦公所撰。說者謂公才學絕倫，而著述無多，蓋其生平精力已畢萃於此書矣。（《冷廬雜識》卷一）

【義塾聯】杭城義塾立法甚善，仁和費辛橋方伯丙章題聯云：「莫謂孤寒，多是讀書真種子；欲求富貴，須從伏案下工夫。」激勵寒畯，辭意肫切。又許藘生教授題嚴州義塾聯云：「雖非千萬間，居然廣廈；為語二三子，慎厥初基。」語亦簡貴。（《冷廬雜識》卷二）

【卷面題詩】咸豐壬子，浙江鄉試第二場，山陰某生闈中發狂病，曳白而出。卷面題二絕句云：「記否花前月下時，倚欄偷賦定情詩。者番新試秋風冷，露濕羅鞋君未知。」「黃土叢深白骨眠，淒涼情事渺秋煙。何須更作登科記，修到鴛鴦便是仙。」款書「山陰胡細娘。」某生旋卒於寓所。輕薄之報，可不畏歟！（《冷廬雜識》卷二）

【顧母】顧亭林先生之母王氏，崇禎時，旌表節孝，即《明史・列女傳》所稱王貞女也。先生有與葉訒庵書，辭薦舉云：「先妣國亡絕粒，以女子而蹈首陽之烈。臨終遺命，有『無仕異代』之言，載於誌狀。故人人可出，而炎武必不可出矣。記曰：『將貽父母令名，必果；將貽父母羞辱，必不果。』七十老翁何所求？正欠一死！若必相逼，則以身殉之矣！一死而先妣之大節愈彰於天下，使不類之子得附以成名，此亦人生難得之遭逢也。」蓋其辭決，而其志彌可哀矣。(《冷廬雜識》卷二)

【朋友】太倉陸桴亭先生世儀《思辨錄》有云：「朋友之功可以配天，何者？君子能著書，不能使之傳世，惟天能使之傳世。然天亦不能使之傳世，讀其書而心好之者能使之傳世，故曰朋友之功可以配天。子雲《太玄》曾何足云？然微桓譚則幾不傳，而況不為子雲者乎！乃讀書而心好之者不可得，甚至有嫉其書而惟恐其傳者，朋友之害又可以配兵火。」其論至奇，亦至確。(《冷廬雜識》卷二)

【畢大令】文登畢恬溪大令以田，精研古訓，嘗謂宋儒好鑿空，以俗訓訓古經，其尤甚者，自春秋至唐，書策所載皆子糾兄而桓公弟，顧於千載下，意變其長幼，以伸己議，識者韙之。年七十，以舉人大挑一等，分發江西，委署安義。值赦令，邑有兄殺胞弟之案，大令列之，不准援赦，上游駁斥，大令執「不念鞠子哀，泯亂倫彝，刑茲無赦」之經義以諍之。大府已定劾休，適歙程春海侍郎恩澤主試廣東，取道豫章大府，款之侍郎，問大令起居甚悉，事乃得解，嗣補崇義卒官。著有《九水山房文存》二卷，楊至堂河督刊行於世。(《冷廬雜識》卷二)

【孫愈愚】烏程孫愈愚明經燮，刻苦於學，耽吟詠，尤工為古文辭。嘗與震澤張淵甫學博履書曰：「文章之道，一真氣所彌綸。自時文興，而士安於剽竊摹擬之習，去而習古文，亦同此伎倆，安得不偽？究之天下，惟真者為能感人於無窮，而偽者只可欺一時之目。自古文章傳真而不傳偽，故讀書不必多，而要在通其意；抒辭不必麗，而要在達其心。」云云。又嘗選歐陽永叔、蘇老泉、東坡、曾子固、劉原父、李太伯之文各數十篇，朝夕諷誦。而不取王介甫，惡其辨言亂政也。(《冷廬雜識》卷二)

【沈氏姑】沈氏姑蕙心，德性幽閒，大母施太恭人最愛之。少嫻吟詠，詩格清新，姑夫沈廬舟咸孚為歸安名士，結褵未久即得癇疾。姑遂絕口不吟詩，幼時所作，亦深自諱匿，不以示人。余請之再三，始得見之。《詠松》云：

「瘦石寒梅共結鄰，亭亭不改四時春。須知傲雪凌霜質，不是繁華隊裏身。」
《秋日閒居》云：「翠幬初寒小閣幽，茶煙嫋嫋拂簾鉤。一庭秋色堪吟賞，底
事詩人慣說愁。」《秋夜》云：「細雨初收爽氣浮，香飄桂樹露華秋。姮娥也愛
窺書史，先遣清光入小樓。」（《冷廬雜識》卷二）

【目疾秘方】患目赤者，小便時，以指醮入目中，閉目俟其自乾，日三
四次即愈。惟當淨洗手面，以免不潔之咎。此方載《徐氏醫統》，他書不恒見，
屢試屢驗，秘方也。又《石室秘籙》治目中初起星，用白蒺藜三錢，水煎洗
之，日四五次，星即退，此方亦神效。（《冷廬雜識》卷二）

【論文】魏文帝《典論論文》謂「文以氣為主。氣之清濁有體，不可力強
而致」，似不若杜牧之答莊充書為得，其要云：「凡為文，以意為主，以氣為
輔，以辭采章句為之兵衛。」蓋文而無意，則氣亦無所統馭。韓、蘇之文氣極
盛矣，然非研理之精，有意以宰制之，安能幾於斯乎？（《冷廬雜識》卷三）

【方侍郎】桐城方望溪侍郎苞文，譽之者以為韓、歐復出，北宋後無此
作；〔李安溪〕毀之者謂所得者古文之糟粕，非古文之神理。〔錢竹汀〕鄞全謝
山太史祖望嘗謂：「侍郎生平於人之里居、世系多不留心，自以為史遷、退之
適傳皆如此，乃大疏忽處也。」余謂作文不留心里居、世系，乃文人通病，非
獨望溪為然。至其文格清真簡潔，要當推為一代宗工，錢、全二公皆不逮也。
（《冷廬雜識》卷三）

【治生】許魯齋嘗言，學者以治生為急，士之患貧者，往往藉口斯言妄
求封殖，是特誤會其旨耳。今觀其言，曰：「為學者，治生最為先務。苟生理
不足，則於為學之道有所妨。彼旁求妄進及作官嗜利者，殆亦窘於生理之所
致也。士君子當以務農為生，商賈雖為逐末，亦有可為者。果處不失義理，或
以姑濟一時，亦無不可。若以教學與作官規圖生計，恐非古人之意也。」審乎
此，則知所謂治生者，必準乎義之所宜，豈導人趨利哉？（《冷廬雜識》卷三）

【善於法古】西門豹為鄴令，投巫嫗、三老於河，而河伯娶婦之俗以革。
後漢宋均為九江太守，濬道縣有唐、后二山，民共祠之。眾巫遂取民男女一，
以為公嫗，歲歲改易，既而不敢嫁娶。均下書曰：「自今以後，為山娶者，皆
娶巫家，勿擾良民。」於是遂絕。蓋即祖鄴之意而變通之，是善於法古以為治
者。（《冷廬雜識》卷三）

【忘己之難】陳白沙弟子張詡為白沙作行狀云：「成化己丑，禮闈卷為人
投之水，復下第。後二十年，御史廓某聞之禮部尚書某從吏云某所為也。先

是，先生寓居神樂觀，科道諸公往來請益無虛日。既而某被科道劾，疑出先生，故特惡之深。揭曉，編修某時為同考官，主書經，索落卷不可得，欲上章自劾冀根究，不果。時京師有『會元未必如劉戩，及第何人似獻章』之謠，以及輿夫販卒，莫不嘖嘖稱屈。」余考《明史》，成化己丑會試時，禮部尚書為姚夔。本傳稱彗星見，言官連劾夔，夔求去不允。又稱其在吏部時，留意人才，不避親故。王翱為吏部，專抑南人，北人喜之。至夔頗右南人，論薦率能稱職。史之所言如此，則夔固能拔擢英豪者，乃獨逞私憾於白沙而擯之，甚矣，忘己之難也。(《冷廬雜識》卷三)

【賄賂免禍】晉杜預在鎮，數餉遺洛中貴要。或問其故，曰：「吾但恐為害，不求益也。」魏邢巒懼為元暉、盧昶所陷，以漢中所得巴西太守龐景民女化生等二十餘口與暉，乃得解。二人皆有大功於國，而猶恃賄賂以免禍，殆亦時會使然，若遇主聖臣直之朝，當不出此。(《冷廬雜識》卷三)

【永樂大典】明《永樂大典》割裂群籍，分隸各韻，原書遂多散佚。明代士人纂書梓行，亦皆芟削篇句，使後人不能見古人全書。迨我朝開四庫館，匯萃遺編，俾各書均成完帙。又復搜求浩博，參考精確，流傳廣遠。宜乎人才輩出，著述如林，而校刊群書者，俱能詳慎不苟，一變前代簡陋之習也。(《冷廬雜識》卷三)

【錢少詹】嘉定錢竹汀少詹大昕，生周歲能言，祖母沈指「玉」「而」二字教之，更以他書指示，皆能確認。晬日盤陳百物，惟取一筆，祖青文茂才王烱謂「此兒他日必有文譽」。入詞林後，與紀文達公齊名，有「南錢北紀」之目。性強記，經史半能背誦，遇有疑義輒檢以互勘，期通曉而後止。人有新刻書持質者，必正其訛。如嘉善謝金圃侍郎墉校刻《荀子·性惡篇》云：「人之性惡，其善者偽也。不可學、不可事而在人者，謂之性；可學而能、可事而成之在人者，謂之偽。」據《書》「平秩南訛」，《史記·本紀》作「南為」，《漢書·王莽傳》作「南偽」，謂古文「為」與「偽」通，兩「偽」字皆當讀若「為」字。餘姚盧抱經學士文弨校注顏之推《觀我生賦》，不解「王凝坐而對敵，白翎拱以臨兵」二語。謂「白」應作「向」。漢末黃巾賊起，向栩言於河上，北向誦《孝經》，賊自消滅，見《後漢書·獨行傳》與《晉書·王羲之傳》。凝之聞孫恩寇至，自言諸大道鬼兵相助，事正相類，言其不設備也。又盧補注《顏氏家訓》，於《誡兵篇》「宋有顏延之」句，疑延之無領兵覆敗事。以《宋書·劉敬宣傳》證之，曰：「此是顏延，非顏延之也，後人妄加『之』字耳。」又

陶淵明《讀山海經》詩「形夭無千歲」，宋人據《山海經》疑為「刑天舞干戚」，五字皆當校改。以為「形夭」二字非訛，宋本《山海經》自誤耳。顏師古等慈寺碑以「刑天」與「貳負」對文，今石刻尚存，字畫分明，「刑」「形」古文相通，「天」轉為「夭」，則大謬矣。後鎮洋畢秋帆制軍沅補注《山海經》，遂用其說，正向來刊本之誤。（《冷廬雜識》卷三）

【寄園銷夏圖】道光乙未春試後，留寓都門，偕同人避暑寄園。園為休寧趙天羽給諫吉士故居，僻處城西，人跡罕到，古木參天，綠陰薈翳。相與列坐清話，情志灑然。園之南，軒楹幽折，雜花滿庭，昕夕徙倚其間，把酒論文，不知身之是客。出都後，回憶前遊，歷歷縈抱，因追繪成圖，賦詞二闋記之：「故老吟蹤剩。百餘年，風流闃寂，室廬猶韻。官隱園林稀熱客，片席名山棲穩。溯往事，殘碑同認。手種榆枝高出屋，鬱蒼蒼、界斷紅塵境。新月上，瀉涼影。闌干十二通花徑。想樽邊、掀髯嘯傲，幾經閒憑。跕地筠簾低不卷，半榻爐煙搖暝。似前度，敲詩清景。雨過空階苔翠合，早一天，秋意來疏鬢。茶夢熟，北窗枕。」〔金縷曲〕「掩重門、碧雲深鎖，林蟬時遞幽響。繩床竹幾安排好，風趣自然疏曠。偕偃仰。任大扇、寬鞋箕踞形骸放。閒情跌宕。趁菡萏香濃，芭蕉葉滿，索醉倒佳釀。招涼地，數處軒楹虛敞，囊琴攜共來往。人生能幾知音聚，況有煙霞供養。天末望。算別後、光陰倏忽年過兩，迢迢結想。問畫裏亭臺，三千里外，舊侶更誰訪？」〔摸魚兒〕（《冷廬雜識》卷三）

【鄉闈復試】北闈鄉試中式，向無復試之例。道光乙未科，南海曾公望顏知貢舉事，奏稱頂冒代倩之弊日甚，請定復試之制，得旨允行。是科以文理不符被黜者二人。直省鄉試中式復試，則始自道光甲辰科，以中式者多抄襲陳文，遂定斯例。（《冷廬雜識》卷三）

【內閣中書】京朝官惟內閣中書舍人進身之途最多，有以進士引見而得者，有以進士授即用知縣後吏部揀取引見而得者，〔道光丙申恩科行之，揀取十二人引見，用六人。〕有以會試薦卷中取為明通榜而得者，〔乾隆間有之，今不復舉行。〕有以舉人考授而得者，有以召試取列優等而得者，有由舉貢捐輸而得者。婺源王芍亭通政友亮，於乾隆己丑會試列明通榜，授此官，有謝友人賀啟云：「鎩羽南宮，方笑中眉無勇；摛毫東掖，忽欣除目有名。維舍人昔在中書，與學士對稱兩制，洎乎前明伊始，降同七品之班。第因所處之清嚴，爭謂此途為華美。天依尺五，地接臺三。頭銜埒於新翰林，體統超乎散

進士。何期下第，反得升階。未登千佛經，敢誇出世之佛；試覽百官表，幸陪入閣之官。某學書不成，識字有數。受深恩而逾分，蒙遠譽以過情。谷鶯上雞樹而棲，雖云大樂；野鶩占鳳池而浴，只覺增慚。」王又有謝人惠玉如意啟，起聯云：「人生幾事如意者，舉俗愛其名；君子於玉比德焉，良工琢為器。」語亦雋妙。(《冷廬雜識》卷四)

【竊人之書】竊人之書為己有，自昔已然。如虞預之竊王隱，郭象之竊向秀，法盛之竊禇生，齊丘之竊譚子是也。元、明以來，如吳澄《三禮考注》，晏璧曾有之；倪士毅《四書輯釋》，胡廣等襲之；唐汝詢《詩史》，顧正誼據之；張自烈《正字通》，廖文英攘之；張岱《石匱書》，谷應泰得之。〔改名《明史紀事本末》〕近代王尚書《明史稿》，實萬季野所繕也；傅觀察《行水金鑒》，實鄭芷畦所撰也；王履泰《畿輔安瀾》，實戴東原所著也。此皆彰彰在人耳目者。(《冷廬雜識》卷四)

【撰述傳信】蔡中郎自言，為人作碑，未嘗不有慚容，惟為郭有道頌無愧。韓昌黎文，劉又譏之為諛墓。虛辭悅人，知賢者亦不能免。嘗觀尹河南劉彭城墓誌云：「某撰述非工，獨能不曲迁以私於人，用以傳信於後。故敘先烈，則詳其世數；紀德美，則載其行事；稱論議，則舉其章疏。無溢言費辭以累其實。」此則所謂修辭立誠，可為撰述者法矣。(《冷廬雜識》卷四)

【李笠翁】華亭董閬石含《莩鄉贅筆》謂：「李笠翁性善逢迎，士林不齒。所作《一家言》，大約皆壞人倫、傷風化之語。」今觀其書，誠有如閬石所云者。又有尺牘一冊，干謁公卿，多作乞憐之語，尤為庸鄙。惟史論二卷持論較勝，如謂漢文問決獄，所以重民命；問錢穀出入，所以惜民力。為宰相者，正當因勢利導，勸之省刑罰，薄稅斂，陳平乃以誇誕之詞掩其疏略之過，不可謂識大體。謂唐相楊綰，而郭令公減樂，非徒成人之美，蓋欲修好於宰相，而不敢稍忤其意，惟恐將相不和，為強寇所伺。謂項羽不渡烏江，固疑為亭長所執而然，然其疑之所自始，則以烏江片土，此時非雞犬不驚之地，亭長何人，能不隨眾避兵而尚艤船以待乎？況漢王起兵時，亦一亭長也，此日之亭長，安知非當年同事之人受計而來？羽於斯時，既無他舟可避而死於亭長之手，不如自刎之為烈。此等議論，殊有見地，過《一家言》遠矣。(《冷廬雜識》卷四)

【常食之物】醫家謂棗百益一損，梨百損一益，韭與茶亦然。余謂人所常食之物，凡和平之品，如參苓、蓮子、龍眼等，皆百益一損也；凡峻削之

品，如檳榔、豆蔻仁、煙草、酒等，皆百損一益也；有益無損者惟五穀；至於鴉片煙之有損無益，人皆知之，而嗜之者日眾，亦可憫矣！（《冷廬雜識》卷五）

【為學之道】凡為學之道，見聞欲其博，術業欲其約。蕭山毛太史奇齡作詩、古文，必先羅列滿前，考核精細，方伸紙疾書。其夫人陳氏性悍妒，以毛有妾曼殊，輒詈於人前曰：「爾輩以毛大可為博學耶？渠作七言八句，亦必獺祭所成。」毛笑曰：「動筆一次，展卷一回，則典故純熟，終身不忘。日積月累，自然博洽。」嘉興錢文端公陳群，少時嘗問於秀水徐閣學嘉炎曰：「學何以博？」徐曰：「讀古人書，就其篇中最勝處記之，久乃會通。」後述於朱太史彝尊，朱曰：「斯言是也。世安有過目不遺一字者耶？」姚姬傳比部嘗效作詞，嘉定王太常鳴盛語休寧戴太史震曰：「吾昔畏姬傳，今不畏之矣。彼好多能，見人一長輒思並之，夫專力則精，雜學則粗，故不足畏也。」姚聞之，遂不作詞，且多所捨棄，以古文名世。余按：此三者，皆為學切要之言，有志者當奉以為法。（《冷廬雜識》卷五）

【王文成公用兵】王文成公好講學而精於用兵。其討大帽山賊師富也，指揮覃桓、縣丞紀鏞戰死，公親率銳卒屯上杭，佯退師，出不意搗之，連破四十餘寨，遂擒師富。其討橫水賊謝志山也，先遣四百人伏賊巢左右，進軍逼之，賊方迎戰，兩山舉幟，賊大驚，謂官軍已盡犂其巢，遂潰，乘勝克之。其剿餘賊於九連山也，山橫互數百里，陡絕不可攻，乃簡壯士七百人衣賊衣，奔崖下，賊招之上，官軍進攻，內外合擊，禽斬無遺。宸濠之亂，慮其出長江順流東下，則南都不可保，因先遣間諜以計撓之。凡此皆出奇制勝，所謂兵不厭詐，非小儒所能知也。（《冷廬雜識》卷五）

【顧亭林獄事】顧亭林獄事，志乘未詳，見於與顏吏部光敏書，特錄其略：先是，蘇州沈天甫、施明、夏麟奇、呂中偽造《忠節錄》，託名已故祭酒陳仁錫，譏毀本朝，羅列江南、北之名士巨室，以為挾害之具。又偽造原任閣輔吳甡一序，詐其子中書吳元萊銀二千兩。事發，刑部定讞，即將沈天甫等斬決，此康熙五年中事也。次年，萊州即墨黃指揮培之僕姜元衡刪易此書，增入黃氏唱和詩，控其主與兄弟子侄作詩誹謗本朝，又與顧亭林搜輯諸人詩，皆有訕語。處士於七年二月在京師聞之，即出都抵濟南，幽縶半年，因援沈天甫故牘，謂姜元衡所控之書，即沈天甫等陷人之書，事旋解，株連二十餘人均得開釋。處士賦詩六章紀其事，有「偉節不西行，大禍何由解」之句。又

末章云:「天門訣蕩蕩,日月相經過。下閱黃雀微,一旦決網羅。平生所識人,勞苦云無他。騎虎不知危,聞之元彥和。尚念田畫言,此舉豈足多!永言矢一心,不變同山阿。」詩集中皆不載,詳見顏氏家藏尺牘。(《冷廬雜識》卷五)

【真賞難逢】世俗以夫婦之事為敦倫,以使令奴僕為飭紀。嘉慶己卯科,吾浙秋試,某房官閱文,見有「飭紀敦倫」句,大駭,曰:「敦倫豈可飭紀?怪誕極矣!」亟以筆直抹之。同邑盧茂才康錫,應秋試被放,闈文用「捨車而徒」句,為房官所抹。沈茂才逢源,歲試前列,文用曾南豐「真人出而天下平」句,旁評云:「杜撰。」余親見之。可知場屋文字真賞難逢,即尋常語句亦有被抑者,更何得炫異求新乎!(《冷廬雜識》卷五)

【論衡】王充《論衡》毀聖訐親,獲罪名教,其餘誕妄之語,難以悉數。至論行善福至,為惡禍來,謂由於遭遇適然,不因人事,是與《易》「積善有餘慶,積不善有餘殃」、《書》「惠迪吉,從逆凶」之旨顯相背戾,不將率天下之人去善而就惡乎?古今來悖理之書鮮能傳世,此獨歷久不廢者,蓋其引證浩博,才辨宏肆,而篇帙繁富,亦時有平正之辭,足以矯俗祛偽也。學者於此書當審擇而節取之。(《冷廬雜識》卷五)

【著述當自定】程篁墩詞章負盛名,求其文者,多門下士代筆,歿後刊集,大半贗入,瑕瑜互見。呂新吾學業醇篤,其集為後人所編,俳諧筆墨無不具載,為全書累。知文人著述必當及身自定也。(《冷廬雜識》卷六)

【謄錄】浙人鄉試,每以金貽謄錄手之善書者,潛遞關節,屬其謄卷朱色鮮明,字畫光整,易動閱者之目。亦有已獲科名者,貪得厚利,冒應是役,甚至私攜墨筆,點竄試文,中雋則可得重酬。此風始自紹興人,沿及諸郡。道光丙午秋試,士子一萬一千餘人,其不購謄錄者只三千餘卷,僅得售三人。蓋以字跡潦草,校文者以辨識為苦,輒屏棄不觀也。猶憶壬辰榜後,謁見房師樂平齊星舟先生雙進(嘉慶丙子舉人,官終石門縣知縣),先生謂:「汝文佳而字體模糊,耗我半夜心力始能辨晰。尤賴主司愛才,取墨卷校對,方得入彀。」爾時購謄錄者未多,而弊已若此,幸遇樂平、山陽、天津三先生,不致擯棄,知己之感,畢世勿諼也。(《冷廬雜識》卷八)

【陸以湉《冷廬醫話自序》】醫理至深,豈易言哉!抑自軒、岐以來,代不乏人,既已詳且盡矣,又奚待言?知余小子,學疏見,以自達其意之所欲云,又何必不言?於是涉獵之餘,隨筆載述,聊以自娛,意淺而辭瑣,殆所謂

言之無文者歟？夫言之不能文，猶之可也，言而或悖於理，則言適足以招尤矣。是用不敢晦匿，求當代君子教正焉。咸豐八年十二月，陸以湉書於杭州學廨之冷廬。

【龐元澂《冷廬醫話跋》】余於癸巳秋，得桐鄉陸定圃先生《冷廬雜識》書板，既已補其殘損，訂正以行世矣。先生精於醫，識中所採岐黃家言正復不少，竊以先生於醫學必有所心得，爰益購求先生之遺書，於乙未春得《再續名醫類案》若干卷，繼又得《冷廬醫話》若干卷，俱手抄本未付梓者，《醫案》採摭繁富，足補江、魏二書之未備，《醫話》則專以辯證為主，凡述一證，必推究其虛實源委，而指謫醫家利弊，言多精鑿，自序謂摭拾聞見，以自達其意之所欲云。噫！豈易言歟！余以《醫話》之尤有裨於世也，亟付手民，壽諸梨棗，仿古香齋袖珍本，以便取攜。暇日擬再訂正《醫案》，續以行世。時光緒二十三年，太歲在強圉作噩季冬之月，烏程龐□□。

春在堂隨筆十卷　（清）俞樾撰

俞樾（1821～1906），字蔭甫，號曲園，德清人。道光二十四年舉人，三十年（1850）進士，選翰林院庶吉士，咸豐二年散館授編修。五年（1855）簡放河南學政。七年七月御史曹登庸劾其出題割裂，旋被革職。罷歸後主講蘇州雲間書院、紫陽書院及上海求志書院、德清清溪、歸安龍湖各書院。杭州詁經精舍創於阮元，專以實學課諸生。樾主杭州詁經精舍達三十年餘久。課士一依阮氏成法，士多蔚為通材。東南遭赭軍之亂，典籍蕩然，樾總辦浙江書局，建議江、浙、揚、鄂四局分刻「二十四史」，又於浙局精刻子書二十二種，海內稱為善本。所著凡五百餘卷，統曰《春在堂全書》。曲園自歎：「文士名心，書生習氣，緘石知謬，享帚自珍，聊記其大略，亦見窮命之不值一錢也。」曲園能作小說，改《三俠五義》為《七俠五義》。繆荃孫《藝風堂文續集》卷二有俞氏行狀。生平事蹟見《清史稿》卷二六九、俞樾《曲園自述詩》、徐澄《俞曲園先生年譜》、周雲青《俞曲園先生年譜》及馬曉坤《俞樾傳》。

曲園喜作筆記雜纂，多以室名命名，如吳下有「曲園」，即有《曲園雜纂》五十卷；湖上有「俞樓」，即有《俞樓雜纂》五十卷，錢唐之右台山有「右臺仙館」，即有《右臺仙館筆記》。春在堂因會試「花落春仍在」得曾國

藩賞識而得名，因以名此書。全書十萬言，分十卷，乃平素所作筆記，或訂訛誤，或考風土，或記軼聞，間及議論時政。卷二據《慧因寺志》辨《湖壖雜記》載「佛無靈」之說為流俗謬傳。卷三記《明紀》刻書始末，卷四記包立身率包存人眾抗賊就義事，卷九載《況太守集》況鐘本作黃鐘事，皆補史書之未載。書中引金石碑銘與史實相參，洵為難能可貴。如卷一以薛尚功《鍾鼎款識》之文證《尚書・堯典》「巽朕位」之「巽」為「纂」之假字；卷二以「三老碑」拓本與周清泉釋文題跋相互參證；以蘇州白善橋觀音殿文廟編鍾拓文，與《元史・禮樂志》所載鑄鍾事互證；以浙江餘姚漢碑證古代經史之文；卷七以偃王廟碑拓片與清刻《東雅堂韓集》相互印證。曾國藩嘗戲曰：「李少荃拼命做官，俞蔭甫拚命著書。」然俞樾著書之外，亦復關心時政。此書編撰之日，時勢日非，內有游民舉事之亂，外有列強侵陵之患，書中多載愛國志士言行事蹟。如趙景賢守湖州三載而亡，卷三記其言曰：「作一日事，盡一日心。」曰：「力竭矣，而心不敢謂竭。勢危矣，而身不以為危。守死善道，以盡臣子之責而已。」卷七又敘及鴉片煙危害中國至深，引戒煙之方，以救其危厄。

周雲青稱其訓詁主漢學，義理主宋學，教弟子以通經致用，蔚然為一時樸學之宗。〔註 232〕劉咸炘稱《隨筆》考訂記事，多可取，少纖瑣語，特勢利謅諛語亦不免耳。〔註 233〕

此本據清光緒二十五年刻《春在堂全書》本影印。

【附錄】

【續修四庫全書總目提要（稿本）12—373】《春在堂隨筆》十卷（《春在堂全書》本），清俞樾撰。樾字蔭甫，號曲園，浙江德清人。道光三十年進士，官河南提學使。旋棄官歸，以讀書著〔述〕為事。是書所記，皆其朋友過從之跡，與夫當時國聞掌故，亦間有雜考書籍之作。其記張艮庭一則，足見艮庭之迂。記讀書志疑一條，以告後之讀書者。是書失考處為：《漢書・地理志》「湖縣」之「湖」故曰「胡」，「夏陽」下曰故少梁，「霸陵」下曰故芷陽，皆誤以故為承上之詞。《後漢書・列女・曹世叔妻傳》「昭女妹曹豐生」，俞氏誤以「女」為「夫」。晉成帝時庾後事，《困學紀聞》已有詳考，而俞氏疑為孝武

〔註 232〕《晚清名儒年譜》第八冊第 363 頁。
〔註 233〕劉咸炘：《內景樓檢書記》，《推十書》子類第 581 頁。

定王皇后事。《荀勗傳》立書博士，置子弟教習，以鍾胡為法，俞氏未見張彥遠《法書要錄》，而言不知胡為何人。著書之家，千慮一失，本不足為白田病。（下略）

【春在堂】余自幼不習小楷書，而故事殿廷考試尤以字體為重。道光三十年，余中進士，保和殿復試獲在第一人，皆疑焉，後知其出湘鄉相公。湘鄉得余卷，極賞其文，言於杜文正，必欲置第一，群公聚觀，皆曰：「文則佳矣，然倉卒中安能辦此？殆錄舊文耳。」湘鄉曰：「不然。其詩亦相稱，豈詩亦舊詩乎？」議遂定。由是得入翰林。追念微名所自，每飯不敢忘也。時詩題為「淡煙疏雨落花天」，余首句云「花落春仍在」，湘鄉深賞之，曰：「此與『將飛更作回風舞，已落猶成半面妝』相似，他日所至未可量也。」然余竟淪棄終身，負吾師期望，良可愧矣。湘鄉出入將相，手定東南，勳業之盛，一時無兩。尤善相士，其所識拔者，名臣名將指不勝屈，獨余無狀，累吾師知人之明。同治四年，余在金陵，寓書於公，述及前句，且曰：「由今思之，蓬山乍到，風引仍回，洵符花落之識矣。然比來杜門撰述，已及八十卷，雖名山壇坫萬不敢望，而窮愁筆墨倘有一字流傳，或亦可言春在乎？」此則無賴之語，聊以解嘲，因顏所居曰春在堂。他日見吾師，當請為書此三字也。（《春在堂隨筆》卷一）

【明堂步筵說】黃君式三，字薇香……黃君初不相知，同治初吳和甫學使，余同年生也，按試寧波，以明堂考命題，有定海諸生黃以周據隋宇文愷傳以《考工記》「夏后氏世室堂修二七」，「二」為衍文。學使訝其與余《群經平議》說同，詰所自來，乃以其父式三所著《明堂步筵說》進，學使即錄其說寄余吳中，並曰：「可附《群經平議》弟十四卷後。」余因黃君雖亦以「二」為衍文，然其說實與余異，故未附入。其時黃君下世久矣，學使報滿，引疾歸，不久亦卒，而其來書猶存篋衍，偶一披覽，既喜黃君所見之略同，又重違學使拳拳之意，因節錄其大略於此云。《考工記》曰：「夏后氏世室堂修二七。」《隋書·宇文愷傳》言記文云「堂修七」，讎校古書，並無二字。式三案：殷度以尋，堂修七尋，周度以筵，堂修七筵。夏度以步，堂修七步。鄭君康成以堂修七步為隘，注有令堂修十四步之文，假令之辭也。而後人乃依此作二七字。宇文愷所見，固得其實也。《記》云廣四修一者，以修七步三分之堂，室之修各得二步又三分之一，堂室之廣，有四步者，其修則一也。《記》云五室三四步四三尺，中大室，南明堂，北玄堂，廣四步三尺，其餘

堂室廣三步四尺也。《記》云門堂三之二室三之一者，明堂周垣有四門，以三之二為門之堂，以三之一為門之室，堂之左右為室，所謂塾也。記云周人明堂，東西九筵，南北七筵，凡室二筵。凡室者，四隅之室，非大室也。記文止言四隅之室二筵，而大室與四正堂之丈尺自明。以此推之，大室東西五筵，南北三筵，明堂、玄堂東西五筵，南北二筵，青陽總章東西二筵，南北三筵，四隅室廣修皆二筵，合之為東西九筵，南北七筵，畫之為圖，井然有理矣。先生著述甚富，有《易釋》《尚書啟蒙》《詩序通說》《傳箋通說》《傳箋通考》《春秋釋》《周季編略》《炳燭錄》《鄭君粹言》《朱呂問答》《儆居文集》，俱未刊行。惟《論語後案》曾以聚珍版印之，和甫處有一本，余未見也。(《春在堂隨筆》卷四)

止園筆談八卷　　（清）史夢蘭撰

史夢蘭（1813～1898），字香崖，號硯農，直隸樂亭（今河北昌黎）人。少孤力學，於書無所不窺，尤長於史。每縱談天下事，瞭如指掌。道光二十年（1840）舉人，選山東朝城知縣，以母老不赴。築別業於碣石，名曰止園，奉母其中，藏書數萬卷，日以經史自娛。曾國藩總督直隸，手書招致，深器之。幕中方宗誠、吳汝綸、游智開皆折節與交。國藩留主蓮池書院，辭歸。總督李鴻章延修《畿輔通志》，又與王灝參纂《畿輔藝文考》。性和易樂善，尤喜獎掖後進。咸豐十年（1860），僧格林沁為抵禦英法聯軍，至永平府加固海防，史夢蘭招鄉勇團練，事平授五品銜。光緒十六年（1890）授四品卿銜。光緒二十四年（1898）加授國子監祭酒。卒後入祀畿輔先哲祠，譽為「京東第一人」。著有《疊雅》《全史宮詞》《爾爾書屋詩草》《爾爾書屋文鈔》《家藏書畫記》《燕說》《雙名錄》《異號類編》《古今風謠補注》《古今諺補注》《古今風謠拾遺》《古今諺拾遺》六卷、《畿輔藝文考》《永平詩存》，今人彙編《史夢蘭集》。刻有《止園叢書》。生平事蹟見《清史列傳·文苑傳》、高周《史夢蘭年譜》、周景寶《史夢蘭年譜長編初稿》。

書前有光緒四年戊寅（1878）夢蘭自序，稱所居瀕海無山，因於碣石買山田百畝，規以為園，種松三萬株，雜果數百，取「黃鳥丘隅」之意，名之「止園」。偶有所觸，輒記之以備遺忘云云。止園實則百餘年前之海濱別墅，或勝今日之海景房多多矣。

全書十萬言，分八卷，不分門類，內容博雜，或傳人物軼事，或搜羅軼聞諧語，或記天文曆法、規制度量，或言古文字方言，或敘本朝時政，或載邊疆史實、域外風土習俗及宗教事。此書頗重考訂。如卷二考《孝烈將軍祠像辨正記》及來氏樵書，稱所指「木蘭」與樂府《木蘭詞》中之「木蘭」相去甚遠。卷三考《史記》、漢吾邱壽王《兩都賦》「吳」為「虞」字，辨古無「吳」姓，辨「盤瓠銜吳將軍頭事」為訛傳。卷五辨《開成石經》缺損字非王堯惠等補，辨樂亭城北古冢非李晉王墓，辨《宋史》「倪若水實名若冰」之誤。卷六稱稗官小說不盡鑿空，必有所本。稱施耐庵《水滸傳》中有三十六人姓名見於《龔聖予贊》，其首篇敘高俅出身事，與《揮塵後錄》所載一一吻合。說部歷來被斥為九流之末，學人士子皆不以為然，更無採信其說者。史氏此語，可謂發前人之未發。然亦有考之未審者，如卷二《朱子四時讀書樂詩》不知作者為誰。至論秦始皇坑儒事，疑為掩其不知而加害，非真設為陷阱而坑殺之。卷八以秦之權臣趙高之竊權覆國，因其出身趙國，故於趙可為忠臣。如此標新立異，未免逞臆而談。

《大清畿輔先哲傳》稱其書以雜事異聞足以資勸懲，廣見聞者，輒筆記之。《續修四庫全書總目提要稿本》稱之為雜家中所罕見，不可不讀者。

此本據遼寧圖書館藏光緒四年止園家刻本影印。

【附錄】

【史夢蘭《止園筆談自序》】《止園筆談》者，止園主人以筆代談者也……園居無事，惟以卷軸破寂。偶有所觸，輒赫蹏記之，以備遺忘。客至，則藉為談柄；談之快意，則相呼浮一大白。遇有以雜事、異聞、瑣語相告，可以資勸懲、廣見聞者，亦收拾綴記，付之毛生。積久成帙，遂亦忘其為我談、為客談、為今人之談、古人之談，而概目之為筆談云。

【續修四庫全書總目提要（稿本）34—695】《止園筆談》八卷（舊刊本）清史夢蘭撰。夢蘭字香崖，直隸樂亭人。道光二十年舉人。選山東朝城縣令，以母老不赴。築別業於碣石，顏曰止園，奉母其中，以盡孝養。藏書凡數萬卷，以經史自娛。咸豐中，英法之役，佐僧格林沁督練鄉勇。嗣後，復為曾文正公招致，與論古今圖史、山川險要、地方利弊，皆中綮要，文正深器重之。尋聘使主講蓮池書院，數載復以親老辭歸。繼而李文忠復延修《畿輔通志》，夢蘭為之刪定體例……夢蘭少孤力學，於書無所不讀，學問淹博，著述尤富。所著有《爾爾書屋詩草》八卷、《文鈔》二卷、《疊雅》十三卷、《異

號類編》二十卷、《古今謠諺補注》二卷、《古今風謠拾遺》四卷、《古今諺拾遺》六卷、《燕說》四卷、《全史宮詞》二十卷、《輿地韻編》二百卷及本書等。本書凡八卷，為雜紀體，摭拾有清一代純臣名將各家遺聞佚事，多人所未道，彌足珍視。旁及詩書、小學，隨手箋注，發微抉隱，洵字字珠璣者也。如記岳大將軍鍾琪，先世湯陰人，為忠武王飛之後，在本朝戰功最著……全書凡數百則，大都博引旁徵，率均類此，洵雜家中所罕覯，不可不讀者也。

【清人筆記隨錄】《筆談》八卷，所記以清代為多，宋明次之，而略及他朝。凡讀書雜錄、典制故實、人物軼事、兵事政務、異聞瑣語、詩文小說、醫方風俗，均有涉及。或採自群籍，或得自聞見，概加錄登。雖間重出轉引於他書，然尚有可採者……《止園筆談》內容涉及人物，事實甚稱廣泛，引用說部著述亦多，皆注明出處。所記大多全其始末，敘事詳明，為清人筆記可資參證之一種。（來新夏：《清人筆記隨錄》，中華書局 2005 年版，第 400 ～401 頁）

【史夢蘭傳】史夢蘭，字香崖，號硯農，樂亭人。生六月失父，幼受母王氏教，端謹如成人。家故富饒，藏書數萬卷，肆力瀏覽。凡群經、諸史、百家之說靡不淹通。而尤嗜宋、明儒者之書，一言一動，奉為師法。道光二十年舉於鄉，選山東朝城知縣，以母老不赴，築別業於碣石山，名曰「止園」，以奉母著書為樂。同治八年，湘鄉曾國藩總督直隸，設禮賢館，遍徵畿南北通儒碩士，一再招之，不應，迫於敦促，始一往見。為論古今學術得失及地方利病大端，益為國藩所器，一時幕僚如方宗誠、吳汝綸、游智開皆慕與之交。國藩欲留以主講蓮池書院，卒以母老辭不就。合肥李鴻章繼督直隸，開《畿輔通志》局於保定之蓮池，延貴築黃彭年主其事，復手書招致夢蘭，仍以家居奉母為辭，僅為之刪定志例而已。定州王灝有刊刻《畿輔叢書》之舉，以《古今藝文考》相屬，游智開守永平，以纂修府志相屬，皆設局於其家，往返函商，其見重如此。夢蘭學無偏倚，嘗病近世學者於程、朱、陸、王過分門戶，非孔門四科之旨，解經無漢、宋之見，訓詁義理必折衷於一是。四部之籍，手自丹黃，無暇刻閒，平生著述甚富，不名一家。嘗以名物之稱，中多復字，形容之妙，每用重言，《爾雅》《廣雅》《釋訓》之中偶一及之，未能詳備，於是集經史子集及諸家注疏之用疊字者，搜羅疏證，為《疊雅》十三卷。又以方言土語動關訓典，學士文人有習其語而不能舉其字者，於是採載籍中與鄉音里諺相發明之語，掇集而參訂之，為《燕說》四卷。又以士子讀書束於功令，專攻朱

注，然先儒異說皆所以廣見聞、翼經傳也，於是旁採眾義，為《論語翼注駢枝》二卷。又以群史地名沿革不一，於是依韻編次，以便檢稽，為《輿地韻編》二百卷。又以古今興亡治忽之原，每肇於宮闈而及於天下；自唐王建作宮詞百首，歷宋、元、明，代有作者，然偶然託興，只見一斑，於是上起黃帝，下逮有明，正統偏安，僭竊割據，凡正史、雜史、載記、小說及歷代詩文所載有關宮闈風化之事，無不廣搜博採，形之歌詠，為《全史宮詞》二十卷。又以鬼谷、鶡冠別號之稱始於周、秦之際，自後競相標尚，又有出於別號之外為當世所指目者，緣事類行，有美有刺，足寓勸懲之意，於是取史傳志乘所載，匯而錄之，為《異號類編》二十卷。又以楊慎所輯《古今風謠》及《古今諺》二書，可以參考天人之故，然隨手摘錄，重出與脫訛之處不一而足，於是重加釐正，為《古今謠諺補注》二卷，並取群書所載、為楊所未備者，為《古今謠諺拾遺》十卷。又以永平一郡，二百餘年，人文迭出，名流逸士減沒牗下、姓字翳如者不可枚數，於是廣為搜訪，吉光片羽，悉入吟筒，或以人存詩，或以詩存人，各就其所長者錄之，為《永平詩存》二十四卷、續編四卷。又以雜事異聞，足以資勸懲、廣見聞者，輒筆記之，為《止園筆談》八卷。至其詩文，以抒寫性靈為主，不拘拘於格調，著有《爾爾書屋詩草》八卷、《文鈔》二卷。其他所著尚有《圖書便覽》《氏族考異》《四朝詩史》《史肪》《雙名錄》《青衣小名錄》《遼詩話》《樂亭縣志》《遷安縣志》諸書。光緒十七年，順天學政周德潤以篤學者儒薦於朝，賞四品卿銜。二十三年，學政徐會澧復以學行薦。年八十六卒。夢蘭性至孝，老而彌篤。自奉儉約而喜施與，里人有相訟者，得其一言，可以不爭，見義勇為，輒先人倡。咸豐十年，英、法內犯，僧格林沁督師至樂亭，屬夢蘭募鄉勇以備，皆出私財養之。尤以獎掖後進、表彰先達為急務。嘗為刻佘一元、楊開基、倪上述遺稿為《永平三子遺書》，又刊行王好問、高繼珩、史一經、畢梅、陰振猷諸人著作以公諸世，其視人才如性命，率此類也。夢蘭書法鍾、王；亦工繪事，然輕不為人作。詩名噪一時。朝鮮進士任慶準、越南使臣阮荷亭爭購其《全史宮詞》，攜之歸國，人比之雞林賈人之於白樂天雲。(《碑傳集補》卷五十)

【黃梨洲與《明史》】餘姚黃梨洲宗羲雖不赴徵書，而史局大案必諮之，本紀則削去誠意伯撤座之說，以太祖實奉韓氏者也。《曆志》出於吳檢討任臣之手，總裁千里貽書，乞公審正而後定。其論《宋史》別立《道學傳》為元儒之陋，《明史》不當仍其例。時朱檢討彝尊方有此議，湯公斌出公書以

示眾，遂去之。其於講學諸公，辨康齋無與弟訟田之事，白沙無張蓋出都之事，一洗昔人之誣。黨禍則謂鄭鄤杖母之非真，寇禍則謂洪承疇殺賊之多誕。至於死忠之籍尤多確核，如奄難則丁乾學以髒死，甲申則陳純德以俘戮死，南中之難則張捷、楊維垣以逃竄死，史局依之，資筆削焉。地志亦多取公《今水經》為考證。蓋自漢、唐以來，大儒惟劉向著述強半登於班史，如《三統曆》入《曆志》，《洪範傳》入《五行志》，《七略》入《藝文志》，其所續《史記》，散入諸傳，《列女傳》雖未錄，亦為范史所祖述。二千年後起而繼之者，惟梨洲一人。（《止園筆談》卷一）

　　【黃梨洲與侯朝宗】梨洲在南京社會歸德侯朝宗，每食必以妓侑，公曰：「朝宗之尊人尚書尚在獄中，而燕樂至此乎？吾輩不言，是損友也。」或曰：「朝宗性不耐寂莫。」公曰：「夫人而不耐寂莫，則亦何所不至。」時皆歎為名言。及選明文，或謂朝宗不當預，公曰：「姚孝錫嘗仕金，遺山終置之南冠之例，不以為金人者原其心也，朝宗亦若是矣。」公固論人嚴，而未嘗不恕也。（《止園筆談》卷一）

　　【顧亭林從一而終】崑山顧亭林炎武少有大志，耿介絕俗，雙瞳子中白而邊黑，見者異之。與里中歸莊善，共遊復社，時有歸奇顧怪之目。其遊也，以二馬二騾載書自隨，所至阨塞，呼老兵退卒詢其曲折，或與平日所聞不合，則即坊肆中發書而對勘之。或徑行平原大野，無足留意，則於鞍上嘿誦諸經注疏，偶有遺忘，則即坊肆中發書而熟復之。戊午，大科詔下，當路爭欲致之，先生豫令門人之在京者，辭曰：「刀繩具在，無速我死。」次年，大修《明史》，當路又欲特薦之，貽書葉學士訒庵請以身殉得免。或曰：「先生盍亦聽人一薦，薦而不出，其名愈高矣。」先生笑曰：「此所謂釣名者也。夫婦人之失所，天也，從一而終，之死靡慝，其心豈欲見知於人。若曰盍亦令人強委禽焉，而力拒之以明節，則吾未之聞矣。」（《止園筆談》卷一）

蕉軒隨錄十二卷　（清）方濬師撰

　　方濬師（1830～1889），字子嚴，晚號夢簪，安徽定遠人。咸豐乙卯（1855）舉人。歷任內閣中書、總理各國事務衙門章京、侍學講士、直隸永定河道。官廣東時，常與陳澧、李光廷等切磋學業。藏書六十萬卷。所藏米南宮墨蹟手卷長數丈，字近三寸餘，筆勢飛舞，洵為稀世珍寶。所歷皆順境，宜其踔

廁無前,而亦兢兢焉以「退一步」顏其室,其《退一步齋》自稱:「古人云:『退一步行安樂法,道三個好歡喜緣。』予有悟斯旨,因以『退一步』名齋。」《直廬夜宿感懷》亦云:「莫漫愁腸借酒澆,平生意氣未全消。官如趙壹惟長揖,人是陶潛肯折腰。身世已輕蟬抱葉,名心早息鹿藏蕉。何當催起羲和轡,十丈朝暾望眼遙。」著有《退一步齋文集》《退一步齋詩集》《二程粹言直解》《釐政備覽》《嶺西公牘棠存》《袁枚年譜》《粵鄘唱和集》等書。生平事蹟見《清續文獻通考》卷二七八、《晚晴簃詩匯》卷一五四。

　　全書二十萬言,乃據其筆記整理而成,凡十二卷,或述經史異文,辨訛糾謬;或載清廷時事及前朝舊事;或記奏疏章表、聖諭制詔;或言寺廟寶剎,金石銘文;或論時人名賢及域外人士事蹟;或節錄詩詞曲賦、書稿序跋、題記、書畫圖贊、書信及楹聯;或載清廷獄案始末。他如典章名物、職官制度、邊疆史實、域外見聞及風土俗聞,無所不載。方氏長期任職內閣及總理各國事務衙門,於宮廷內幕、時政外交多有接觸,故其所錄,較為可信。多記乾隆以來震動朝野之大案,如卷一偽稿案,卷四徐文誥案,戊午科場案,卷六記甘肅收捐監穀案,卷八呂留良論南雷文案,兩淮提引案,反應清廷吏治衰微、官員貪污、官場傾軋之情狀。亦載中外交涉之事,如卷三載葉名琛中堂死病死外國事,卷十載《書用外國銀兩事》。卷八「海洋紀略」條,輯錄清廷有關洋務活動及海防事宜之章奏文書,亦具史料價值。此書節錄前人詩文書稿處頗多。如卷二「鄧太史詩」條,據所輯《壽胡節母七十詩》之一首,補《林屋集》之缺漏。卷四「新羅王詩」條,考《唐詩紀事》所載詩與新羅王詩文字不同,列其異同。卷七據黃虎癡《尺牘墨華》所載王文成公《寄諸弟書》,補《陽明全集》之闕。卷十二載日本人安積信敘梅村詩,亦可備一端。家富藏書,正續二錄徵引《四庫提要》較夥,又於邸報中檢出劉統勳等會議奏稿,全文迻錄朱筠「採訪遺書條奏」,以徵乾隆右文之盛。

　　書前有同治十一年(1872)李光廷序,云:「自稗官之職廢,而說部始興。唐、宋以來,美不勝收矣,而其別則有二:穿穴罅漏,爬梳纖悉,大足以抉經義傳疏之奧,小亦以窮名物象數之源,是曰考訂家,如《容齋隨筆》《困學紀聞》之類是也;朝章國典、遺聞瑣事,鉅不遺而細不棄,上以資掌故而下以廣見聞,是曰小說家,如《唐國史補》《北夢瑣言》之類是也。」〔註234〕李慈銘

〔註234〕《續修四庫全書》第 1141 冊,上海古籍出版社,2002 年版,第 235～239 頁。

稱其人本不足齒，而復強作解事，妄談經學，中言詩文，諂附時貴，卑鄙無恥，文理又極不通，梨棗之禍，至於此極，乃鬼奴之為害烈也；至其贊呂晚村而詆黃梨洲、閻潛丘，極頌袁子才而痛詆王述庵、包安吳、潘四農，所謂虺蝮之性，迥殊好惡，非特蚍蜉撼樹而已；謂阮元因諂事和珅，大考《眼鏡》詩，和授以詩旨，得列第一，尤小人狂吠之言云云。〔註235〕幾乎全盤否定，未免太過矣。

此本據清同治十一年退一步齋刻本影印。

【附錄】

【李光廷《蕉軒隨錄序》】自稗官之職廢，而說部始興。唐、宋以來，美不勝收矣。而其別則有二：穿穴蟫漏、爬梳纖悉，大足以抉經義傳疏之奧，小亦以窮名物象數之源，是曰考訂家，如《容齋隨筆》《困學紀聞》之類是也；朝章國典，遺聞瑣事，鉅不遺而細不棄，上以資掌故而下以廣見聞，是曰小說家，如《唐國史補》《北夢瑣言》之類是也。作者朋興，更相出入，編書者第從其多以歸其類，而大綱既定，罕出範圍。至於立言垂訓，卓然自必其可傳，則第視乎其書，而不繫乎其體。同年觀察方君子嚴，幼承家訓，淬屬於學，自其束髮受書，即能翻前人窠臼，抉其幽隱，其心有所得，見有可喜，必筆而錄之。既而侍直禁林，橐筆天祿、石渠之地，凡史家所載大聖人所以擅恩威而昭法戒者，可驚可愕，又備錄而歸。積之歲月，遂成鉅帙。歲戊辰分巡嶺西，期年政成，乃盡發其藏，刪繁舉要，編成如干卷，名曰《蕉軒隨錄》，而命光廷為序。嘗讀《易》曰：「君子多識前言往行，以畜其德。」而夫子教人亦曰：「多聞，擇其善者而從之。」多見而識之，學不貴博乎哉？顧學博矣，而識不足，則無以剖析其精微。識足矣，而才氣苶弱，筆不能自達，又無以擅文章而傳遠近。君搜羅既富，排比皆中法度，可謂善書矣。顧猶有說者，國家混一宇內，以節儉先天下，府庫所儲，海盈而山積，一遇軍興水旱，則又廣籌經費，以實各省之藏。故朝廷日以風節屬天下，而小人即虱其間，侵吞剝蝕，或數百萬、數十萬，相沿既久，牽染且日眾。雖有潔清自好之士，亦趑趄瑟縮，罔敢舉發。賴天子神聖，往往於無關章奏，洞燭其奸，雷厲風行，朝發而夕斷，駢誅至數十輩。人始知有國法，而司農得以舉其籍。今官方澄敘，大法而小廉者，皆列聖整齊嚴肅之所詒謀也。最陝、甘之冒賑，淮、揚之侵帑，少

〔註235〕李慈銘：《越縵堂讀書記》，上海書店出版社，2000年版，第722頁。

時父老類言之，而不得其首尾，及君書一出，則當年事之始末，罪之輕重，歲時日月，燦然具在，使後之讀者據是以參校國史，實足以傳信而祛疑。凡類此者數十篇，其可傳無疑也。若夫讀書之間，搜典之僻，獨抒所見，皆能開拓心胸，而得者既多，爭者亦起。昔吳虎臣著《能改齋漫錄》，劉興伯糾其十一事。顧亭林積畢生之力成《日知錄》，經閻百詩舉正尚五十餘條。入主出奴，迄今未經論定。以光廷之譾陋，誠不敢自任折衷，此須俟諸百年，而要不為無補耳。君功名方大起，而著述不輟，是書而外，復箋注其先《玄英集》《朱子詩集》，及《二程粹言直解》《隨園詩注》《年譜》，刻以問世。後此所出，當有如昌黎所云大書、屢書、不一書者。故既序以應命，又執筆以俟焉。同治十一年四月八日，治年愚弟番禺李光廷序。

【容甫書函】汪容甫先生中乾隆丁酉科拔貢，湛深經學，以科名為不足重，遂不求進取。稚存太史詩中所謂「不敢隨車試大廷，頭銜應許號明經」是也。先生恃才傲物，多所白眼。畢秋帆宮保撫陝西時，知先生名而未之見也。一日，先生忽以尺書報之。宮保拆視，乃箋紙一幅，上僅書四句云：「天下有中，公無不知之理。天下有公，中無窮乏之理。」畢公閱竟大笑，即以五百金馳送其家。先生之曠達，宮保之禮賢，時兩稱之。先生子孟慈太守（喜孫）為先世父丁卯同年，余侍先世父時嘗聞斯語云。(《蕉軒隨錄》卷一)

【龍樹寺】京師宣武門外龍爪槐古剎，為文人遊宴之地。道光初，月亭上人重加修葺，復構小樓，曰兼葭閣。鮑覺生先生詩所謂「野闊青三面，天空碧四垂」也。湯文端公金釗曾題一聯云：「何處菩提，莫錯認庭前槐樹；無邊法藏，且笑拈閣外蘆花。」壬戌夏間，偕沈寶臣比部、薛淮生侍御、黃孝侯編修、孫稼生儀部、燮臣修撰公宴先師李文恪公茁於此。酒罷，公攜予散步，親指文端楹帖，謂予曰：「措詞灑脫，用筆飛舞，此聯、此書、此人，可稱三絕矣。」偶憶公語，謹錄識之。(《蕉軒隨錄》卷二)

【錢牧齋】錢牧齋宗伯入聖朝後，思欲掌樞要，專史席，二者俱違其意，故鬱鬱不樂，終為有文無行之人。恭讀純皇帝題謙益《初學集》詩曰：「平生談節義，兩姓事君王。進退都無據，文章那有光？真堪覆酒甕，屢見詠香囊。末路逃禪去，原為孟八郎。」大哉王言！足以鑒小人之肺腑矣。(《蕉軒隨錄》卷二)

【武松】《水滸》《金瓶梅》二書倡盜誨淫，有害於世道人心者不小。按《金瓶梅》載武松、潘金蓮等事，其說不一。包倦翁《閘河日記》云：「阿

城，古甄治，陳王墓在焉。今屬陽谷，唯阿井周圍百步屬東阿。故東阿有貢膠役，而土人頌之曰：「山東有二寶：東阿驢膠，陽谷虎皮。『虎皮今藏陽谷庫，土人傳為武松所打死於景陽岡者也。景陽岡在阿城東南二十五里。土人又言明初有陽谷知縣武姓者，甚貪虐，有二妻，一潘一金，俱助夫婪索。西門有慶大戶尤被其毒，民人切齒，呼之為武皮匠，言其剝割也，又呼為賣餅大郎，言其於小民口邊求利也。」據此，似作者不為無本。(《蕉軒隨錄》卷二)

【書養一齋詩話】《養一齋詩話》云：「近人詩話有名者，如漁洋、秋谷、愚山、竹垞、礜士所著，不盡是發明第一義。」云云。澐師按：嚴滄浪謂論詩如論禪，禪道唯在妙悟，詩道亦在妙悟，學者須從最上乘具正法眼悟第一義。潘說蓋本此。然作詩發明第一義尚可，說詩而欲發明第一義，不知《三百篇》何篇為第一義也？文衡山敘《都玄敬詩話》云：「詩話必具史筆，宋人之過論也。元辭冷語，用以博見聞、資談笑而已，所貴正在識見耳。」此言極當。見聞博則可以熟掌故，識見正則不至謬是非。古人學問各有所得，但當遵守其長處，若一概抹煞，豈非愚妄？(《蕉軒隨錄》卷三)

【讀胡文忠遺集】胡文忠公林翼勳業彪炳，今讀其遺集，乃知經濟皆從學問中來，非尋章摘句筆紙上空談比。擇其議論之卓然可傳者錄之。昔謝秘書愛《沈約集》，行立坐臥，靡不諷詠。予於公之文章殆庶幾矣。(《蕉軒隨錄》卷四)

【使窮百姓有飯吃】漢申公曰：「為治不在多言，顧力行何如耳。」明崇禎間，崑山蔡忠襄德懋巡撫山西，召對時思陵問致治之要，對曰：「天下變亂，皆由民窮為盜。臣任撫綏，當使窮百姓有飯吃耳。然愛民先察吏，察吏莫先臣自察。臣不公不廉，何以服僚屬心？願正己率屬，俾民不為盜，而臣無可見之功。不願殺害百姓，以成一己之名。」云云。嗚呼！如忠襄者，可謂言行相符者矣。按：《明史》忠襄事蹟頗多脫略，當以魏叔子所撰《忠襄傳》為詳。(《蕉軒隨錄》卷四)

【王文成寄弟書】王文成公有《寄諸弟書》一通，《陽明全集》中所未載也。黃虎癡先生於收藏家見之，刊入《尺牘墨華》中。書云：「鄉人來者，每詢守文弟，多言羸弱之甚，近得大人書，亦以為言，殊切憂念。血氣未定，凡百須加謹慎。弟自聰明特達，諒亦不俟吾言。向日所論工夫，不知弟輩近來意思如何，得無亦少荒落否？大抵人非至聖，其心不能無所繫著，不於正，

必於邪，不於道德功業，必於聲色貨利，故必須先端所趨向，此吾向時立志之說也。趨向既端，又須日有朋友砥礪切磋，乃能薰陶漸染，以底於成。弟輩本自美質，但恐獨學無友，未免縱情肆志，而不自覺。李延平云：『中年無朋友，幾乎放倒了。』延平且然，況後學乎？吾平生氣質極下，幸未至於大壞極敗，自謂得於朋友挾持之力為多。古人蓬麻之喻，不誣也。凡朋友必須自我求之，自我下之，乃能有益。若悻悻自高自大，勝己必不屑就，而日與污下同歸矣。此雖子張之賢，而曾子所以猶有堂堂之歎也。石川叔公，吾宗白眉，雖所論或不能無過高，然其志向清脫，正可以矯流俗污下之弊。今又日夕相與，最可因石川以求直諒多聞之友，相與講習討論。惟日孜孜於此，而不暇及於其他，正所謂置之莊、岳之間，雖求其楚，不可得矣。守儉弟頗好仙，學雖未盡正，然比之聲色貨財之習，相去遠矣。但不宜惑於方術，流入邪徑。果能清心寡欲，其於聖賢之學猶為近之。卻恐守文弟氣質通敏，未必耐心於此，閒中試可一講，亦可以養身卻疾，猶勝病而服藥也。偶便燈下草草，弟輩須體吾言，勿以為孟浪之談，斯可矣。長兄守仁書，致守儉、守文弟，守章亦可讀與知之。」（《蕉軒隨錄》卷七）

【漢學宋學】靈臯侍郎主宋學，儀徵相國主漢學，一詆康成，一篤信康成，故《皇清經解》中凡侍郎著作皆不載。愚謂讀經者之於漢、宋兩家，猶之說詩者之於唐、宋兩派，但須擇取精華，歸於至是，不可稍涉門戶之見也。黃東發平生服膺程、朱，而遇有他說之勝於程、朱者，亦未嘗不兼收並錄，經學家之最為平允者。紀文達《筆記》曰：「宋儒之攻漢儒，非為說經起見也，特求勝漢儒而已。後人之攻宋儒，亦非為說經起見也，特不平宋儒之詆漢儒而已。平心而論，王弼始變舊說，為宋學之萌芽。宋儒不攻《孝經》，詞義明顯，宋儒所爭祇今文古文字句，亦無關宏旨，均姑置弗論。至《尚書》《三禮》《三傳》《毛詩》《爾雅》諸注疏，皆根據古義，斷非宋儒所能。《論語》《孟子》，宋儒積一生精力，字斟句酌，亦斷非漢儒所及。蓋漢儒重師傅，淵源有自，宋儒尚心悟，研索易深。漢儒或執舊文，過於信傳；宋儒或憑臆斷，勇於改經。計其得失，亦復相當。惟漢儒之學，非讀書稽古不能下一語；宋儒之學，則人人皆可以空談，其間蘭艾同生，誠有不能盡饜人心者。」此論出，雖起鄭、孔、程、朱，於九泉問之，當亦心折也。毛大可專攻考亭，江藩著《漢學師承記》，據除窺井，何如借鑒見睛也哉？（《蕉軒隨錄》卷七）

【官年】今之履歷，年歲每增減若干，謂之官年。不知此風自宋已然。

岳珂《愧郯錄》：「世俗便文自營，年事稍尊者率損之以遠垂車；襁褓奏官者，又增之以覬速仕。士夫相承，遂有官年、實年之別。間有位通顯者，或陳情於奏牘間，亦不以為非。珂考之，治平四年五月二十八日，詔劾內殿崇班郭繼勳增加歲數情罪以聞。以其陳乞楚州監當，自言出職日實嘗增十歲也。」按：《北史》傅修期年逾八十，猶能馳射盤馬奮矟，常諱言老，每自稱六十九。是可作今之官年論矣。（《蕉軒隨錄》卷八）

【呂留良論《南雷文案》】呂留良卒於康熙二十二年，後四十餘年而有湖南人曾靜之案牽及留良，世宗查閱留良所著詩文日記，語多狂悖，並其子葆中戮屍梟示。相傳留良之戮屍也，開棺時面如生，頸受刃尚血痕縷縷（詳紀文達《筆記》）。按：留良字用晦，號晚村，為我朝諸生十餘年，忽自以淮府儀賓之後，追念勝朝，棄青衿而為僧。平生篤信程、朱，又負重望，遂敢肆意譏訕，卒罹國法，識者嗤之。余在京師，於荒肆中見有《晚村文集》數十葉，鼠齧蠹蝕，破碎不堪讀，惟答張考夫與魏方公兩書尚完備。考夫者，楊園先生也，館留良家，故有「虛席以侍伊、洛臨講」語。其與魏方公書則專論《南雷文案》者。書云：「惠示《南雷文案》，雨中無事，卒閱之。其議論乖角，心術鍥薄，觸目皆是，不止如尊意所指謫，僅《旦中》一首也。《旦中誌銘》固極無理，而莫甚於與李杲堂、陳介眉一書。其意妄擬歐陽《論尹師魯墓誌》之作，詞氣甚倨，儼然以古作者自居，教二生以古文之法及為誌銘之義。夫不論法與義，則愚不得而知，若猶是法也、義也，則某竊有詞矣。凡銘之義，稱美而不稱惡，原與史法不同。稱人之惡則傷仁，稱惡而以深文巧詆之，尤不仁之甚，然猶曰不沒其實云爾。未聞無其實而曲加之，可以不必然而故周內之，而猶曰古誌銘之法當然也。所引昌黎銘法為證，猶可笑。李虛中、衛之玄、李千之方術燒丹，其平生他無足傳，而實以好異死，法固不得而易也。王適之謾婦翁，所以狀侯高之駭與適之負奇耳，如《史記》稱高祖賀錢萬，實不持一錢，豈為謗高祖哉？至柳子厚之誌銘，則更不然。子厚之黨叔文輩也，事關國史，其是非既不可移，而為子厚志，則此其一生之大事，又非細故瑣語之可隱而不必存者也。然至今讀其文，淋漓悲痛，但致歎於無推挽與排擠下石之人，蓋已深為之湔祓矣。今謂旦中工揣測人情於容動色理之間，巧發奇中，不必純以其術。試取此數語思之，其人品心術為君子乎？為小人乎？謂旦中之醫為下品，某不敢知；謂旦中之人品心術為小人，此某之所決不敢信也。若太沖本意，止歎惜旦中馳騁於醫，而不及從事太沖之道，則亦但稱

其因醫行而廢學，亦足以遣詞立說矣，何必深文巧詆之如此。是昌黎一志而出於厚為君子，太沖一志而入旦中於小人，其居心厚薄何如也？乃欲以猲獒之牙，擬觸邪之角哉？且昌黎立身燍然，未嘗與子厚同黨，故可以歎惜不諱。若旦中之醫，則固太沖兄弟欲借其資力以存活，故從臾旦中提囊出行，其本末某所親見具悉。今太沖書中亦明云『弟與晦木標榜而起矣』，旦中果有過乎，則太沖者旦中之叔文也，使叔文而歎惜子厚，天下有不疾之者歟？」又謂：「寧波諸醫，肩背相望，旦中第多一番議論緣飾耳。『太沖嘗遣其子名百家字正誼者，納拜旦中之門學醫矣。夫以旦中之術庸如此，其緣飾之狡獪又如此，旦中於太沖其歸依相知之厚也又如此，不知太沖當時何以不一救止之，而反標榜之，又使其子師事之，及其死也，乃從而掎摘之。驅使於生時，而貶駁之身後，則前之標榜既失之偽，今之誌銘又失之苛，恐太沖亦難自免此兩重公案也。即『身名就剝』句引歐陽銘張堯夫例，亦屬不倫。歐陽所謂昧滅，歎年位之不竟其施也，太沖所云，譏其不學太沖之道而抹殺之也。旦中生平正志好義，才足有為，其大節磊落足傳者頗多，固不得以醫稱之，又豈遂為醫之所掩哉？世有竊陳、王之餘涎，掇雜流之枝語，簧鼓聾蟲，建孔招顏，藉講院為竿牘之階，飾丹黃為翰苑之徑，一時為之哄然。然而山鬼之技終窮，妖狐之霧必散。此及所謂『身名就剝』者耳。旦中身無違道之行，口無非聖之言，其生也，人親之，其沒也，人惜之。然則旦中之日雖短，而身名固未嘗剝也。太沖雖欲以私意剝之，亦烏可得耶？夫德不如曾、史，功不如禹、稷，言不如遷、固，即曰身名就剝，然則太沖之必不如曾、史、禹、稷、遷、固，已萬萬可信也，日空長而名蚤剝，方自悲之不暇，而遑及悲旦中乎！所云『是是非非，一以古人為法，言有裁量，毀譽淆』，古文之道，豈復有出於此？然拔太沖之矛以刺其盾，其誌銘中如降賊後遁者，授職偽府、賊敗慚死者，勸進賊庭、歸而伏誅者，概稱其忠節，而憤其曲殺，以國論之大，名教之重，逆跡之昭然，不難以其私昵也而曲出焉，一故人陰私之未必然者，則必鉤抉而曲入焉，是非毀譽淆乎？否乎？言之裁量謬乎？否乎？當道朱門，枉辭貢諛，紈綺銅臭，極口推尊，餘至么魔蔑瑣，莫不為之滅瘢刮垢，粉飾標題，獨取此貧交死友，奮然伸其無稽之直筆，而且教於人曰此為古文之法、誌銘之義當然也，世間不少明眼，有不為之胡盧掩鼻歟？太沖有云：『昔之學者，學道者也；今之學者，學罵者也。』觀《南雷文案》一部，非學罵之鉅子乎？罵人之罵而自好罵人，此楚圍之轉受僇於慶封也。夫罵焉而當，則曰懲曰戒；罵苟

不當，則曰悖曰亂。今以悖亂之罵，而橫加諸人，曰此古法也，豈惟古文之道亡，將生心害事，其為世道人心之禍，又豈小小者乎？旦中臨絕有句云：『明月岡頭人不見，青松樹下影相親。』此幽清哀怨之音也，太沖改『不見』為『共見』，且訓之曰：『形寄松下，神留明月。神不可見，即墮鬼趣。』夫使旦中之神共見於明月岡頭，真活鬼出跳矣。旦中之句以鬼還鬼，道之正也。如太沖言即佛氏大地平沉有物不滅之說耳。青天白晝，牽率而歸陰界，太沖之云無乃正墮鬼趣乎？即『不見』、『共見』以詩家句眼字法而論，孰佳孰否，老於詩者皆能辨之。此文義之失又其小者矣。飄風自南，青蠅滿棘，本不足與深辨，但念旦中疇昔周旋，今日深知而敢辨者，僅某一人而已。若復閉默畏罪，是媚生貴而滅亡友也。故欲直旦中之誣，則不得不破太沖之周耳。又念信旦中之審者，莫如賢叔侄兄弟，故敢嘵叨及之。至太沖所以致憾旦中而必欲巧詆之死後，其說甚長，亦不欲盡發也。昨吳孟舉兄亦深為歎惜，寄示此書。後有續集《吾悔集》四卷，則此本猶有未全者。謹納上，幸視至。不宣。」
《南雷文案》為黃梨洲宗羲著。梨洲列蕺山門下，又為忠端之子，見賞於虞山錢牧齋，偽魯王監國時擢至副都御史。海上之變，不能一死塞責，迨塵氛靖後，聖祖如天之德，不復根究偽朝從亡諸人，梨洲乃儼然自居明之遺逸，草間苟活，年逾八旬，忠節兩字我不敢知也。今所刊《南雷文定》，蓋晚年刪定之本，如《高旦中墓誌》等篇均削去不復存，或亦自知其短，冀身後之掩覆歟？江藩《漢學師承記》殿梨洲、寧人於八卷之末，而褒貶究未允當。予之錄留良文，蓋欲後人知梨洲為人，亦不以人廢言之義也。（《蕉軒隨錄》卷八）

【海洋記略】《揚子法言》云：「君子避礙則通諸理。理，勢所在有，未可一概論焉。」濬師官京朝十年，從事於洋務者七年，每於官文書中擇其事理之當否，審乎時勢之艱難，或存於心，或記於簡，其機密者不敢言，而其可言者要不外理、勢之兩途。昔程子謂宋世有不可及者數端，而其一曰待夷狄以禮。禮者，理也。我有理以通之，亦何患乎彼之無禮哉！尊周攘夷之義，無日不在士大夫心也。而所以尊之、攘之之道，又非徒士大夫空言塞責也。茲就見聞所及，錄於後，俾質諸世之講經濟者。○道光十九年三月，林公則徐等奏：「躉船鴉片銷除淨盡，乃為杜絕病源。臣則徐當撰諭帖，責令各洋人將所有煙土盡行繳官。即於二月十三日據領事義律稟覆，向各洋人名下追究呈明，共有二萬二百八十三箱。」此查繳鴉片煙土之始，以後復陸續令其呈繳，並嚴定夾帶罪名。或者曰：「禁內地之吸煙，即不能不杜絕外地之賣

煙，禁果行矣。內地無吸食之人，外來之煙土從何售賣？今乃勒繳煙土，彼商原為謀利而來，利不獲而並其本沒之，激之甚而反相陵者，勢也。文忠斯舉，不無遺憾。○欽差大臣左公宗棠曰：「泰西諸國以奇巧著聞，自唐以來，載籍詳之矣。惟火輪船之制，從前未有所聞。據彼中人言，近四十餘年乃始造成。以西曆推之，則道光初元前後也。」濬師按：道光二十年七月，廣督林公則徐奏稱：洋人先後來有車輪船三隻，以火焰激動機軸，駕駛較捷。此項船隻前曾到過粵洋，專為巡風送信。「蓋彼中歷千數百年研精覃思，發其奇秘，父以是囑之子，師以是望之弟，不至於極詣不止。黠哉！人巧乃奪天工。○欽差大臣左公宗棠曰：「學習西洋製器，內地工匠執柯伐柯，所得者不過彼柯長短之則，至欲窮其製作之原，通其法意，則固非習其圖書算學不可。故請於船局中附設藝局，招十餘歲聰俊子弟，延洋師教之，先以言語文字，繼以圖書算學。學成而後，督造有人，管駕有人，輪船之事始為一了百了。如果有成，則海防、海運、治水、轉漕，一切歲需之費，所省無數。而內紓國計利民生，外消賊患樹強援，舉在乎此。」善哉言乎！同文館學習西洋文字之八旗俊秀，予曾歷試以各國洋字文件，均能通曉譯寫，此非其明效與？考試之奏，出臺臣、閣臣，發明《春秋》正論，事雖未罷，而有名無實矣。予嘗有句云：「局外是非談似易，個中籌畫解原難。」知我乎？抑罪我乎？（《蕉軒隨錄》卷八）

【蒙齋筆談】宋湘山鄭景望著《蒙齋筆談》上下兩卷，曾收入《稗海》中，《學海類編》僅錄其九則刻之，誤以景望作景壁。按：《筆談》敘杜杞治廣西賊歐希範事，以歐與其黨蒙幹來降云云，《歐陽文忠集·杜杞墓誌》則書為蒙趕也（謹案：欽定《四庫全書總目》載此書，全錄葉夢得《巖下放言》之文，但刪其十分之三四，而顛倒其次序。景望名伯熊，登紹興十五年進士，累官太子侍讀、宗正少卿，諡文肅，見陳傅良《止齋集》中。厲鶚《宋詩紀事》既載伯熊詩於四十七卷中，又據此書於三十七卷別出一鄭景望，亦殊疏舛也）。（《蕉軒隨錄》卷九）

【官常】彭春洲明經（泰來）有絕句四首云：「靈峰山是小蓬萊，天上將軍避寇來。戰艦如雲無用處，龍舟聽令奪標回。千尺風鳶上碧虛，放鳶軍賞頂車渠。可憐前日蒼黃際，不送圍城一紙書。珠江片月出雲西，多少人家掩面啼。玉帳寶刀生喜氣，素娥流照餅師妻。史書災異不無端，物禍人妖一例看。叵奈市兒工狡獪，沿街犬戴進賢冠。」按：道光辛丑，粵東海氛不靖。

夷兵退後，靖逆將軍住兩帽街鄧家祠，參贊大臣住觀音山蓬萊仙館，日以龍舟、紙鳶為樂，無恥者至有以美女媚之。第四首則專刺名器之濫，是時羊頭關內，羊胃騎都，六品功牌一紙，售洋錢六圓。明經此作，實詩史也。然猶曰一時變異耳，粵西逆寇之興，窮天下兵力，竭天下財賦，仰賴廟謨廣運，將帥成功。十餘年間，得以底定東南，雖西北一隅，尚煩天討，而賊勢窮蹙，不難指日蕩平。惟宦途流品混雜，蘭艾同升，以余耳聞目睹者，如由一布衣費百餘金報捐縣丞，薦牘一次則知縣，藍翎矣；二次則同知、直隸州，花翎矣；三次則知府矣；四次則監司且加至兩司銜頂矣。不特此也，地方官自方面至丞簿，或因掛誤，或經甄別，或犯六法之重，輒以軍營為開復地，彈章朝掛，軍營夕投，此方劾以貪婪，彼旋獎以清直。聖明在上，萬不敢稍涉欺朦，第一人之身，或毀或譽，一官之授，或升或降。加之捐輸費減，無人不官。即以現在一省論之，佐雜得優差、優缺一二年者，便捐升丞、倅矣；州、縣得優差、優缺一二年者，便捐升道、府矣。及時自效，豈乏賢能，但銓政既鮮添注之法，長官亦無位置之方，設鑽刺夤緣者虱其間，吏治安得不壞，風氣安得不偷耶？近日參劾章疏中，屢有不准投效各路軍營之請，封疆大吏，力挽頹波，似乎可以稍息。至餉糈仍亟，捐例難停。愚謂去其泰甚，莫若立止捐納道、府一條。查一歲之中，各省分發道、府者多不過三五員，以三五員約計之，即一歲十八省中多亦不過六七十員。此六七十員或半捐半保，或簽掣指留，尚不能平地樓臺，全傾囊橐。現在捐數較從前十分之一二，即以一員五千金計之，統計六七十員，每年亦僅收三十餘萬金。江、浙為財賦重區，河之南北，山之左右，以及川、湖、閩、廣民力漸紓，鰲金未撤，此數省中每年但須稍為節省，另籌一款，足抵一年所捐道、府銀數。況海關、鹽務，頗有贏餘，疆臣、監司受恩優渥，但能裒多益寡，不必居掊克之名，區區數十萬、百萬之費，亦何難料理哉？為政在人，苟能是，豈僅去捐納道、府之弊，即協餉、月餉、京餉，皆可從容挹注也。或曰：「子之說似矣，捐例勢不能盡停，獨斤斤爭止道、府兩塗；不禁延路之鄙歌，而專遏陽阿之高唱，可歟？」余曰：「惡，是何言也！君子務其遠者、大者。道，觀察使也，刑名、錢穀，分布、按之權。府，方面也，察吏、安民，具表率之責。定例京職非膺京察截取，外吏非由大計卓薦，均不得與用。非其人，僚屬輕之，紳民侮之。古人譏尸位素餐，矧加以簠簋不飭耶？停其捐而人之視道、府重，視之重而丞、倅、牧、令必竭其心力，修其政事，期洊躋其位以為榮。人皆

可以為堯、舜，講學家空談也。人皆可以為道、府，吾斯之未能信矣。吳黃蓋為石城長，置兩掾，分主諸曹，教曰：「令長不德，徒以武功得官，不諳吏事。」劉宋時淮西北長吏，悉敘勞人武夫，多無政術。嗣臨川王義欣請敕選部任得其人，庶不勞而治。以黃蓋之勳跡，尚謙抑未遑，以劉宋之偏隅，尚求材佐治。赫赫聖朝，居位者可勿長思遠慮乎？記乾隆三十九年吏部奏已革廣東龍川縣知縣汪承澍捐復原官一摺，奉上諭：「汪承澍係汪由敦之子，汪由敦為國家得力大臣，朕每追念惋惜。今汪承澍因衙役徐海詐贓斃命，將白役張五一刑求誣服，所犯非但私罪，且以酷被劾，其情尤重。朕之惡酷吏，甚於惡貪官，貪官既永不敘用，豈酷吏轉可復令登進乎？且汪承澍今春在盤山接駕，業已查閱原案，使其尚可棄瑕錄用，朕彼時即可加恩，何待彼自行捐復？其案情具在，酷虐顯然，在外在內，俱難令其復行供職，豈能以汪由敦之故，廢公義而曲徇恩施？至汪承澍原擬杖流，論理本不應捐贖，彼時尚因念及伊父汪由敦，又以其母年老，特予矜憐，允從其請。朕辦理已未免失之姑息，此時再欲加恩，亦只可令共捐一職銜，俾得頂戴榮身足矣，豈可復令重列仕途，貽害地方？又何以懲酷暴而肅吏治乎？吏部堂官前此為衍聖公孔昭煥奏請開復一案，辦理即屬錯誤，僅予傳旨申飭，理應稍知儆畏，何得復有此奏？汪由敦係舒赫德業師，今為汪承霈具奏，顯係周旋世誼，其餘眾堂官又從而隨同瞻顧，吏部堂官著交都察院嚴加議處。至現在捐復人員，並著吏、兵二部查核，如有私罪，即奏明扣除，勿保冒濫。等因。欽此！」嗚呼！一縣令耳，我高宗準理衡情，不憚反覆周詳，諄諄訓戒，所以整飭官常者良非淺鮮。有民責者，宜何如愧怵也哉！（《蕉軒隨錄》卷九）

　　【《泰誓》十有三年辨】閻方子向邁曰：「《尚書·泰誓》曰『唯十有三年春』，十三者，連文王九年言之，武王在位止四年，蔡傳以為武王之十三年，夫武王安得有十三年乎？武王自諸侯為天子，前後不過十年而殂。《大戴禮》云『文王十五而生武王』，則文王殂時，武王已八十三歲，又明年八十四歲而即位，若又十有三年而後伐紂，合武王九十三年計之，已死四年。然而文王受命改元稱王之說，宋儒力闢其謬。夫受命之說，本出後人推原，或未必然。惟改元則於事理皆未嘗謬。蓋文王自幽囚羑里以來，死生存亡，皆未可必。失國再復後改元年，三代以下天子、諸侯多有之，何獨疑於文王？若武王宜改元反不改元者，正唯文王已改，故武王不必復改。孝子之道，不忍忘親，亦以歷年未久，無容屢更也。觀後有天下尚不改元，則改元非古人

所重明矣。《多方》曰：『天唯五年，須假之子孫，誕作民主。』則武立五年而即伐紂，其所謂十三年者，果武合文年無疑。」云云。此拾毛西河之唾餘也。文王生於祖甲二十八祀甲寅，帝乙七祀丙子嗣位，年四十七歲。自丙子嗣位至紂二十祀丙寅，五十一年而薨。武王生於帝乙二十三祀壬辰（以時計之，文王二十三歲。與《大戴禮》「文王十五而生武王」不合），紂二十祀丙寅嗣位，年七十四歲，次年改元，至紂三十三祀恰十三年。蔡傳曰：「十三年者，武王即位之十三年也。」最為確當。自汲冢書以文王受命九年春在鄗，而改元之說興，自馬遷有受命之年稱王，而稱王之說興，皆由不推詳時曆，而後人議論紛起，並將文王九十七而崩，武王九十三而崩二語一概抹卻。宋陳經《尚書詳解》、錢時《融堂書解》與蔡沈間有異同，而於稱王、改元，亦無一言議及。歐陽公《泰誓論》尤為千古名論，蓋宋學可議者多，此則不當置喙也。善乎黃東發之言曰：「經解惟《書》最多，至蔡九峰參合諸儒要說，嘗經朱文公訂正，其釋文義，視漢、唐為精，其髮指趣，又視諸家為的。《書經》至是而大明，如揭日月矣。」今之嘵嘵於《尚書》古文、今文者，其亦可以廢然思返哉！（《蕉軒隨錄》卷九）

【王定國筆記之妄】蔡確，姦臣也，嘗從吳處厚學作賦。確作相，處厚通箋乞憐，確無汲引意，遂相仇怨。後處厚得確《車蓋亭詩》引郝甑山事，乃箋釋上之云：「郝處俊封甑山公，會高宗欲遜位武后，處俊諫止。今乃以比太皇、太后，且用滄海揚塵事，尤非佳語，譏謗切害，非所宜言。」確遂南竄。王定國犖《隨手雜錄》以為文潞公處置確過當，且云潞公因司馬康不質證邢恕言確社稷臣事為不肖，於確不無偏護。邢恕本為司馬文正客，給文正子康手書，取信於確。會確得罪，恕亦被謫。陰險小人，康何必為之諱耶？定國不以己意短潞公，而以潞公目康不肖，形潞公之短，其居心尚可問哉？紀文達公《四庫全書總目》中未曾論及，特拈出以明定國之妄（按：定國《聞見近錄》潞公與張後事，亦與《碧雲騢》同）。（《蕉軒隨錄》卷九）

【倭文端公】蒙古倭文端公倭仁道光辛巳與先叔祖勉亭公玉達、先叔父鐵君公鐕同舉鄉試，己丑復與鐵君公同成進士，入詞館，故交誼最篤。鐵君公嘗集諸同年於京邸，殿撰李海初先生振鈞性通脫，不拘小節，公則踐履篤實。不妄發一語。鐵君公戲之曰：「今日之宴，可謂風流才子、理學名臣並萃於吾榜矣。」公入閣後，潘師官侍讀，侍公獨久。請於公，不循年家子例，照閣中師生稱謂，公笑而許之（公長子福咸又與潘師己酉同年）。當公之侍

學弘德殿也，春冬日必未刻，夏秋日必午刻乃散。內閣公事率俟公散值後，在景運門外朝房呈回。遇有撰擬文字，會議奏疏，及派審案件，公搦管商酌，雖嚴寒酷暑不稍倦。一日，公事畢，問濬師曰：「外間頗有目我為迂者，汝意云何？」濬師不敢對。再問之，濬師曰：「公宗宋儒，某又公門下士也。愚見揣之，惟朱光庭輩能知程明道之非迂，惟呂陶輩能知蘇東坡之非迂。范景仁之學術，司馬君實之政事，異地則皆然耳。」公默然首肯，出語吳霍山侍郎：「方某見解甚透，未可以書生待之。」丁卯京察，濬師列一等。周商城相國顧而謂曰：「倭艮峰以足下不愧方面之選矣。」竊念濬師性情與公似不甚同，而公之揄揚如此，良可感也。公見人極謙謹，商城與公有通家之誼，大學士行走班次，公在商城前，而晏見必讓商城居上。嘗公選玉牒館校對等官，公至朝房，又與商城讓。商城笑推之，曰：「二哥，你又同我讓了。此何地耶？」公乃就坐。賈黃縣師相以足疾行最緩，公與黃縣入朝，必隨其後，無逾越，從不失尺寸云。公佩帶之物，率銅質、硝石，無貴重品。朝珠一串，價不過數千，冬夏均不更換。袍惟用藍，絕不用雜樣花色。一生寒素，至無餘資乘轎。羅順德尚書輒歎為操守第一人。戊辰，濬師外擢，瀕行，辭公於邸，且乞訓言。公曰：「汝無他，心直口快，亦君子之一病。昨汝屬老夫書楹聯，已加墨。」手持以示，閱之，乃「海納百川，有容乃大；壁立千仞，無欲則剛」十六字。濬師拜而受之，願終身記公之誨焉。今者，公往矣，濬師學不加進，又奉職無狀，徒抱茲孤直之衷，恐不克副公期許也。噫！（《蕉軒隨錄》卷十）

【表章《學》《庸》不始程朱】李恢垣吏部曰：「《大學》《中庸》二書，表章自二程子，朱子為之章句，始並《語》《孟》為《四書》，戶知之矣。按：《中庸》一書，《漢·藝文志》有《中庸說》二篇。又戴氏《中庸傳》二卷，梁武帝《中庸講疏》一卷，見《隋·書經籍志》。司馬光《大學廣義》一卷、《中庸廣義》一卷，見陳氏《書錄解題》，均在二程之前。是不過因程、朱而顯，非程、朱始能表章也。宋鄭景望《蒙齋筆談》闡發尤顯，其論韓退之、李習之二人優劣，謂退之《原道》出於《大學》而未至，習之《復性篇》出於《中庸》而不膠。其論曰：『今世言三代周公、孔子之道，詳者莫如《禮記》。《禮記》之傳駁，而真得孔子之言者惟《中庸》與《大學》。』其言固深切著明矣。按：景望為徽宗時人，距二程稍後，而斯時三黨相軋，程子之說未行。《筆談》中所引文、富、杜、王諸公逸事，絕不及二程，且其言謂

『古之至理有不謀而冥契者，吾儒之言《易》，佛之言禪是也』，又言『老子正今所謂禪者，但名不同耳』，是以三教歸一為說，與程子迥殊，豈肯襲其言者？則此亦有識皆同之見，無容恃為絕學也。又按：《論語》自漢已立博士，而《孟子》一書雖有注疏，實表自王荊公，而蘇轍《孟子解》、張九成《孟子傳》、余允文《尊孟辨》，皆在朱子之前（石𡼾《中庸輯略》亦在朱子前，序所云『取石氏書，刪其繁亂，名曰輯略者』也）。今人第知《四書》為朱子之功，不知《集注》而外，諸家尚不可勝數耳。」（《蕉軒隨錄》卷十一）

【太監讀書】劉若愚《明宮史》載：「內書堂讀書（宣德間創始，命大學士陳山教授之，後以內臣任焉）。凡奉旨收入官人，選年十歲上下者二三百人，撥內書堂讀書，本監提督總其綱，掌司分其勞，學長司其細，擇日拜聖人，請詞林眾老師，初則從長安右門入，北安門出，後則由北安門出入。每生一名，亦各具白蠟、手帕、龍掛香，以為束脩。至書堂之日，每給《內令》一冊，《百家姓》《千字文》《孝經》《大學》《中庸》《論語》《孟子》《千家詩》《神童詩》之類，次第給之。又每生給刷印仿影一大張，其背書、號書、判仿、然判仿止標日子，號書不點句也。凡有志官人，另有私書自讀，其原給官書故事而已。派年長有勢力者六人或八人為學長，選稍能寫字者為司房。凡背書不過，寫仿不堪，或損污書仿，犯規有過者，詞林老師批付提督責處之。其餘小事，輕則學長用界方打手，重則於聖人前罰跪，再重則攀著幾柱香。攀著者，向聖人前直立彎腰，用兩手扳著兩腳，不許體屈，屈則界方亂打如雨。或半炷香，或一炷香，其人必眼脹頭眩，昏暈僵僕，甚而嘔吐成病。此最酷不近理之法也（凡強凌弱、眾暴寡、長欺幼者，每賄託學長借公法以報私怨）。遇令節朔望，亦放學一日。每日暮臨散則排班題詩，不過『雲淡風輕』之類，按春夏秋冬，隨景而以腔韻。題畢，方擺列魚貫而行。誤亂攙越者，必群打詬辱之。別衙門官遇學生擺列行走，必拱手端立讓過，即司禮老公遇之亦然。凡各衙門缺寫字者，即具印信本奏討，奉旨撥給若干，即挨名給散。若已撥散將完，無人讀書，該監題知，於二十四衙門官占官下及監工，改讀書以補之。」溶師謹按：我朝萬善殿向派漢教習一員，專課年幼太監。乾隆己丑冬，高宗純皇帝諭內閣曰：「太監職在供給使令，就使讀書，不過教之略識字體，何必派選科目人員與之講授，令其通曉文義乎？在前明閣豎擅政，司禮秉筆，惟所欲為，因使若輩通文，便其自利之計，甚至選詞臣課讀，交結營私。此等秕政，朕每

深非而痛斥之。我朝宮府肅清，太監等從不令干預政事，即不識字何礙？或伊等間有登記檔冊之處，但能粗辨字畫足矣。現今讀清書之太監等，在長房一帶派內務府筆帖式課之，此等讀漢書之人，原可附近該處，另選內務府筆帖式之曾讀漢字書者授之句讀，又何必為之專設—漢員教令讀書乎？所有萬善殿派用漢教習之例，著永遠停止。其如何酌撥房屋、選派人員各事宜，交總管內務府大臣定議具奏。欽此！」即此一端，亦足徵宮掖肅清，杜漸防微之至意焉。特恭錄而誌之。（《蕉軒隨錄》卷十二）

　　【冰冷吳野人】「好好一個蒼頭，被東坡教壞了。」此司馬君實語也。王漁洋先生笑吳嘉紀曰：「一個冰冷吳野人，被君輩弄做火熱，可惜！」趣語解頤，謔而不虐。乃知名賢偶而吐屬，都有所本。（《蕉軒隨錄》卷十二）

　　【陳同甫書】陳同甫與朱子書，略云：「因吾眼之偶開，便以為得不傳之絕學，三三兩兩，附耳而語，有同告密；畫界而立，一似結壇，盡絕一世之人於門外，而謂二千年之君子，皆盲眼不可點；洗二千年之天地日月，若有若無，世界皆是利欲；亦過矣。」濬師按：此數語道盡當時流弊，不啻為講學家下一針砭也。（《蕉軒隨錄》卷十二）

蕉軒續錄二卷　（清）方濬師撰

　　是編五萬餘字，分二卷，雜考經史，擇錄前賢時人詩作文集，載記史事，間及禮儀官制。其論為政當依儉防奢，如「光祿寺廚役」條詳載宮廷奢侈之習，稱明光祿寺職上膳饈及宴享諸務，與閹寺交涉，蠹耗至不可紀極，其上供品物，皆榷之長安中賈人，不時予其直，積負萬計，賈人多破產者，南京光祿寺歲進酒十萬瓶，由軍民轉運，遇有稽延，屬吏往往獲罪。又稱萬曆以後，宮中脂粉錢開銷至四十萬兩，馬口柴、紅螺炭需用至數千萬觔云云。其論為民利疏河道，如「西湖」條稱自明季以來，各閘廢壞，而沙土多淤，繼且並其淤者而聽佃於民，則山與湖隔絕，源流既損，而湖利遂微，退田還湖，不僅開通水源，便利灌溉，亦以貽萬世無窮之利。此實可供為政者興農事、修水利時參考。書中間或品評人物，如「李不器」條，詳述道士李不器誣捏岳鍾琪一案始末，稱自古良能之臣最是難得，且多遭讒臣誣陷構害，是以歎曰：「人臣功高震主，一經謠諑，鮮克令終。襄勤以大將專征，屢遭宵小播惑，非賴聖明洞鑒，其身頓成虀粉矣。」又如「張玉父子奪門」條，詳

載明人張玉出策助明成帝竊權、其子張軏助英宗復辟事，曰：「成祖竊位，其罪浮於唐太宗，英宗復辟，其名亦不及唐太宗之正。若張玉父子，先後五十年間，均以奪門得爵，聯姻帝室，富貴綿長，天道實有不可知者。後世臣工，與人國家，處人骨肉，使皆如張氏父子居心，三綱不幾幾淪滅耶？」評騭詩文，亦有可觀。如論《冰鑒》議論微妙，宛似子家，可備甄識人物之一端。又錄朱彝尊《讀書》詩十二首，並載林薌溪之論曰：「子知宋儒之學極精也，至論五行，則未免失之粗；子知宋儒之學極實也，至論太極，則未免近於玄虛。子試於精粗虛實間求之，思過半矣。」然評李卓吾《開卷一笑集》曰：「猥鄙淫褻，污穢滿紙，屠隆等從而誇讚，閱之令人欲嘔。」此論未免失之偏激。

書末附《退一步齋楹聯》，如嶺西道二門云：「重門洞開，要事事勿負寸心，方稱良吏；高山仰止，莫矜矜不持片石，便算清名。」嶺西道大堂云：「曾踏軟紅塵，只不忘藥砌薇階，十載文章綸閣靜；勉為清白吏，好記取韶山端水，兩番兄弟繡衣來。」嶺西道署花園云：「勝地近七星，看雲影嵐光，公暇卻宜邀客賞；好春當二月，喜風和日暖，我來剛值課農時。」有其子臻喜光緒十七年辛卯（1891）跋，稱將其所作聯語附於此錄之後，以見翰墨餘事亦原本學術云。〔註236〕

此本據清光緒間刻本影印。

【附錄】

【漁樵對問】《四庫全書存目》載《漁樵對問》一卷，云舊本題宋邵子撰，晁公武《讀書志》又作張子，劉安上集中亦載之。三人時代相接，未詳孰是。中論楊慎所駁「有溫泉而無寒火」一條、「天何依？曰依乎地。地何附？曰附乎天」一條，不足為是書病；並因其書所論皆習見之談，疑後人摭其緒論為之。潛師謹案：朱晦翁《答呂伯恭書》云：「康節所著《漁樵對問》，論天地自相依附，形有涯而氣無涯，極有條理。當時想是如此說，故伊川然之。」云云。據此，則是書實為邵子手著無疑也。（《蕉軒續錄》卷一）

【出塞詩】錢竹汀宮詹跋紀文達公昀《烏魯木齊雜詩》，謂其敘次風土人物，歷歷可見，無鬱鬱愁苦之音，有春容渾脫之趣。林薌溪學博題林文忠詩云：「塞外之作，如寒月霜鴻，聞聲淚下，尤妙在怨而不怒，得詩人溫柔敦厚

〔註236〕《續修四庫全書》第 1141 冊，上海古籍出版社，2002 年版，第 636～637 頁。

之旨。」從叔芸圃先生謂先世父天山之役，塞雨邊雲，彌增奇氣。自古名人負文章經濟，所歷之境，絕不以窮通得喪為累。唐之昌黎，宋之東坡、山谷，胸襟闊達，千載下讀其詩文，猶可想見其為人也。先世父效力伊犁時，曾建開墾屯田之議。厥後文忠在戍，力任其勞。塞土荒涼，頓成美壤。故先世父懷文忠詩云：「沙場我欲無閒土，題向天山有數行。」文忠亦有句云：「但期繡隴成千頃，敢憚鋒車歷八城。」今則盜賊縱橫，干戈滿地，昨聞甘肅肅清後，大兵業已出關，是所望於桓桓虎貔之將帥哉。余抄文忠公及先世父詩之有關邊疆風俗掌故者，附錄於後，復檢洪稚存太史《伊犁紀事詩》，並錄之，以到戍先後為次，亦足以徵我聖朝威德廣被，拓土開疆，實從來所未有也。若文達詩中之「無數紅裙亂招手，遊人拾得鳳凰鞋」，文忠詩中之「無端萬斛黃塵裏，偏著一枝含笑花」，則又廣平賦梅，不礙其心腸鐵石矣。（《蕉軒續錄》卷一）

【李卓吾】《四庫存目》云：「李贄所著書皆狂悖乖謬，非聖無法。其《藏書》排擊孔子，別立褒貶，凡千古相傳之善惡，無不顛倒易位，尤為罪不容誅。」按《明史·耿定向傳》：「定向學本王守仁，嘗招晉江李贄於黃安，後漸惡之。贄亦屢短定向。士大夫好談禪者，往往從贄遊。贄小有才，機辨，定向不能勝也。贄為姚安知府，一旦自去其髮，冠服坐堂皇，上官勒令解任。居黃安日，引士人講學，雜以婦女，專崇釋氏，卑侮孔、孟。後北遊通州，為給事中張問達所劾，逮死獄中。」黃宗羲《明儒學案》謂：「定向因贄鼓倡狂禪，學者靡然從風，故每每以實地為主，苦口匡救。然又拖泥帶水，於佛學半信半不信，終無以壓服卓吾。」又謂：「焦澹園篤信卓吾之學，以為未必是聖人，可肩一『狂』字，坐聖門第二席。」予觀《焦氏筆乘》載方思善（揚）《懷李姚安詩》，中云：「寥寥千載後，師聖當何因。彼岸久未登，姚安識其津。一振士風變，再振民風醇。」可見當時推許之盛，非孟子所謂「相率而為偽」者歟？休寧汪廷訥（字無如）與贄贈答，稱其「著書皆了義，評古善誅心」，一時習染之深如此。贄編有《開卷一笑》前、續集，猥鄙淫褻，污穢滿紙。屠隆等從而誇讚，閱之令人慾嘔。贄詩亦復不佳，如《初到石湖》云：「魚遊新月下，人在小橋西。」《九日極樂寺喜袁中郎至》云：「時逢重九花應醉，人至論心病亦蘇。」《江上望黃鶴樓》云：「九秋槎影橫清溪，一笛梅花落遠天。」皆平常語，了不異人，宜《明詩綜》削而不錄也。（《蕉軒續錄》卷一）

【四庫裝函】《四庫》書每部用香楠二片，上下夾之，約以綢帶，外用香楠匣貯之。其書面皆用絹，經用黃，經解用綠，史用赤，子用藍，集用灰色，

所約帶及匣上鐫書名，悉從其色。見王葑亭通政友亮《雙佩齋詩》注。(《蕉軒續錄》卷一)

【海上生明月詩】先師寶坻李文恪公曾語濬師曰：「唐人以詩賦取士，士之工此者多，故韻語必推唐人為第一。我朝自乾隆間鄉會試增五言八韻，一時應試者妥章適句，鉤心鬥角，幾於家隋珠而戶卞璧。嘉、道以前，獻紀文達公啟之，錢塘吳穀人祭酒繼之，歙鮑雙五侍郎、大興王楷堂員外又繼之，類皆擷三唐之精英，而上承漢、魏、六朝風旨，融會法則，謹嚴格調。盛矣哉！足以空前而絕後矣。」濬師識之，間嘗遍覽唐人應制諸作，或誇典重，或尚氣韻，似已無美不備。然細按之，有起結未見超邁者，有開合未見生動者，求於全首之中無懈可擊，不數數覯。不得以下土秋風，巧為假借，曲終江上，別具風神，遂一例而奉為圭臬也。丙於廣東鄉闈，主司以「海上生明月」命題，諸當道以次各有擬作。濬師在闈中，亦復效顰學步。出闈後偶檢閱《全唐詩》冊，方知朱華曾有是題六韻詩，其詩云：「皎皎秋中月，團團海上生。影開金鏡滿，輪抱玉壺清。漸出三山上，將離一漢橫。素娥嘗藥去，烏鵲繞枝驚。照水光偏白，浮雲色最明。此時堯砌下，蓂莢正敷榮。」六十字中，惟「金鏡」、「玉壺」一聯尚稱出色，而究嫌合掌。若「將離一漢橫」句，意為詞掩，素娥竊藥，凡涉明月皆可通用，繞枝烏鵲，亦衰颯無味，第九第十句近於油腔滑調，收句尤覺寬泛。華平生著作，僅此一詩，竟流傳千餘年，而莫之敢議者，奇矣。茲擇錄秋闈擬作數聯，如長樂初將軍（長善）起首四句云「滄海來天上，光明大地生。懷人良夜月，作客異鄉情」，能吸題之神髓。中云「水雲聯一色，風露復雙清」，第二首云「圓靈含水鏡，浩淼接蓬程。素魄心同濯，寒光手可盈」，精彩奪目，疑置身十洲三島間。張友山中丞第一首云「星河涵有影，波浪湧無聲」，又云「當頭光正滿，濯魄意俱清」，細緻熨貼，格律深穩。第二首起句云「月近人偏遠，空明到處生。曲江添別緒，滄海寄吟情」，開口五字，得未曾有，「曲江」、「滄海」，屬對天然，不同小巧。而兩首結句，一則曰「願將金鑒錄，持以答升平」，一則曰「春暉同眷戀，歸思繞東瀛」，忠孝之忱，溢於簡外。吳子實學士首作云「浴波雙鏡射，出水一珠擎。三山高不夜，萬頃渺無聲」，次首云「萬重波影蕩，三五月華生。此夕停琴待，何人掛席行。牛斗爭環拱，魚龍若送迎。路直青雲接，紋回碧浪平」，清詞麗句，興會淋漓，妙能於題理題神，面面均到。果杏岑都護（果爾敏）首作云「浪添千頃白，潮湧一輪清。鏡自磨雲

母，盤如漾水晶」，次首云「團　開桂殿，次第度蓬瀛。玉浪東隅湧，銀河左界迎。大地寒輝迴，長安遠夢縈」，寄託遙深，別成機杼，「大地」、「長安」一聯，尤道出張文獻望月懷遠心緒。孫駕航觀察（梫）首作云「冰丸涵蜃彩，玉宇靜鼉更。朗照三山峙，光凝萬派平。紫瀾回皎潔，碧漢共澄清」，次首云「日邊身是客，海上句移情。輪欹孤岫湧，鏡澈斷雲擎。槎浮侵露氣，琴罷過潮聲」，不泛寫海月，處處於「生」字著想，清華朗潤，愈唱愈高。樓次園太守（震）首作云「天容涵鑒影，夜氣激濤聲。初魄芒猶斂，前身骨本清」，次首云「飛鏡丹霄下，停琴白露橫。蚌胎珠有耀，蟾魄玉無聲。路帳蓬山隔，人從桂府迎」，頓挫纏綿，頗有瞻望玉堂，如在天上之感。他若蔡大令（逢恩）之「一輪扶水出，萬旱照潮平」，岑大令（傅霖）之「鏡奩雲葉捧，珠顆水花擎」，胡大令（鑒）之「東斗寒芒吐，南溟遠派平」，張大令（坤）之「賞來同此夜，修到豈今生」，彭大令（君谷）之「扶桑新浴出，斫桂早修成」，王大令（照）之「一丸空際漾，萬象此中呈」，李大令（青培）之「濤頭來一線，月魄浴三更」，湯大令（獻祥）之「客心歸嶺嶠，秋色滿寰瀛」，並精心結撰，意遠思沈，不愧詩人吐屬。以此較彼，古今人何遽不相及耶？惜詩多不克具錄，略採一二，質之世之號為「五字長城」者，或不以為謬耳。澔師八載監司，三充提調，追陪大府，借助寅僚，舉凡點名之擁擠，題紙之漏泄，供役多傳倩之徒，飲食鮮潔精之品，均經別除積弊，加意整頓。多士頗感頌，而自計尚多抱歉焉。餘事作詩，唐之李氏景，宋之蘇氏軾固已先之，風塵中似不可無此雅興也。因書以示客，客問曰：「子之擬作何不並登之？」澔師曰：「鍾繇、王朗視王粲高才，皆閣筆不能措手，況區區敢與諸君子爭衡乎？雖然，客知我者，能道我中肯句否？」客曰：「『古人曾共照，今夕倍分明。涼魄隨潮長，秋心入夢清。』此兩聯得不謂之佳句乎？」澔師曰：「其然，豈其然？」（《蕉軒續錄》卷二）

【朱子謂漢儒善說經】朱文公答張南軒書曰：「平日解經，最為守章句者，然亦多是推衍文義。自做一片文字，非惟屋下架屋，說得意味淡薄，且是使人看者將注與經作兩項工夫，做了下稍，看得支離，至於本旨全不相照。以此方知漢儒可謂善說經者，不過只說訓詁，使人以此訓詁玩索經文，訓詁、經文不相離異，只做一道看耳，直是意味深長也。」據此，文公亦深知漢學之精矣。（《蕉軒續錄》卷二）

【論竹垞讀書詩】金風亭長於漢學、宋學，《曝書亭文集》及《經義考》

中言之詳矣。予幼時閱其晚年所作《讀書》五言古十二首，設詞不無過激，然未敢以為是，亦未敢以為非也。又二十年，涉獵宋五子書，稍稍有得，偶以質侯官老友林蔚溪學博。學博曰：「微子言，吾亦幾不敢出諸口。子知宋儒之學極精也，至論五行，則未免失之粗率。子知宋儒之學極實也，至論太極，則未免近於玄虛。子試於精粗虛實間求之，思過半矣。其他人人能道之，吾不復重為子告也。」予乃取竹垞詩，略加注釋，參以鄙見，附錄於此。非推波助瀾，為竹垞干城焉。（《蕉軒續錄》卷二）

【六笑】明桑懌民（悅）詩云：「《四愁》自比張平子，《六笑》堪憐范茂明。」按：《六笑詩》云：「我笑支道林，遠移買山書。巢由古達士，不聞買山居。我笑賀知章，欲乞鑒湖水。嚴陵釣清江，何曾問天子？我笑陶靖節，自祭真忘情。胡為託青鳥，乃欲長年齡？我笑王無功，琴外無所欲。當其戀五斗，乃獨不知足！我笑杜子美，凤昔具扁舟。老大意轉拙，欲伴習池遊。我笑韓退之，不取萬乘相。三黜竟不去，觸事得讒謗。客言莫謾笑古人，笑人未必不受嗔。螳螂襲蟬雀在後，祇恐有人還笑君。迴頭生愧不能語，嘲評（去聲）從今吞不吐。譽堯非桀亦何為，訕周譏禹終無取。」宋范浚作也。濬字茂明，蘭溪人，有《香溪集》。舉紹興間賢良方正，當秦檜枋政，夷然不起，人服其高卓。朱晦翁注《孟子》，載其《心箴》。（《蕉軒續錄》卷二）

【紀公誤記】「禾麻地廢生邊氣，草木春寒起戰聲。」元戴岷源元表詩也。紀曉嵐先生《筆記》引王執信語，以為唐彥謙詩，誤。又金張子信《大節同新進士呂子成輦宴集狀元樓》詩云：「鸚鵡新班宴杏園，不妨老鶴也乘軒。龍津橋上黃金榜，三見門生作狀元。」（見《中州集》）先生《筆記》引介野園侍郎事，略易數字，以為野園詩，亦誤。又《筆記》載周書昌記一人夢古妝女子，謂曰：「我隱公七年歸紀莊公，二十年歸鄘，相距三十四年，已在五旬以外，以斑白婺婦，何由知季必悅我，越國相從？」云云。按：叔姬歸鄘在莊公十二年，不應作二十年。隱公七年至十一年，共五年，中間桓公十八年，再加莊公十二年，共三十五年，不應作三十四年。皆先生一時忘檢也。（《蕉軒續錄》卷二）

【不如】宋神宗時司馬光上疏曰：「臣之不才，最出群臣下。先見不如呂誨，公直不如范純仁、程頤，敢言不如蘇轍、孔文仲，勇決不如范鎮。今群臣許歸，乞依例致仕。」明崇禎時黃道周亦有七不如疏，以為「品行不如劉宗周，至性不如倪元璐，遠見深慮不如魏呈潤，犯顏敢諫不如詹爾選，老成足

備顧問不如陳繼儒，樸心醇行不如李如燦、傅朝祐，文章氣節不如錢謙益、鄭鄤」。愚謂，光之所指諸人皆正人也。揄揚諸賢之美，謙尊而光，頗為允洽。若道周所云不如者，陳繼儒不過裝點山林，附庸風雅，不知有何經濟，足備顧問。鄭鄤甫以罪誅，亦似不當陳之奏牘。錢謙益順治二年豫王入江南，首捧降箋，文章氣節掃地以盡。此論雖出之道周，然後世非皆無耳目人，竟不敢為賢者諱也。本朝尹文端公繼善受知世宗，嘗召對，世宗諭：「汝知督、撫中李衛、田文鏡、鄂爾泰有可學者乎？」繼善對曰：「李衛，臣學其勇，不學其粗；田文鏡，臣學其勤，不學其刻；鄂爾泰，大局好，可學處居多，然臣亦不學其愎也。」嗚呼！有聖主，斯有賢臣。吾每三復繼善之言，匪特遠邁漳浦，抑且上駕涑水矣。（《蕉軒續錄》卷二）

章安雜說　（清）趙之謙撰

　　趙之謙（1829～1884），字撝叔，一字益甫，又字賈叔，號悲庵，一號梅庵，又有冷君、無悶、思悲翁諸號，會稽（今浙江紹興）人。咸豐九年（1859）舉人，官至江西鄱陽、奉新知縣。與李慈銘為中表，各以文章遨遊公卿間，頗以名相軋。書學北碑，兼擅篆分鐵筆，書畫篆刻，妙絕古今。下至飲饌、服御、遊藝之屬，探源溯委，窮析微奧。所輯《補寰宇訪碑錄》，乃其少作，後深悔之。著有《六朝別字記》《國朝漢學師承續記》等書，編有《鶴齋叢書》。生平事蹟見程秉銛《清故江西知縣會稽趙君墓誌銘》、葉昌熾《趙之謙益甫事實》《兩浙輶軒續錄》卷四五。

　　《章安雜說》原稿書法妙曼，是趙之謙三十三歲後所作。咸豐十一年（1861），之謙應朋友之邀，客居溫州，與友人討論藝文，所作劄記，都計八十一則。前有咸豐十一年辛酉（1861）五月八日之謙自序，稱自客章安，得識江弢叔湜於永嘉，上下論議，互有棄取，簡札既多，筆墨遂費，因隨所得錄之，且及書牘，題曰《雜說》，誌無所不有云云。

　　全文不足四千言，所論以書畫碑碣為多，其中頗多精論。如曰：「學祖晉人，書祖二王。二王之書傳世皆唐人摹勒，閣帖所搜失當，實不及絳州本，今人即據唐人摹勒者稱二王，不知二王書果如此乎？」曰：「六朝古刻，在耐看。猝遇之，鄙夫駭，智士哂耳。瞪目半日，乃見其一波磔、一起落，皆天造地設，移易不得，必執筆規模，始知無下手處。不曾此中閱盡甘苦，更

不解是。」曰：「《瘞鶴銘》自是仙跡，指為右軍固非典要，顧著作亦不能有此，華陽真逸乃陶貞白，當是撰文者，此銘原題上皇山樵書，則別是一人。總之，大書至此，乃入超妙地位。六朝古刻無疑，唐人無是也。」曰：「書家有最高境，古今二人耳。三歲稚子能見天質，績學大儒必具神秀。故書以不學兼不能書者為最工。夏商鼎彝、秦漢碑碣、齊魏造像、瓦當磚記，未必皆高密、比干、李斯、蔡邕手筆，而古穆渾樸，不可磨滅，非能以臨摹規仿為之，斯真第一乘妙義。後世學愈精者去古愈遠，一豎曰吾顏也、柳也；一橫曰吾蘇也、米也，且未必似之，便似，亦因人成事而已。有志未逮，敢告後賢。」曰：「求仙有內外功，學書亦有之。內功讀書，外功畫圈。」曰：「見擔夫爭道，觀公孫大娘舞劍，皆古人得筆法處也。」

此本據國家圖書館藏稿本影印。

【附錄】

【學山谷字】余論書服膺包慎伯，慎伯指劉文清為得力香光，文清笑謂數十年工夫一語道破。真打瞎頂門眼，奪卻腦後符，非漫說也。余二十歲前學家廟碑五百字無所得，遍求古帖皆臨一通亦不得。見山谷大字真蹟止十餘，如有所悟，偶作大字，筆勢頓異，覺從前俗骨漸磨漸去，然余未肯學山谷一字。江弢叔見余書即指為學山谷，亦數十年中一大知己也。（《章安雜說》）

【重二王書始唐太宗】安吳包慎伯言曾見南唐拓本東方先生畫贊洛神賦，筆筆皆同漢隸，然則近世所傳二王書可知矣。重二王書始唐太宗，今太宗御書碑具在，以印世上二王書，無少異，謂太宗書即二王可也。要知當日太宗重二王，群臣戴太宗，模勒之事成於迎合，遂令數百年書家奉若祖者，先失卻本來面目，而後八千萬眼孔竟受此一片塵沙所眯，甚足惜也。此論實千載萬世莫敢出口者，姑妄言之。阮文達言書以唐人為極，二王書唐人模勒，亦不足貴，與余意異而同。（《章安雜說》）

【論紅樓夢】世所傳《紅樓夢》，小說家第一品也。余昔聞滌甫師言，本尚有四十回，至寶玉作看街兵，史湘雲再醮與寶玉，方完卷。想為人刪去。（《章安雜說》）

【論拙野】畫家拙與野皆不同，拙乃筆墨盡境。小兒初學握筆，動則瑟縮，然瑟縮中書氣能圓滿，稚拙也，久而瑟縮生野，及瑟縮者去，則偏佻浮薄，天質一變，不能復拙矣。天地間凡盡境皆同始境，聖賢學問，極於中庸。

五嶽宗泰山，泰山之高百里，而尺寸得於奇險可怖處。物莫大於海，行海數萬里，見一片水流，不如淺涘飛瀑，具異象也就。拙中具一切幻界，出即是始境，入即是盡境。出則從拙出也，入則入於拙也。野者非是，今悍夫奮臂格路人，眾避之，一旁觀者屹為不動，彼悍夫氣索，野遇拙類之。故酒狂瘋漢，異如苦禪老衲；毒龍猛虎，異伏獅馴象；披髮跣足，不如黃冠草履。躡千仞之岡巔，以一觀千仞之淵。日談高深，所見有限，及歷盡五大洲，出沒火地冰洋，老倦高臥，兩兩相叩，一語立絀。故野可頃刻立就，拙則需歷盡一切境界，然後解悟。野是頓，拙是漸，才到野，去拙路遠，能拙且不知何者為野矣。王雲西頗解拙妙，而未能了然野之字義，故書以示之。（《章安雜說》）

庸閒齋筆記十二卷 　（清）陳其元撰

陳其元（1811～1881），字子莊，號庸閒老人，海寧人。自稱其家以詩書為世澤，自有明中葉承陳姓之後，代有聞人，人各有集，見於秀水錢警石所纂《海昌備志》，所採者不下萬卷焉。其祖訓之曰：「我家自本朝開國以來，百八十年，家門鼎盛，躋八座、入臺閣者，指不勝屈，然賞戴花翎者，僅二人；祀昭忠者，止一人，足見世值升平，軍務不作，天下又安之故。此國之福，亦家之福也。」廩貢生。入資為金華訓導，旋擢富陽教諭，同治六年署縣事，勵精圖治，甫三月，審結積案三百八十餘起，掩埋暴露四萬二百餘棺。性樸誠，以儒術緣飾吏治。晉忠臣袁山松、宋忠臣鮑廉清、忠臣葉映榴墓皆在境內，其元詳請列入祀典，春秋致祭。設各鄉鎮義塾二十一處，詳定歲撥經費錢七百二十千。勸民讀書識字，朔望宣講，尤極剴切。歷官江蘇南匯、上海縣令，晉階知府，加道員銜。畢生勉為良臣，效力國家，不負家聲。生平事蹟見《庸閒老人自敘》。左宗棠為撰《簡用道陳公墓誌銘》，《上海縣續志》卷十五、《南匯縣續志》卷十有傳。

全書十四萬言，分十二卷，多記有清一代歷史掌故，上自典章制度、經濟民生、軍情夷務，次及家族記憶、民情風俗、官場生態，下迄讀書心得及詼諧遊戲之類。其元講求經世之學，列強入侵之際復留心世事之學，故其書有體有用。卷一記其祖悟道之語：「人老則一切皆淡，何須戒得？」卷三記其祖論為官之道：「居家儉，則居官廉。吾歷官數十年，見奢者未嘗不以貪

敗。」又記明廣西布政使喬純所之言：「士大夫不可一日無窮措大氣。」卷九曰：「做官不可有邀功心。」皆可為官箴。又反對貪腐，抨擊貪官，如卷四「冥司勘校侵用勇糧」條載戴熊兆直斥貪官之言，卷五「侵賑之報」條直斥貪污救災款項之山陽教諭。所記官場惡行，類多近實。卷四「製造食物之穢」條，言「飲食日用之物，非目睹不知其製造之穢」，如福建制冰糖者，皆雜以豬脂；蘭溪製南棗，用牛油拌之，乃見光彩，故嗅之微有膻氣；富陽竹紙名天下，造時竹絲不用小便煮則不能爛；淮甸蝦米貯久變色，浸以小便，即紅潤如新；河南魚鮓有敗者乃以水濯，小便浸一過，肉益緊而味回。食品安全早成問題，閱此為之心驚！卷二有「難博學」條，卷四有「考據之難」「讀書貴識字」諸條，可見其於讀書治學亦有會心。又曰：「外國之新報，即中國之邸抄也，閱之可得各國之情形，即可知天下之大局。」又稱今閱其國人鹽谷世宏《日光從軫錄》所記云云，可見其人已睜眼看世界。然書中多涉報應之事、輪迴之說，多不可信矣。

此書始纂於同治十年（1871），成於光緒元年（1875）。卷首有同治十二年（1873）其元自序，稱以唐李肇《國史補》為法。又有同治十三年（1874）俞樾序，稱其書首述家門盛跡、先世軼事，次及遊宦見聞，下逮詼諧、遊戲之類，斐然可觀云云。〔註237〕然李慈銘稱其書多載舊聞，間及近事，頗亦少資掌故；惟太不讀書，敘次亦拙，不足稱底下書耳。〔註238〕李氏之指責乃因撰者之自誇，未免意氣之爭。薛福成《庸庵筆記》卷三「庸閒齋筆記褒貶未允」條亦譏其「每於左文襄公事，頗覺推崇過重」，而於曾、左間齟齬之事，「則更持議頗偏，褒貶失當」。

此本據華東師大圖書館藏清同治十三年刻本影印。

【附錄】

【陳其元《庸閒齋筆記自序》】同治壬申之秋，解組歸來，僑寓武林。兵燹之後，休養生聚，又十年矣。老成凋謝，昔日知交存不十一；族中耆長尤為零落，即與予伯仲行者，亦復寥寥。歲月不居，無怪吾衰之甚也！端居多暇，嘗舉吾宗舊事與兒輩言之，恐其遺忘，筆之簡牘，俾免數典忘祖之誚。殘冬未盡，倏已成帙。今年因公事滯跡吳門半載，日長務閒，追念平生舊聞，

〔註237〕《續修四庫全書》第1142冊，上海古籍出版社，2002年版，第1頁。
〔註238〕李慈銘：《越縵堂讀書記》，上海書店出版社，2000年版，第878～880頁。

及身所經歷目睹事，有所記憶，輒拉雜書之。紛綸叢脞，雖詼諧鄙事無所不登；而國典朝章、莊言至論、異聞軼事、軍情夷務及展卷所得者，間亦存焉。隱惡揚善，事征諸實，不敢為荒唐謬悠之譚，如《碧雲騢》《瑣綴錄》之誣詆名賢。庶幾歐陽文忠《歸田錄》所言：「以唐李肇為法，而少異者，不記人之過惡。」君子之用心當如是也。合之前編，共為八卷，約十萬言，名之曰《庸閒齋筆記》。聊以自娛，亦可供友朋抵掌劇談之一助云爾。同治十有二年，歲在昭陽作噩，斗指酉，庸閒老人漫識於行葦堂，時年六十有二。

【陳其元《庸閒老人自敘》】余於同治壬申曾著《筆記》八卷，德清俞蔭甫太史勸令付梓。兩年來，索閱者甚夥，因之時時有人以新事來相告語，余亦藉此破岑寂，過而聽焉，或過而忘之，或過而存之，皆付之無心而已。今年長夏酷暑，適姤微病，杜門不出者累月，閒居無事，祇以筆墨自娛。追憶舊聞，並參新得，日或記數紙，或數日記一紙，投筆之餘，隨手散棄，不復再檢，蓋不過以之消磨日月，初非欲再續前書也。秋冬之間，忽見案頭有一新冊，閱之，乃兒子德溥、德嵩拾餘所棄，抄錄而成者。讀之，尚覺足資掌故，因略加排檢，又益以近事及偶記者補綴之。復得四卷，不更別為名目，仍續於前記之後。自茲以往，倘天假之年，異日或再有所撰述，則如近時紀文達之《筆記》五種、前時洪容齋之《夷堅》十集也，亦無不可。光緒紀元，歲在乙亥，斗指丑，哉生魄，庸閒老人識於梧桐鄉佳晴喜雨快雪之堂，時年六十有四。（《庸閒齋筆記》卷九）

【俞樾《庸閒齋筆記序》】昔《春秋》於隱、桓間書家父凡伯仍叔之子，蓋皆大雅舊人，見故家遺俗猶存也。孟子亦稱故國不在喬木，而在世臣。三代以下，如晉之王、謝，唐之崔、盧。皆以衣冠舊族為時所重。求之我朝，若海寧陳氏，其亦所謂名宗望姓、鼎族高門者乎？余於陳氏識子莊太守，蓋吾舅氏姚平泉先生之高足弟子也。出方雅之族，兼文學政事之才，同治初受知於左季高相國，疏薦於朝，筮仕吳中，曾文正公及李少荃相國皆器重之，歷宰大縣，所至有聲，論者至比之陸清獻。近年歸老於家，泉石優游，居多暇日，乃娛情翰墨，著《庸閒齋筆記》一書，首述家門盛跡、先世軼事，次及遊宦見聞，下逮詼諧、遊戲之類，斐然可觀。昔宋范公偁為仲淹玄孫，所撰《過庭錄》多述祖德，間及詩文、雜事，此書殆其流亞乎？余勸付剞劂，以廣其傳。讀是書者，當歎王氏青箱具有家學，叢談瑣語亦見典型，固與寒門素族殊也。同治十有三年，太歲在甲戌陽月，德清俞樾。

【續修四庫全書總目提要（稿本）13—600】是編雜記事實掌故，間亦及與考訂。其記前人佚事及清代掌故，頗以增廣見聞，惟文筆不清，敘述拙劣，讀書甚少，考證粗疏。其譏藏宋本者，謂不如讀俗本，不知宋代坊間刻書，魯魚亥豕，自所難免，然以時代近古，確有可取之處。其元所言，不特不知版本，並不知學問者也。其論官制，謂唐之尚書以處藩鎮，侍郎則居宰相之位。不知唐制尚書長官多虛位，六尚書官，亦不必備，或除拜而不必蒞職，往往以侍郎掌部事，而節鎮留守及分司致仕者，多寵以尚書虛銜，何嘗以尚書處藩鎮也。又唐制僅門下中書侍郎為宰相之職，非侍郎皆居相位，此可知其學之不深也。

【王杰欲藥殺和珅】不為良相即為良醫。醫，仁術也。《儒門事親》一書，且以能醫為人子事矣；然余家則有以醫致累者。曾祖恬齋公侍母查太恭人疾，日翻閱藥書，至抱書臥，中夜有省，遂工醫。官四川及長蘆時，兩次奉命馳驛入京暨熱河，視裘司空、福額駙疾，蓋以二公上奏云「臣疾非陳善繼不能生之」，故都中有「陳神仙」之名。洎補天津縣知縣，上謂方制府以官為酬醫之具，加責讓焉。曾叔祖宛青公諱溁，精繪事，亦善醫。官禮部時，和相國珅召之令視疾，公諮於座主韓城王文端相國，相國曰：「此姦臣，爾去必以藥殺之！否則，後不必見我！」公遂謝不往，和珅銜之。時已保送御史矣，乃出為鞏昌知府，繼又以失紅本事貶官知州。（《庸閒齋筆記》卷一）

【海塘】浙江之大患，莫若海塘。歷朝修築，糜帑金至千百萬，至今日而尤亟矣。六世從祖宋齋公生於海寧，居於海鹽，於海塘情形最為熟悉，嘗為兩邑之近海隅同，被海患同，而修法則各不同。寧邑海在南面，離山既遠，塘外沙時坍，漲潮自東而西，不慮其平滿而慮其方來，潮頭雖高而急水必從沙底滾刷，沙愈去則水愈近塘，而塘難保矣。古人修海寧塘，設立「排樁木櫃」之法，蓋用排樁以護沙，用木櫃以護排樁，皆於塘外著力，使沙日積而水漸遠，迨潮至平滿齊塘，強弩之末，不穿魯縞。所以寧邑海塘只用條石，不須過於長厚。惟審其捍禦之道，全在塘外也。鹽邑海在東面，離山甚近，塘外沙不坍，漲潮自下而高，不慮其排決而慮其衝吸。石縫稍疏，則內土必隨潮滾出，土愈去則石無所附，而塘亦危矣。古人築海鹽塘，設立「縱橫疊砌」之法，蓋石大則負重難撼，水曲則勢緩易當，要於塘身著力，使土日固而塘可久。倘石有欹斜墊垛，千金之堤潰於蟻穴。所以鹽邑海塘不用小石，必須極其長厚。惟審察悍禦之道，全在塘身也。寧邑海塘，莫患於潮頭逼塘，

入手毫無阻攔，塘外日深，難於措手。鹽邑海塘，莫患於潮頭頂衝，修築務期堅固，餘外次沖便易著力。至於大風昏潮，名為海嘯，又有非人力所能捍禦。然古人慮之深矣，故寧邑海塘內有六十里塘河，鹽邑海塘內有白洋河，既以取土培塘，可使上塘常加堅厚，又以各路分消，不使海水灌入田畝。此則海塘善後之策也。公關心桑梓，於海塘一事，講究不遺餘力，當時治海塘諸公咸稱公之經濟，能得古人「因地制宜」之意，奉為圭臬。故雍、乾以來數十年，浙西無海患者，以此也。公諱訏，字言揚，別號宋齋。曾官溫州府學教授。年八十時，第三子存齋公世倕以河南按察使兼署布政使入觀，蒙世宗垂詢公年齒履歷，御書「松柏堂」匾額，並人參、貂裘、寧紬等物以賜公，並諭：「爾父有德有壽，給他老人家歡喜」。欽此。公因自號歡喜老人，以誌恩遇云。（《庸閒齋筆記》卷一）

【難博學】矜淹雅者，喜旁搜博鑒，而於目前所讀之書，每多忽略。如袁簡齋太史所記，與諸翰林論《孟子》有韻之文，自「師行糧食」至「飲食若流」以下皆不能記憶，或且杜撰二語以足之。眾疑其不類，翻孟子書觀之，乃大噱。乾隆時，博學鴻詞不知「增廣生員」四字出在《論語》注中，皆可笑之甚者。先大父在太平府時，嘗閱黃山谷尺牘中有「損惠蒲葽」語，忘「蒲葽」為何物。時江右汪巽泉尚書方督學政，大父舉以問之，尚書謝不知。適陳遠雯太守雲亦至，尚書告以先大父所問，太守嘩曰：「陳君最好以僻典難人，四庫書汗牛充棟，安得盡能記憶？」遂不研究。歸以語余輩，時三弟昕年十二，方讀《禮記》，卒然應曰：「『黍曰蒲合，梁曰蒲葽』，《典禮》語也。」大父翌日謂太守曰：「《禮記》誠僻書也。」相對軒渠。尚書聞之，笑曰：「兩榜眼可謂眼大如箕矣。」蓋汪、陳皆以第二人及第者也。同治癸亥，史士良觀察上左爵帥書論事，帥批其牘尾有曰：「該道喜用失事之人，良以使功不如使過耳，抑思古人棄婦萎韭之喻乎？」觀察不知四字出處，詢余及汪時甫太守，皆不知，遍翻類書，不能得。時章采南殿撰以憂歸，舉問之，亦不能答，以為真僻書矣。嗣余至上海偶言，之，大兒德溶適閱裴松之《三國志注》諸葛武侯與張藩書曰：「棄婦不過門，萎韭不入園。」則此書亦未為僻也。惟鄉前輩言乾隆朝開大科徵書至學，學官遣門斗持文傳與薦者，門斗問諸君曰：「公等咸稱博洽，亦知我『門斗』二字於何時昉？取何義名？」皆瞠莫對。比至都，訪之同徵者，亦均無以對。迄今百有餘年矣，計必有博學者能知之。○徐少鶴侍郎少負博洽名，作文喜用僻書難字。嘉慶甲子舉於鄉，題

為「謹權量」四句，文內所用之字，讀者多結舌不能下。相傳是科內監試張古餘太守於第二場夢神告之曰：「此卷所用者，乃《爾雅注疏》，君其記之！」既醒，自笑以為監試官向不閱卷，何有斯夢？次日方送薦捲入，忽聞二主考相語曰：「卷中出比所用乃是《山海經》，對比則杜撰矣，當黜之。」太守聞之，忽悟，乃前白曰：「恐是《爾雅注疏》。」因述夢中所聞。翻《爾雅》閱之，信，遂中式。余曾以此事詢之其弟季雅姑丈而符。亦奇矣哉！○博雅宏通之彥，余六十年來僅見三人：一閩縣陳恭甫太史壽祺，於書無所不覽，著作等身。余在福建時尚幼，僅一拜見，不能有所叩發，第聞金匱孫文靖公、侯官林文忠公欽佩之不已。二公則余知其學問之淵懿也。一金溪戴簡恪公敦元。余道光壬辰應京兆試，公時為刑部尚書，以年家子上謁，公謙抑殊甚，有「有若無，實若虛」之氣象。余特搜僻典數則叩之，公則曰：「年老記憶不真，似在某書某卷第幾頁第幾行內，其前則某語，其後則某語。」試翻之，則百不爽一。蓋公固十行俱下，過目不忘者也。余嘗問公天下書應俱讀盡矣，公曰：「古今書籍浩如淵海，人生歲月幾何，安能讀得遍？惟天下總此義理，古人今人，說來說去，不過是此等話頭。當世以為獨得之奇者，大率俱前世人之唾餘耳。」公於刑部例案最熟，無一事可以欺之，老胥猾吏見之束手，故終身歷官不出刑部。一為會稽屠筱園先生湘之。先生與余同官者三年，內行敦篤，善氣迎人，廿四史、十三經、諸子百家，探口而出，問之不能窮。嘗為袁簡齋先生駢體文注釋，一典必窮其源，不肯舉眼前所有者以塞責。余嘗借其本觀之，所引之典，多出余所知之外者。余謂先生：「恐簡翁當日撰文時亦祇就目前之典用之，未必若是之探天根、躡月窟，誠恐先生所引之典並簡翁當日亦未必知之。」先生曰：「固然。然注書之法不能不如此。」余曰：「若天下後世皆欲如先生之釋書，則所釋亦僅矣。」先生貧甚，此書未及刊刻而歿。庚、辛之亂，底本不知存亡矣。先大夫嘗言南昌彭文勤相國乾隆時最稱為博學。相國為考官，純皇帝以「燈右觀書」命題，相國愕然不知出處，大慚愧。比覆命陳奏，以學問淺薄，不審詩題之所出，敢昧死以請。上微哂曰：「朕是夜偶在燈右觀書，即事命題耳。」公叩首趨出。上顧侍臣大笑曰：「今日難倒彭元瑞矣！」（《庸閒齋筆記》卷二）

【泰西製造之巧】天下之巧，至泰西而極。泰西之巧，至今日而極。古人言鐵船渡海，為必無之事，嗣以鐵皮包裹者當之。壬申之春，竟有《北德意志國》鐵甲船至吳淞海口，其船純以精鐵鑄成，大片鑲合為船，重數千萬斤，

可載軍士萬人。內中作為機括，可以沈行海底，大炮擊之，不損分毫。每造一船，須用銀三百萬兩。此時英、法、俄、美各國皆有此船，或數隻，或數十隻不等。海中有此船，則各樣火輪船均不能敵。機器局馮竹儒觀察曾買船鐵一片觀之，計銀一千五百兩，以費太鉅，故尚未能學制。然此船非至吳淞口，人雖有言，余亦不信也。又有氣球大者，其內可分作五六間屋，用機器轉連，則上升數十丈，東西南北，無不如意所向。北德意志圍法蘭西都城時，法主乘氣球出亡，北軍亦乘氣球追之，空中爭戰，卒為法主逸去。此則行於天上矣。現在製益加精，向高不過四五里，即為天氣所過，氣不能舒，人且悶死；今則用法吸地之生氣置於中，可以上行至二十七里之高。現此球尚未至中國，計數年後必有來者，來而仿製，則江河皆失其險矣。向稱海為至深，今則測量知極深之處不過六里，故海底均可以開地道行走，特工費浩大，不能舉行。若泰西諸國之高山，倘是要道，皆從山根鑿通一穴，或數十里，或數百里，行火輪車矣。鳥槍之精者，余曾見一具，可連發六十四槍。又有氣槍，不用火藥，自能飛彈擊物。至炮之靈便迅疾，有非口所能述者，戰陣用之，無堅不摧。各國之製，皆已窮極工巧。壬甲之春，英、美二國因賠貼軍餉事怒欲相攻，然皆不敢先發。蓋炮火均極精練，兩軍相當，可以死傷盡淨。泰西諸國向言用兵總須一二年間始決勝負，今則不過一月之內便可立判，故皆畏而不發。後得奧斯馬國為之解紛，遂和好如初。此皆余宰上海時所見聞者也。（《庸閒齋筆記》卷二）

【迷信扶乩受禍】乩仙多係鬼狐假託，昔人論之詳矣，然世人仍多信之。以余所聞，則無錫唐雅亭明府受禍最酷。雅亭以縣尉起家，累擢至浙之慈谿令。為人有幹材，能飲酒、度曲，上官俱喜之。而顧極信扶鸞，每事必諮而後行。在慈谿任時，乩仙忽告以大禍且至，宜亟去官。雅亭遽引疾，上官留之不可。未半載，濱海鄉民入城滋事，後任官竟至罷斥，於是益神之。又詢以卜居之所，乩言天下且有事，惟金華府之武義縣最吉，遂徙往居之。置田營宅，極園亭之勝；飲酒按歌，望者疑為神仙中人。咸豐戊午二月，賊至處州，叩之，曰：「無礙。」既破永康，又叩之，曰：「必無礙。」且云「遷避則不免」，遂堅坐不出。比賊至，全家被擄，雅亭為賊拷掠，死甚慘。賊退後，余偕李太守赴縣城辦撫恤，至其家，斷壁頹垣，焦原荒土，屍骸狼藉，為之一歎。噫！此殆宿冤，又異乎鬼狐之假託矣。（《庸閒齋筆記》卷二）

【科場中鬼神】科場中，世每豔稱鬼神事，以彰果報。余自道光戊子科

起，至咸豐乙卯科止，共鄉試十五次，前後居矮屋中計一百三十五日，可謂久矣，然鬼神之變幻，不特目未之見，即耳亦未之聞。惟外舅聞藍樵先生言：「嘉慶丁卯科鄉試，頭場三藝脫稿，已三鼓矣，內逼如廁，比還，見燭臥於卷面，已橫蕊寸許，不特卷不焦灼，並油亦不溢出，驚為奇異。是科遂中式，容是鬼神之力。至咸豐辛亥科鄉試，同官陳星垞二子丙曾、誦曾，兄弟同掇高魁，其文皆取法尤、王，於是都中盛傳星垞於元旦夢文昌神，告以今年闈藝宜學西堂、農山，因此得雋。祁春圃相國以問貢荊山方伯，緣星垞次子右曾館於其家也，右曾馳書歸詢其父，星垞持以告余，並笑曰：「君今為文昌矣。」蓋上一年都門寄來擬題若干，內有「可使有勇」二句，丙曾謂余：「此文自王農山後，無人能繼作者。」余因取少時所作是題文示之，丙曾歎為驚才絕豔，傾倒萬狀，余謂是垞之學，壯夫不為。丙曾乞其文去，呈之星垞，星垞謂：「此調不彈已久，鄉試可以必薦，而不能保其必售。初學偶學之亦無不可。」於是丙曾弟兄皆學為之，而時時請業於余。余初尚為改削，久而益厭，不復過問。比入試，而題係「必也射乎」三句，適可用尤、王腔調，弟兄遂皆中式，並無所謂文昌示夢也。因知科場內所傳鬼神之事，大率類此。（《庸閒齋筆記》卷二）

【海寧陳氏安瀾園】道光戊子，余年十七歲，應戊子鄉試，順道往海寧觀潮，並遊廟宮及吾家安瀾園。時久不南巡，只十二樓新葺，此外臺榭頗多傾圮，而樹石蒼秀奇古，池荷萬柄，香氣盈溢，梅花大者，夭矯輪囷，參天蔽日。高宗皇帝詩所謂「園以梅稱絕」者是也。廳事中設御座。相傳數年前，有一狂生，被酒踞座而遺，忽見一金甲神捽之撲地，頭額破損扶歸，大病幾死。五十年來之虛位，尚有神物呵護，仰見皇靈之遠。同治癸酉重遊是園，已四十六載矣。經粵賊之亂，尺木不存，梅亦根撥俱盡，蔓草荒煙，一望無際，殊有黍離之感。斷壁上猶見袁簡齋先生所題詩一絕云：「百畝池塘十畝花，擎天老樹綠槎枒。調羹梅亦如松古，想見三朝宰相家。」以後則牆亦傾頹，不能辨識矣。時大府方重修廟宮，以祀海神，奏明動帑六萬，不日當可煥然一新。而斯園則零落，與綠野、平泉同其湮沒，深可慨也！（《庸閒齋筆記》卷二）

【考據之難】少時閱《閣帖》，右軍書多有「死罪」字，不解其義。後見唐國子祭酒李涪所撰《刊誤》云：「短啟出於晉、宋兵革之際，時國禁書疏，非弔喪問疾，不得輒行尺牘，故羲之書首云『死罪』，是違制令也。」乃恍然

悟。又《史記》屢言家累「千金」以為富者，竊思千金即於今世亦不能稱富，豈秦、漢之際金固貴重耶？後見如淳注：「戰國時以一鎰為一金，漢時以一斤為一金。」又恍然悟。然此二義，人多不知者，因附記之。（《庸閒齋筆記》卷四）

【朱文正之風趣】大興朱文正公，乾嘉時名臣也。崖岸高峻，清絕一塵，雖官宰相，刻苦如寒士，饋遺無及門者。與新建裴文達公最善，一日至裴處，譚次，忽歎曰：「貧甚，奈何？去冬上所賜貂褂亦付質庫矣。」裴笑曰：「君生成窮命，復何言！我管戶部，適領得飯食銀千兩，可令君一擴眼界。」因呼僕陳之几上，黃封燦然。公注視良久，忽起手攫二元寶，疾趨登車去。（《庸閒齋筆記》卷四）

【小說誤人】小說家無稽之語，往往誤人。《岳傳》載，張浚陷害岳武穆，後為諸將咬死。於是吳俗遂有咬死人不償命之說。同治壬申，蘇郡有飛金之貢。先是，業金箔者以所業微細，自立規約，每人須三年乃授一徒，蓋以事此者多，則恐失業者眾也。其時有無賴某者，以辦貢為名，呈請多授學徒，用赴工作。既得批准，即廣招徒眾，來從學者，人贄六百文，一時師之者雲集。同業大忿，於是授「咬死不償命」一言，遂群往持其人而咬之，人各一口，頃刻而死。吳縣令前往檢驗，計咬傷處共一百二十三口，然何人咬何處，人多口雜，不特生者不知，即起死者問之，恐亦不能知也。乃取始謀先咬者一人論抵。（《庸閒齋筆記》卷四）

【曾左左友誼之始末】曾文正公與左季高相國同鄉，相友善，又屬姻親。粵逆猖獗，蔓延幾遍天下，公與左相戮力討賊，聲望赫然。合肥相國後起，戰功卓著，名與之齊。中興名臣，天下稱為曾、左、李，蓋不數唐之李、郭，宋之韓、范也。比賊既蕩平，二公之嫌隙乃大構。蓋金陵攻克，公據諸將之言，謂賊幼逆洪福？已死於亂軍中。頃之，殘寇竄入湖州，左公謀知幼逆在內，會李相之師環攻之，而疏陳其事。公以幼逆久死，疑浙師張皇其詞而怒，特疏詆之；左公具疏辨，洋洋數千言，辭氣激昂，亦頗詆公。兩宮、皇上知二公忠實無他腸，特降諭旨兩解之。未幾，洪幼逆循入江西，為沈幼丹中丞所獲，明正典刑，天下稱快，而二公怨卒不解，遂彼此絕音問。余為左公所薦舉，公前在安慶時，亦曾辟召之。同治丁卯，謁公於金陵，頗蒙青眼。洎攝南匯縣事，丁雨生中丞時為方伯，具牘薦余甚力，公批其牘尾曰：「曾見其人，夙知其賢，惟係左某所保之人，故未能信。」云云。蒯子范太

守以告余，謂公推屋烏之愛也。辛未，公再督兩江，張子青中丞欲調予上海，商之於公，公乃極口贊許。是冬來滬閱兵，稱為著名好官，所以獎勖者甚至。聞余欲引退，特命涂朗軒方伯再四慰留，謂公忘前事矣。後見常州呂庭芷侍讀，談及二公嫌隙事，侍讀云：「上年謁公於吳門，公與言左公致隙始末，謂『我生平以誠自信，而彼乃罪我為欺，故此心不免耿耿。』」時侍讀新自甘肅劉省三軍門處歸，公因問左公之一切布置，曰：「君第平心論之。」侍讀歷言其處事之精詳，律身之艱苦，體國之公忠，且曰：「以某之愚，竊謂若左公之所為，今日朝端無兩矣。」公擊案曰：「誠然！此時西陲之任，倘左君一旦捨去，無論我不能為之繼，即起胡文忠於九原，恐亦不能為之繼也！君謂為『朝端無兩』，我以為天下第一耳！」因共歎公憎而知善，居心之公正若此。余又謂：「洪逆未死，公特為諸將所欺，並非公之自欺，原可無須芥蒂也。」公歿後，左公寄挽一聯云：「知人之明，謀國之忠，我愧不知元輔；攻金以礪，錯玉以石，相期無負平生。」讀者以為生死交情於是乎見。昔韓忠獻與富文忠皆為一代賢臣，第以撤簾事意見不合，終身不相往來，洎韓公薨，富公竟不致弔。今觀曾、左二公之相與，賢於古人遠矣。（《庸閒齋筆記》卷四）

【日本人斥陸王之學】本朝自陸清獻公嚴朱陸異同之辨，力排王氏之學，天下靡然從風。日本為海東小國，自儒教入其國中，伊國人亦恪守程、朱之說，嘗見佐滕直方所著《韞藏錄》內載《筆記序》一篇，曰：「王陽明之學，實祖陸象山矣，故其所論說大意與陸子同，而又不自謂學陸子，間去取於陸子之言，常欲出於其右，輒自以為接孔孟之傳焉，是以辨陸學則王學亦大其中矣。《大家商量集》所載朱子辨陸學諸說尤為詳備，今摘出其最的實切當者，且取《太極後論》《中庸或問》所論附之，以明王學之初不異乎陸學，而共背聖賢之教也。吾友詳之。」云云。其辨別之嚴如此。今其國王改從泰西之制，衣服、法度均遵其俗。用夷變夏，取出陳相，焚書屏儒，有同嬴政，吾恐天主之教從此流行，朱、陸之學並以淪胥，不知其國中之明理者如何痛哭流涕也。（《庸閒齋筆記》卷五）

【天主耶穌兩教之互爭】天主教向有屬禁，自泰西通商後，其禁遂弛，蔓延於江、浙、閩、廣東南各省。入其教者，廢祖先之祀，無鬼神之敬，生員入學不拜孔子，殊駭人聽聞，然教中人自若也。余嘗與其教士譚論，亦不過就釋氏天堂禍福之說而推衍之耳。伊教內亦分異同，謂奉天主者為正學，奉

耶穌者為異端。異端當闢，正學當扶，其闢也，不獨以言，且至攘臂。今年，英國別部天主、耶穌二教之人分朋鬥爭，殺人縱火，不可禁遏，竟至調兵彈壓。余笑謂：「此即中國朱、陸之辨也。」然天主教人龐雜嗜利，喜傳教；耶穌教人自守，而不傳教。（《庸閒齋筆記》卷五）

【紀文達煙量】河間紀文達公酷嗜淡巴菰，頃刻不能離，其煙房最大，人呼為「紀大煙袋」。一日當直，正吸煙，忽聞召見，亟將煙袋插入靴筒中，趨入，奏對良久，火熾於襪，痛甚，不覺鳴咽流涕。上驚問之，則對曰：「臣靴筒內走水。」蓋北人謂失火為「走水」也。乃急揮之出，比至門外脫靴，則煙焰蓬勃，肌膚焦灼矣。先是，公行路甚疾，南昌彭文勤相國戲呼為「神行太保」，比遭此厄，不良於行者累日，相國又嘲之為「李鐵拐」云。（《庸閒齋筆記》卷五）

【士大夫宜留心本朝掌故】上海陸文裕公，出入館閣，前後幾四十年，每抄錄國朝前輩事，命子弟熟讀，曰：「士君子有志用世，非兼通今古，何得言經論？今世學者，亦有務為博洽，然問及朝廷典故、經制、沿革，恍如隔世，縱才華邁眾，終為俗學。」云云。此說，讀書人不可不知。即如辛未三月中，天氣頗炎，恩方伯錫蕆蘇藩任，受事之時，朝冠用皮，人多訝之，不知未換涼帽之前，朝冠無不皮者也。其用絨緣者，乃宮嬪之冠。國家定制如此。今直省文、武各官，朝冠大率皆以絨緣，習而不察，反以笑人，亦可笑也。（《庸閒齋筆記》卷六）

【南匯三忠】道光辛丑，侯官林文忠公有新疆之役，暫寓武林外舅聞藍樵先生家。時余銳意經世之學，以所撰《籌邊策》《屯田議》等作呈教，公頗歎賞，目為賈生之才，謂以海運衛海疆，及墾荒土以資戰士，皆他日所必行者。後公督陝甘，果興屯政。惟今日以輪船運漕，則公不及見矣。公瀕行謂余曰：「本朝有兩篇大文字，子曾見之乎？」蓋指關中李天生檢討因篤之《陳情表》，及南匯葉忠節侍郎映榴之《殉難遺疏》也。天生之《表》，余曾讀之，較令伯之文更為肫摯。獨忠節《疏》，遍訪不能得。忠節為余六世祖姑丈，當忠節殉義時，我祖姑承遺命奉姑太夫人由竇而出，得免於難。歸家後，上事邁姑，下撫弱子，仰承天眷，遂大葉氏之門，《家乘外傳》豔稱之。余於同治丁卯攝宰南匯，忠節裔孫東軒廣文來謁，以公遺稿相贈，始得見其《疏》。忠義之氣，炳若日星，洵為昭代第一篇文字。會丁雨生中丞巡撫江蘇，興舉廢墜，余因詳請以境內晉忠臣長合鄉侯袁山松、南宋忠臣將軍鮑廉及忠節之墓列入

祀典，春秋遣官致祭。中丞允行，諮部立案。從此三忠之祀永垂千古。然忠節子孫至今蕃衍，袁、鮑二公後裔無人，則重賴此天家一瓣香矣。（《庸閒齋筆記》卷九）

【傳名之有幸有不幸】古人建功立名，其傳者亦有幸有不幸焉。蘇武、于什門均以抗節著，而人但稱蘇武；王墨、李冰共疏二江，厥功相併，冰廟食千秋，咸靈赫濯，墨之勞則並無人知之者矣。豎兒、易牙皆齊之知味者也，牙作亂，負桓公，人本不足道，以孟子稱之，遂流傳到今；豎兒之名，僅一見於《淮南子》而已。豈非有幸有不幸哉？（《庸閒齋筆記》卷九）

【鑒別書畫無真識】世之稱鑒別書畫，大抵皆憑一己之見，不必盡真識也。其識之精者不過能辨妍媸耳。近年重錢唐戴文節公山水，雖一扇一楮，價抵兼金，好事者爭收藏之。世侄錢伯聲太守承其家篝石宗伯畫法，花卉妙一時，初不以山水名也。近以世重戴畫，偶一臨摹，輒覺逼肖，因時時作小幅，署戴名，人爭購之。伯聲時告余以為笑。前年消夏無事，以文節名作冊頁十二幅，裝潢，交陳仙海司馬，戲索廿四金。時某廉訪備兵上海，留意翰墨，適欲購文節畫，陳以錢作示之，廉訪極為賞鑒，即留不還。陳懼以欺獲咎，因以實告，廉訪笑曰：「此子不忍割愛，故造作此語耳！」亟取金如數予之。伯聲得重值焉。伯聲之畫為張子青尚書賞識，余偶舉是事告之，尚書言：「咸豐年間，偕祁春圃相國入直南書房，蒙文宗召觀內府珍秘。見一巨然畫手卷，歷代名人題跋，無不精絕，驚歎希有。比出，相國告以此卷前曾兩見之，於今而三；究之孰真孰贗，卻未能辨別也。」則收藏一事，豈易言哉！（《庸閒齋筆記》卷九）

【冷官風趣】校官為冷宦，自撰楹聯，或嘲或諷，多有可發一噱者。李時庵教授題大堂聯云：「掃雪呼僮，莫認今朝點卯；轟雷請客，都知昨日逢丁。」傅芝堂學博則云：「百無一事可言教；十有九分不像官。」此二聯早膾炙人口矣。屠筱園教授所書，則「教無所教偏稱教；官不成官卻是官」。自嘲中卻有身份。陸定圃教授則云：「近聖人居大門徑；享閒官福小神仙。」亦有味。沈秋河司訓門聯云：「讀書人惟這重衙門可以無妨出入；做官的當此種職分也要有些作為。」則棱棱風骨，讀之令人肅然起敬也。（《庸閒齋筆記》卷十一）

【不讀書人有至行】「不敢妄為些子事，祇因曾讀數行書。」蓋以讀書者必明理，不妄為，乃有所為耳。然世之奇節偉行多出於不讀書之人，其故何

哉？……嗟乎！若大鏞之所為，有讀書士大夫所難為者，而大鏞顧率性為之，而不見其難；然大鏞固一字不能識之人也。悲夫！（《庸閒齋筆記》卷十一）

【決文特識】制藝文字，有特識者決之如響，余生平見二人焉；一為任丘邊仲思太守寶誠，一為餘姚朱久香閣學蘭。同治乙丑，太守在寧波考試書院，取前列三人，決為本科必售。洎榜發，中者二人，而所取第一者竟無名，太守訝之。未幾，北闈榜來，則其人已中南元，乃復大喜。閣學督湖北學政時，鄉試前，決科於省中書院，所取十名前，皆得中式，而解元即閣學之第一人也，尤為科名中盛事。（《庸閒齋筆記》卷十二）

【陳其元折服英美商人】同治丁卯九月，海寧陳其元令南匯。有英商某，以船載煤赴滬，舟膠於沙而沈，煤浮海面，海濱居民撈而藏諸家，固不知有洋船也。未幾，一英人偕譯人來，懸言船為南匯民所焚，煤悉被掠，索償五萬金。陳拒之。繼思若不查還其煤，必且肇釁，聞諸總署，所傷尤多，是不賠而賠矣；且庸知總署不飭令賠償者。方自赴鄉查勘，而英領事已照會江海關道，委員暨翻譯官偕英商來矣。海面又時有兵艦，往來鳴炮，南匯民大震。陳力與爭辯曰：「吾民果掠爾船，自應治罪。今船自擱淺沉沒，民僅撈取水面之煤，何罪之有？藉曰煤不應取，而乞我為代查，我體兩國交誼，自當竭力查辦。爾所失者煤，安得賠銀？今言銀，是訛詐也。訛詐安有交情。我官可去，銀不可得。」委員亦以大義責之。英商氣沮。陳因與約，煤船既擱沈，必不能復得全數，將來查得若干，即以若干還之。英商亦首肯。陳翌日赴鄉，召集村民，告以此案顛末，又以拚一官保衛百姓之意，反覆申喻數千言。民皆感泣，均願以所撈者送還之。數日間，繳煤十八萬斤，事乃已。又美商運貨赴滬，遭風，滯於沙，不能行，乃雇滬上漁船為轉運，議定每人日給銀二元，往返十餘日，始竣事。向索工資，則盡縛其十六人送江海關道，謂係海賊搶劫者。道發上海縣研訊，俱不承。十六人者，中有南匯人七，乃發南匯。陳詢悉始末，知其冤，乃具稟昭雪。美領事執不肯，復提往滬訊，仍不承。則再移解南匯，而七人中已死其一矣。陳直陳其本末於蘇撫丁日昌，丁得稟而震怒，亟札知江海關道，命立釋此十五人。道悚息受命，而美領事亦不復過問矣。（徐珂《清稗類鈔·外交類》）

【《庸閒齋筆記》褒貶未允】《庸閒齋筆記》數卷，海寧陳子莊大令所著也。大令名其元，為金華教官二十年，以卓異薦為知縣，歷任江蘇大缺，復調上海，數年告歸。陳氏為浙江第一舊族，故大令於先朝掌故、家世淵源述

之較詳，又頗能留心時務，閱歷既深，凡所纂論，均愜人意。惟每於左文襄公事，頗覺推崇過當。又其問所論文襄與曾文正公齟齬一條，則更持議偏頗，褒貶失當。余固疑大令當嘗受文襄私恩者也。後又閱之，果言文襄於去浙時，保薦浙士三人，丁丙、陳政鑰與大令也。然文正實嘗訪得大令，而薦之文襄者，何以大令又不知感？竊謂文正之宏獎素廣，廣則受之者不以為奇，文襄之薦剡素隘，隘則得之者益以自惠。即大令於涉筆之時，亦時存一沾沾之意，曰：「我左公所薦也。」且文襄意氣之矜忮，素著於時，彼意以為偶一紀述，毋寧抑曾而揚左，抑曾則斷無後患，抑左則或招尤悔。此又因畏之之心轉而為譽，亦人情所時有也。嗚呼！世風之偷薄久矣。余常怪世之議者，於曾、左隙末之事，往往右左而左曾，此其故亦有兩端：一則謂左公為曾公所薦，乃致中道乖違，疑曾公或有使之不堪者，而於其事之本末，則不一考焉；一則謂左公不感私恩，專尚公義，疑其卓卓能自樹立，而群相推重焉。斯皆無識者流也。夫公義所在，不顧私恩，可也。若既受其薦拔之恩，復挾爭勝之意以求掩之，又得群無識者助之以取勝，而名實兩全，則人何憚而不背恩哉？余恐後之在上位者以文正為鑒，而不敢薦賢也。此亦世道之憂也。（《庸盦筆記》卷三）

【儒官清苦】舊時教官（各府廳州縣之儒學教授、學正、教諭、訓導）之職，責在教士，浸久而所以施教者漸為具文。儒官清苦（其間亦有號為美缺者，而多數以貧瘠為苦），其賢者猶守固窮之義，以學行為士流所重，不肖者則以濫貽譏，為師儒之玷，輕侮所集，有自來矣。而溯其設官本旨，固足重視，雖久成閒曹冷宦，其文獻之考索，猶非無意義之事。若資料出於曾任教官者之記述，尤為親切有味。清人如浙之陳其元，道、咸間歷任訓導教諭，所撰《庸閒齋筆記》中言教官事頗多，於一時人物及趣談，可供循覽，惟此書為有名之筆記，流行弗替，讀之者已夥，無待不佞特為紹介。其後如陝之高照煦，川之曾肇焜，均嘗任教官而有筆記，亦考索教官文獻者所宜留意（曾書自記為教官事尤詳）。二書流傳未廣，知者不多，似已有若存若亡之勢，爰亟為介述，庶亦無負其作書之苦心也……陳其元《庸閒齋筆記》卷十一云：「校官為冷官，自撰楹聯，或嘲或諷，多有可發一噱者。李時庵教授題大堂聯云：『掃雪呼僮，莫認今朝點卯。轟雷請客，都知昨日逢丁。』傅芝堂學博則云：『百無一事可言教，十有九分不像官。』此二聯早膾炙人口矣。屠筱園教授所書，則『教無所教偏稱教，官不成官卻是官』，自嘲中

卻有身份。陸定圃教授則云：『近聖人居大門徑，享閒官福小神仙。』亦有味。沈秋河司訓門聯云：『讀書人惟這重衙門，可以無妨出入。做官的當此種職分，也要有些作為。』則棱棱風骨，讀之令人肅然起敬也。」有莊有諧，可以合看。其自占身份語，亦解嘲語。以儒官膺教士之責，此官原不賤（明代教官可充鄉試主考），相沿而職漸不舉，遂為譏笑之資，其中固頗有人物也。陳其元《戲改舊傳嘲內閣中書詩》（莫笑區區職分卑，小京官裏最便宜。也隨翰苑稱前輩，好認中堂作老師。四庫書成邀議敘，六年俸滿放同知。有時溜到軍機處，一串朝珠項下垂）以詠教官，詩云：「莫笑區區職分卑，教官亦最佔便宜。春秋兩季分肥胙，督撫同聲叫老師。遇考可求優行代，束脩不怕上官知（教官填冊受贄，相沿成例）。有時保得京銜者（余以勸捐得保詹事府主簿銜），一串朝珠項下垂。」亦見《庸閒齋筆記》。（徐一士《近代筆記過眼錄》）

白虎通疏證十二卷　　（清）陳立撰

陳立（1809～1869），字卓人，又字默齋，句容（今屬江蘇鎮江）人。少隨父客揚州，受業於梅植之、凌曙、劉文淇，均號名師。生平甘淡泊，恥干謁，與人交，懇款惻怛。客揚州久，師門誼最篤，交遊亦多。遂盡通許氏《說文》、公羊《春秋》、鄭氏《禮》；旁及詩古文詞。道光十四年中舉人。道光二十一年（1841）成進士，由庶吉士改刑部主事，升員外郎。授雲南曲靖府知府，會道梗，未赴任，流轉東歸，所至賓禮。先後受事，皆刑名至重，悉處以詳慎；而於喪服變除，宗法淆異，尤多能折衷使協律。獨於《公羊》用力猶深，成《公羊傳義疏》七十六卷。生平甘淡泊，恥干謁，與人交懇款惻怛。客揚州久，師門誼最篤，交遊亦多。著有《說文諧聲孳生述》《爾雅舊注》《句溪雜著》等書。生平事蹟見《清史稿》卷二六九、劉恭冕《皇清誥授中憲大夫候選道曲靖府陳君墓誌》。

陳立於《春秋公羊傳》用力猶深。以徐氏作疏，只知疏通字義，《公羊》微言大義，昧乎未聞。清儒孔氏《通義》，雖為漢學家專門之學，然「三科九旨」語多立異，已非復邵公之家法。乃鉤稽貫串，成《公羊義疏》七十六卷。又以《公羊》一書多言禮制，而禮制之中，有周禮，有殷禮，以孔子有「捨文從質」之說，故言禮多捨周而用殷。殷、周典制既迥然不同，故欲治

《公羊》必先治三禮。而《白虎通德論》實能集禮制之大成，且書中所列大抵皆公羊家言，而漢代個文古文之流別亦見於此書，誠可謂通全經之濫觴；乃別撰《白虎通疏證》十二卷，取古代典章制度一一疏通證明。

書前有道光壬辰（1832）陳立自序，稱恥嚮壁之虛造，守先儒之舊聞，不揣檮昧，為之疏證，凡十二卷，只取疏通，無資辨難，仿沖遠作疏之例，依河間述義之條，析其疑滯，通其結轖，集專家之成說，廣如線之師傳。〔註239〕曹元弼《禮經學‧流別第七》稱凌氏學術至正，故一傳而為陳立，作《白虎通疏證》，沉實精博，蔚為禮家鉅觀云云。葉昌熾《緣督廬日記鈔》卷二亦稱其書援據賅洽，而於古今文源流派別言之尤能鑿鑿。

此書稿本藏國家圖書館，謝章鋌校本藏福建省圖書館，王仁俊校本藏遼寧省圖書館。此本據清光緒元年淮南書局刻本影印。

【附錄】

【陳立《白虎通疏證自序》】立質賦顓愚，學慚俗陋，恥嚮壁之虛造，守先儒之舊聞，不揣檮昧，為之疏證，凡十二卷。祇取疏通，無資辨難，仿沖遠作疏之例，依河間述義之條，析其疑滯，通其結轖，集專家之成說，廣如線之師傳。道光壬辰九月既望，句容陳立撰於揚州寓宅之惜分軒。

【皇清誥授中憲大夫候選道曲靖府陳君墓誌】寶應劉恭冕撰文，蘄水郭階書丹。君諱立，字卓人，又字默齋，江蘇句容人。家世服田，潛德弗耀。父啟瑞，國學生。本生父，輔邑，諸生。績學樂善，教子有法。君幼穎異，讀書能求是。道光甲午鄉試，以經學淹博中式本省舉人。辛丑會試成進士，授庶吉士，改刑部主事。累官授雲南曲靖府知府，時以道梗，不克之任，流轉束歸。所至賓禮，先後受事，皆刑名至重，君處以詳慎，於喪服變除、宗法淆異多能折衷，協於禮律。少所受學皆名師，江都梅先生植之授君詩文詞，得其義法。江都凌先生曙、儀徵劉先生文淇授君《公羊春秋》、許氏《說文》、鄭氏《禮》，君兼通之，而於《公羊》用力尤深，鉤稽貫串，成《公羊疏》七十六卷。又他著作已成者有《爾雅舊注》《白虎通疏證》《說文諧聲孳生述》《句溪雜著》各若干卷。君學為通人，位為大夫，而起居節儉，同於寒素，語言謙樸，疑於不文。忘賢與勢，於君見之。烏乎，如君者豈易及哉！君生嘉慶己巳五月二十一日，卒同治己巳十月二十二日，得年六十有一。娶

〔註239〕《續修四庫全書》第1142冊，上海古籍出版社，2002年版，第205～206頁。

任氏，再娶徐氏，皆先君卒。側室李氏子一，汝恭，縣學生。女一，適同邑兵部員外郎趙淦。汝恭以君卒之明年卜葬君縣東孝義鄉孫塘頭之原，述遺行來徵文。君久居於外，汝恭又生晚，故君行事多不能詳，因最其政學之略為之志。且銘之曰：志未遂兮學則存，行已佚兮名則尊，故人多宿草兮，予懷壹鬱以誰言。同治年月日，陳鑑勒石。（《續纂句容縣志》卷十七下《金石下》）

【清史稿·儒林傳】陳立，字卓人，句容人。道光二十一年進士，二十四年，補應殿試。選翰林院庶吉士。散館改刑部主事，升郎中，授雲南曲靖府知府。請訓時，文宗有「為人清慎」之褒，時以道梗，不克之任。少客揚州，師江都梅植之，受詩古文辭；師江都凌曙、儀徵劉文淇，受《公羊春秋》、許氏《說文》、鄭氏《禮》，而於《公羊》致力尤深。文淇嘗謂漢儒之學，經唐人作疏，其義益晦。徐彥之疏《公羊》，空言無當。近人如曲阜孔氏、武進劉氏，謹守何氏之說，詳義例而略典禮、訓詁。立乃博稽載籍，凡唐以前《公羊》古義及國朝諸儒說《公羊》者，左右採獲，擇精語詳。草創三十年，長編甫具。南歸後，乃整齊排比，融會貫通，成《公羊義疏》七十六卷。初治《公羊》也，因及漢儒說經師法，謂莫備於《白虎通》。先為疏證，以條舉舊聞、暢隱扶微為主，而不事辨駁，成《白虎通疏證》十二卷。幼受《爾雅》，因取唐人《五經正義》中所引犍為舍人、樊光、劉歆、李巡、孫炎五家悉甄錄之。謂郭注中精言妙諦，大率胎此。附以郭音義及顧、沈、施、謝諸家切釋，成《爾雅舊注》二卷。

【清代學人列傳】陳立，字卓人，又字默齋，江蘇句容人。道光甲午中式。辛丑會試成進士。由庶吉士改刑部主事，累官雲南曲靖府知府。會道梗，不克之任，流轉東歸，所至賓禮。先後受事，皆刑名至重，悉處以詳慎；而於喪服變除，宗法淆異，尤多能折衷使協律。少所受學，若梅植之、凌曙、劉文淇，均號名師。遂盡通許氏《說文》、公羊《春秋》、鄭氏《禮》；旁及詩古文詞。獨於《公羊》用力猶深。以徐氏作疏，只知疏通字義，《公羊》微言大義，昧乎未聞。近儒孔氏《通義》，雖為漢學家專門之學，然三科九旨，語多立異，已非復邵公之家法矣。乃鈎稽貫串，成《公羊義疏》七十六卷。又以《公羊》一書，多言禮制，而禮制之中，有周禮有殷禮，以孔子有「捨文從質」之說，故言禮多捨周而用殷。殷周典制既迥然不同，故欲治《公羊》必先治三禮。而《白虎通德論》實能集禮制之大成，且書中所列大抵皆

《公羊》家言，而漢代個文古文之流別亦見於此書，誠可謂通全經之濫觴；乃別撰《白虎通疏證》十二卷，取古代典章制度一一疏通證明。其他有《說文諧聲孳生述》《爾雅舊注》若干卷，並裒其說經雜文為《句讀雜著》六卷。卒年六十一。

新刻釋常談三卷　佚名撰

　　《釋常談》三卷，不著撰人名氏。宋陳振孫《直齋書錄解題》云：「《續釋常談》二卷，秘書丞龔頤正養正撰。昔有《釋常談》一書，不著名氏，今故以續稱，凡常言俗語皆著其所始。然則此書之作在龔頤正之前，當出北宋人手矣。」宋戴埴《鼠璞・俗字》云：「俗字皆有所出，《釋常談》載之詳矣。」

　　全書不足萬字，分三卷，解釋俗語，如以丈人為「泰山」，舅謂之「渭陽」，外甥謂之「宅相」，女婿謂之「玉潤」「東床」，溝渠謂之「水竇」，長兄謂之「元昆」，沉醉謂之「倒載」，受顧寫文字謂之「傭書」，媒人謂之「伐柯」。原序稱：「採古經之秘義，掇前史之奧詞，僅以成編，隨目注解，總得二百事，名曰《釋常談》。」而此本僅一百二十六事，殆後人病其冗濫有所刊除歟？謝肇淛《文海披沙》「釋常談」條云：「《釋常談》一書，作者不著名氏，其中援引蕪陋，極有可笑，至以鵝為右軍，箹為趙達，盲為小冠子夏，瘦為智囊，醉為倒載，覓食為彈鋏，五遷為盤庚，子死為喪明，聲為靴繼，皆謬誤不經，似村學究所為。其引負荊一段，尤似打鼓上場人語也。」《四庫提要》云：「今覈其書，如謂『程普』為『程據』，謂夫婦不睦為參商，謂戴帽為張蓋，卸帽為傾蓋，謂鳳兮鳳兮為孔子之語，謂屣步為不乘鞍馬，謂膏肓之疾為晉悼公，謂秦醫為盧醫，謂董宣封強項侯，謂飲酒燭滅為絕纓，謂自稱己善為自媒。齊東之語，展卷皆是，尚不止肇淛之所摘，而災梨禍棗，流傳數百年，亦事之奇者矣。」《四庫提要》又評《格致叢書》亦云：「末三種，一曰張華《博物志》，一曰李石《續博物志》，一曰《釋常談》，皆以小說家言謂之經翼，不亦傎乎！」周中孚亦稱：「即此書所載核之，援引謬誤，觸處皆然，似不類北宋人所為，何也？且其自詡為不愧博學，而望後之繼玉麈尾者，亦太不自量矣。乃後人竟有續釋之且別釋之者，此則不可解也。」〔註240〕

〔註240〕周中孚：《鄭堂讀書記》卷五十四。

　　書前又有萬曆二十一年（1593）胡文煥序，稱釋之者不知何人，而文煥重為梓之。〔註241〕莊汝敬序曰：「是集假字借名，或根自典故，或摘自成語，雖則便捷，義則隱奧。」〔註242〕萬曆癸巳光盛跋曰：「搜羅日用切要之語，而僉為之訓釋，使讀之者既其理義而通其辭。」〔註243〕此為俗語研究之發軔之作，首創之功不可低估。

　　此書有《格致叢書》本、《唐宋叢書》本、《說郛》本。此本據國家圖書館藏明萬曆二十一年胡文煥刻本影印。

【附錄】

　　【四庫提要】《釋常談》三卷（兵部侍郎紀昀家藏本），不著撰人名氏。考陳振孫《書錄解題》曰：《續釋常談》二卷，秘書丞龔頤正養正撰。昔有《釋常談》一書，不著名氏，今故以續稱。凡常言俗語，皆著其所始。然則此書之作在龔頤正之前，當出北宋人手矣。原序稱隨日注解，總得二百事，而此本僅一百二十六事，殆後人病其冗濫，有所刊除歟？明謝肇淛《文海披沙》云：「《釋常談》一書，作者不著名氏。其中援引蕪陋，極有可笑。至以鵝為右軍，蓍為趙達，盲為小冠子夏，瘦為智囊，醉為倒載，覓食為彈鋏，五遷為盤庚，子死為喪明，聲為鼜纊，皆謬誤不經，似村學究所為。其引負荊一段，尤似打鼓上場人語也。」云云。今覈其書，如謂程普為程據，謂夫婦不睦為參閱商，謂戴帽為張蓋，卸帽為傾蓋，謂鳳分鳳分為孔子之語，謂屣步為不乘鞍馬，謂膏肓之疾為晉悼公。謂秦醫為盧醫，謂董宣封強項侯，謂飲酒燭滅為絕纓，謂自稱己善為自媒，齊東之語，展卷皆是，尚不止肇淛之所摘。而災梨禍棗，流傳五六百年，亦事之不可理詰者矣。（《四庫全書總目》卷一百二十六「子部三十六・雜家類存目三」）

　　【三不知】世俗謂急遽曰「三不知」。福按：《左傳・哀公十七年》：荀文若曰：「吾乃今知所以亡君子之謀也。時、衷、終皆舉之，而後入焉，今我三不知而入之，不亦難乎？」所謂三不知，即始、衷、終三者，皆不能知也。世俗之言，蓋本諸此，可補入《釋常談》。（明姚福《青溪暇筆》卷下）

〔註241〕《續修四庫全書》第1142冊，上海古籍出版社，2002年版，第383頁。
〔註242〕《續修四庫全書》第1142冊，上海古籍出版社，2002年版，第383頁
〔註243〕《續修四庫全書》第1142冊，上海古籍出版社，2002年版，第402頁。

困學紀聞注二十卷　（清）翁元圻注

　　翁元圻（1751～1826，一作 1760～1837），字載青，號鳳西，餘姚人。乾隆四十六年（1781）進士，歷官太常寺少卿。翁元圻嘗奏上訪獲西洋人潛至內地傳教訊明大概情形一摺。此案蘭月旺，以西洋夷人潛入內地，遠歷數省，收徒傳教，煽惑多人，不法已極。嘉慶帝頒旨：「著翁元圻嚴切訊究，審明後將該犯問擬絞決。奏明辦理。其供出之犯按名查拏務獲。並飛諮各該省一體嚴緝究辦。」其《病起將移居蕙曲》云：「冀北歸來又一年，輕寒正是養花天。尋芳懶試登山屐，得句遲於上水船。病減已過春寂寂，愁多空負腹便便。藥床茶灶添新制，買得臨江屋數椽。」著有《佚老巢遺稿》。生平事蹟見《國朝耆獻類徵初編》卷一九二、《（光緒）餘姚縣志》卷二十三。

　　書前有道光六年（1826）胡敬序，稱其於宋王厚齋書《困學紀聞》尤篤好之，嘗輯閻、何、全諸家之說，益以己所心得為之注，可謂集大成云云。〔註244〕又有道光五年（1825）元圻自序，稱《紀聞》一書實集諸儒之大成，徵引浩博，猝難探其本源，雖以閻潛丘、何義門、全謝山三先生之淵雅，尚未盡詳其出處。又稱幼嗜此書，通籍後備官禮曹，嘗質疑於中表邵二雲。二雲教之曰：「閻、何、全之評注，略舉大意，引而不發。子盍詳注之，使覽者不必翻閱四庫書而了然於胸中乎？」〔註245〕

　　此書彙集前人成果，翁氏集注分量亦較大，幾占全書篇幅一半以上。《書目答問》於《困學紀聞》諸多版本之中，獨舉二部以示後學，一為萬希槐《七籤集證》，一即元圻《集注》。范希曾《書目答問補正》亦曰：「此注更勝《七籤》本。」然李慈銘頗持異議：「此書十年前觀之頗熟，以為遺漏者尠矣。今重複之，則覺經說中可補正者甚多，蓋翁載青全是謄錄，略無心得。而王氏於經雖喜搜羅古義，其於名物訓詁領會未深，多囿於宋季義理膚淺之談，而漢儒家家法，動多窒礙。故近儒如張皋文、丁小雅謂王氏尚未與言鄭學也。載青歷官中外，奪於吏事，其自序言質於中表邵二雲、同年王谷畦成此書，蓋極一生之力。肯夫言曾見其稿本，皆取名刺紙背，雜抄碎錄，散夾書中，因薈萃而條附之，實未有所辯證也。安得取其說經諸條，依據漢學，疏通證明，則裨益後人，功尤鉅矣。《紀聞》閻注之精、何評之簡、全

〔註244〕《續修四庫全書》第 1142 冊，上海古籍出版社，2002 年版，第 409 頁。
〔註245〕《續修四庫全書》第 1142 冊，上海古籍出版社，2002 年版，第 410 頁。

箋之核，皆非易及。」〔註246〕此論未免過苛。劉咸炘亦稱廖芷湘合正文及
注標題其要目，蓋為對策計；標舉多無例，刻亦不精。〔註247〕

　　此書稿本、李慈銘批註本均藏國家圖書館，楊守敬批校本藏湖北圖書館。
此本據國家圖書館藏清道光五年餘姚守福堂刻本影印。

【附錄】

　　【困學紀聞注‧凡例】卷中於閻氏、全氏語皆全錄，何氏注有與閻氏同
者，則存閻而刪何，閻注標「閻按」，何注標「何云」；全注則於首一條標「三
箋本全云」，以後所云「全氏」；全氏另有所釋而不載於「三箋」者，另標出
處；三箋本兼載方樸山、程易田、方心醇、屠繼序諸公之說，雖不全錄，亦標
明姓氏；近刻有萬希槐《集證》，亦多採錄；元圻自注，見於句下者，加「案」
字以別之，總注於後者，加「元圻案」以別之，或於自注後更引他人之說者，
亦加「○」以別之。

　　【翁元圻《困學紀聞注自序》】《紀聞》一書實集諸儒之大成，徵引浩博，
猝難探其本源，雖以閻潛丘、何義門、全謝山三先生之淵雅，尚未盡詳其出
處。又稱幼嗜此書，通籍後備官禮曹，嘗質疑於中表邵二雲。二雲教之曰：
「閻、何、全之評注，略舉大意，引而不發。子盍詳注之，使覽者不必翻閱四
庫書而了然於胸中乎？」

〔註246〕李慈銘：《越縵堂讀書記》，上海書店出版社，2000年版，第660頁。
〔註247〕劉咸炘：《內景樓檢書記》，《推十書》子類，第564頁。